분석심리학과
표현예술치료

한국기독교상담심리학회 편

Christian
(Pastoral)
Counseling

학지사

발간사

우리 사회는 오래전부터 심리학이라는 분야가 정치, 사회 그리고 종교에 화두가 될 만큼 생활 깊숙이 작용하고 있습니다. 반면, 신학이나 기독교 신앙이라는 주제는 조금은 보수적이고 권위주의에 속해 있다는 대중의 반응을 듣고 있습니다. 이러한 맥락에서 성장하는 세대와 교감하기 어려운 지나친 보수성이 공의를 중요시하는 현 세대에서 교회의 질적·양적 성장에 걸림돌이 되고 있습니다.

기독교상담을 좋아하고 전공하고 앞으로 이 길의 끝까지 가려는 사람들에게는, 기독교라는 신앙의 주체가 되는 하나님을 기독교 밖으로 소개하는 작업들이 절실한 시기라고 생각합니다. 이 작업을 위해 현실적으로 가장 사용하기 적합한 학문 분야가 기독교상담이라고 봅니다. 그러나 기독교상담은 단순히 심리학적 지식과 기술을 기독교 신앙을 가진 사람이 사용하는 것이라는 오해의 담을 넘어야 하며, 동시에 권위적이고 일방적인 신앙의 틀 속에 맹종과 허탄한 이상주의를 복음의 내용으로 위장해서 가르치는 신앙을 극복해야 비로소 가치성과 필요성이 나타날 것입니다.

기독교 신학은 적어도 지난 2000년간 인간과 신앙의 대상이 되는 하나님에 대한 고민의 흔적이 남아 있는 인류의 지적 재산이며 신앙 자산입니다. 다만 2000년의 세월이 흐르면서 그 내용을 담은 형식적인 문화와 관점의 틀이 변화된 상황에서는, 기독교상담자들이 지난 시간 동안 신학 속에 녹여진 고민을 꺼내어 현 세대의 대중이 느끼고 경험할 수 있는 재료로 재해석을 해 놓아야 할 의무가 있다고 생각합니다. 수직적 차원(vertical dimension)의 것이 어떻게 수평적 차원과 교류할 수 있는 상관관계를 가질 수 있느냐 하는 작업입니다.

심리학적 지식이 가져다준 산물은 우리가 신학적 보고를 재해석하는 데 많은 도움을 줄 것입니다. 그래서 신학을 좀 더 대중과 호흡할 수 있는 영역으로 초대하는 지렛대 역할을 분명하게 할 수 있습니다. 그러나 만일 심리학이 신학과 호흡할 수 있는 영역을 우리가 보지 못한다면, 이 심리학 역시 한쪽만을 추구하는 폐쇄적인 학문으로 남을 것입니다. 왜냐하면 우리가 인간으로 살아가는 이상 인간이 궁금해하는 자기 안의 내재성과 자기를 뛰어넘은 초월성에 대한 관심은 인류 초기부터 지금까지의 관심사였기 때문입니다. 이 두 가지의 병행만이 진실을 추구하는 것에 좀 더 가까이 다가갈 수 있을 것입니다. 여기에 자신들을 드리고 헌신하는 사람이 많아지길 소원해 봅니다.

지금까지 발간된 기독(목회)상담총서가 여섯 권이지만, 향후 관련 학자와 전문인들에 의해 더 많은 영역을 개발함으로써 기독교상담의 근거가 되는 학문적 작업을 계속해 나갈 것이며, 책의 내용도 필요에 따라 업데이트를 해야 할 것입니다. 아무쪼록 완간된 총서를 통해 기독교상담을 알고자 하는 모든 분이 학문적 기반을 획득하는 계기가 되길 고대해 봅니다. 소속된 학자와 전문상담가들은 기독교상담이 무엇이며, 이것이 어떻게 교회와 사회에 기여할 수 있을지를 오랜 시간 고민하였고, 앞으로도 이 주제를 가지고 변화하는 사회 속에서 고투를 해야 할 것이라 생각합니다.

끝으로, 여섯 권의 총서가 발간되기까지 여러 분이 노고를 많이 해 주셨습니다. 총서 발간을 시작한 9대 회장 권수영 박사님, 실무를 맡은 학술위원장 장정은 박사님, 사무총장 오화철 박사님, 사무국장 김정수 님, 그리고 각 총서의 책임을 맡으신 여러 교수님께 감사를 드립니다. 시작은 미약하지만, 가는 길에 함께하시는 하나님을 신뢰합니다.

2019년 5월

10대 회장 임경수

머리말

"나의 생애는 무의식의 자기실현의 역사이다."

융의 자서전에 나오는 자신의 삶에 대한 한 마디 요약이다. 무의식의 자기실현 과정을 위해 심리학적 체계와 심리치료적 체계를 쌓아간 사람이 융이다. 따라서 무의식의 자기실현 과정이야말로 분석심리학의 이론적 초점이자 실천적 알맹이인 셈이다.

무의식은 말 그대로 의식의 그릇 안에 담기기 어려운 '알려지지 않은' 그 무엇을 말한다. 자기실현의 과정에서 이러한 무의식의 내용들이 말실수, 미성숙한 감정, 연상, 몽상, 상상의 과정이나 꿈, 그림, 놀이, 연극, 글쓰기 등의 작업을 통해 숨어 있던 자신의 모습을 스스로 드러내도록 활용하는 데 분석심리학의 장점이 있다. 표현예술기법은 이러한 무의식의 자기실현적 가능성을 적극 활용하는 심리치료의 한 형태이다. 이는 표현예술의 기본 철학이 융의 분석심리학에 기초한 무의식의 치유적 자기 드러냄을 적극 지지하는 데에서 출발했기 때문이다.

우리 안에 있는 무의식은 단순히 기억의 파편이나 욕망의 잔재물로서의 억압의 덩어리들만이 아닌 '영혼의 지문'으로서 자신만의 삶의 형태를 드러내고자 한다. Hillman은 이러한 무의식의 자기표현 능력을 바로 읽어내고 그 드러냄의 과정을 위해 봉사하는 사명이 심리치료의 기본 출발점이라고 했다. 곧, 우리 안에 감춰진 '신들(gods)을 섬기는 작업'으로서의 영혼에 대한 봉사가 심리치료의 뿌리라고 말한 바 있다. 우리 안에 감춰진, 때로는 화석화된 신들의 형상을 깨어나게 함으로써 신들이 춤을 추게 하는 작업이 바로 심리치료사의 신성한 임무라는 것이다. '우리 안에 있는 신들을 깨우라!' 그 신들이 깨어나 스스로 춤추게 될 때, 내담자의 숨겨진 '영혼의 코드'가 해방되고 자유롭게 되어 자신만의 춤으로서의 삶의 과정을 당당하게 펴나가게 된다는 것이다.

표현예술치료는 바로 이 과정을 돕는 통로로서의 역할을 담당한다. 때론 꿈으로, 놀이로, 모래와 함께, 동작무용으로, 글쓰기와 명상으로, 그리고 생태 안에서, 적극적 상상의 형태로서의 무의식의 의식화와 자기실현 과정을 이끌어 내고 도와주는 과정을 표현예술적 기법이라 부른다. 표현예술치료는 이 과정을 구체적 형태로 담아내어 임상적 상황에서 적절하게 무의식의 의식화 통로와 자기실현의 한 방편으로 활용하는 치료적 형태를 말한다.

여기에 내놓는 『분석심리학과 표현예술치료』에는 이러한 무의식의 자기실현의 치료적 형태로서 분석심리학 이론들과 그 이론에 바탕을 둔 임상의 구체적 과정 및 임상적 사례들을 기독교상담의 관점, 영혼돌봄의 관점에서 집필한 저자들의 수고가 오롯이 담겨 있다. 각 장을 집필해 주신 여러 교수님들은 현재 각각의 분야에서 후학 양성과 임상치료에 전문가적 역할을 담당하고 계신 분들이다. 오화철, 이명진, 구미례, 이유경, 선우현, 류경숙, 김상만, 김성은, 김영경, 장정은, 조은혜 교수님들께 이 지면을 빌려 심심한 감사의 말씀을 드린다. 독자 여러분은 이 책의 각 장마다에서 저자들의 임상경험과 이론적 깊이, 경륜을 만나게 될 것이다. 무수히 많은 표현예술적 저술과 방법론적 혼재 가운데, 여기 실린 12명의 저자들이 들려주는 각 장의 함축된 이론과 임상 적용들은 독자로 하여금 새로운 놀라움과 시원한 지적 카타르시스를 안겨 줄 귀한 선물이 될 것이라 믿어 의심치 않는다.

기독상담과 분석심리학의 새로운 만남과 새 지평을 여는 귀한 통로로서의

역할, 내담자 안에 살아있는 신들의 형상을 깨우는 임상적 기적의 역사들이
이 책을 통해 펼쳐지기를 기원한다.

집필자 대표
정석환

차례

제1부

분석심리학과 이해

19

융의 생애와 분석심리학

정석환
(연세대학교 신과대학/연합신학대학원 상담코칭학 교수)

1. 들어가는 말

프로이트(S. Freud, 1856-1939)라는 천재에 의해 인간마음의 신비를 여는 문, 정신분석학(역동심리학)이 창시된 지 벌써 100여 년이 넘는 세월이 흘렀다. 사랑과 증오의 양가감정이란 인간마음의 신비스러운 역동을 리비도(Libido)와 타나토스(Thanatos)의 두 생물학적 본능의 힘으로 최대한 모더니즘적 합리성과 과학의 용어로 풀어내려 한 평생을 노력했던 역동심리학의 창시자인 프로이트는 자신의 과학적 패러다임의 인간마음의 탐구 시도에 얼마나 만족하고 있을까? 그의 사후 정신분석학은 그가 간절히도 원했던 과학의 분야에 헌당되어 있을까? 이 질문에 대한 답은 엄밀히 말하자면 "글쎄요"이다. 모든 대학에서 정신분석학은 가르치고 있으나 엄밀한 의미로 과학이라는 대접을 받기보다는 해석학의 한 분과로 취급되고 있기 때문이다. 사실 그의 사후 정신분석은 자체 내에서도 많은 갈등과 변화를 겪으며 성장하고 발전해 왔다. 그 과정에서 정신분석학은 이제 자연과학적 의미의 과학의 분야라기보다 해석과 상상력을 강조하는 인문학과 해석학의 한 분야로 더 설득력 있게 자리 잡게 되었다.

프로이트의 막내 딸 안나 프로이트의 자아심리학과 영국 대상관계이론 학파의 출현, 그리고 코헛(Kohut)의 자기심리학과 유럽의 라캉(Lakan)학파, 그리고 비교적 최근의 비온(Bion)학파에 이르기까지 인간마음의 신비하고도 다양한 갈등의 모습을 만들어 내는 욕동에 대한 많은 해석의 변화에 대한 다양한 명명들이 있어 왔고 그에 따른 많은 분파의 모습을 보여 왔다. 이러한 정신분석학의 역사적 변천과 분화의 역사에서 가장 중요한 결별 중 하나는 프로이트와 융(C. G. Jung, 1875-1961)의 만남과 결별을 통한 새로운 분파와 그 결과 분석심리학의 출현이라 하겠다.

이 장에서는 프로이트의 정신분석학과 대비되는 분석심리학의 창시자인 융의 생애와 그의 핵심이론들을 중심으로 살펴보고자 한다. 프로이트와의 뼈아픈 이별을 감내하면서도 융은 어떻게 자신의 무의식에 대한 진실욕동에 충실하게 되었는지를 그의 생애와 이론의 발달과정을 추적함으로써 밝혀보고자 한다. 모든 심리치료의 이론들이 그러하듯, 이론의 출현과 그 이론의 창시자의 생애는 밀접한 관계가 있다. 모든 심리치료의 이론들은 그 창시자의 자기 삶의 해석의 틀로서 출현하고 작동되었던 것이기 때문이다. 따라서 이 장에서는 먼저 융의 생애의 특징적 사건들을 살펴보고, 그의 핵심이론들을 개관한다. 이러한 작업을 통해 우리는 융의 개인사가, 그가 말하듯, 거대한 '무의식의 자기실현의 역사'였다는 것을 살펴볼 수 있을 것이고, 이러한 측면들이 비단 융에게뿐만 아니라 오늘을 살고 있는 모든 현대인에게도 공통된 현상이라는 것을 발견하게 되고 이 점을 통해 심리치료의 작업이 문화와 성, 세대를 뛰어넘는 공통의 효과를 지니고 있는 것인가를 살필 수 있을 것이다 (Jung, 2007).

2. 융의 생애: 상처 입은 치유자

생전에 융은 이 세상에는 단 하나의 융학파만이 존재하는데 그 하나는 바로 자신이라고 주장하곤 하였다. 모든 사람은 다른 사람들과 분화되어 스스로 자신이 되어야 한다는 자신의 개성화이론에 대한 투철한 믿음과 실천의 사람이 바로 융의 생애의 요약이다. 이러한 이유로 그는 프로이트와 결별(즉, 정신분석학과 결별)하고 어떤 종류의 생각이든 체계화하려 하지 않았다. 이것이 바로 융학파가 정신분석학파보다 결집력이 다소 약한 이유이기도 하다. 동시에 그의 개인적 성격의 특징으로서 '외로운 천재(즉, MBTI의 ISTJ)'적 경향이 여기에 더 한몫을 감당했을 것이다.

융은 매우 복잡하고 다면적인 성격의 소유자이며 동시에 매우 광범위한 학식과 관심을 가진 자였다. 사실은 추종자를 원하지 않는다 말하면서도 추종자를 형성해 나갔던 인물이다. 좋게 말하자면, 내면의 진실을 추구하는 역동심리학의 형성기에 자신이 아버지와 같은 역할을 수행해야만 한다는 소명의식을 느끼고 행동했던 사람이다.

분석심리학자들이 흔히 인용하는 융의 생애를 조망하는 자료에는 대표적인 세 가지 전기적 자료가 있다. 하나는 분석심리학을 공부하는 모든 사람에게 가장 기초적인 자료가 되는 융의 자전적 전기로서 융 자신이 죽음을 예견하면서 80세가 넘어 몇 년 동안 자신의 비서이자 제자였고 융이안(Jungian) 분석가였던 야페(Jaffe)와의 인터뷰를 통한 회고적 자서전인『기억, 꿈, 회상』(Jung, 2007)이며, 두 번째는 융의 제자이면서 마치 영웅의 인물전을 쓰듯 융의 인간적 면모의 생애와 그의 독창적인 무의식의 발견 등 긍정적인 측면들을 부각시킨 바바라 한나(Babara Hanna)의 전기『융 그의 삶과 저작』(Hanna, 2013), 그리고 가장 최근의 융의 전기로서 세계적인 전기 작가인 디어드리 베어(Deirdre Bair)의『분석심리학의 창시자 융』등이 있다. 이 중 특히 베어의 작품은 세계적인 전기 작가의 명성에 걸맞게 많은 자료와 현장의 인터뷰 등을 바탕으로 융에 대한 가장 객관적이고 방대하며 구체적 자료에 근거한 접근으로 기술한, 소위 가롯 유다가 본 예수전처럼 융을 가장 객관적으로 조명한 전기로 평가받고 있는 작품이기도 하다. 이 세 가지 전기적 자료에서 다루고 있는 공통적인 융의 중요한 생애사적 사건들은 무엇인가? 필자는 융의 생애사를 세 단계를 거쳐 성장하며 발전해 나가는 한 편의 '무의식의 자기계발의 역사'로서의 한 권의 책으로 강조하고자 한다.

1) 첫 번째 챕터, 융의 준비기(1875-1913)

이 시기의 특징은 어린 시절의 상실감과 심리적 결핍의 상처를 치유하기 위한 끈질긴 노력에 있다. 융의 생애를 한마디로 요약하여 말하자면 '상처 입은 치유자(Wounded Healer)'로 불러도 무방할 것이다. 그의 생애의 독특함은 '완전함(Perfection)'에 있지 않고 '온전함(Wholeness)'을 향한 그의 끈질긴 노력에 있었다. 융은 '영혼의 나라'라 일컬어지는 내면의 삶의 가치를 소중하게 여기는 종교-문화적 깊이를 지닌 스위스 태생이다. 특히 그의 아버지는 구약을 전공하여 박사학위를 취득하고 스위스의 한적한 시골에서 교구목회를 하던 가난한 목사였고, 그의 어머니는 쾌활하고 활동적이지만 때때로 울적했고 영적 체험에 민감했던 불안정한 성격을 소유한 괴테의 사생아의 후손이라는 소문이 있던 문학적 소양을 지닌 가문의 후손이었다. 이 조합이 아마 융의 심리적 성향과 특징을 이해하는 중요한 조합이 될 수도 있을 것이다.

불행하게도, 융의 부모는 사이가 좋은 편이 아니었다. 아버지의 무관심과 어머니의 조울증적 성향과 그로 인한 잦은 병원 입원, 치료적 공백으로 어린 나이의 융은 제대로 된 정서적 담김의 경험을 하지 못하고 어린 시절의 결핍을 지닌 조숙한 천재로 자라게 되고, 이러한 어린 시절의 결핍의 경험은 융이 평생 동안을 자신의 상처와 씨름하게 만드는 원형 콤플렉스를 이룬다. 특히 융의 전 생애를 관통하였던 어머니 콤플렉스와 관련된 숱한 여성들과의 관계의 이슈들은 그의 어린 시절의 성장과정 속 결핍의 경험과 밀접한 관련이 있다.

Basel 의과대학을 졸업하고 정신과를 선택하게 된 융의 직업적 동기도 어찌보면 자신의 상처 입은 어린아이의 발달적 이슈에 대한 무의식적 선택이었는지도 모른다고 대다수의 후기 융 연구가들은 말한다(Cavalli, 2014). 어찌되었건, 융은 자신의 상처를 자신의 무의식에의 관심과 돌봄으로 치유한 흔적을 가지고 모든 인간에게 있는 보편적 신경증으로서의 실존적 결핍과 치유의 문제를 종교와 심리치료의 핵심적 과제로 삼았다는 데에 융의 창조적 기여가 있다. 1907년 프로이트를 만나 1913년 공식적으로 결별하기까지, 의과대학을 졸업하고 부르크힐츨리 정신병원에서 정신과 의사로서의 역할에 열중하며 스승이자 멘토였던 오이겐 블로일러(Eugen Bleuler)와 함께 정신병과 신경증의 치료에 무의식의 억압적 요소와 단어연상검사를 통한 콤플렉스의 개념을 발견하며 정신분석적 기법에 몰두했던 융의 생애를 1단계의 융이라 말하고 싶다.

동시에 그의 자전적 전기를 보면, 어린 시절 융은 자신의 무의식적 상처와 외로움을 치유하기 위하여 혼자서 놀이를 통한 스스로의 치유 과정을 밟았다고 진술하고 있는데, 그 놀이의 경험을 통한 치유적 상상력의 계발이 후에 융 자신과 융이안들에 의해서 계발된 표현예술치료 기법의 놀이치료와 적극적 상상의 기법에 모태가 되는 중요한 치료적 기법이 되었던 것을 알 수 있다. 특히 융은 자신의 무의식에서 떠오르는 이미지에 주의를 기울이며 불을 가지고 혹은 돌을 가지고 혼자서 하는 놀이들을 평생의 치유적 동반자로 활용하는데, 이 경우 돌과 불은 인간의 영혼을 상징하는 은유로 인간마음 안에 있는 고유한 자신이 되어 가는(becoming) 과정의 열정과 그 결과물로서의 보물 같은 상징으로 해석을 하고 받아들였다. 융은 훗날 중세 연금술의 비전을 연구하며 자신의 개성화 이론과 견주하여 연금술사의 최종의 목적인 황금의 돌

(현자의 돌)의 은유를 개성화의 최종 목표로 삼았다. 이처럼 융에게 있어서 놀이는 결핍의 인간에게 자신만의 공간 속으로 몰입하게 만드는 중요한 통로였고, 그 안에서 발견하는 창조적 틈과 공간은 치유와 변형의 공간으로 없어서는 안 될 중요한 창의적 변형공간임을 인식하고 있었다. 그는 자신의 경험을 활용하여 그것을 심리치료에 적극적으로 활용하는 경험론자이며 현상학적 접근을 중요하게 보았다.

2) 두 번째 챕터, 레드북 시절(1914-1930)

이 시기는 프로이트와의 공식적 결별과 그 이후 6년 동안 이어졌던 융의 '영혼의 어둔 밤'의 시기와 그 후 연금술과 영지주의 문헌에 심취하며 자신의 영혼의 뿌리를 찾는 시기를 말한다. 1907년 프로이트와의 만남은 스위스 바젤의 한 정신과 의사를 미래의 마음의 학문이라 일컬을 정신분석학의 새로운 후계자로 비약하게 만드는 엄청난 변화를 가져오게 하였다.

프로이트와 19년의 나이차를 가졌던 융은 한때는 프로이트의 촉망받는 충실한 후계자였다. 프로이트에게 있어 융은 새롭게 태동한 미래의 학문, 정신분석학을 유대인의 학문이 아닌 전 세계인의 학문으로서 인간마음의 신비를 개척하고 홍보해 나갈 새로운 학문의 보편화를 위한 기대주였다. 프로이트를 포함하여 유대인 일색이었던 초창기 정신분석학의 프런티어 그룹들 중에 유일한 아리안 계통의 스위스 정신과 의사이자 Basel 대학의 교수였던 융은 젊은 나이답지 않게 날카로운 통찰력과 논리력, 사람들을 끌어들이는 흡인력, 그리고 탄탄한 임상의 훈련기반을 통해 이론과 임상의 양 축에서 이미 프로이트로부터 정신분석학의 미래라는 과분한 기대와 사랑을 온 몸에 받고 있던 터였다. 동시에 융은 프로이트의 『꿈의 해석』이란 책에서 받은 깊은 인상과 인간 무의식에 대한 과학적 접근을 주장하던 프로이트의 학문적 태도에 깊이 매료되어 한편으로는 존경하는 멘토이자 이상화된 아버지 이미지요, 스승의 대상으로서의 흠모의 감정을 가지게 된다. 그들의 이러한 상호 호감과 기대의 밀월적 관계는 1907년의 유명한 첫 대면에서 8시간 동안의 열정적인 토론의 에피소드에서부터 1913년 불행한 결별까지 6년간 지속된 초창기 정신분석 역사에서 아주 중요한 사건이었다.

그러나 이 밀월의 관계도 그리 오래가지 않았다. 무의식의 내용과 기능, 그리고 신경증의 치료에 대한 근원적이고 타협 불가능한 이견의 노출이 그 둘의 밀월적 관계를 결국 파탄으로 치닫게 한 것이다. 정신분석적 발달의 측면으로 볼 때 아버지와 아들의 전이적 관계의 만남이라 스스로도 평가했던 둘의 만남과 분열의 역사는 단순히 개인적 관계의 만남과 분열만이 아닌 심층심리학의 큰 흐름을 바꾸는 역사적 결별의 씨앗이 된 사건이었다. 비로소 이 결별 사건을 계기로 각자는 자신의 학문적 정체성과 삶의 목표를 보다 분명히 하는 계기가 되었기 때문이다. 이 결별을 분기점으로 진실욕동의 추동으로서의 심층심리학은 보다 정직하게 각자가 자신의 길을 가는 개성화의 단계로 접어들게 되었다. 융은 비로소 심리적 아버지와 같던 프로이트와의 결별을 통하여 무엇보다 자기 자신이 되는 길에 접어들었다.

그는 훗날 이러한 자신의 경험을 통해 이 세상의 융이안은 오직 자신 혼자만이라는 사실을 강조함으로써 '누구처럼 되는 것'보다 '자기 자신이 되는 것'이 심리치료자의 가장 우선되는 훈련이라고 강조하였다.

> 모든 심리치료자는 자신만의 방식으로 이론을 습득하고 있어야 하지만, 그보다 더 중요한 것은 심리치료자의 인격, 즉 치료자가 먼저 자기 자신이 된다는 사실에 달려 있다. 심리치료에 있어서 무엇보다 중요한 요인은 치료자 자신의 인격이기 때문이다. 이론은 단지 보조의 역할만을 할 뿐이다 (Jung, 1966, p. 88).

그러나 자기 자신이 되는 길은 융에게 있어서도 결코 쉬운 길이 아니었다.

1913년 프로이트와의 결별 이후 융이 겪었던 모든 '영혼의 깊은 밤'의 경험은
『레드북』의 출현과 함께 잘 알려진 과정이다. 이 책의 기원은 융이 1913년 프
로이트와의 결별과 정신분석 집단으로부터의 소외, 개인적인 중년기의 위
기를 겪으며 자신의 일기장인 '검은 노트(black book)'에 자신이 체험한 환상
과 환청 등 신비스러운 내적 경험들과 영혼의 깊은 밤을 통과하는 아픔들을
기록한 내밀한 책으로, 1914년부터 1930년 무렵까지 오랜 기간 동안 기록한
내적 아픔과 치유의 기록이자 자신이 되는 길의 여정에 대한 내밀한 기록들
이다.

　융은 이 책에서 자신이 체험하며 기록해 놓은 여러 환상들과 환청의 목소
리를 다시 커다란 화첩 모양의 붉은 책으로 옮겨 적으며 자신의 주석들과 함
께 그 노트북에 중세기의 연금술과 영지주의 문헌의 문체처럼 캘리그라피
와 여러 그림, 만다라 등을 활용하여 한 권의 예술작품처럼 재작을 하였다.
1961년 융의 사후 유족들은 그 내용의 심각성과 자칫 정신분열증적 증상으
로 호도될 위험을 피해 스위스 은행의 금고 속에 비공개로 보관할 것을 결
정하였으나, 자신의 무의식의 진실인 영혼을 찾는 그 귀중한 가치를 사장시
킬 수 없던 많은 융이안 서클들의 설득으로 유족들의 허락하에 제3세대 융
이안인 Soni Shamdasani의 세심한 편집 노력 끝에 『레드북』이란 이름[원래는
'Liber Novus(새로운 책)'이라는 의미이나 책의 형식이 융의 예술가적 특징들을 담
은 화집 형식의 커다란 붉은 책으로 편집되었기에 레드북이라 불리게 되었다]으로
2009년 세상에 빛을 보게 되었다(Jung, 2012).

　이 책을 쓰는 동안 융은 자신 안에 있는 '혼의 탄생의 경험'을 통하여 자신만
을 위한 삶의 뿌리, 존재의 뿌리를 주는 신화 곧 영혼의 신화를 구축하고 자신
의 분석심리학 체계에 '원형이론' '집단 무의식 이론' '개성화 이론' '그림자 이
론' 등을 창조적으로 개발할 수 있었다. 이 책이 가지는 가치는 단테의 『신곡』,
괴테의 『파우스트』, 니체의 『차라투스트라는 이렇게 말했다』에 견줄 만큼 현
대인의 자신의 혼을 찾는 영지적 가치를 가진 책이며 심리학 분야뿐 아니라

문학, 예술, 철학, 종교학 등에서 많은 관심과 연구의 대상이 되고 있다.

융은 일생을 통해 두 번의 드라마틱한 영혼의 체험(Numinose)을 하게 되는 데, 한 번은 1913년 프로이트와의 완전 결별의 과정을 겪고 난 후의 체험, 그리고 두 번째는 1944년 심근경색중으로 죽음의 체험을 한 후 돌아온 경험이었다. 첫 번째 경험을 바탕으로 저술한 것이 『레드북』이고 두 번째의 경험을 통해 저술한 책이 바로 『아이온(Aion)』이다.

『레드북』은 중년의 초입에 들었던 40대의 융이 외적 성취와 영혼의 탈진으로 일컬어지는 내적 탈진의 경험 가운데서, 그의 외적 인격과 내적 인격의 갈등과 투쟁을 중심 내용으로 하고 있다. 실효성과 외적 가치를 제일로 치는 당시의 시대정신과 융의 무의식의 심연에 존재하면서 태곳적부터 미래로 이어질 깊은 곳에서의 정신이 상반되고 대립되는 상황 속에서 자신의 영혼을 찾고자 하는 융의 자각과 몸부림이 생생하게 묘사되어 있다.

> 나의 영혼이여, 그대는 어디에 있는가? 나의 말이 들리는가? 지금 나는 말을 하고 있어. 그대를 부르고 있어. 그대는 거기에 있는가? 내가 다시 돌아왔어. 다시 여기 왔어. 나는 나의 발에서 흙먼지를 모두 털어 냈어. 나는 다시 그대에게 왔어. 지금 그대와 함께 있어. 오랜 세월에 걸친 멀고 먼 방랑 끝에, 다시 그대에게 돌아왔어. 그대에게 내가 보고 겪고 흡수한 것을 죄다 말해 주어야 하는 것인가? 아니면 그대는 생명과 세상의 모든 소음에 대해 듣고 싶어 하지 않는 것인가? 그러나 그대가 알아야 할 것이 한 가지 있네. 내가 배운 한 가지는 사람은 이 생명을 직접 살아야 한다는 거야 (Jung, 2012).

융은 레드북 시절의 영혼의 체험을 스스로 이해하기 위하여 고대 영지주의의 작품들을 연구하기 시작하고, 자신의 경험이 고대 영지주의자들의 영적 지식의 체험과 결코 다르지 않음을 발견하게 되어 영지주의 문헌과 집단 무의식, 원형의 이론 등에 관심을 갖고 자신의 심리학 체계에 적극 활용하게 된다. 융은 영혼의 체험이 있기 전에는 영지주의자들의 기록에 대해 반신반의하였으나 자신의 체험이 있고 난 후에는 그들의 신화적 용법을 믿는 것이 아닌 '아는 것'으로 변화되어 받아들이게 되었다.

이 『레드북』 시절 융은 가뜩이나 ISTJ로서의 내면적 성향이 지배적이었던 그의 심리 유형에 삶의 위기와 더불어 내부 속으로 침잠해 들어가 내부 지향적 심리 에너지로 자신의 내적 영혼을 찾았다. 이 시절의 융은 '심연의 영혼'을 추구하며 당시 지성인들을 매혹시켰던 과학주의와 실증주의의 허상을 넘어 심연 속의 영혼의 진실과 마주치는 자신만의 경험, 즉 개성화의 체험을 스스로가 혼돈의 깊음 속에서 체험하고 있었다. 그는 자신의 경험을 통해 우리 안의 영혼의 진실과 만나지 못한다면 그것은 자신의 내부 안에 악마와 괴물들을 키우는 것과 마찬가지라고 경고하며 외부 지향적이며 성취 지향적인 현대인에게 잃어버린 영혼을 찾을 것을 권고하고 있다. 그는 그 구체적 방법으로서 적극적 상상의 방법을 통한 심상기법들과 표현예술적 만다라와 그림, 놀이치료적 요소들을 다양하게 사용하고 있다.

또한 이 시기의 융의 특징으로는 자신의 독특한 영적 체험과 심리학적 지향점 속에서 영지주의적·연금술적 세계관을 발견하고 이를 거부하거나 부정하려 들지 않고 적극적으로 수용해 나갔다는 데 있다. 융은 인간정신 내부에 존재하는 신의 이미지(Imago Dei)에 대한 확고한 신념과 이 신적 이미지와의 만남의 체험(단순한 믿음이 아닌)인 누미노즘(Numinosum)에 대한 강조, 즉 신에 대한 간접적 지식이 아닌 직접적인 지식으로서의 영지와의 합일과 의식의 발달을 통한 개성화의 완성(무의식의 목적성)을 강조하며 이러한 무의식적 심리학의 증거를 고대 영지주의 문헌들과 연금술적 문헌들에서 발견하려 노력하였다. 이 점이 분석심리학을 다른 심리학적 체계들과 차별화를 가져오게 하는 커다란 특징을 이루는 독특한 점이라 말할 수 있겠다.

연금술은 중세기에 융성했던 물질의 변용에 대한 자연과학과 철학, 종교

등이 응용된 비의학과 그 실천의 체계로서 중세의 많은 철학자와 신비가들에 의해 연구되고 많은 사람들의 관심을 받아 왔으나 18세기 이후 계몽주의와 새로운 과학의 출현과 함께 사라진 과거의 전통이었다. 융은 이 연금술의 과정이 객관적 과학의 진위를 떠나 심리치료의 과정과 매우 유사한 과정을 지닌다는 점에 착안하여 자신의 심리치료 이론의 역사적·원형적·문화적 근거를 연금술의 이론과 실천과정 및 그 유추에서 찾는다. 더불어 독창적 창의적 작품들을 많이 생산해 내는 시기로서 원형(archetype)이론, 심리유형론 등 자신의 독창적인 이론뿐 아니라 연금술과 영지주의에 대한 관심의 결과물로서 중국에 파송된 선교사였으나 중국문화와 동양 연금술의 전문가가 된 Richard Wilhelm과 『황금꽃의 비밀』을 공동 번역하며 주석 작업을 남기고 영지주의 연구에 매진하는 가장 창의적인 시기를 보낸다.

융은 연금술사들이 사실상 무의식적인 신비적 참여(Participation Mystique 혹은 투사적 동일시)를 자신의 바스(Vas) 안의 물질의 변형(transmutation)에 투영하고 있다는 것을 깨달았다. 그들이 연금술의 과정에서 보고 있다고 믿었던 이미지들은 실제로 연금술사의 내적 이미지가 투사되어 물질에 투영된 결과물을 마치 홀로그램의 형태처럼 지켜보고 있을 뿐이라는 것이다. 융은 연금술의 여러 과정들 안에 들어 있는 정신의 역동성에 대한 풍부한 심리적 정보 원천을 은유적으로 사용한 연금술의 비방들의 상징적 문서들을 심리적으로 이해하게 된다. 예를 들어, 연금술사들이 납이라는 원질료(prima materia)를 가지고 변형시켜 생산하려 했던 '금'은 사실 연금술사 마음의 초기 무거운 어둠과 불신에서 벗어나려고 애쓰는 '자기(the Self)'의 경험이었다. 물질의 변용에 필수적인 화학 조합을 설명하기 위해, 실제 화학에 관한 지식이 없는 연금술사들은 왕과 왕비의 결합이나 해와 달의 결합과 같은 상징 이미지를 은유적 형상으로 사용했다. 그들은 이 과정을 연금술사와 변용될 물질 간의 상호 주관적 결합의 초기 신화적인 결합된 한 쌍으로 생각할 수 있는 합일과정이라고 불렀다. 자신의 환자 중 물리학자인 볼프강 파울리(Wolfgang

Pauli)의 꿈을 분석함으로써, 융(1968)은 고대 연금술적 상징이 현대인의 정신에 어떻게 나타나는지를 보여 주었다. 그는 파울리의 꿈속에 나타나는 이미지가 객관적 정신에서 발견되는 신화적 이미지의 일부라고 믿었다. 이는 파울리 안에 잠재되어 있던 자기(the Self)의 집단 무의식적 원형의 발현으로서, 내향적 혹은 학습의 결과가 아닌 집단 무의식의 원형적 이미지를 생산한다고 믿었다. 융은 이러한 믿음을 가지고 자신의 환자들이 보고하는 꿈의 이미지를 집단 무의식의 표현으로서 그 안에서 이루어지는 연금술적 변화(transformation) 과정에 심리치료사가 신비적 참여로서 적극적으로 참여하고 있음을 강조했다. 그럼으로써 그의 메시지는 치료에 있어서 분석가의 위치와 역할은 단순한 중립적 스크린으로서의 역할이 아닌 적극적 참여자로서의 역할이라는 것을 강조하고 분석가의 체계적 훈련과 자기성장의 요소를 강조하였다(Edinger, 1991).

3) 세 번째 챕터, 완숙기(1930-1961)

레드북의 시기를 통해 융의 전체적 사상이 완성되었다면, 1930년 이후의 이 시기는 그의 사상을 세계의 많은 지성인과 영혼의 치료자들에게 영향을 끼치는 시기라고 말할 수 있겠다. 1933년 융은 스위스의 휴양지 아스코나에서 융 심리학에 관한 연구단체인 에라노스 학회에서 첫 번째 모임을 가지며 적극적으로 자신의 무의식의 학설을 전파하기 시작한다. 이러한 적극적 활동은 그동안의 레드북 시기의 칩거를 통한 자신의 영혼과의 만남과 개성화의 길에 대한 그의 확신과 결코 무관하지 않다. 이러한 내적 온전함의 길에 대한 자신감은 그의 학자적 · 영적 · 지도자적 활동의 폭을 넓히는 심리적 에너지가 되었음이 분명하다. 1936년에는 Harvard 대학에서 명예박사를 취득하며 '연금술에서 볼 수 있는 종교적인 사상'을 발표하고, 이어서 62세인 1937년 Yale 대학의 테리 강좌에서 '심리학과 종교'를 발표, 1938년에는 Oxford 대

학, Hebrew 대학, Calgary 대학, 파키스탄의 Allahavad 대학 등지에서 명예
박사를 취득함으로써 기독교, 힌두교, 이슬람교 계통의 대학에서 모두 명예
박사를 받게 된다. 이는 단지 개인적 명예와 융 심리학의 세계적인 인정에 지
나지 않고 그의 심리학이 지닌 인간의 보편적 영성에 대한 현상학적 진실 탐
구의 객관적 평가라는 데 큰 의미가 있다.

　종교는 프로이트와 융의 결별의 이유 가운데 중요한 요인이었다. 프로이
트에게 종교는 유아기적 환상이었다. 프로이트에게 있어서 성인이 된 세계
에서 반드시 극복해야 할 과제가 오이디푸스 콤플렉스와 유아적 환상으로서
의 종교심이었다. 반면, 융에게는 종교가 정신의 필수적이고 불가분의 기능
이었으며, 심지어 본능이었다. 그는 어떤 형태의 영성이나 의미와 목적의식
의 부재가 고통의 원인이라고 믿었다. 그러나 융은 추상적, 관념적 신학이나
믿음이 아닌 직접적인 종교적 경험에 주로 관심이 있었다. 특히 융학파 치료
사와 상담할 가능성이 있는 특정 유형의 사람은 종교적 신경증과 관련이 있
다고 융은 주장한다. 인생의 후반부에 개인적으로는 세상에 잘 적응하고 특
별한 장애에 고통받지 않는다는 점에서는 성공적이나 삶의 의미를 상실한 경
우가 이 경우에 해당한다. 그런 사람들은 종종 전통적인 종교에 대한 도그마
로서의 충성심을 잃고 겉으로의 신앙인으로서의 믿음이 없다. 융은 이러한
신경증의 해결책은 오히려 심리 내면의 진정한 종교적 태도를 회복할 때 가
능하다고 믿었지만, 그것이 반드시 특정 도그마를 고수한다는 의미는 아니
다. 오히려, 집단 무의식으로서의 자기 원형의 발견과 삶의 의미 발견에 주목
해 개인의 진정한 영성을 개발하는 것이 중요하다고 강조한다. 영혼의 체험
(Numinose)이라는 용어는 신학자 Rudolf Otto(1917)가 신선한 경험의 특징이
라고 믿었던 특별한 정서적 자질을 가진 경험을 말한다. Otto에 따르면, 이러
한 유형의 경험은 신비롭고, 놀랍고, 매혹적이며, 종종 경외심, 두려움, 일반
적인 경험 영역 이외의 다른 무언가와 접촉하고 있다는 느낌과 감정을 만들
어 낸다. 모든 종교 전통은 이런 종류의 경험에 기초를 두고 있지만, 융은 이

러한 경험이 종교적 전통 안에 있는 특별한 사람들에게만 국한되지 않는다고 믿었다. 왜냐하면 이러한 경험은 누구에게나 일어날 수 있기 때문이다.

융은 이러한 경험의 내용이 특정 종교의 신의 이미지와 부합해야 한다고 생각하지 않았다. 오히려 그 체험의 정서적인 질이 중요한 것이라고 주장했다. 융은 그러한 경험이 자아와의 만남 또는 정신의 원형 수준과의 만남이라고 믿었다. 그는 현상학적 경험이 심리학적 사실이며, 체험의 주체에 대해 스스로 인증할 수 있다고 지적했다. 그것들은 현상학적이고 해석학적인 접근법을 사용하여 가장 잘 이해될 수 있고, 따라서 모든 치료자는 현상학자이며 해석학자의 태도를 가질 것을 주장한다. 그것들은 꿈에서, 깨어 있는 환상에서, 자연 세계에서, 그리고 때로는 출생과 죽음과 같은 중요한 순간에서 발생하는 인생의 긴 여정에 함께하기 때문이다.

3. 융의 이론적 특징

1) 집단무의식의 구조와 역학

융에게 있어서 무의식은 말 그대로 알 수 없는 영역이다. 그러나 융에게 있어서 무의식의 개념은, 프로이트의 무의식처럼 개인적 영역의 본능적 억압과 변형의 축적이나 경험의 흔적들이 아니라, 존재론적이며 정신의 실제적인 차원이다. 우리는 무의식의 본질에 대해 전혀 알지 못하며 추측할 수 있을 뿐이다. 그러나 우리가 매일의 삶 속에서 구체적인 영향을 받는 존재론적 실체이며 현상학적 경험의 모체이다.

융의 무의식에 대한 견해는 고전적인 프로이트적 견해와 처음 반은 비슷하나 그 이후로는 근본적으로 달랐고 그 차이가 정신분석학과 분석심리학을 가르는 근본적 차이를 이룬다. 프로이트와 공통분모를 이루고 있는 부분을 그

는 개인 무의식이라 불렀을 뿐이다. 개인 무의식은 프로이트의 주장처럼 본
능의 변형된 형태이거나 어린 시절의 억압된 내용을 담고 있다. 동시에 개인
무의식은 또한 대인관계적 차원과 어린 시절의 성장환경, 양육환경의 흔적을
담고 있기도 하다. 그러나 융의 무의식이론의 강조점과 커다란 특징은 그의
독특한 주장인 집단 무의식의 개념에 있다. 이론적인 측면에서 프로이트와
의 결별을 촉진하게 된 집단적 무의식의 개념은 다른 말로 인간의 정신 심층
속에 깃든 객관적 또는 자율적 정신이라고 하는 깊은 층을 말한다. 이는 모든
인류의 문화와 정신에 공유하며 신화적·종교적·민속적 이미지로 표현된
다. 모든 동물에게 개체 발생적이며 본능적인 선험적 행동구조가 있듯이, 인
간에게서도 선험적이며 본능적인 집단 무의식은 항상 상징적 체계(system)로
자신을 표현하며 다양한 문화와 역사적 시기에 걸쳐 발견되고 어느 문화, 어
느 민족에게든 일관되게 표현됨으로써 원형적인 패턴을 드러낸다.

무의식의 원형적 형태는 일반인의 꿈 이미지와 정신병 환자들의 증상에도
나타난다. 인간 내면의 심층에 자리한 무의식의 원형적 자기표현의 개념은
프로이트의 이론에서 그가 '기억의 희미한 잔재'라고 부르는 형태로 발견되
거나 오이디푸스 이야기와 같은 보편적인 신화적 이미지로도 발견된다. 그
러나 융의 집단 무의식의 원형패턴 이론은 이러한 신화적이고 집단적인 심리
적 모티브의 수를 급진적으로 확장시킨다.

융에 따르면, 모든 인간의 심층 속에는 신화소라 말하는 원형적 요소가 자
기를 들어내기를 기다리고 있어서 그리스 신화나 각 민족의 민담이나 동화
같은 많은 반복되는 주제들이 특정 개인의 심리적 자기실현과 관련이 있을
수 있다. 또한 융에 따르면, 이러한 원형들은 물질세계의 작동법칙인 물리법
칙과 다소 유사하게 정신 내에서도 일정한 과정으로 자신을 나타내는 것으로
간주된다. 물리적 세계에 일정한 구조와 법칙, 작동 원리의 질서가 있듯이,
정신세계도 집단 무의식이 자기를 드러내는 고유의 본질적인 구조와 역학관
계를 가지고 있는데, 이 구조들은 전형적인 원형적 이미지의 형태로 각 민족

의 신화와 종교에 나타난다.

융은 원형이 개인과 문화적인 원천에서 파생된 이미지를 사용하여 상징적으로 표현되기 전까지는 특별한 내용이 없는 순수한 형태라고 강조한다. 원형들은 전형적으로 잠재력이나 성향을 제공한다. 인간의 경험의 다양한 내용은 그 개인이 체험한 환경과 지역 문화에 의해 주어진다. 개인적 차원에서 아기는 어머니 원형의 정신 속에 존재하기 때문에 어머니를 경험하기를 기대한다. 아이를 보살피는 것은 보편적이지만 세부 사항이나 양식은 문화적으로 다양한 스펙트럼이 있으며, 이러한 잠재력을 개인적인 시간과 공간에 끌어들이는 것이 인간의 문화창조와 신화창조의 기능이다.

집단적 차원에서는 신화적 · 종교적인 전통에서, 전형적으로 어머니 원형의 어떤 버전을 여신이라고 부르는데, 이는 신의, 대모 또는 하늘여왕의 여성적인 측면이다. 지역문화는 그녀에게 축복받은 성모 마리아, 소피아, 쿠아닌, 칼리 또는 데메테르와 같은 특별한 이름을 주지만, 이것들은 모두 정신 속 깊은 구조의 문화적 예시들이다. 이와 마찬가지로 제우스, 목성, 야훼, 오딘은 하늘 아버지 원형(sky father archetype)의 신화적인 모습이다. 그러므로 원시종교나 각 문화권에서 신과 여신이라고 부르는 것은 인간의 심층정신 속의 원형의 자기표현에 대한 각기 다른 문화권의 지역 이름으로 생각할 수 있다. 이 점에서 많은 융학파에게 무의식의 원형적 수준은 종교적 전통이 영적 차원이라고 부르는 것과 동의어이다. 융은 꿈의 형태로 일어날 수도 있는 정신의 원형 수준과의 직접적인 접촉은 종교적 경험에 대한 전통적인 설명과 동의어인 경험을 만들어 낸다고 믿었다.

후기 융학파들, 특히 포담(Fordham)을 비롯한 발달학파들은 멜라니 클라인(Melanie Klein)의 무의식적인 환상에 대한 개념과 생리적 본능을 심리적 판타지로 환원할 때 근본적으로 작동하는 심리적 심층구조의 선험적 구조를 융의 원형에 대한 개념과 밀접한 관련이 있다고 생각하며 클라인의 대상관계적 무의식의 소통의 핵심개념인 '투사적 동일시'를 융의 무의식적 소통의 핵심

개념인 참여적 신비(Participation Mystique)와 비교한다(Winborn, 2014). 이러한 융의 선험적 집단 무의식의 개념은 프로이트의 계통 발생적 원시 환상의 개념이나 라캉의 언어로 구조화되는 무의식의 개념, 비온의 'O'의 개념과 유사하다. 융의 집단 무의식의 이론에서 개인은 결코 백지 상태의 마음이 아니다. 각 개인의 독특한 특성과 개성들은 음악성과 같은 특정한 재능을 설명하는 데 도움을 주는 독특한 원형적 특징들을 가지고 있다고 간주된다. 이러한 특징들은 그 개인의 훈련과 환경만으로 설명될 수 있는 것이 아닌 원형적 특징을 지니고 있다. 따라서 상담의 현장에서 이 원형적 특징이 내담자의 삶의 환경 안에서 어떻게 조화롭게 실현되어 가느냐 혹은 좌절되어 있느냐를 주목하여 살펴보고 그 실현을 도모할 수 있도록 내담자의 상상력을 극대화하는 일에 적극적 상상력의 기법을 동원해야 할 것을 융이안 치료자들은 주장하고 있다.

융의 집단 무의식 이론과 원형이론은 여러 가지 이유로 비판을 받아 왔는데, 가장 보편적인 비판은 융 자신이 원형과 그 상징적 표현을 구별하지 못했다는 점이다. 원형이라는 개념은 어떤 의미에서 본질주의적이며, 또 어떤 의미에서 서구철학의 기초가 되는 플라톤주의의 핵심인 이상주의를 연상시킨다. 플라톤의 이데아 사상은 너무나 방대한 범위의 현상들에 걸쳐 발견되기 때문에 체계적인 방법으로 분류하기 어렵고, 그 이론은 구체적으로 표현해야 하는 심리치료적 적응에 철학적 가치 이상으로 역할을 하기에는 모호하다는 것이 융의 집단 무의식 이론과 원형 이론을 비판하는 학자들의 공통분모이다. 동시에 융의 이론을 추종하는 융학파 역시 이러한 이론적 추상화의 기반하에 개별 문화의 특수성을 무시하면서 그것의 고유한 역사적, 문화적 배경에서의 신화적 이미지를 오히려 벗겨 내고 너무 성급한 일반화에 도달하려 한다는 비판을 받는다. 융은 종종 그의 접근에 있어서 지나치게 주관적이며 철학적이라는 비난을 받고 있으며, 원형을 영적 원리로 보는 그의 견해는 많은 사람에게 너무 신비적으로 보이며 때론 그 자신이 가지고 있는 나르시시즘의 투사적 동일시로서의 '신-컴플렉스(God-Complex)'라는 비판을 받는다. 임상적으로, 원형 이론의 결정적인 단점은 원형 이론이 자칫 모호한 특징을 지닌 것처럼 개인적인 삶의 책임을 피하기 위해 추상적인 방어와 자기합리화로 사용될 수 있다는 것이다.

그러나 원형 이론은 임상의 다양한 상황에서 큰 그림을 그리며 치료의 목적을 내담자와 함께 몽상하는 데 커다란 도움이 된다. 원형 이론이 개인적인 설명이나 발달적인 설명은 부족하지만 내담자가 안고 있는 소외와 신경증의 배경으로서의 상황적·존재론적 이해를 위한 커다란 그림으로서의 배경으로 원형적 특징을 활용할 수 있다. 원형 이론은 내담자로 하여금 더 큰 이야기 안에서 자신의 파편화된 이야기의 틀을 이해하고 꿈꿀 수 있는 커다란 틀을 제공하고 동시에 개인 안에서 보편적인 이야기를 발견할 수 있게 해 주는데, 이것은 내담자로 하여금 자신의 우주적, 존재론적 이야기의 틀 안에서 세부적 자신의 이야기의 '치유적 소설(Healing Fiction)'을 써 가게 하는 데 도움이 되는 효과를 줄지도 모른다(Hilman, 1983). 자신이 가지고 온 삶의 파편화된 인간 딜레마에 대한 원형적 배경을 식별하고 알아차리는 것은 융이안 심리치료의 핵심적 과제로서 단순히 발달과정의 결핍이나 상황에 대한 배경지식과 통찰을 뛰어넘는 존재론적 상상력을 요청하는 것이며, Hillman의 말처럼 영혼을 되살리는 과정이다. 이 점에서 융의 원형 이론은 정신세계에 대한 영적 접근과 신학과 융합할 수 있는 소통의 도구 이상을 제시하며, 오늘날 많은 심리치료의 요법에 영혼의 가치를 다시 한 번 일깨워 주는 소중한 발견이기도 하다.

2) 페르소나와 자기(the Self)

페르소나(Persona)는 우리가 받아들일 수 있는 방식으로 세계에 적응하기 위해 채택하는 외적 인격의 집합체로서 자아(ego)의 집합체이다. 융에게 있어서 페르소나는 자아의 산물이며 자아는 의식 분야의 중심으로 인격을 의식하는 주체이다. 어떤 것이든 의식하는 것은 자아의 일부분이다. 융은 자아가 선험적 자기 원형에서 발달적으로 수많은 환경과의 적응과정을 통해 빙산의 떠오르는 부분처럼 유아기로부터 평생의 여정을 통하여 발생한다고 믿었다. 이러한 의식의 섬들은 아이가 외부 세계와 상호작용을 하기 때문에 개성이 발달함에 따라 점차 페르소나로 귀결되며 굳어지게 된다. 융의 이러한 자아와 페르소나의 발달에 대한 개념은 코헛(Kohut)과 위니컷(Winnicott)과 같은 대상관계 이론가들에게서도 발견된다.

페르소나의 내용은 우리의 상황에 따라 다르기 때문에, 우리가 직업적인 상황에서 가지고 있는 것과 인간관계에서 가지는 것은 다른 성격을 갖는다. 이러한 외적 인격인 페르소나는 보통 환경의 요구와 우리 자신의 감정 사이의 타협이며, 그림자를 가리는 데 자주 사용된다. 이 외적 인격은 오랫동안 생존과 사회적 역할을 통해 만들어진 사회적 적응을 위한 일종의 기능적 가면(mask)인데 사람들이 이 외적 기능의 가면을 진짜 정체성인 것처럼 과민반응을 보일 때, 성격과 관련된 주요 문제와 신경증이 발생한다고 융은 설명한다. 사회적 기능을 하는 필요적 기능인 페르소나가 그 사람의 전 관계와 인격을 지배해 버릴 때 자신과의 소외라는 신경증에 노출될 수가 많다고 융은 경고하고 있다.

융(1969a)은 '콤플렉스(complex)'라는 용어를 사용하여 중요한 감정적 의무를 가진 관련 사상, 연관성, 신념, 이미지, 기억의 집단으로 구성된 정신내부의 구조를 표현했다. 아들러(Adler)는 권력욕구와 관련된 열등감을 지적했고 프로이트는 오이디푸스 콤플렉스를 확인했지만, 융에게 있어 정신은 다른 많은 종류의 콤플렉스를 포함할 수 있다. 돈에 콤플렉스를 둘 수 있고, 자기존중, 권력 또는 강박적인 행동에 콤플렉스가 머물 수 있다. 메시아나 구세주 콤플렉스는 자신을 다른 사람을 구해야 하는 사명을 가진 것으로 보는 성직자들에게서 나타난다. 융은 욕동이론가가 아니었기 때문에 '원초아(id)'나

'초자아(superego)'와 같은 용어에 대한 언급 없이 그런 콤플렉스의 내부 역학 관계를 기술하고 있다. 콤플렉스는 전체적인 성격과, 특히 페르소나 내에서의 분열된 정신과 같아서 그들의 관점은 마치 내적가족체계(Internal Family System: IFS) 이론이 말하는 것처럼 하위자기 체계와 같이 지각과 행동을 색칠할 수 있는 자율성을 가진 내부 주체처럼 행동하는 경향이 있다. 그것들은 전형적으로 치료에서 전이/역전이에 근본적으로 영향을 미치며, 어머니나 아버지 콤플렉스처럼 이것은 긍정적이거나 부정적일 수 있다. 긍정적으로 톤이 조절된 아버지 콤플렉스는 개인이 젊은 남성들에게 좋은 멘토가 될 수 있도록 하는 반면, 부정적인 아버지 콤플렉스는 권위 있는 인물이나 위계와의 끊임없는 투쟁을 야기할 수 있다. 긍정적인 어머니 콤플렉스는 감정적 유대감을 주는 반면 부정적인 형태는 포기, 우울증과 같은 특징으로 이어질 수 있다. 영웅 콤플렉스는 모험심을 일으키거나 무모한 허세를 부리게 할 수도 있다. 신경질적으로 음조된 복합체들은 수치심, 거창함, 자기혐오 또는 친밀감 또는 다른 감정적 취약성의 발현으로서 경미하게 그들 자신을 드러낸다. 콤플렉스는 어떤 특정한 상황에 대응하여 갑자기 활발해질 수 있는데, 그 경우 우리는 그 상황에 의해 일시적으로 '유혹'되어 현실의 자아가 일시적으로 한쪽으로 휩쓸려 버리고, 우리는 평소의 성격과 일치하지 않는 방식으로 행동하게 된다. 콤플렉스가 의식의 전체성과 분리될 때, 그것은 나머지 인격과 분리된 하위 인격처럼 작용한다. 극단적으로, 이것은 각각 특정한 콤플렉스를 나타내는 여러 개의 성격을 만들어 낼 수도 있다.

    융의 접근법의 중요한 특징은 콤플렉스의 중심에는 어머니, 아버지, 영웅 또는 어린이 원형과 같은 원형이 놓여 있는데, 이 원형은 항상 감정적으로 적재되어 있기 때문에 콤플렉스의 움켜쥐는 힘과 정서적 강도를 설명하는 데 도움이 된다는 생각이다. 이는 콤플렉스가 개인의 생활 경험과 초기 애착을 바탕으로 한 개인 자료의 껍데기로 둘러싸인 대인관계 코어를 가지고 있다는 것을 의미한다. 따라서 치료사는 두 가지 단계를 모두 알고 있어야 하며, 그것이 발생할 때 개인적인 물질로 작용해야 하지만 또한 꿈이나 환상에서 종종 볼 수 있는 더 깊은 수준의 인식도 해야 한다.

콤플렉스를 이용한 심리치료 작업은 환자의 의식의 점진적 증가와 그 내용물의 통합 정도를 초래한다. 예를 들어, 타인을 지배할 필요성은 리더십 잠재력으로 바뀔 수 있다. 치료작업의 결과 콤플렉스의 구조는 종종 무의미한 상태로 남아 있지만 그 감정의 강도는 부드러워지고 골칫거리도 덜하게 된다. 모든 원형은 양극과 음극으로 양극이기 때문에, 심지어 한 개인이 매우 부정적인 개인 어머니나 아버지로부터 고통을 받았을 때에도, 원형의 긍정적인 면의 경험의 잠재력은 항상 존재한다. 그리고 심리치료 중에 보상전이의 형태로 활성화될 수 있다. 치료사의 긍정적인 경험은 잠재된 원형적 가능성의 출현을 촉진한다. 그 결과 종종 환자의 난관에 새로운 빛을 던지는 상징적인 물질 형태로 꿈에 나타나는데, 예를 들어 빛나는 신생아의 꿈 이미지, 즉 신화의 신령한 아이로서의 자아를 원형적으로 표현한 것으로, 몽상가의 미래에 대한 잠재력을 암시한다. 융의 모델에서, 심리치료의 이점은 치료사의 행동의 결과일 뿐만 아니라, 정신요법은 환자 내부에서 무의식적인 치유 가능성을 활성화한다. 그러나 이러한 콤플렉스의 의식화도 내담자의 심리심층 구조 안의 '자기'와의 연결 속에 있을 때에만 긍정적 활성화가 될 수 있다.

융 심리학에서 '자기(the Self)'는 인격의 중심 구성 원리로, 일종의 중력 중심이다(Charles, 2018). 자기는 또한 정신의 전체성, 즉 모든 내용과 과정의 총합으로 보여 진다. 융에게 있어서 자기는 상상력의 원천으로서 인격 안에 있는 신의 이미지로 생각되며, 우파니샤드의 아트만, 기독교의 그리스도와 올림포스 신화의 제우스와 구약의 야훼나 신화적인 신성과 같은 신의 특수한 이미지와 견주되며 종종 이 자기가 원을 뜻하는 산스크리트어 용어인 만다라와 같은 전체성과 전체성의 상징의 형태로 꿈에 나타난다고 주장한다. 동양과 인디언들의 종교 전통에서 이러한 만다라의 형상은 대개 원과 정사각형의 조합과 종교적 이미지가 겹쳐져 명상의 보조 수단으로 사용된다. 이 만다라 형상의 출현은 꿈꾼 사람의 삶이 혼란스러울 때 꿈에서 발생하는 경향이 있는데, 융에 따르면 이러한 현상은 자기 원형의 출현으로 혼란 속에 질서 의식을 회복하려는 집단 무의식의 시도이다. 이러한 자기에 대한 독특한 생각은 융 심리학의 독특성과 밀접한 관계가 있다. 즉, 페르소나의 극한에서 오는 자기의 분열과 소외가 모든 신경증적 혼란의 근원이 된다는 독특한 생각이다. 따라서 신경증의 근원적 해결은 단순한 자아의 현실에 대한 적응의 강화에 있지 않고 적극적으로 소외와 분열의 근원을 탐색하여 끊어진 자기와의 끈을 다시 연결하는 것만이 근원적 치료가 될 수 있고 이 점에서 정신치료와 종교의 목적은 하나이고 심리치료는 종교의 세속화된 버전이라는 융의 주장이 성립이 된다. 이러한 '자기'가 신에 대한 신비한 이미지이며 자기실현의 원형이라는 융의 생각은 유대인과 기독교 신학자들 사이에서 큰 논쟁을 불러일으켰는데, 그들은 융이 초월적인 신성을 인간의 무의식의 산물이나 내재적 환상의 형태로 환원시킨다고 비난하고 있다. 이러한 비판에 대한 융의 반응은 자신의 신경증 환자에 대한 경험의 결과 집단 무의식은 현상학적으로 실재하고, 경험이 실재하는 한 그 신상은 환자의 내면에서 살아 움직이며 역할을 한다는 것이며, 신적 이미지로서의 자기 경험을 적극적으로 활용(적극적 상상법)하여 자기실현과 개성화의 길로 인도하는 것이 종교적 도그마에 대한 충성심보다 더 중요한 종교적 일이라고 역설하였다.

3) 그림자

융에 따르면, 그림자는 부정과 긍정의 두 가지 측면이 있는 정신 내부적 구조이다. 그림자는 프로이트의 개인 무의식의 주장처럼 부정적인 형태에서, 개인의 무의식적 억압물이거나 질투, 증오 또는 다른 받아들일 수 없는 것, 거부되거나 변형된 기억의 희미한 흔적들로서 거절하기를 원하는 성격의 측면으로 구성된다(Jung, 1969c). 긍정적인 면에서 그림자는 개인의 미개발된 재능과 잠재력으로 구성된다. 그림자는 무의식적으로 다른 사람들에게 투사될 때만 의식으로 인식되는 역설이 있다. 그림자의 투사는 여러 종류의 투사 행위에서 발견되는데, 인종차별과 성차별, 다른 문화나 다른 사람들에 대한 평가절하 등 여러 사회의 혼란과 투사적 동일시에 기여한다. 부정적인 그림자는 흔히 꿈속에서도 자주 등장하는데, 이때는 문제가 있는 행동이나 꿈꾼 사람의 다른 동성 인물의 모습으로 꿈에 나타나곤 한다. 예를 들어, 신앙심과 경건함의 페르소나로 무장한 성직자의 꿈속에 나타나는 용병의 모습은 그가 지닌 공격성이나 욕심의 의인화된 모습으로서 자신의 인격 안에서 분열시키고 소외시킨 인격의 그림자이다.

융 심리학에 있어서 심리치료의 시작은 그림자의 인식과 통합에 있다 해도 과언이 아니다. 치료작업은 그림자에 대한 인식과 통합으로 이어져야 하며, 이 경우 완벽한 제거가 아닌 그림자와의 통합을 통한 조화로움의 달성이다. 이러할 경우 환자의 그림자였던 공격성이 자기 의견에 대한 명료한 표현으로 변형되어 조화롭게 드러나고 타인을 공격했던 취약성이 타인에 대한 민감성으로 변형이 된다. 그림자의 통합과정과 중용으로서의(완벽으로서가 아닌) 변형의 길은 개인뿐만 아니라 사회의 성숙과정에도 필수적이다. 모든 사회에는 그림자의 투사적 행위들이 분열과 반목을 심화시킨다. 나치 독일은 독일이라는 문명사회가 그림자를 억압하고 분열시킴으로써 어떻게 히틀러라는 상징인물을 통해 전체 사회가 집단적 그림자의 희생양이 되어 갔는가를 잘 알려 주는 역사의 극단적 예이다. 이처럼 사회와 조직의 그림자는 개인의 개성과 독특성이 상실되어 종종 그림자의 투사물로서의 악이 생기는 일종의 무의식적인 집단적 정신으로 이어진다.

4) 아니마와 아니무스

융은 꿈속에서 성적 인물의 형태로 나타나는 모든 성격 속에는 이성적인 특성이 있다고 믿었다(Jung, 1967b). 남성의 여성적인 면을 아니마(Anima)라고 부르는 반면, 여성의 남성적인 구성요소는 아니무스(Animus)로 알려져 있다. 인격의 완전한 발전을 위해서는 자신의 내부에서 이러한 서로 다른 반대성의 요소들을 통합하거나 의식하는 것이 중요하다. 특히 인생의 후반부라 불리는 중년기 이후의 발달과정에 있어서 아니마/아니무스와의 통합은 인격 발달과 성숙의 과정에 필수적이다. 융은 수용성, 관련성, 양육과 같은 자질은 원형적으로 여성적인 반면, 주장성, 구조, 힘과 같은 자질은 남성적인 것이라고 믿었다. 현대의 많은 학자는 이러한 전통적 성 역할의 나눔에 대해 가부장적 의식으로 강요된 사회적 고정관념일 뿐이며, 남성적이고 여성적인 행동의 내용은 문화적으로 결정된다고 믿는다. 그러나 성격에 대한 이성적 요소라는 개념은 계속 유지되고 유용한 자원으로서 후반부 인격의 성숙에 많은 영향을 미친다. 왜냐하면 이성적 요소들의 결합과 융합의 이슈는 무의식의 작업이기 때문이다. 융 심리학은 한 사람이 겪고 있는 하나의 단편적 증후에 초점을 맞추기보다 그 사람의 인격의 성숙과정의 자질을 이해함으로써, 무의식의 더 깊은 단계에 접근하여 커다란 통합의 이야기에 관심을 가진다. 특히 인생의 중반부 및 후반부에 나타나는 아니마/아니무스를 투영할 수 있는 대상들에게 매료되는 현상이 단지 사랑에 빠졌다는 감성적 요인으로서의 신경증적 현실 도피행위만을 의미하는 것이 아니라 사랑하고 사랑받는 사람들이 끌리는 무의식의 자원들이다. 그렇다면 그 자원들을 의식화함으로써 더 나은 통합의 이야기로 이끌어 가는 것이야말로 삶의 해석자로서의 치료자 의무를 구현하는 길일 것이다. 이때 주의해야 할 점은 바로 감정적으로 성장하기를 거부하는 개인에게서 발견되는 원형적 패턴인 'the puer/puella aeternus(영원한 소년이나 소녀를 가리키는 라틴어)'이다. 피터 팬처럼 그들은 영원한 청소년으로 남기를 원하며, 나이가 들어도 감정적인 삶은 결코 이 단계를 넘어서 성숙해 보이지 않는다(Charles, 2018). 그들은 종종 상상력이 풍부하고 창조적이지만 미래에 대한 관심이 없고, 평범한 한계와 경계를 싫어하며 오히려 특별하다고 느낀다. 그들은 스턴트 비행, 등산 그리고 다른 위험한 스포츠에서 발견되는 종류의 흥분이 필요하다. 많은 사람이 매력적이지만 그들은 종종 다른 사람들로부터 돈을 받고 일하기를 거부한다. 이 원형의 또 다른 극은 지나치게 통제되고 규칙적으로 구속되고 이성적인 성격의 '어르신(senex)'이다. 이러한 성격을 다룰 때 치료적인 과제는 이러한 양극성 사이의 균형과 조화를 이루는 것이다

5) 개성화

융 심리학의 치료적 목표인 개성화(Individuation)는 인격의 최대한의 발전과 자아(융, 1967b)의 실현을 의미한다. 이 말의 원뜻은 나눌 수 없는 자신이 된다는 것이고, 진정한 개성을 실현한다는 뜻이다. 융에 따르면, 개성화의 길은 인간의 숙명적 길이다. 따라서 이 과정은 자연스럽게 일어나지만 개성화의 필요성에 대한 인식은 심리치료의 길로 이르게 하는 인위적인 사건이나 감정적 위기로 촉발되는 경우가 많다. 이때 그 문제가 해결되면서 개인은 지속적인 발전을 위해 무의식적인 발현에 계속 주의를 기울이는 데 관심을 갖게 되는데, 융 심리학은 오히려 이때가 더 중요한 의미를 가진다고 말한다. 즉, 무의식은 자기실현이라는 개성화 과정을 위하여 때론 삶의 고난과 위기를 이용하여 페르소나 중심의 소외되고 분열된 인격을 개성화의 길로 이끌어 낸다는 것이다. 그러므로 융학파 심리치료의 중심 목표는 단순한 증상의 제거나 현실에의 원만한 적응과정이라기보다 개성화의 실현에 있다. 이때 페르소나 중심적 인격의 구조가 분석적 환경(연금술의 Vas 환경) 안에서 연금술적 과정의 순환인 연소(calcinatio), 용해(solutio), 응고(coagulatio), 상승

(sublimatio), 죽음(motificatio), 분리(separatio), 합일(coniunctio)의 작업이 이루어지는데, 이 과정에서 치료자는 내담자의 꿈, 증상, 환상 그리고 무의식의 다른 표현에 관심을 기울이면서, 그림자, 성적 구성요소와 같은 정신의 여러 내용들과 환상적 내용들이 점차 의식에 동화되면서 새로운 합일로의 과정이 순환적으로 일어나는 현상에 주목해야 한다(Edinger, 1999). 이러한 과정을 순환적으로 밟으며 내담자의 소외되고 분열된 파편화된 의식의 점진적 확대는 점점 개성화의 길로 들어가는 것으로 여겨지지만 완전한 개성화의 달성은 결코 완전하게 이루어질 수 없는 이론적 목표이다. 개성화의 과정은 전체성과 개성을 증가시키지만 완벽해진다거나 결핍으로부터 완전히 자유로워지고 개인주의화해 가는 것은 아니다. 오히려 개성화의 길은 한 인간을 독특하게 하지만 동시에 자신의 집단적 책임을 더 잘 수행할 수 있게 하며 완벽해지기보다 온전해지려는 사람이 되게 한다. 이 과정을 시작한 사람은 또한 개선된 관계를 이끌기도 한다. 왜냐하면 그 사람은 자신이 다른 사람들에게 무엇을 투사해 왔는지를 알게 되기 때문이다. 자기원형은 이러한 개성화 과정 발달을 위한 "자기초월적 조절 기능"(1967b, p. 134)이나 영혼의 지도 기능의 역할을 하는데, 이는 심리치료에 의해 촉진될 수 있다(Charles, 2018).

개성화 과정은 융이안 심리치료의 목적이자 핵심이다. 이처럼 발달에 대한 목적론적인 관점은 심리치료 학파들 사이에 많은 논쟁을 불러오기도 한다. 그러나 분명한 것은 융은 현재의 즉각적 증상의 개선만을 위한 심리치료에는 별 관심이 없었다는 점이다. 애벌레가 고치를 틀고 있는 이유는 번데기로 남아 있으려는 목적이 아니라 언젠가는 고치를 뚫고 자유로운 나비가 되기 위한 목적이 있기 때문이듯, 지금의 증상에는 반드시 목적론적 의미가 있다는 융의 확신과 주장은 과학주의와 실증주의의 시각에서는 많은 논쟁을 불러일으키는 주장이기도 하고 비과학적 태도나 신비주의적 태도라고 비판되기도 한다. 융의 개성화 이론은 미래가 우리를 그쪽으로 끌어당기고 있다는 것을 암시하는 것처럼 보이지만, 각 개성이 고유한 운명을 가지고 있다는 관념은 융의 이론과 심리치료의 과정, 기법 등에서 중요한 주제이다.

이 개성화의 과정에서 또 다른 중요한 융의 개념은 동시성의 발현이다. 동시성은 개인의 심리적 상태와 그 시간에 일치하는 의미 있는 물리적/외적 세계 사이에서 발생하는 현상을 일컫는다. 융은 자서전에서 이 개념을 과도한 지적 지식과 방어로 인해 어려움을 겪고 있는 여성과의 분석작업을 통해 아이디어를 얻었다고 말한다. 분석 중에 그녀가 풍뎅이 딱정벌레처럼 생긴 보석에 관한 꿈을 꾸었다고 이야기하고 있을 때, 비슷한 모양의 딱정벌레가 분석실 창문을 두드렸고, 융은 그 창문을 열어 딱정벌레를 잡아 그녀에게 보여 주었다. 이것은 꿈의 이미지와 실제 곤충 사이의 깊은 의미심장한 연결고리로, 환자의 과도한 이성적인 방어에 깊은 영향을 미쳤다(Jung, 1969a). 회의론자들은 딱정벌레가 창문과 부딪칠 수 있다는 것은 놀라운 일이 아니며, 그러한 사건이 무작위 사건 속에서 패턴을 찾는 것은 큰 의미가 없고, 단지 우연의 일치이기에 놀랄 만한 일이 아니라고 비판한다. 그러나 융은 양자역학을 발전시킨 공로로 노벨상을 받은 물리학자인 볼프강 파울리와 함께 동시성 이론을 발전시켰고, 이 이론은 깊이 있게 심리학과 양자이론을 연결시키는 것으로 평가되고 있다. 두 학문 모두에서 동시성은 연관 없는 사건으로 보이는 현실이 실제로는 생각과 현실 세계 사이의 깊은 연관과 통합의 산물임을 시사하고 있다. 치료적 장면에서 동시성은 그들에 대한 '의미'나 운명적인 질을 갖고 있으며, 종종 환자와 치료사가 상당히 인상적이라고 생각하는 배경 질서의 감각을 만들어 내는 몽상(reverie) 혹은 분석적 삼자로 불리며 상호 주관적 장 안에서의 의사소통의 중요한 통로가 된다. 오늘날 많은 상호 주관성에 기반을 둔 현대정신분석학파의 학자들이 논리적으로 인과관계를 설명할 수 없는 사건들이 치료의 장 안에서 상호 주관적으로 출현하며 치료자와 환자를 서로 변화시키는 새로운 치료적 공간으로 활용되고 경험되고 있다는 사실에 주목하고 있다(Ogden, 2017).

4. 나오는 말

융은 불안과 우울증, 신경증과 같은 증상을 무언가에 대한 관심이 필요하다는 무의식의 신호로 보았다. 그는 항상 증상 너머, 감정적 어려움 너머에서 그 증상과 어려움을 가져오는 의미의 원 신호에 주목하였다. 그는 감정적인 문제들과 신경증적 제 증상들이 순전히 발달적·상황적으로만 이해될 수 없다고 믿었다. 그것들은 현재의 실존적 문제의 대처에 실패한 흔적을 나타내기도 하지만, 우리가 아직 찾지 못한 미래의 그 무엇을 가리키고 있는 신호음일 수도 있다. 현재의 증상을 불러일으킨 과거도 중요하지만 그 증상이 가리키는 미래도 중요하다. 그 증상에 대한 올바른 이해는 그 사람을 전혀 다른 방법과 방향으로 끌고 갈 수도 있다. 이것이 증상에 대한 융의 목적론적, 예상적 또는 합성적 관점이다. 그것들은 인성의 향후 방향에 대한 목적을 가지고 있다. 증상은 새로운 성장이 필요하다는 것을 나타낸다. 융에게 있어서 성장이란 치료의 주요 목표로서 중심적 과제이고, 증상의 완화보다 더 중요하다.

왜 융을 말해야 하는가? 특별히 기독교상담학의 자리에서 융의 심리학은 우리에게 무엇을 말하고 있는가의 문제의식을 가지고 융의 생애와 사상의 흐름을 개관해 보았다. 우리가 겪고 있는 시대의 아픔이란 증상 너머에는 어떤 목적이 들어 있을까? 목적 없이 겪는 아픔보다는 의미를 부여한 고통이 더 견뎌낼 수 있는 힘을 준다는 프랭클(Frankl)의 말처럼, 오늘을 사는 이 시대의 많은 신경증적 증상 너머에는 분명 이 시대에 실현해야 할 영성적 가치와 목적들이 있다고 믿는다. 이 영성적 가치들은 때론 우리의 내담자가 언어로 표현해 내지 못하는 영성적 감수성의 신체 몽상으로 다가오며 질문할 수도 있을 것이다. 이러한 영성적 문제 제기에 만약 치료자의 영적 감수성이 준비되어 있지 않다거나 지나치게 포화된 이론적 해석으로 그들의 원형적 경험을 무시할 수 있다고 내담자가 느낀다면 치료사와 논의하지 않을 수 있다. 융학파의 문헌들은 오늘의 기독상담가에게 신경증적 증상 너머에 있는 영성의 문제들을 더 자신 있게 다룰 수 있는 중요한 이론적·경험적·통찰적 깊이를 제공해 준다. 최근의 심리치료적 경향은 이러한 영적 경험의 중요성을 더욱 부각시키고 있으며, Michael Eigen(1998)과 같은 정신분석학 작가들에 의해 점점 더 논의되고 있다. 융에게는 심리치료란 치료자나 내담자에게 있어 상호 주관적 장으로 초대된 내면의 삶에 관한 관심과 변형의 용광로이며 자기에 대한 의식을 높이고, 그 자체로 영적 여정인 개성화 과정을 촉진한다. 이것은 평생에 중요하지만, 우리의 발달이 성인의 중기와 후기에 가까워짐에 따라 특히 중요하게 된다.

참고문헌

이부영 (2012). 분석심리학. 서울: 일조각.

Cavalli, A., Hawkins, L., & Stevns, M. (2014). *Transformation*. New York: Routledge.

Charles, M. (Ed.) (2018). *Introduction to Contemporary Psychoanalysis*. New York: Routledge.

Dunne, C. G. (2012). 카를 융: 영혼의 치유자 (공지민 역). 서울: 지와 사랑.

Edinger, E. (1991). *Anatomy of the Psyche: Alchemical Symbolism in Psychotherapy*. Peru, IL: Open Court Publishing.

Eigen, M. (1998). *The Psychoanalytic Mystic*. London: Free Association Books.

Hillman, J. (1983). *Healing Fiction*. CT: Spring Press.

Jung, C. G. (1954). *The Development of Personality, Vol. XVII, The Collected Works of C. G. Jung* (G. Adler & R. F. C. Hull, Eds. & Trans.). Princeton, NJ: Princeton University Press.

Jung, C. G. (1961). *Freud and Psychoanalysis, Vol. IV, The Collected Works of C. G. Jung* (G. Adler & R. F. C. Hull, Eds. & Trans.). Princeton, NJ: Princeton

University Press.

Jung, C. G. (1964). *Man and His Symbols*. New York: Doubleday.

Jung, C. G. (1966). *Practice of Psychotherapy, Vol. XVI, The Collected Works of C. G. Jung* (G. Adler & R. F. C. Hull, Eds. & Trans.). Princeton, NJ: Princeton University Press.

Jung, C. G. (1967a). *Symbols of Transformation, Vol. V, The Collected Works of C. G. Jung* (G. Adler & R. F. C. Hull, Eds. & Trans.). Princeton, NJ: Princeton University Press.

Jung, C. G. (1967b). *Two Essays on Analytical Psychology, Vol. VII, The Collected Works of C. G. Jung* (G. Adler & R. F. C. Hull, Eds. & Trans.). Princeton, NJ: Princeton University Press.

Jung, C. G. (1968). *Psychology and Alchemy, Vol. XII, The Collected Works of C. G. Jung* (G. Adler & R. F. C. Hull, Eds. & Trans.). Princeton, NJ: Princeton University Press.

Jung, C. G. (1969a). *The Structure and Dynamics of the Psyche, Vol. VIII, The Collected Works of C. G. Jung* (G. Adler & R. F. C. Hull, Eds. & Trans.). Princeton, NJ: Princeton University Press

Jung, C. G. (1969b). *The Archetypes and the Collective Unconscious, Vol. IX, Part i, The Collected Works of C. G. Jung* (G. Adler & R. F. C. Hull, Eds. & Trans.). Princeton, NJ: Princeton University Press.

Jung, C. G. (1969c). *Aion: Researches into the Phenomenology of the Self, Vol. IX, Part ii, The Collected Works of C. G. Jung* (G. Adler & R. F. C. Hull, Eds. &Trans.). Princeton, NJ: Princeton University Press.

Jung, C. G. (1970). *Psychology and Religion: West and East, Vol. XI, The Collected Works of C. G. Jung* (G. Adler & R. F. C. Hull, Eds. & Trans.). Princeton, NJ: Princeton University Press.

Jung, C. G. (1971). *Psychological Types, Vol. VI, The Collected Works of C. G. Jung* (G. Adler & R. F. C. Hull, Eds. & Trans.). Princeton, NJ: Princeton University Press.

Jung, C. G. (1973). *Letters, Vol. I, 1906-1950* (G. Adler & A. Jaffe, Eds.; R. F. C. Hull, Trans.). Princeton, NJ: Princeton University Press.

Jung, C. G. (1974). *Dreams.* Princeton, NJ: Princeton University Press.

Jung, C. G. (1977). *The Symbolic Life: Miscellaneous Writings, Vol. XVIII, The Collected Works of C. G. Jung* (G. Adler & R. F. C. Hull, Eds. & Trans.). Princeton, NJ: Princeton University Press.

Jung, C. G. (2007). 기억, 꿈, 사상 (조성기 역). 서울: 김영사.

Jung, C. G. (2012). 레드북 (김세영 역). 서울: 부글북스.

Ogden, T. H. (2017). 분석적 주체 (김도애, 류가미 역). 경남: 경남가족상담연구소.

Otto, R. (1917[1958]). *The Idea of the Holy.* New York: Oxford University Press.

Winborn, M. (Ed.) (2014). *Shared Reality.* OK: Fisher King Press.

꿈치료와 신앙

오화철

(서울기독대학교 상담심리학과 교수)

이 장에서는 꿈치료와 신앙의 상관성을 설명한다. 프로이트(S. Freud)와 융 (C. G. Jung)이 이해하는 꿈치료에 대한 설명을 통해서 프로이트의 원인론적 인 접근과 융의 목적론적인 접근의 유사점과 차이점을 분석하고, 프로이트와 융이 주는 치료적 통찰을 살펴본다. 아울러, 꿈에 대한 신앙적 접근을 통해서 성서 안에 등장하는 꿈 사례를 살펴보고 절대자와 인간의 매개체로 등장하는 꿈의 역할과 기능을 보면서 그 치유가능성을 밝힌다. 아울러 꿈치료와 신앙 이 주는 초월성의 가능성을 밝히고 치료적 가능성을 고찰한다.

1. 들어가는 말

인간은 꿈꾸는 존재이다. 꿈을 통해서 인간은 자신의 무의식의 얼굴을 들여다볼 수 있으며, 자신의 과거와 미래를 잇는 초월적인 경험을 꿈을 통해서 가질 수 있다. 동시에 신앙 역시 과거와 미래를 뛰어넘는 초월적인 현상을 전제로 한다. 그런 점에서 꿈과 신앙은 상당히 밀접한 상관성을 가지고 있는 것으로 보인다. 그러므로 꿈과 신앙은 인간의 근원을 탐색하는 경험이 될 수 있으며, 인간의 고유한 본질과 방향을 탐색할 수 있는 중요한 도구라고 이해할 수 있다. 이 장에서는 꿈치료가 인간의 정신건강에 도움을 줄 수 있는 가능성을 고찰하고자 한다. 꿈의 중요성과 함께 프로이트의 꿈치료와 융의 분석심리학적 꿈 이해를 통해서 꿈이 갖고 있는 치유적 통찰을 고찰해 보고자 한다. 동시에 꿈치료와 신앙의 대화가능성을 모색함으로써 꿈과 신앙의 상관성을 통한 인간의 치유와 성장을 논하고자 한다.

2. 꿈치료를 통한 상담의 출발

누구나 꿈을 꾼다. 그 꿈은 어떤 의미를 지니고 있다. 혹자는 지난밤 꾼 꿈의 의미를 탐색하지 않으면 무의식이 나에게 보내 준 편지를 열어 보지 않은 것과 같다고 한다. 많은 현대인이 우울증과 불면증을 호소한다. 어떤 면에서 인간의 근원적인 경험을 상징하는 꿈에 대한 분석과 이해가 결여될 때 인간의 정신과 삶은 병들게 되는 것인지도 모른다. 바쁜 일상에 쫓기는 가운데 자신의 정체성과 방향을 알 길이 없는 사람은 자신의 꿈을 탐색할 여유가 없기 때문이다. 많은 상담자들이 동의하는 내용 중에 하나는 내담자와 진행하는 상담현장에서 반드시 내담자가 본인의 꿈 얘기를 하는 순간이 찾아온다는 사실이다. 그때부터 상담은 더욱 깊어지고 있는 것이며, 내담자의 무의식 세계를 탐색할 수 있는 중요한 단초를 얻게 될 확률이 높다. 그런 점에서 필자의 스승이었던 앤 울라노프(Ann Ulanov)는 그의 남편 배리 울라노프(Barry Ulanov)와 함께 쓴 책『종교와 무의식』에서 심층심리학과 신학을 근원경험이라는 공통된 맥락에서 이해하고 있다(Ulanov & Ulanov, 1975/1996).

필자는 본래 자기심리학, 대상관계이론에 관심을 갖게 되면서 상담분야에 입문하게 되었다. 프로이트 혹은 융 등에 대한 특정 이론에 대한 관심보다 상담을 통해서 필자 자신이 회복되고 건강해질 수 있다는 가능성을 보았기 때문에 이 분야에 저절로 몰입하게 되었다. 무엇보다, 필자를 처음 분석해 준 Alan Roland 박사는 뉴욕에서 활동하는 정신분석가요, 국제정신분석학회(National Psychological Association for Psychoanalysis) 회원으로 필자에게 정신분석의 묘미를 처음 맛보게 해 준 상담가였다.

필자는 초기 분석회기에서 무척 저항이 심했던 내담자였다. 뉴욕 맨해튼 31번가에 위치한 분석가의 집을 찾아가는 것이 유달리 힘들었다. 6개월을 다녔는데도 정신분석가의 집 위치가 기억나지 않아서 매번 행인들에게 방향을 물어봤던 기억이 난다. 지도교수였던 앤 울라노프 교수는 필자의 불안장애를 알아차리고 상담이론을 공부하는 것보다 정신분석을 받는 것이 더 필요하다고 권유했다. 강한 권유로 시작했던 정신분석이라서 그런지 필자는 상당한 저항을 갖고 정신분석을 받기 시작했다. 분석 비용도 내담자(환자)의 경제적 환경을 고려하는 슬라이딩 스케일(sliding scale)이라고 하지만, 유학생에게 80달러라는 현금은 적지 않은 돈이었다. 매 회기마다 뉴저지에서 한 시간 반을 운전해서 맨해튼 다운타운에 주차하고 80달러의 현금을 내는 일이 상당한 부담이었던 걸로 기억한다. 나중에 여러 차례 차량절도 사고를 당하면서 결국 기차를 이용하게 되었다. 여하튼 여러 가지 상황을 볼 때 필자는 무척 까다로운 내담자였다. 소리도 질러보고, 화도 내고, 말을 안 하기도 하였으나 절대 상담시간에 늦지는 않았다. 현금 80달러가 아까워서라도 약속시간에 늦고 싶지 않았다.

여하튼 그렇게 필자의 첫 상담이 1년 반 정도 지속되었다. 그런데 초기 상담회기를 진행하면서 필자가 종종 꾸던 꿈이 있었다. 꿈속에 하얀 집이 나타났고 그 집에 들어가면 하얀 옷을 입은 할아버지가 앉아 있었는데, 그 할아버

지는 무언가를 팔고 있었다. 다양한 물건들이 놓여 있었다. 물건들 각각에는
가격이 붙어 있었는데 8달러, 80달러, 800달러 등으로 이상하게 모두 '8' 자
가 들어가 있었다. 어느 날 Alan Roland 박사에게 필자의 꿈을 말했더니 그
는 즉각 질문을 해 왔다. 혹시 뉴저지에서 맨해튼 들어올 때 타고 오는 도로
가 몇 번이냐는 물음이었다. 생각해 보니 80번 도로였다. 돌이켜 보니 심지
어 상담료도 80달러였다. 단순한 일치였지만, 놀라웠다. 꿈과 현실이 무의식
적으로 연결되어 있다는 사실을 새삼 느끼면서, 필자는 한순간 정신분석가
가 영험한 마술사요 예언자라는 생각을 하기도 했다. 현실과 꿈의 상관성을
지적한 정신분석가의 질문이었는데, 그 순간만큼은 상담가의 답변이 신기하
고 놀랍기만 했다.

　돌아보면 필자가 상담분야에 관심을 갖게 되면서 만났던 여러 스승들이 있
었는데, Vanderbilt 대학교의 Volney Gay 교수, Bonnie J. Miller-Mclemore
교수, 뉴저지 Drew 대학교의 Angella Son 교수, 그리고 마지막으로 뉴욕
Union 신학대학원의 앤 울라노프 교수였다. 모두 정말 뛰어난 학자요 상담
가들이었다. 그리고 필자의 첫 분석가 Alan Roland 박사 역시 저명한 심리학
자 에릭슨(E. Erikson)과 함께 활동했던 정신분석가였다. 이분들의 한결같은
주장을 정리해 보면 한마디로 '다양한 분야에 관련한' 혹은 '다채로운'이라는
의미를 가진 'eclectic'이었다. 특정한 상담이론에 얽매이지 말고 다양한 상담
임상이론을 충분히 마음껏 배우고 익히라는 의도이다. 그런 점에서 필자가
만난 스승들은 개방적이고 소통이 뛰어난 임상가들이었다. 그래서 그런지
필자는 지금도 필자 자신을 Freudian 혹은 Jungian으로 정의하기보다는 그
저 필자 자신을 여러 상담이론에 관심을 가진 eclectic eclectician(절충파)이
라고 정의하고 싶다.

3. 꿈과 신앙의 상관관계

필자는 꿈과 신앙의 관계를 논하면서 틸리히(P. Tillich)의 상관관계 방법론(method of correlation)을 이용하고자 한다. 독일 출신 미국 신학자 틸리히는 상관관계 방법론을 통해서 두 대상의 상호관계성을 설명했다(임경수, 2004). 고전적인 방법이지만, 두 대상은 철학/종교와 사회의 관계에서 발생한다는 것을 전제하고 있다. 철학은 사회에 영향을 주어야 하며, 사회 역시 철학에 영향을 주는 관계에 있다는 것이다(Clayton, 1980). 이 방법론은 나중에 Chicago 대학교에서 강의하는 David Tracy를 통해서 수정되고 발전되었지만, 기본적인 내용은 계속 양방향적인 영향이 발생할 때 양측에 각각 속한 주체의 역할이 더욱 명료해지고 발전할 수 있는 가능성을 시사하고 있다. 이제는 고전이 된 방법론으로 알려져 있지만, 20세기 중반에 이 방법론이 소개될 때 당시는 철학과 종교 분야에 큰 반향을 일으킨 방법론이었으며 종교와 사회가 서로 깊은 책임의식을 가지고 상호 직면할 수 있는 소중한 관점이었다(임경수, 2008).

종교가 종교만으로 존재한다면, 혹은 철학이 철학 혼자만으로 살아 있다면 큰 의미가 없을 수도 있다. 종교가 사회에 관심을 갖고 존재할 때, 철학이 사회를 향한 관계성을 갖고 지속될 때 그 가치가 살아나는 것이다. 그런 점에서 꿈치료는 신앙에 중요한 책임을 지니고 있다고 볼 수 있다. 꿈치료를 통해서 신앙인의 내면과 무의식의 세계를 탐색할 수 있다면 좀 더 차원 높은 초월적 경험으로 향할 수 있을 것이다. 그렇지 않을 경우 신앙은 자칫 종교라는 체계에 갇혀서 현세적이고 기복적인 신앙체계와 가치관으로만 머물 수 있기 때문이다. 동시에 신앙도 역시 꿈치료에 대한 인식을 새롭게 하고, 신앙을 통해서 꿈치료에 좀 더 구체적인 초월적 안내자의 역할을 할 수도 있을 것이다. 성서 속에 등장하는 수많은 신앙의 인물들이 꿈을 통해서 하나님의 계시를 받아들이고 깨달은 것처럼, 꿈과 신앙은 떨어질 수 없는 동전의 양면 같은 관계 속에 있다고 볼 수 있다.

그런 점에서 이 장에서 다루는 방법론은 쉽게 말하면 화가가 그림을 그릴 때 붓을 잡는 자세와 몸짓이라고 가정할 수 있다. 화가의 붓을 잡는 태도에 따라 같은 그림을 그려도 작품에서 풍겨 나오는 분위기는 사뭇 다를 것이다. 그런 점에서 글을 전개하는 방법론이 바로 글의 분위기와 어조를 결정할 것이다. 음악이라면 음악 전체에 흐르는 감각적인 정서를 결정하는 일이 바로 방법론이다. 잘 알려진 대로, 정신분석에서 사용하는 투사(projection)라는 개념이 바로 사물에 대한 태도를 결정하는 출발이 된다. 한 개인의 무의식에 있는 기억과 감각들이 사물에 저절로 입히는 것이 투사이고, 이 투사과정을 통해서 사물을 이해하고 설명할 수 있다. 상담자와 내담자 사이에서 발생하는 역전이와 전이도 투사라는 네트워크 안에서 벌어지는 정신역동이다. 어떤 상담가들은 투사는 무의식적으로 발생하는 것으로서 우리가 거절할 수 없는 생활방식(way of life)이나 다름없다고 설명하기도 한다.

그렇다면, 한 개인이 갖고 있는 신앙에 대한 인식에 따라 그 개인의 꿈에 대한 인식이 변화할 수 있으며, 그 개인이 기존에 마음에 품고 있는 꿈에 대한 이해에 따라서 신앙의 색깔이 다르게 나타날 수도 있다. 어찌 보면 초월자는 무의식의 세계를 통해서 일한다고 볼 수도 있으며, 무의식은 절대자에게 신적인 공간을 제공해 주는 역할을 하는 상보적인 관계에 있다고 여겨진다.

4. 꿈의 중요성

누구나 꿈을 꾸고 그 꿈은 의미가 있다. 무엇보다 그 꿈이 해독되고 이해될 때 개인 성장에 많은 도움을 받을 수 있다. 왜냐하면 꿈은 무의식이 보여 주는 자신의 숨겨진 인격과 성향들을 발견할 수 있는 중요한 통로가 되기 때문이다. 심지어 상담가가 옆에 없을지라도 혼자서 꿈을 생각하고 꿈을 분석하는 것으로도 자기발견의 성찰을 제시할 수 있는 가능성이 있다. 김성민(2001)에 따르면, 꿈은 우리 의식에서 파악되는 객관적인 진실만을 보여 주는 것이 아니라, 무의식에서 파악된 주관적인 진실을 전달하는 언어이다.

이부영(1998)은 고대인은 꿈을 신의 사자로 이해하면서 예언의 수단으로 보았다고 설명한다. 고대 그리스의 아스클레피우스(Asclepius) 사원에서 이뤄졌던 수면치료는 꿈의 치유적인 기능을 보여 주는 것으로서 현대 정신분석에서 시도하는 치료와 유사하다. 동양 사회에서도 꿈은 신비와 초월의 역할이 있는 것으로 이해되어 왔으며, 길흉화복을 점치고 꿈을 해몽하는 것은 중요한 일로 여겨져 왔다. 기독교의 성경에 등장하는 수많은 인물이 꿈을 통해서 하나님의 계시와 예언을 받아들인 것은 널리 알려진 사실이다. 그런 점에서 꿈이야말로 알 수 없는 미지의 세계를 탐색하는 통로이며 무의식의 존재를 인식하고 발견하는 중요한 역할을 해 오고 있다. 그래서 많은 상담가는 무의식의 세계의 의미를 꿈을 통해서 분석하고 다른 이들과 함께 논의하는 것이 중요한 상담의 과정이라고 밝힌다. 동시에 그러한 꿈치료는 인간의 정신을 통합하는 중요한 자기실현의 출발이 될 수 있다(정석환, 2003).

어느 날 필자의 스승이었던 울라노프 박사가 자신의 꿈 얘기를 들려주었던 기억이 난다. 남편 배리 울라노프는 몇 년 전에 돌아가셨지만, 남편이 한창 투병 중이던 어느 날 자신의 내담자가 이런 제안을 했다고 한다. 그 내담자는 중년의 백인 사업가였는데, 그의 제안은 이번 주말에 가까운 자신의 별장으로 여행을 가자는 것이었다. 울라노프 교수는 순간 자신 안에 무언가가 흔들렸다는 느낌을 받았다고 한다. 하지만 그 제안을 완곡히 거절했다고 한다. 그날 밤 상담자였던 울라노프 교수가 꿈을 꾸었는데, 어디론가 운전을 해서 열심히 가고 있었다고 한다. 실제로 울라노프 교수는 운전을 하지 않지만, 어디론가 운전을 해서 가고 있는데, 문득 누군가 옆에 있는 것 같아서 쳐다보니 호랑이 한 마리가 자신을 유심히 쳐다보고 있더라는 것이었다. 그 순간 잠이

깼다고 한다. 그 꿈의 내용을 생각하면서 울라노프 교수는 자신이 내담자의 제안에 무의식적으로 상당히 흔들렸고 여행을 가고 싶은 잠재적 욕구가 있었음을 알게 되었다고 고백했다. 남편이 깊은 병으로 투병 중인 상황에서도 내담자의 유혹에 무의식적으로 흔들린 자신을 드러내는 꿈이었던 것이다. 수업 시간에 자신의 꿈을 겸허하게 나눠 준 사례였다. 이렇듯 꿈은 상담자와 내담자인 우리 모두의 무의식이 어떤 잠재력을 갖고 있는지를 보여 주는 중요한 단서이다.

5. 프로이트와 융의 꿈치료

1899년에 프로이트가 『꿈의 해석』을 소개하면서 꿈은 인간에게 본격적인 연구의 대상이 되었다. 막연했던 접근에서 구체적인 꿈에 대한 이해를 처음 소개한 프로이트는 영아기의 성적욕구가 변화되어 꿈으로 나타날 수 있는 가능성을 소개하면서 꿈이 압축, 전위, 이차가공, 극화, 상징화 등의 다양한 과정을 거쳐서 내부의 검열자가 꿈의 메시지를 위장하기 위하여 다양한 기술들을 통해서 각색된 결과물이 꿈에 나타나고 있음을 설명해서 대중의 주목을 받기 시작했다. 프로이트 이전까지는 꿈 해석에 대한 이해가 일종의 미신적인 행위로 이해되기도 했지만, 프로이트 이후 꿈이 무의식의 세계를 이해하는 중요한 통로로 이해되기 시작했다. 프로이트는 자신의 꿈 작업(dream work)이라는 용어를 가지고 꿈의 다양한 메커니즘을 설명하려고 했다. 알려진 대로, 프로이트는 리비도(libido)를 중요시했으며 꿈속에 등장하는 다양한 상징들을 성적인 이해를 통해서 접근했다. 무엇보다 프로이트는 자유연상을 통해서 꿈치료에 접근했는데, 그 이유는 꿈이 숨겨진 무의식의 생각을 포함하고 있는 것으로 간주하고 유아기와 유년기의 경험과 밀접한 관련이 있다고 보면서 연상 작업을 통해서 꿈을 분석해 나간 것이다. 이러한 프로이트의 꿈 작업은 외관적인 성향으로 이해할 수 있다. 다시 말하면, 프로이트의 외관 기법(extrospection)은 환자가 자신의 무의식을 드러내고 말과 표정 등 다양한 외적인 현상으로 상담가에게 전달해 주면 그 자료를 가지고 상담가는 내담자의 꿈을 이해하고 분석해 나가는 것이다. 그러나 프로이트의 꿈에 대한 이해는 단순한 소원 충족이 주된 접근이라는 비판을 받았고, 꿈에 나타난 대부분의 내용을 성적인 상징으로 이해한다는 점에서 논란이 많았다. 이러한 내용을 골자로 프로이트가 최초로 꿈에 대해서 쓴 책이 바로 『꿈의 해석』이라는 저서였다(Hall, 1954/1991).

프로이트는 꿈을 무의식으로 가는 왕도로 정의하면서 꿈을 연구대상으로 바라보기 시작한 시금석을 놓았으며, 발현몽과 잠재몽으로 존재하는 꿈을 자유연상을 통한 탐색의 필요성을 주장한다. 꿈의 변장능력을 통해 강렬한 꿈의 내용이 안전하게 발현됨으로써 수면을 보호하고 사회적으로 용납할 수 없는 소원을 꿈이라는 안전한 공간을 통해서 발산되는 것이라고 이해했다. 이런 프로이트의 설명은 정신현상을 이해하는 구조적 방식이었으며, 이후부터 사람이 실수로 하는 말(Freudian slips)이나 용납할 수 없는 행동이나 발현 등을 무의식과의 마찰에서 타협된 결과물로 이해했다. 프로이트에게 있어서 금기시되는 내용은 위장된 형태로 변환되어서 꿈에 들어올 수 있다고 보는 것이다(Mitchell & Black, 1995/2000). 이렇게 프로이트가 꿈 해석을 하는 메커니즘은 바로 그가 이해하는 인간의 마음의 구조를 통해서 가능했다. 프로이트는 인간의 정신 혹은 마음을 구성하는 세 가지 요소를 초자아(superego), 자아(ego) 그리고 원본능(id)으로 설명한다. 초자아는 보통 양심, 규범, 종교, 윤리 등이 자리한 곳이고 소위 부모의 권위가 내면화된 장소이다. 여기에서 '도덕적 원리'가 출발한다고 이해한 것이다. 원본능은 '쾌락의 원리'가 출발하는 곳이라고 본다. 물론 쾌락의 원리는 단순히 쾌락만을 추구하는 원본능의 특성만을 강조하는 것뿐만 아니라, 자아와의 관계와 중재를 통해서 적절한 배설을 통해 항상성을 유지하는 마음의 구조를 함께 설명하는 원리라고 볼 수 있다. 마지막으로, 자아는 초자아와 원본능 사이에서 갈등과 긴장을 풀어 주고, 조정자의 역할을 감당하는 현실 중재자의 역할을 하게 된다. 그래서 이 자아는 '현실의 원리'라고 이해했고 외부적인 현실과 정신내적인 상황을 고려하는 자아가 끊임없이 균형을 추구해야 하는 임무를 보여 주는 상황임을 알 수 있다. 어떤 면에서 프로이트의 꿈치료는 원인론적인 해석이라고 볼 수 있다. 결국 프로이트가 꿈에 대해 가진 질문은 '사람들이 왜 그런 꿈을 꾸는가?'였다고 할 수 있으며, 꿈의 원인을 분석해서 인간의 무의식을 최대한 의식화해서 인간의 억압된 정신을 치료하는 것이 그 목적이었다(Freud, 1922/2017). 그래서 후일 많은 정신분석가가 하는 대부분의 비판은 프로이트의 정신분석은 환원론적인 면이 강하다는 측면이다. 특히 리비도를 인간정신의 핵심 문제 중의 하나로 강조해서 보기도 했다. 프로이트는 모든 현상의 원인을 인간의 정신내부에서 밝혀내자는 입장에서 인간의 정신을 연구한 것이다.

반면, 융은 꿈을 창조적인 무의식의 표현으로 이해하면서 꿈을 통해서 인간은 정신적 평형, 심리적 평형과 회복을 추구하고 있다고 믿었으며, 꿈의 기능이 소원 충족 외에도 보상과 위로의 기능이 있다고 평가했다. 프로이트는 성신장애의 원인 중 억압된 성의 문제를 주요 동인으로 보면서 꿈의 잠재된 내용이 억압과 왜곡으로 나타난다고 보았지만, 융은 무의식이 꿈으로 우리에게 말하고 있는 것은 전혀 위장된 것이 아니라 상징으로 나타나며 그 상징 안에 담겨 있는 내용이 각 사람에게 다양하게 형태로 나타날 뿐이라고 설명한다. 그런 점에서 현대인이 꿈을 통해서 각자에게 나타나는 다양한 상징의 내용에 접촉하지 못할 때 병리가 나타날 수 있다고 보았으며, 현대인이 꿈에 대한 접촉의 언어를 다시금 회복하는 것이 꿈치료의 방향이라고 이해한다. 앞서 밝힌 것처럼 융의 꿈치료에서 상징의 역할을 중요시하는데, 융은 프로이트보다 상징의 신화적 동기로부터 보편적 상징을 발견하려는 시도를 하고 있다. 다시 말해, 상징에 대한 연상을 통해서 꿈의 깊은 내용에 접근하는 시도이다. 그런 점에서 융은 프로이트의 자유연상(free association)보다는 적극적 상상(active imagination)을 통해서 상징을 집단 무의식의 원형으로 보고 꿈 자체의 구조에 접근해서 이미지에 집중하는 시도에 중점을 두고 있다. 융은 프로이트와 달리 무의식세계를 긍정적으로 이해하고 잠재능력의 보고로 이해한다(Samuels, 1985). 그렇기 때문에 융은 내담자의 다양한 일련의 꿈을 확충해서 이해하며 연상과 확장을 통해서 꿈을 개인적 · 사회문화적 · 원형적 수준까지 점차 진행하면서 꿈치료를 한다. 그런 점에서 융은 꿈을 통해서 정신적인 문제의 원인을 발견하기보다는 꿈 자체가 목표하는 온전한 인격 발달의 가능성과 잠재력을 주목하고 있다. 융은 꿈치료는 누구나 가능하며 많은 노력과 시간을 투자함으로써 누구나 꿈 해석의 전문가가 될 수 있다고 설명한다. 프로이트가 원인론적인 입장에서 꿈을 다룬 것과 달리, 융은 목적론적인 입장에서 꿈을 이해하고 있다. 꿈을 향한 융의 질문은 '이 꿈이 나를 어디로 인도할까'라는 방향성을 지닌 질문에 가깝다(김성민, 2001). 융은 인간을 자가 치유하는 중요한 기능을 수행하는 정신적 활동으로서 꿈을 이해했다. 융은 꿈을 이해할 때 정신상태의 자기표현과 보상의 원리로 설명하고 있다. 곧 꿈이라는 정신활동을 통해서 인간은 스스로를 치료하고 삶의 방향을 정해 가는 잠재력이 꿈 안에 내재되어 있다고 본 것이다.

융은 인간의 정신을 본래부터 지닌 전체성을 가지고 이해한다(Hall & Nordby, 1973/2004). 프로이트가 마음의 구조를 초자아, 자아, 원본능으로 이해했다면, 융은 마음의 구조를 자기, 그림자, 아니마, 아니무스, 의식, 개인 무의식, 집단 무의식, 자기 등의 다채로운 개념으로 접근하고 있다. 융에게서 자아는 프로이트처럼 ego로 나타나고 있는데, 자아의 둘레에 의식이 존재한다고 이해한다. 자아를 통해서 일어나는 정신적 작용이 의식이며 그 의식 가운데에 자아가 존재한다고 할 수 있다. 융은 현실세계와의 관계에 적응하면서 주어지는 역할을 페르소나로 설명하면서, 페르소나를 일종의 외적 인격으로 간주했으며, 여성과 남성의 내적 인격의 특성에 따라 남자의 마음을 아니마(anima), 여자의 마음을 아니무스(animus)라고 명명했다. 페르소나가 외적 인격과 자아 사이의 연계를 돕는다면, 아니마와 아니무스 같은 내적 인격은 자아와 무의식의 관계를 중재하는 매개체 역할을 한다고 볼 수 있다. 무의식에는 잊힌 내용들이 머물러 있는 개인 무의식과 인간이 미처 인식하지 못하는 보편적인 의식인 집단 무의식이 있다고 융은 전제한다.

아울러 융은 꿈을 집단 무의식을 통해서 이해하는 가운데 꿈의 기능이 고대로부터의 유산을 꿈꾼 이의 개인적인 삶으로 통합시키는 것이라고 이해했으며, 인간은 꿈을 통해서 개인적인 경험이 종의 영원한 경험에 흡수되는 의례라고 이해한다. 그래서 꿈을 통해서 인간은 진리를 발견할 수 있고, 인간의 정신 속에 내재되어 있는 다양한 이미지, 상징, 신화들과 성격에 존재하는 다양한 콤플렉스를 외부 현실과의 연계 속에서 모색하는 가운데 인간이 개성화를 추구한다고 역설한다. 융은 우리가 꿈과 함께 일함으로써 영혼을 창조하고 전체 상황에 깨어 있을 수 있으며 의식적이 될 수 있다고 보았고 꿈을 통해서 전체성을 영위한다고 강조한다. 그래서 꿈이 주는 무의식의 언어는 원시적이거나 유아적이기보다는 그 자체로 가치 있는 목소리라고 이해한다. 융에게 있어서 인간의 꿈은 미래를 내다볼 수 있는 예시성이 있으며, 결코 일정한 해석이나 직선적인 해석보다는 객관적 차원과 주관적 차원이 공존하는 꿈에 대한 통찰을 통해서 온전한 개성화 과정을 밟을 수 있다고 전제한다.

융이 다양한 이해를 통해서 인간의 마음을 이해하지만, 이 장에서는 꿈치료와 신앙의 관계를 조명하는 것인 만큼, 융이 말한 집단 무의식이야말로 꿈과 종교의 상관성을 말할 수 있는 중요한 단초라고 할 수 있다. 앞서 밝힌 것처럼, 한 개인의 경험에서 나온 무의식을 개인 무의식이라고 한 반면에, 인류 전체의 경험에서 근원적으로 발생하는 무의식도 존재한다고 융은 주장하는데 바로 그것이 집단 무의식이다. 마치 한 생명체가 수많은 계통발생을 통해서 발전해 오듯이, 인간의 정신도 개인의 경험과 함께 인류 전체의 집단경험과 상호작용하여 형성된다고 본다. 집단 무의식은 개인 무의식보다 더 깊고 풍부한 자원을 가지고 있으며, 인류의 문화와 종교 등 모든 속성이 이 집단 무의식을 통해서 전달되고 개인의 삶이 연계되어 있음을 설명한다. 한 개인이 절대자에 대해서 느끼는 감정은 단순히 개인적인 감정과 인식이 아니라 집단 무의식을 통해서 개인에게 전달되어 온 무의식의 역사가 있다고 융은 이해하는 것이다. 그것이 유전이고 전통이며 종교라는 이름으로 우리에게 인식되어 온 것일 수 있다.

그래서 융은 집단 무의식이 인류 전체에게 유전되어 온 무의식이라고 간주하며, 사람들을 같은 방식과 방향으로 움직이게 하는 정신적 요인을 원형(archetype)이라고 이름 짓는다. 그야말로 인류가 축적해 온 경험들이 쌓여서 만들어진 경험의 본래적인 형태로서 존재하는 원형이 있다는 것이다. 융은 원형과 원형 이미지를 구분하고 있는데, 상대적으로 원형 이미지는 다양하고, 다채로운 특정 요소들과 기초적 의미들에 의해서 특징지어진다고 강조한다(Jung, 1970). 그런 점에서 원형은 논리적인 접근으로 파악할 수 없고, 신화, 예술, 꿈 등을 통해서 나타나는 원형 이미지를 가지고 알 수 있다. 원형은 개인적인 정신과 달리 강한 힘을 지니고 있어서 우리의 정신을 움직이는 힘을 지니고 있으며 자율적인 존재이다.

앞에서 간략히 논의한 것처럼, 프로이트는 원인론적 입장에서 꿈을 이해하고 해석한 반면, 융은 목적론적인 입장에서 꿈을 이해하고 있다고 설명했다. 어떤 면에서 프로이트는 모든 정신현상의 원인과 출발을 인간정신 안에서 찾으려고 했고, 융은 인간정신을 바라볼 때 정신내적인 현상과 함께 인류의 역사와 문화를 함께 고려하며 바라보는 미래지향적인 시각이라고 구별해 볼 수 있다. 프로이트와 융 모두 꿈의 기능을 설명하고 있는데, 프로이트는 꿈이 성적인 긴장과 배설의 균형을 추구하며 적절한 검열과 위장을 통해서 인간의 수면을 돕는 건강한 기능이 있는 것으로 이해하는 반면, 융은 꿈이 인간정신의 전체적인 통합을 위해서 보상과 표현을 통해서 나타나고 있다고 이해한다.

특히 융에게서 꿈은 상징이라는 체계(system)를 통해서 그 안에 담겨 있는 의미를 중요하게 여긴다. 프로이트가 꿈해석을 하면서 성적 해석을 강조했지만, 융은 꿈에 나타나는 상징과 위장이 변환 이상의 의미를 담고 있다고 생각한다. 그래서 융은 꿈에 나타난 다양한 대상들을 대치물로 보기보다는 사실에 입각해서 바라보면서 원형적이거나 신화적인 요소를 통해서 상징을 이해하고자 했다. 융에게서 꿈은 인간의 조화와 통합을 시도하는 아니마/아니무스, 페르소나, 그림자 등의 다양한 원형들을 통한 개성화 과정이라고 보고 있다. 여기서 중요한 것은 바로 개인의 꿈 내용과 함께 인류 전체의 원형적인 연상을 연결해서 이해하는 것이 중요한 연상이다. 그것이 융에게는 바로 '확충(amplification)'의 개념이다. 예를 들면, 개인이 꿈에서 어떤 이미지를 발견했을 때 그 이미지가 개인에게는 어떤 의미가 있는지 확인하면서 동시에 그 이미지가 집단 무의식에서는 어떤 형태로 나타나는지를 알기 위해서 민담, 신화, 종교 현상 등을 연계해서 살펴보는 것이 바로 확충이다. 확충의 개념을 통해서 인간은 상징이 가지고 있는 의미를 인식하면서, 동시에 상징 안에 담긴 힘을 통합하게 된다.

그렇다면, 원인론적인 프로이트의 꿈치료와 달리 목적론적인 융의 꿈치료는 우리를 어떤 방향으로 인도할 것인가? 그것은 인간의 개성화와 초월로 나타난다고 볼 수 있다. 앞서 언급한 것처럼, 인간의 미분화된 의식은 점차 자아, 페르소나, 아니마/아니무스, 그림자 등의 다양한 요소들에 의해서 통합되면서 결국은 더 이상 분열되지 않는 독자적인 일체로 발전하는 일련의 과정을 융은 개성화(individuation)라고 말한다. 이런 개성화 과정을 통해서 인간은 온전한 자신을 발견하고 자기의식이 확대되고 인격체계를 이루게 된다. 어떤 면에서 융의 개성화는 무의식에서 의식으로 옮겨 가는 잠재가능성을 통해서 발생하는 적극적인 자기실현의 과정이라고 볼 수 있다. 아울러, 초월 기능을 통해서 개인의 본래 인격이 온전한 개인화로 가는 신적인 속성의 출발을 가리킨다. 인간은 이런 내적으로 이미 존재하는 신적인 속성을 통해서 온전한 자기를 이뤄 가게 된다.

그런 점에서 융이 이해하는 꿈치료는 종교와 신앙의 관계 속에서 좀 더 많은 설명을 이어 갈 수 있다. 예를 들면, 융의 그림자 개념은 정신의 어두운 측면을 가리키지만, 인간 정신의 미발달 상태를 말하면서 성서에 등장하는 인물들의 어두운 면과 연결해서 이해하면 적절하다. 예를 들면, 인간을 심판하는 하나님이 일으키는 홍수나 여러 사건들을 통해서 우리는 인간의 그림자가 유사한 형태 혹은 이질적인 모습을 나타나는 것을 살펴볼 수 있다. 상담사례를 통해서 살펴보면 다음과 같다.

내담자 K의 사례

내담자 K는 꿈속에서 어디를 향해 여행을 가고 있었는데, 어느 집 앞에 멈추게 되었다. 그 집 문을 열자 오물을 뒤집어 쓴 강아지들이 마구 쏟아져 나오기 시작했다. 너무 당황해서 K는 문을 닫고 도망치려 하는데, 집 앞에 상담자가 서 있는 것이었다. 그 상담자에게 상황을 설명하자 떠나는 길을 알려 주겠다고 해서 시키는 대로 다시 길을 떠났는데, 또다시 어느 집 앞에 멈춰 서게 되어서 그 집 문을 열었는데, 문 안에서 아주 귀엽고 착한 강아지들이 나오기 시작했다.

꿈속에 등장하는 오물을 뒤집어쓴 강아지들은 내담자가 불편해하고 피하고 싶은 무엇을 상징하는 것이라고 할 수 있다. 이 꿈에 상담자가 등장했다는 것은 상담자의 정신분석을 통해서 내담자의 공격성이 변화되고 순화될 수 있는 가능성을 암시하고 있으며, 치료하는 상담자에 대한 내담자의 강한 의존과 함께 내담자 안에 이미 존재하는 상담자에 대한 치료적인 원형이 보인다고 할 수 있다. 여기서 중요한 것은 내담자 안에 이미 존재하는 초월성과 치유적 힘이다. 외적으로 등장하는 초월적인 능력을 가진 상담자도 중요하지만, 이런 초월성을 이미 지니고 있는 내담자 안의 치유성을 바라볼 수 있도록 하는 것이 필요하다. 동시에 이런 분석을 통해서 내담자는 자신의 그림자를 다른 사람들에게 투사하기보다는 어두운 측면을 받아들이고 적절히 표현함으로써 그림자에 지배당하지 않고 그림자를 통해서 오히려 온전한 자신의 인격을 형성하는 개성화의 과정으로 가는 것이 필요하다.

이 외에도 꿈에 등장하는 어머니 상(image)이나 아버지 상이 있는 경우에 꿈의 상징들은 언제가 꿈꾸는 사람과 반대의 성(性)을 가지게 되는데, 자신을 압도하는 이성의 존재로부터 벗어나는 방법은 아니마와 아니무스를 의식적인 자아 속에서 통합할 필요가 있다. 아울러, 남자가 지혜노인을 만나고 여자가 대모를 만나는 단계에서는 지혜의 상징이 나타나고 있는 상황인데, 융은 그런 내담자들을 '마성인격'이라고 말한다. 과대망상적인 측면이 있지만 투사하거나 억압하지 않고 마성인격을 자신의 의식 속에 통합시키는 것이 중요하다. 개성화의 마지막 과정은 자기실현인데, 의식과 무의식이 완전히 통합되어 조화로운 전체를 이루는 단계이다. 이 단계를 명상을 오래한 신비가들의 의식 상태에 해당된다고 한다. 어떤 면에서 이 단계를 종교적인 단계이고 초월적인 누미노스(numinous)의 단계라고 볼 수 있다. 융은 자기의 상징으로 만다라(mandala)를 가리키는데, 만다라는 전체성에 대한 우주적인 면을 표현한 형상이라고 할 수 있다.

이제까지 프로이트와 융의 꿈 분석을 통해서 그 치료의 가능성을 간략히 살펴보았다. 그렇다면 우리가 어떻게 신앙과 연계해서 꿈치료를 할 수 있을까 하는 질문을 다시 던져 보게 된다. 김성민(2001)은 융의 꿈치료와 관련해서 다음의 네 가지 요소를 소개한다. 첫째, 꿈꾼 이의 의식적인 상황, 둘째, 꿈 이야기, 셋째, 꿈 이미지에 대한 개인적 연상, 넷째, 꿈 이미지에 대한 확충이다(김성민, 2001). 이 네 단계에서 가장 중요한 것은 확충 단계이다. 프로이트의 연상에 의한 꿈치료는 무의식의 내용을 최대한 밝혀내는 것이지만, 융이 말하는 확충은 개인의 연상과 함께 인류 보편적인 연상과 연계해서 의미의 전체성을 파악하는 것이다.

6. 꿈에 대한 신앙적 이해

이제 꿈에 대한 신학적인 이해를 해 보자. 이 글은 기독교신앙과의 상관성을 추구한다는 점에서 기독교신앙의 관점으로 성경에서 발견되는 꿈을 재조명하는 작업이다(권수영, 2004). 유대인들은 꿈을 통해서 하나님의 계시를 얻고 삶의 변화를 추구하는 민족이었다. 구약성서를 보면 꿈과 관련된 많은 기록들이 등장하고 있다. 하나님께서 아비멜렉에게 사라를 아브라함의 아내라고 계시한 꿈(창 20:3)이 있으며, 야곱이 하란을 향하던 길에 돌베개를 베고 자다가 하늘을 오가는 천사를 보는 꿈(창 28:10-12)도 있으며, 우리에게 지혜의 대명사로 알려져 있는 솔로몬이 하나님으로부터 지혜를 받는 장면이 등장하는 꿈(왕상 3:5-15)도 있다. 이렇듯 성경에서 많은 인물이 꿈을 통해서 하나님의 계시와 섭리를 받아들이는 장면을 볼 수 있다.

신약성서에서도 역시 마태복음 1~2장을 살펴보면, 마리아가 꿈에서 천사를 통해서 수태고지를 받는 장면이 등장하는 등 꿈과 관련된 많은 사례들이 나타나고 있다. 이렇게 성서 속에 등장하는 꿈과 관련된 사례를 살펴보면서 우리가 알 수 있는 것은, 절대자의 뜻이 인간에게 전달되는 과정은 상당히 상징적이고 동시에 실재성을 지니고 있다는 점이다. 상징적이라고 한다는 점에서는 절대자가 보여 주는 상징의 형태도 중요하지만, 그것을 해석하고 이해하는 인간의 태도도 함께 고려된다는 점이다. 결국 신앙이 하나님을 향한 인간의 태도라는 점에서 하나님을 향한 인간의 인식과 이해가 신앙의 바탕이라고 할 수 있으며, 그런 바탕을 가지고 꿈을 이해하는 것은 신앙의 심층적인 차원에 접근하는 데 중요한 길잡이 역할을 한다. 동시에 그런 상징적인 형태의 꿈은 상징으로만 머물지 않고, 그 상징 안에 내포된 실재성이 현실에 드러난다는 것이다. 인간은 상징 안에 담겨 있는 실재적인 하나님의 뜻을 신앙의 언어로 해석하는 가운데 세상을 신앙의 언어로 바라볼 수 있는 안목을 터득하게 된다. 그런 점에서 꿈을 통해서 이해하는 신앙이야말로 인간과 절대자의 심층적인 관계를 이해할 수 있는 방법이며, 그런 심층적인 관계가 진행될 때 인간은 비로소 절대자를 경험하며 초월적인 체험을 통해서 치료를 경험할 수 있을 것이다. 융도 궁극적인 치료는 초월적 경험에서 발생한다고 이해한 것처럼, 꿈을 통해 절대자를 만났을 때 인간은 자신의 존재의 바탕을 경험할 수 있다. 동시에, 신앙의 언어는 초월적이고 거대하기 때문에 꿈이라는 상징을 통해서 인간에게 전달될 때 인간은 그 절대자의 계시를 이해하고 받아들일 수 있는 것이다. 안 그러면 꿈은 너무나 자극적이고 혼란스러운 경험으로 다가올 수도 있는데, 인간이 받아들일 수 있는 상징 안에서 꿈이 전달된다면 충분히 절대자와 인간이 소통할 수 있는 언어로서 꿈이 신앙과 공존할 수 있다.

일찍이 Paul Ricoeur는 인간의 영적 포용력을 '자기 초월의 능력'으로 규명했다(김원쟁, 1997). 신앙과 꿈이 갖는 근원적인 경험이 바로 여기에 있다고 볼 수 있다. 신앙은 절대자를 향한 염원 속에서 개인이 자신의 존재를 초월할 수 있는 힘을 얻을 수 있다. 꿈을 통해서 개인은 자신의 무의식에 존재하는 새로운 자신을 발견하면서 현실의 자신을 초월하는 통찰을 발견할 수 있다. 그런 점에서 신앙과 꿈은 초월성이라는 공통의 주제를 갖고 있다고 볼 수 있다. 현대인이 다시금 초월성의 언어를 회복할 수 있을 때 병리적인 삶을 벗어날 수 있을 것이다.

융의 꿈 이해처럼 개인의 꿈이 집단 무의식의 원형적 형상이라면 초월적 존재와 경험을 추구하는 종교의 속성도 단순히 개인의 산물이 아니라, 신적인 존재의 초월성과 내재성이 이미 인간 안에서 꿈을 통해서 통합되는 집단적인 소산이라고 이해할 수 있다. 이렇게 종교를 원형적 측면으로 이해한다면, 융의 꿈치료는 인간 안에 이미 내재된 초월적 속성을 발현하는 중요한 기제로 이해할 수 있다. 꿈의 심층에 잠재되어 있는 원형적 상징은 종교가 추구하는 초월적 믿음의 하부의 위치한 원형적 의미와 맥락을 같이할 것이다. 그런 점에서 융은 인간을 종교적인 존재(homo religious)로 이해하고 있으며 인간의 정신 안에서 종교의 선험적인 존재론적 기반을 설명하고 있다.

어떤 점에서 종교가 외적인 신적 대상을 추구하면서도 동시에 인간의 내면을 통합하는 방향성을 추구한다고 볼 때, 융은 인간의 개성화가 인간정신의 자기실현이며 종교적으로 본다면 인간 안에 내재된 신적인 속성(divine attribute)이 신적인 대상을 향해 실현성을 갖는 것으로 이해한다. 그런 점에서 세상에 존재했던 많은 종교의 공통된 속성은 물질에 갇혀 있는 인간의 삶을 해방하고, 물질 속에 갇혀 있는 인간의 신성을 발현함으로써 인간 안에 존재하는 초월적 경험을 실현하고 외재화하는 역할을 해 오고 있다.

7. 실제 어떻게 꿈을 기억하고 다룰 것인가

꿈을 꾸고 기억하고 기록하며 말하는 것은 꿈을 기억하는 데 있어서 중요한 과정이다. 무엇보다 꿈을 기다리며 마음을 집중하는 것이 필요하다. 결국 꿈의 역동은 의식과 무의식 사이에서 벌어지는 한편의 연극이라고 할 수 있다. 그런 점에서 상담자는 내담자에게 꿈을 권장할 수 있다. 꿈을 가져오라고 부탁할 수 있다. 그런 상담자의 제안이 내담자의 꿈을 생각하고 주목하게 하는 계기가 된다. 기술의 발달로 인해서 꿈을 기억하는 데 있어서 좀 더 다양한 매체를 활용할 수 있다. 단순히 종이에 적을 수도 있지만, 녹음기에 녹음을 해서 꿈을 기억하거나, 스마트폰으로 녹음 혹은 녹화해서 꿈을 기억할 수도 있다. 여하튼 꿈 기억 촉진을 위한 다양한 수단을 자유롭게 활용하는 것이 필요하다. 동시에 물리적인 방법으로는 자기 전에 혹은 기상 후에 물 한 잔을 마심으로써 꿈 기억을 촉진할 수도 있다. 신체에 자극을 가함으로써 정신과 연동되는 기억들을 되살리는 것이다. 꿈에 대한 회상을 함으로써 꿈을 기억할 수 있고, 잠자던 자세를 다시 반복함으로써 꿈을 생각할 수 있다. 몸과 정신이 연동되어 있다는 사실에 기초해서 꿈을 재생할 수 있는 가능성을 시도하는 것이다. 이렇게 기록하다 보면 꿈의 전모가 조금씩 전체적으로 드러날 수도 있다. 자칫 꿈에 대한 지나친 해석이나 판단도 꿈 기억과 기록에 부담이 될 수 있다. 대체로 짧은 꿈일수록 기본적인 갈등이나 혹은 근본적인 문제를 암시할 경우가 많다. 아니면 며칠 지나서 꿈의 의미가 좀 더 깊이 다가올 수도 있다.

그런 점에서 꿈을 이해하고 분석하는 것은 흥미로운 작업이다. 자기 자신이 어떤 무의식적 관심을 갖고 있는지 알 수 있다. 그래서 잠들기 전에 꿈에 대한 암시를 스스로 하는 것은 무의식의 역동에 참여할 수 있는 좋은 방법이다. 잠들기 전에 자신이 갖고 있는 질문 사항을 메모해도 도움이 된다. 이렇듯 꿈 기억은 상담에 도움이 되지만, 분명히 상담한 기억에 대한 저항이 늘 있기 마련이다. 그 이유는 내담자가 상담자에게 노출에 대한 두려움을 갖고 있기 때문이다. 동시에 꿈을 염두에 두고 잘 때 자칫 숙면에 방해가 될 것이라는 염려와 압박감 등이 부담으로 작용할 수도 있다. 그렇다면, 상담자는 회기를 진행하면서 내담자가 꿈에 대해서 어떻게 이해하고 있는지를 대화하며 꿈에 대한 건강한 인식을 공유할 필요가 있다. 동시에 꿈을 이해하고 해석하는 것은 공동작업(communal process)이라는 생각을 가질 때 상담자와 내담자가 꿈에 대한 통찰을 나눌 수 있다. 아울러, 꿈치료를 통해서 내담자의 핵심 문제로 접근할 수 있는 가능성이 높아질 수 있다. 프로이트의 의견대로 최소 3년 정도 정신분석을 받아야 어느 정도 차도가 있다고 할 때 꿈치료를 병행한다면, 좀 더 단기간에 내담자의 발전과 성장을 기대해 볼 수 있다.

꿈치료를 할 때 내담자를 위한 상담자의 가장 중요한 태도는 내담자의 어떤 꿈이라도 상담 안에서 용납될 수 있는 포용성이다. 꿈을 말하는 내담자는 불안할 수 있다. 불투명한 미래에 관한 꿈을 밝힐 때, 정확히 기억나지 않는 꿈 내용을 드러낼 때 내담자의 마음은 편안하지 못할 수 있다. 그럴 때 상담자는 내담자의 불안을 최대한 받아들이고 흡수하는 모습으로 다가설 필요가 있다. 내담자의 꿈 이야기를 나누면서 상담자는 자신의 해석을 우선시하지 않도록 주의해야 한다. 가장 건강한 꿈 해석은 내담자와 상담자가 함께 진행하는 꿈 이해이며, 최대한 내담자가 꿈 해석에 적극적으로 참여할 수 있도록 유도하는 것이 중요하다. 융은 꿈 해석이 누구에게나 가능하며 가장 많은 시간을 투자한 사람이 가장 꿈 해석을 잘할 수 있다고 하면서, 특정 분야의 전문가에 꿈 해석을 한정시키지 않았다. 이렇듯 꿈은 그 자체로 자연스러운 무의식의 편지이며 목소리로서 고유의 가치를 갖고 있다.

꿈을 말하는 내담자가 발현몽으로 인해서 불안하다면 꿈에 나타난 발현몽 자체에만 집중하기보다는 발현몽보다 더 깊은 무의식의 소원을 담고 있는 잠재몽의 탐색을 통해서 발현몽에만 속박되지 않도록 상담자는 내담자와 동행할 필요가 있다. 예를 들면, 오빠가 여동생과 성관계를 한 발현몽을 꾸었을 때 꿈 내용을 상담가에 말하면서 내담자는 상당한 불안과 죄책감을 호소할 수 있다. 사춘기 소년이 부모를 죽이는 꿈을 꾸는 경우도 마찬가지이다. 발현몽에 등장하는 성행위, 살인, 구토, 오물 등은 어떤 면에서 내담자가 가까운 대상과의 관계에 있어서 개별화되고 성장하는 잠재몽의 소원과 가능성을 암시하고 있는 것으로 해석될 수 있다. 발현몽 자체는 불안을 야기하고 죄책감을 심어 줄 수 있지만, 거기에 머물지 않고 내담자가 이제 인간관계에서 좀 더 통합적인 성장과 변화를 시작하는 긍정적인 발현으로 이해할 수 있다는 것이다. 그런 점에서 내담자는 발현몽과 잠재몽 모두를 중요하게 여기면서 마치 손님을 대하듯 발현몽을 맞이할 필요가 있다. 발현몽이 불편하고 이상하다고 느껴져서 회피하고 싶은 대상으로 여기는 것이 아니라, 귀한 손님이 찾아온 것처럼 객체화해서 꿈을 받아들이고 이해해야 한다. 심지어 발현몽의 내용에만 너무 좌우되지 말고 잠재몽의 일부인 발현몽이 찾아왔을 때 그 방문을 존중하고 배려하는 모습으로 꿈을 대한다면 꿈은 분명히 그 자체로 상당한 가치를 발휘할 수 있다.

8. 나오는 말

꿈은 무의식의 왕도라는 프로이트의 말이 사실이라면 동시에 꿈은 인간의 신적 속성을 발견하여 가는 길이라고 말하고 싶다. 융의 의견대로 꿈은 우리에게 고대의 원형적이고 신적인 삶을 살았던 선조들의 무의식적 자산이 내재되어 있는 공간이며, 인류는 꿈을 통해서 각 개인의 삶이 개인화되어 왔다. 프로이트가 말하는 무의식적 소망의 성취 메커니즘을 넘어서 꿈은 수많은 상징과 이미지를 통해서 우리에게 메시지를 전달하고 있다. 그 꿈을 각 개인이 분석하고 통찰하는 것은 인간 안에 내재되어 있는 신적인 속성과 연계된 종교성과 신앙심을 탐구하는 것이며, 삶의 의미와 미래를 탐구하는 중요한 방향을 제시하고 있다. 꿈치료와 신앙이 함께 지향하는 인간 안에 내재된 초월성을 통해서 인간의 회복과 치유의 길을 발견할 것으로 기대한다.

참고문헌

권수영 (2004). 임상현장의 작용직 신학: 기독교상담의 방법론적 정체성. 한국기독교상담학회지, 7, 64-67.

김성민 (2001). 분석심리학과 기독교. 서울: 학지사.

김원쟁 (1997). 기독교영성의 심리학적 이해. 기독교사상 편집부 (편). 한국교회를 위한 목회상담학 (pp. 9-17). 서울: 대한기독교서회.

이부영 (1998). 분석심리학. 서울: 일조각.

임경수 (2004). 신학과 심리학의 연계적 학문을 통한 기독교 상담의 정체성. 한국기독교상담학회지, 7, 167-169.

임경수 (2008). 신학자 폴 틸리히의 '중심된 자기'의 존재론적 양극성 관점에서 본 기독교상담의 정체성. 한국기독교상담학회지, 18, 335-338.

정석환 (2003). 목회상담학 연구. 서울: 한국학술정보.

Clayton, J. P. (1980). *The concept of correlation: Paul Tillich and the possibility of a mediating theology.* New York: W. de Gruyter.

Freud, S. (2017). 정신분석입문 (김양순 역). 서울: 동서문화사. (원저 1922년 출판).

Hall, C. S. (1991). 프로이트 심리학 입문 (황문수 역). 서울: 범우사. (원저 1954년 출판).

Hall, C. S., & Nordby, V. J. (2004). 융 심리학 입문 (김형섭 역). 서울: 문예출판사. (원저 1973년 출판).

Jung, C. G. (1970). *The structure and dynamics of the psyche* (CW 8, 414). Princeton University Press.

Mitchell, S. A., & Black, M. J. (2000). 프로이트 이후: 현대정신분석학 (이재훈, 이해리 역). 서울: 한국심리치료연구소. (원저 1995년 출판).

Samuels, A. (1985). *Jung and the post-Jungians.* London and New York: Routledge.

Ulanov, A. B., & Ulanov, B. (1996). 종교와 무의식 (이재훈 역). 서울: 한국심리치료연구소. (원저 1975년 출판).

분석심리학과 명상

이명진
(다움상담코칭센터 대표)

　필자의 명상에 대한 관심과 실천은 상당히 오래전부터 시작되었다. 가족
치료 전문가로 훈련을 받을 당시에는 언제나 명상으로 시작을 여는 가족치료
워크숍에 참여하였다. 개인적인 경건훈련의 여정에서는 새벽 말씀 묵상과
기도 명상을 즐겁게 이어 오고 있다. 때로는 명상과 심상기법을 임상현장에
서 내담자에게 적용해 보기도 하였고, 집단상담이나 교육을 통해 사람들에게
명상 훈련을 전수해 보기도 했다. 또 나이 들면서는 건강에 도움이 되는 요가
나 기공 등을 배워 실천하기도 하면서 실로 다양한 형태의 명상을 접해 왔다.
이제 분석심리학과 표현예술치료와의 연관성 속에서 명상의 분야를 재조명
하고, 분석심리학에서의 명상과 기독교 영성 전통에서의 명상을 접목시켜 논
의하게 된 것은 매우 의미 있는 일이다.

1. 분석심리학과 예술치료

분석심리학에서는 정신분석학에서 바라보는 것처럼 무의식을 단순히 의식에 의해 용납되지 못해 억압되어서 이루어진 정신영역이라 보지 않는다. 오히려 무의식은 의식보다 훨씬 크고 심오한 영역으로서 자아의식의 성장과 변화에 큰 영향력을 미칠 수 있는 존재라 여긴다. 또한 분석심리학에서는 심리적 문제가 자아의식의 편향적이고 일방적인 태도로 인해 발생한다고 보며, 그 문제로부터의 치유와 성장을 무의식의 보고로 부터 이끌어 내려 한다. 그러므로 분석심리학에서의 예술치료는 무의식의 보물창고에서 치유와 성장을 위한 보화를 찾아내고자 하는 다양한 방법론이라 말할 수 있다.

예술치료는 다양한 매체를 통해 이루어지지만 그 과정은 유사하여 크게 두 가지 단계로 이루어진다. 첫째는 무의식이 이미지로 형상화되기까지의 단계이고, 둘째는 형상화된 이미지에 대해 상징적인 해석을 시도하는 단계이다. 따라서 예술치료에서 가장 중요한 것은 다양한 매체를 활용하여 우선 충실하게 무의식적 이미지의 형상화를 시도하는 것이다. 만약 형상화의 과정이 제대로 이루어지지 않는다면 우리는 선입견과 지성에 의한 성급한 이해를 시도하게 된다. 무의식의 형상화는 궁극적으로 무의식이 스스로 이야기하게 하고, 그 이야기를 전달하는 주체가 되기를 허용한다는 것을 의미한다. 일단 심상의 형상화가 충분히 이루어지면 그 다음 단계로 심상에 대한 상징적 해석을 시도한다. 분석심리학에서는 상징의 이해를 위해 주로 확충(amplification)이라는 방식을 적용한다. 확충은 예술적 표현 속에서 나타난 것과 같은 형상이 다른 어디에서 주로 나타나는지 비슷한 주제의 형상들을 모아서 비교하는 방식으로서, 융(C. G. Jung)은 이를 '역사적 유비'라 칭하였다. 이러한 '역사적 유비'의 접근방식은 민속학적 · 종교사적 · 정신문화적 자료까지 널리 제한 없이 활용하는 해석이므로, 내담자 개인의 연상에 의존하는 환원적 해석과는 차원이 다르다. 심상의 상징적 이해는 개인적 연상을 넘어서 신화나 민담의 상징적 이해를 바탕으로 할 때 훨씬 더 심도 있게 이루어질 수 있다.

　이 장에서 다루게 될 명상은 주로 다양한 분석심리학적 예술치료과정의 시작을 여는 기법으로 사용되는 경우가 많으며, 그 자체로서는 무의식의 형상화와 확충의 방식을 통한 해석의 과정을 함축하고 있는 매우 중요한 치료기법이기도 하다.

2. 넓고 깊은, 다양한 명상의 세계

　명상의 세계는 넓고 깊고 다양하여 그에 대해 한마디로 정의내리기는 어렵다. 목회상담학자 Howard Clinebell(1989)은 자신의 의식을 침묵하게 하여 중심으로 모아서, 명료하고 흐트러짐이 없는 심리적 공간 속으로 들어가게 하는 방법은 무엇이든 명상이라고 정의했다. 영성상담가 윤종모(2009)는 "명상은 마음을 집중하여 고요히 생각하는 것이며, 깊이 생각하는 것이며, 마음을 비우고 사물을 바라보는 것이다. 그러면서 자기 자신을 온전히 알아 가는 것이며, 치유를 경험하고, 마침내는 신의 마음과 눈으로 세상을 보는 것이다."라고 정의하였다. 윤종모의 정의는 간결하면서도 명상은 어떻게 하는 것이며, 무엇을 위해 하는 것인지에 대해 잘 말해 주고 있다. 즉, 명상은 수행자로 하여금 자신을 발견하게 하고, 그 가운데서 치유를 경험하게 하며, 전인성과 깊은 영성을 향해 나아갈 수 있게 하는 방법인 것이다.

　윤종모(2009)는 명상이 다루는 주제는 매우 다양하므로 어느 한 측면만을 강조하여 명상을 정의 내려서는 안 된다고 강조한다.

　　바른 기도와 예배도 명상이고, 기독교의 영적 독서(Lectio Divina)와 관상(觀想)기도도 명상이며, 불교의 선(禪)도, 인도의 요가도 명상이다. 또한

음악을 감상하는 것도 명상이고, 심리치료 이론을 가슴의 수준으로 가져
와 깊이 성찰하는 것도 다 명상이다. 땅을 밟고 걷는 것도, 숲속에서 바람
소리와 새소리를 듣는 것도, 심지어는 설거지를 하면서도 진지하게 의미
를 추구하며 행한다면 다 명상이라고 할 수 있다(윤종모, 2009).

이처럼 명상의 세계는 넓은데, 실제로 불교, 이슬람교, 힌두교 등 다양한
종교의 지도자들은 깨달음과 마음의 평화에 중점을 두어 명상을 활용해 왔
고, 심리학자나 상담자들은 명상의 심리적 치유와 통합의 기능을 강조하였
으며, 의사들은 명상의 신체적 질병 치료 효과에 관심을 기울여 왔다. 기독
교 전통에서도 영성 형성을 위하여 영적 독서(Lectio Divina), 성 이그나티우
스(St. Ignatius of Loyola)의 영성수련 등을 행하였고, 동양의 수행자나 자아초
월심리학에서도 영성 형성을 위하여 명상을 수련하고 있다. 윤종모(2009)는
"명상은 다양한 모양의 그릇이고, 영성과 무의식은 그 그릇에 담기는 내용물
로 이해할 수 있다."고 말한다. 이처럼 명상은 다양한 영역에서 다양한 양태
로 매우 긍정적인 기능을 수행해 왔다.

3. 심상기법과 적극적 상상

필자는 이 장에서 분석심리학 영역에서 행해지는 명상의 양태를 크게
두 가지로 대별하여 다루고자 한다. 그 하나는 다양한 규모의 치료나 교육
의 현장에서 인도자에 의해 안내되는 심상기법(guided imagery 또는 guided
meditation)으로서의 명상이고, 다른 하나는 분석심리학의 독특한 기법인 적
극적 상상(active imagination) 기법으로서의 명상이다. 심상기법은 분석심리
학에서만 사용하는 것은 아니고 다른 심리치료접근에서도 널리 활용되는 기
법이다. 반면에 적극적 상상은 융에 의해 제시되고 발전된 분석심리학의 독

특한 기법이므로 좀 더 비중을 두어 다루고자 한다.

1) 심상기법

심상기법은 guided imagery 외에도 guided meditation, creative visualization 등을 의미하는 용어로 사용된다. 심상기법은 훈련받은 지도자나 임상가가 제시하는 안내에 따라 다수의 참여자가 함께 명상을 하는 방법을 말한다. 심상기법을 통한 명상은 시각화와 형상화를 통해 사물과 사건을 심상 속에서 체험할 수 있게 해 주며, 그 과정에서 참여자들은 실제로 직접적인 자극이 없는데도 강력한 정서를 느끼는 일이 가능하다(Holmer, 2010). 안내자는 직접 말을 하거나 글, 녹음, 동영상 또는 음악을 곁들인 시청각 매체 등을 사용하여 참여자의 명상 과정을 도와주는 역할을 한다. 안내자는 종종 참여자들의 경험을 자기 성찰적 기록이나 예술 작품으로 남겨 보도록 인도한다. 그리고 워크숍에서 배운 심상기법을 자신의 삶에 지속적으로 활용하고 거기서 얻게 된 체험들도 기록으로 남겨 보도록 권한다. 이런 실천이 지속적으로 이어지게 되면 수행자들은 심오한 자기 성찰과 자기 수용을 통해 치유 및 개성화의 과정으로 들어갈 수 있게 된다.

심상기법에 의한 명상은 임상 및 교육 현장에서 탁월한 효과를 내고 있음이 다양한 연구결과를 통해 입증되었다. 실제로, 스트레스 완화(Carter, 2006), 통증관리와 통제(Antall, 2004), 대처능력 개발(Hockenberry, 1989), 정확을 요하는 분야에서의 업무수행 능력 개선(Esplen, 1999), 불면증 감소(Molen, 2013), 분노감정의 완화(Awalt, 1997), 자살사고의 감소(Birnbaum, 2004), 삶의 질의 개선(Naik, 2013) 등 다양한 분야에서 심상기법의 효과성에 대한 연구가 수행되었다.

다음에 이야기할 적극적 상상 기법에서와는 달리 심상기법에서는 전 과정을 치료자가 이끌어 가며, 참여자는 가벼운 최면과 유사한 이완 상태에서 치료자의 인도에 따라 내면으로의 여행을 떠난다. Aniela Jaffe는 그의 저서 『Jung's Last Years』에서 융의 치료 예화를 하나 소개하고 있다. 어느 날 한 젊은 여교사가 그녀를 치료하던 의사의 의뢰로 융을 찾아왔는데, 그 여성은 오랜 불면증으로 심하게 고통을 받고 있었다. 융은 단지 짧은 시간 그녀를 만났을 뿐이었는데, 그 여성의 불면증은 완벽하게 치료되었고, 그 여성을 의뢰했던 의사는 융이 어떤 치료방법을 썼는지 몹시 궁금해하였다고 했다. 그런데 융이 그 여성을 위해 했던 것은 단지 평화로운 풍경들을 묘사하고, 어린 시절 어머니가 융에게 불러 주었던 자장가를 불러 주었을 뿐이었다. Jaffe는 그때를 회상하며, 융의 그와 같은 치료는 그 시대의 누구도 사용하지 않았던 방법이었고, 어떻게 치료가 일어났는지 설명하기 어려운 비정통적인 방식이었다고 말했다(Snowden, 2010). 그러나 이제 그와 같은 치료방식은 임상현장이나 교육의 현장에서 널리 활용되게 되었다.

분석심리학적 치료 워크숍에서 초기에 주로 활용되는 명상의 방법은 대부분 이와 같은 심상기법의 활용이라 볼 수 있다. 이 경우에는 명상을 혼자서 수행하는 것이 아니라 명상의 과정을 이끌어 가는 인도자가 있기 때문에 명상의 내용은 진행하고자 하는 워크숍의 주제에 맞춰서 다양하게 결정된다. 심상기법 방식의 명상의 목적은 긴장 이완, 스트레스로부터의 회복, 자신의 정서와의 만남, 신체 자각에 초점 맞추기, 자신의 내면 아이와의 만남, 과거에 대한 초기 회상, 미래에 대한 상상, 내적 부분들의 통합 등 실로 다양하다. 앞에서도 언급하였듯이, 이런 형태의 명상은 이미 분석심리학적 치유 워크숍만의 전유물은 아니고, 다양한 심리적·교육적 접근에서 목적과 상황에 맞게 활용되고 있다.

2) 적극적 상상

심상기법에 의한 명상은 분석심리학 특유의 명상법이라 할 수 없지만, 적극적 상상은 분석심리학적 명상의 독특한 양상이라 말할 수 있다. 적극적 상상 기법은 고대 이집트, 중세 유럽의 연금술사들이 하던 명상법을 융이 발전시켜 개발한 것이다. 융의 표현에 따르면, 적극적 상상은 "내면의 이미지의 흐름을 관찰하기 위한 내관적인(introspective) 방법"(Jung, 1949)으로서, 그는 적극적 상상 속의 대화를 통해 무의식과 진정으로 만나려 시도하였다. 제1차 세계대전이 발발하기 전에 융은 유럽이 피바다가 되며 파괴되는 환상을 여러 차례 보게 되었다. 융은 자신이 치료하고 있는 환자들처럼 자기도 정신병에 걸린 줄 알고 염려하였다. 그러나 융은 초기의 충격을 이겨 내고, 오히려 자신에게 좋은 기회가 찾아온 것이라 받아들이기로 했다. 그는 '나 자신의 정신병을 치료하는 방법을 알아낸다면 다른 사람을 더 잘 치료할 수 있을 것'이라 생각했다. 그리고 커다란 용기와 희망을 가지고 자신의 마음과의 전쟁을 시작했으며, 이 내적 전쟁의 과정에서 적극적 상상 기법이 개발되었다. 융은 1913년에서 1916년까지 이 명상법의 개발에 집중했고 15년 이상 이 명상법을 수행했지만, 적극적 상상(active imagination)이라는 용어를 처음 사용한 것은 1935년에 이르러서였다. 적극적 상상 기법은 훗날 융이 프로이트(S. Freud)와 결별하게 된 몇 가지 이유 중 하나가 되었다.

　융이 재발견하여 확장시킨 적극적 상상 기법은 개인이 자신과 가까워지고, 내면의 중심까지 도달할 수 있도록 도와준다. 적극적 상상은 의식적인 자아가 무의식에서 일어난 이미지에 다가가 대화를 시도하는 것으로, 자아가 실제로 상상 속으로 들어가서 참여한다. 융은 수동적인 환상에 불과한 것을 적극적 상상으로 변형시키는 것은 무의식적 심상의 사건에 자아가 의식적으로 참여하는 것을 통해 비로소 가능해진다고 보았다. 적극적 상상은 무의식에 내재된 이미지나 콤플렉스의 내용이 아직 의식화되지 않았을 때, 그 내용을 수면 위로 떠오르게 하는 기술이다. 적극적인 상상을 통해 상징으로 나타난 콤플렉스, 원형, 내적 정신의 실체를 분명히 바라볼 수 있게 된다. 자기의 원형상은 개인의 내면, 즉 무의식에 깊이 존재하므로 발견하기가 쉽지 않만, 때로는 하나의 상으로 꿈에서 나타나기도 하고, 적극적 명상을 통하여 분명히 실체를 드러내게 된다. 이 명상의 과정에서 어떤 상을 '일어나게 함'에 성공하면 그 상(像)과 함께 대화하고 직면하는 과정에서 신비로운 자기 원형 상과의 만남이 가능해진다. 또한 적극적 상상을 통해 개인은 보다 보편적이고 영원한 상징이나 태초에 대한 신화들, 혹은 영원불멸에 대한 인류의 염원 같은 것들과 조우하게 된다.

적극적 상상은 이처럼 개인이 명상을 통하여 무의식을 직접 체험해 보는 방법이다. 이런 점에서 분석심리학의 적극적 상상기법은 높은 차원의 자기 성찰의 방법이라고 볼 수 있다. 적극적 상상에서는 무의식에서 일어나는 감정이나 환상, 강박관념, 백일몽 등의 내용들을 경계하지 말고, 아무런 비판도 하지 말고 편안하게 명상에 잠길 것을 권한다. 적극적 상상에서는 환상(phantasie)을 중요하게 받아들인다. 명상에서는 환상이라는 방법이 필연적으로 사용되는데, 환상에는 두 가지, 즉 적극적 환상과 피동적 환상이 있다. 융에 따르면, 적극적 환상(aktive phantasie)이란 능동적인 성격으로서 직관, 즉 무의식을 인지하려는 자세에 입각하여 행해지는 현상이다. 적극적 환상에서는 수행하는 자가 적극적인 참여 자세로 존재하기 때문에 해리 상태로 빠져 들어가는 것이 아니며, 의식과 무의식은 대립적 관계에 있는 것이 아니라 보충적 관계에 있다. 적극적 환상의 작업은 의식과 무의식이 상호보완적으로 작용하여 이루어지는 고도로 차원 높은 정신활동이다.

적극적 상상의 방법은 개인의 자기 성찰적 명상뿐 아니라 표현예술치료, 미술치료, 모래놀이치료, 동작치료, 문학치료, 글쓰기 치료 등을 수행하는 과정에서 구체적 방법론으로 폭넓게 활용되며, 기독교 영성수련의 방법으로도 활용될 수 있다. 창작예술의 중요성을 강조한 분석심리학자 Wallace는 "내면 세계를 알면 그 앎이 당신을 구원해 줄 것이고 당신이 알려고 노력하지 않으면 내면의 세계가 당신을 파괴할 것이다."(Wallace, 1987)라는 도마서의 한 구절을 인용하여 미술매체를 통한 심상표출의 필요성에 대해 강조하였다. 여기에서 '앎'이란 자신의 내면을 안다는 것이고, 개인의 자아차원에서 알고 있는 지식이 아니라 개인 정신의 핵심이 되는 자기(self) 실현에의 부름을 깨닫게 되는 앎을 뜻한다. 그는 원형적인 차원의 개인의 정신내면을 '창조의 근원(creative source)'이라고 부르며, 그 내용을 자연스럽게 외현화하는 과정은 언어 차원에서는 어렵고, 이미지나 신체를 통한 여러 가지 창작활동을 통해서 촉진될 수 있다고 한다. 또한 강한 감정이 일어날 때 그에 휩쓸리지 않고, 예술작업을 통하여 적절한 거리를 두고 표현할 수만 있다면 그 감정은 의식과 무의식 사이의 대화로 이어질 만한 소중한 자료가 될 수 있다. 이러한 작업을 가능하게 하기 위해서는 먼저 정서적인 내용을 특정한 형태를 갖춘 이미지로 표현하게 하여 그 속에 내재되어 있는 격렬한 느낌을 감소시킬 필요가 있다. 그리고 나아가서 의식이 무의식의 메시지를 이해할 수 있도록 언어 차원으로 표현되어야 한다. 치료적인 변화를 위해 필요한 것은 무의식을 이해하는 정도에 머무는 것이 아니라 이해한 것을 실제의 삶 속으로 가지고 와야만 한다.

4. 적극적 상상은 어떻게 하는 것인가

1) 적극적 상상에 임하는 자세

적극적 상상을 잘하기 위해서는 상당히 성숙된 자아가 전제되어야 한다. 이 기법은 누구나 시도할 수는 있지만 반드시 해야만 하는 작업은 아니다. 자아기능이 약한 사람은 무의식에 휘말릴 위험도 있어 오히려 역효과를 초래할 수 있다. 적극적 상상에서는 '적극적'이란 단어가 매우 중요한 의미를 지닌다. 자아가 적극적으로 참여하지 않는다면 무의식이 완전히 장악하게 될 수도 있다. 무의식과 깊이 관여하게 되는 적극적 상상을 가볍게 여겨서는 안 되며, 처음에는 전문적으로 훈련받은 분석가의 인도를 받는 것이 안전하다.

적극적 상상에 들어갈 때는 일단 외부 영향을 차단시키고 명상에 집중하여 무의식으로부터 어떤 상(像)이 나타나면 그 상이 스스로 움직이며 변화할 때까지 조용히 기다려야 한다. 이때 수행자는 무의식적 내용을 억압하는 의식의 영향을 약화시키면서 그 상이 어떻게 전개되어 변하는가를 관찰한다. 이때 수행자에게 나타난 상을 인위적으로 지우려고 하거나 거부감을 나타낼 필요가 없이 자연스럽게 직면해야 한다. 어느 정도의 시간이 경과하면 그 상은 자유로운 변화를 시작한다.

어떤 경우에는 상당히 긴 시간 동안 부정적인 상이 나타나 두려움을 느끼게 되는 일도 있다. 그 때문에 수행자는 이런 상을 빨리 지우려고 하는 유혹에 빠지게 마련이다. 그러나 이때에 필요한 것은 자신의 자아를 더 강하게 인식하는 자세이다. 이런 현상을 두고 무의식과의 대면이라고 하는데, 실로 무의식과의 대면은 공포스러운 대결을 경험하는 터널과 같을 때도 있다. 그래서 수행자에게는 명상작업을 성공적으로 수행하기 위한 용기와 확신 그리고 무던한 인내가 요구된다.

2) 적극적 상상의 위험성과 그에 대한 저항

적극적 상상을 올바르게 수행하는 것은 쉬운 일이 아니므로 수행하는 자의 상태에 따라 제한적으로 신중하게 적용되어야 한다. 적극적 상상은 무의식과 강력하게 대응할 수 있을 정도의 심리적 성숙도에 이른 사람들에 의해서 행해져야 한다. 무제한적인 상상이나 의식적 통제가 불가능한 상태에서 적극적 상상이 이루어질 때 심리적 불균형과 불안감이 증폭될 수 있기 때문이다. 적극적 상상의 위험성을 논하자면, 우선 자아가 무의식에 의해 압도될 가능성이 있다는 점을 들 수 있다. 적극적 상상은 무의식으로부터 올라온 이미지의 흐름으로 시작될 수 있는데 어떤 경우에는 이미지들이 막을 수 없는 물의 흐름과 같아 멈추기가 어렵기 때문에 압도될지도 모른다는 두려움이 엄습할 수 있다(Sanford, 2010). 그러나 반면에 자아가 일방적으로 무의식을 지배하려 들면 무의식은 그에 대해 파괴적인 방식으로 반응할 수 있다. 또한 적극적 상상에서 만나는 환상의 의미는 상징적인 것에 불과한데, 개인에 따라서는 환상의 내용을 문자 그대로 행동화할 위험이 있다. 무의식적 내용을 만나고 나서 그에 따라 구체적이고 무비판적으로 행동화하는 것은 매우 위험하다. 무의식의 소리들이 상징적인 의미를 지닌 것인지 실제로 구현되어야 하는 것인지 신중하게 되물어야 한다.

　적극적 상상의 과정 중에는 무의식적으로 저항이 일어나는 경우가 있으며, 이때 저항은 진지하게 수용되고 다루어져야 한다. 그러나 저항에는 타당한 것도 있지만, 융이 소위 '근거 없는 변명'이라 불렀던 저항도 있다. 타당한 저항은 환상을 의식화한 후에 일어날 수 있다. 이는 행동화하려는 것에 대한 두려움처럼 적극적 상상과 관련된 위험성을 지각하기 때문에 일어나는 저항이다. 이때에는 환상의 존재를 인정하는 것이 곧 그것을 행동으로 옮기는 것을 의미하는 것은 아니라는 것을 인식시킬 필요가 있다. 타당한 저항이 일어나는 또 다른 이유는 현재의 삶에 아직은 꼭 필요하다고 느껴지는 무엇인가가 파괴될지도 모른다는 두려움이 일어나기 때문이다. 반면에 서투른 변명은 적극적 상상이 엄청나게 어려운 작업이라는 오해, 잘못된 태도나 기대들로부터 나온다. 또한 무의식을 형상화하는 예술치료 작업에서 작품이 예술적이고 아름다워야만 한다는 생각이나 나타난 결과물에 대한 지나친 동일시, 또는 그와는 반대로 '이것은 그저 하찮은 놀이일 뿐이고, 나는 이보다 더 진지하고 중요한 일을 해야만 한다.'라는 생각 등이 적극적 상상에 대한 저항을 초래한다.

3) 적극적 상상의 과정

먼저 적극적인 상상을 하고 나서 그로부터 얻게 된 것을 어떤 방식으로든 기록에 남기는 것이 바람직하다. 노트에 기록을 할지, 컴퓨터에 입력할 것인지, 녹음할 것인지 또는 그림으로 그릴 것인지 등을 결정한다. 그리고 잠시 동안 외부 세계를 차단하기에 충분하고 조용한 개인적인 공간을 만든다. 하던 일을 멈추고 바쁜 마음을 잠시 내려놓고 앉을 수 있는 곳이면 어느 곳이나 괜찮다.

(1) 초대하기(The Invitation)

잠시 동안 심호흡과 함께 조용히 기다리면서 자신의 무의식을 초대한다. Marie-Louise von Franz는 이때 의식적 사고를 비우고, 자아의 비판적이고 판단하는 모드는 잠시 옆으로 비켜 놓아야 한다고 강조한다. 떠오르는 환상을 바라보거나, 한 단어에 집중하거나, 어떤 사건이나 장소 등에 집중한다. Robert Johnson은 적극적 상상이란 '자신의 무의식이 만든 창조물을 표면화하여 의식과 접촉할 수 있게 초대하는 것'이라고 말한다. 만약 그날 하루 동안에 또는 반복적으로 자신을 괴롭히는 문제가 있다면 그것과 관련된 이미지를 떠올려 보아도 좋다. 떠오른 이미지가 무엇이든 그것을 인격화해 보는 것이 대화하기에 도움이 된다. 때로는 꿈에서 만난 인물을 불러내어, 그 사람과의 대화를 시도해도 좋다(Sanford, 2010).

(2) 대화하기(The Dialogue)

인격화된 자신의 무의식이나 꿈에 나타난 어떤 사람과 대화를 한다. 질문을 주로 하기보다는 무의식의 목소리를 우선적으로 경청하는 것이 이 명상법의 주된 방식이다. 무의식 속의 인격이 처음에는 할 말이 없어 하는 것처럼 보인다면, 그 사람이 원하는 것, 이야기하고 싶은 것이 무엇인지 물어본다. 질문을 하고 기다리는 것이 더 낫다. 적극적 상상의 기본 자세는 경청이기 때문이다. 경청을 통해 인격화된 이미지의 마음을 살피는 것이 중요하다. 내적 인물이 무언가를 전달하려 한다면, 그에 대한 대답으로 당신도 어떤 반응을 보이도록 한다. 어떤 말이라도 가능하다. 그 대화가 갈등일 수도 있고, 지지적일 수도 있고, 서로 경청하지 않고, 자기 말만 할 수도 있다. 그 대화의 흐름 속에서 '감정'에 초점을 맞추면서 적극적 상상을 할 때 몰입이 점점 가능해진다. 대화에서 중요한 것은 '속이지 않는 것'과 미리 각본을 준비하지 않는 것이다. 지금, 상상을 하고 있는 시점에서 무의식이 말하는 것을 잘 들어야 하는 것이기 때문에 의식이 너무 활성화되어 그것을 억압하지 않도록 해야 한다. 지금 여기에서 이미지화된 인격에게서 올라온 그 감정을 그대로 받아들이며 대화를 이어 나가는 것이 중요하다.

(3) 가치(The Values)를 덧붙이기

형상화된 무의식의 이미지와 충분히 대화를 나눈 후에는 문제해결과 인격의 성장을 위한 보다 윤리적인 가치를 도출하는 단계로 나아가게 된다. 무의식은 도덕적 혹은 윤리적 규범에 제한받지 않는 본능적 속성이 있기 때문에 무의식의 상들과 윤리적인 대면을 할 필요가 있다. 이 단계에서 인격의 깊은 변화가 일어날 수 있다. 자아는 인간세계 속에 존재하는 한계와 조건들을 무의식에게 대면시켜야 하며, 때로는 '안 돼'라고 말할 수 있어야 한다. 자아는 무의식으로부터 나온 것을 향해 윤리적 태도를 취할 필요가 있다. 이는 상상의 과정이 비인간적이거나 파괴적이거나 또는 극단적으로 가 버리는 것으로부터 보호하기 위해 의식적 자아를 불러일으키는 것이다. 무의식과의 대화가 충분히 오고 간 후에, 여전히 적극적 상상의 과정에 머물면서 이제는 자신이 생각하는 보다 높은 가치에 맞는 행동을 해 보도록 이끌어 가는 것이다.

융의 내담자가 어느 날 자신이 꾼 꿈을 보고하였다. 그 꿈은 자신의 여자 친구가 얼음 웅덩이 속으로 미끄러졌고 물 밑에서 익사하는 것을 보면서, 그녀를 구하기 위해 아무것도 하지 않았다는 내용이었다. 융은 이 사람에게 적극적 상상으로 들어가도록 제안했고, 상상 안에서 그녀를 물속에서 건져 내기 위해 무언가를 시도하도록 이끌었다. 내적인 자기가 꿈의 상징을 잘 받아들이지 못해 하루 종일 죄책감에 매여 있지 않도록 하기 위해 윤리적인 가치를 적극적 상상에 덧붙인 것이다. 이 단계는 매우 의식적이라 볼 수 있지만, 이러한 의도적인 시도를 하게 한 재료들이 내담자의 무의식 속에서 가져온 것이라는 점에서 여타 방식과의 차별성을 볼 수 있다. 융은 자신의 회고록 『회상, 꿈, 기억』(1961)에서 "적극적인 상상에서 무의식의 심상을 떠올리는 것만으로는 충분하지 않으며, 이를 이해하지 못하거나 윤리적인 대면을 회피한다면 인간의 전체성이 박탈당하고 개인의 삶이 고통스러운 파편으로 채워지게 된다."고 하였다.

(4) 의례(The Rituals)를 행하기

마지막 단계는 일상생활에 구체적으로 연결된 직관적 통찰을 이끌어 내고, 적극적 상상을 통해 얻어진 결과들을 삶 속에 적용하는 단계이다. 이 단계가 가장 어려운 부분이고, 올바른 윤리적 결론에 도달하기는 해도 많은 경우 그것을 행동으로 실천하는 것에 실패한다. 예를 들어, 살아보지 못한 삶을 경험해 보기 위해 새로운 삶의 현장에 가 볼 수도 있고, 그러기 위한 결심을 할 수도 있다. 스트레스와 부담을 줄이기 위해 그 동안 꿈도 꾸지 못했던 여유를 스스로에게 허용할 수도 있다. 남성성으로만 살아온 사람이 긍정의 여성성을 불러내기 위한 새로운 시도를 할 수도 있다. 그러나 조심해야 할 것은 무모한 행동화나 허례허식이 되어서는 안 되며, 진정한 자아실현을 위한 선택이 되어야 한다.

이와 같은 적극적 상상 기법을 자신이 꾼 꿈을 해석하는 데 활용해 볼 수 있다. 적극적 상상은 특히 결말이 없이 깨어난 꿈을 다루는 데 도움이 된다. 적극적 상상을 통해 그 꿈의 이야기를 완성함으로써 계속적인 꿈 작업을 통해 자신의 삶의 주인공이 될 수 있다. 적극적 상상을 통한 꿈해석의 과정을 다음과 같이 설명할 수 있다.

첫째, 마음을 가라앉히고, 의식에 집중한다. 의식은 적극적 상상을 위한 중요한 도구이다.

둘째, 꿈을 선택하여 그중 한 이미지에 집중한다. 다른 생각에 의해 방해받지 않을 만큼 오래도록 그 이미지에 집중한다.

셋째, 무의식으로 하여금 그 이미지를 통해 말하게 한다. 무의식이 꿈 이미지를 활성화시킬 정도로만 의식 집중의 정도를 낮춘다. 그러나 딴 생각이 파고들 정도로 느슨해지면 안 된다. 무의식이 말하도록 하면서 진정한 꿈의 의미에 도달하고 꿈속의 인물과 대화하기에 이르는 것이 중요하다. 악몽일 때는 이 작업을 피하고 싶겠지만, 이 저항을 이겨 낸다면 과거에 회피했던 것을 대면하여 두려움을 극복하고 자신의 무의식적 열망을 받아들일 수 있는 좋은 기회가 된다. 그 이미지가 어떤 모습으로 나타났든 피하지 말고 가급적 생생하게 기억해야 한다.

넷째, 다양한 표현예술치료기법을 활용하여 침묵 속에서 경험한 이미지를 글로 쓰거나 그림으로 그린다. 절대로 멋진 작품을 만들려고 노력하지 말고, 단지 다음 단계에서 해석을 시도할 수 있을 정도로 무의식에서 본 이미지를 작품화하면 된다. 적극적 상상 기법의 또 하나의 유익은 우선 작업을 하고, 그러고 나서 해석을 한다(creating first, then criticizing)는 원칙을 따름으로써 억눌린 창의성을 해방시킨다는 것이다. 즉, 미술작업을 통해 그냥 심상에 떠오른 무의식의 형상을 그대로 그리고, 잠시 후에 의식의 상태로 돌아와 그것이 무엇인지 생각해 보는 것이다.

마지막으로, 차를 마시거나 휴식을 취하면서 상상에서 빠져나와 정상적인 의식의 상태로 돌아온다. 준비가 되면 다시 돌아와 자신이 만든 작품 속에 어떤 메시지가 들어 있는지 발견한다.

적극적 상상을 하면 꿈꾸기가 극적으로 감소한다고 한다. 그 이유는 무의

식에 있는 것들이 자신을 알리기 위해 꿈의 형태로 나타나기 전에 이미 적극
적 상상을 통해 의식에 동화되어 버렸기 때문이다. 꿈에서 보였을 법한 주제
들이 적극적 상상을 통하여 직면되고 해결됨에 따라 꿈에서 반복하여 자신을
드러낼 필요가 없어지는 것이다.

5. 적극적 상상과 다양한 명상법의 유사점과 차이점

적극적 상상은 수동적인 명상(meditation)이나 관상(contemplation)과 다르
다. 명상이나 관상은 마음의 상태를 고요하게 하면서 개인적 환상으로부터
초월적인 상태로 들어가는 수행이다. 이와 달리 적극적 상상은 구체적인 상
황에서 출발하여 무의식에 잠재되어 있는 이미지들을 의식의 세계로 끌어올
리는 적극적인 행위이다. Sanford(2010)는 다른 형태의 명상과 분석심리학적
명상의 차이에 대해 다음과 같이 말한다.

> 다른 형태의 명상과 같이, 심리학적 명상은 의식의 색다른 관상적인 상
> 태로 들어갈 수 있는 능력을 필요로 한다. (그러나) 그것은 동양의 명상과
> 다르다. 왜냐하면 마음의 한정된 이미지를 관상하고 공(空)을 추구하지 않
> 기 때문이다. 또 그것은 기독교 명상과도 다르다. 왜냐하면 관상의 대상인
> 이미지가 종교적인 전통이 아닌, 그 사람 자신의 무의식으로부터 온 것이
> 기 때문이다(Sanford, 2010).

적극적 상상은 인도의 요가와도 다르다. 융은 명상에 기초한 인도의 요가
와 적극적 상상의 차이점을 다음과 같이 설명한다.

> 나는 자주 너무나 흥분되어 내 감정을 요가로 정지시켜야 했다. 그러나

나의 목표는 내 속에서 무엇이 일어나고 있는지를 경험하는 것이었기 때문에 요가를 그저 내가 안정되어 무의식과의 작업을 다시 착수할 수 있게 될 때까지만 하였다. 다시 내 자신으로 돌아왔다는 느낌을 갖게 되기가 바쁘게 나는 의식적인 조절을 풀고 무의식의 상과 안에서 나오는 소리로 하여금 다시 새롭게 말하도록 하였다. 인도 사람들은 이와 반대로, 요가를 다양한 정신적인 내용과 상을 완전히 제거하는 목적으로 사용하고 있다(Jaffe, 2012).

적극적 상상에서 초기에 무의식을 초대하는 단계에서 사용하는 방식은 불교의 참선, 도교의 단전호흡 명상에서와 비슷하다고 볼 수 있다. 예를 들어, 참선에서는 화두라는 특정한 질문이나 단어에 집중하여 명상 상태로 진입해 들어가며, 도교에서는 〈무이구곡가〉를 암송하면서 그 경치가 실제로 보이기 시작할 때 명상 상태로 진입하는 등 다양한 명상 상태로의 진입 방법이 있다. 이처럼 명상과 적극적 상상은 진입 단계에서 유사한 과정을 거치지만 적극적 상상은 일반적인 명상을 뛰어넘어 언제나 한 단계를 더 나아간다. 명상은 어떤 이미지에 대해 관상하는 것과 관련이 있지만, 적극적 상상은 어떤 이미지와의 대화이다. Sanford(1977)는 대화의 참여자로서의 자아의 역할에 대해 다음과 같이 말한다.

적극적 상상 기법은 어떤 이미지, 목소리, 혹은 무의식에서 올라온 형상에 초점을 맞추고, 나아가 그 이미지 혹은 형상과 대화를 하는 것이다. 적극적 상상에서 자아는 분명히 참여자이다. 우리는 수동적으로 관찰하지 않고, 적극적으로 일어나는 일에 참여한다. 이를 위해, 무의식으로부터 올라온 이미지를 활성화하는 것이 필요하며, 동시에 자아가 깨어서 거기 참여한다(Sanford, 2010).

UCLA의 심리학과 교수인 Susan Smalley는 융의 적극적 상상과 마음챙김 명상(mindfulness meditation)이 마음을 탐색해 들어가는 수단이라는 점에서 유사하다고 말한다. 대부분의 명상은 주로 마음을 비우는 것(clearing the mind)에 목적이 있는데, 이에 비해 마음챙김 명상을 하는 동안에는 정신이 점점 명료해지면서 자신의 생각, 감정, 감각 체험의 근원을 점점 더 이해할 수 있게 된다. 이 점에서 마음챙김이나 적극적 상상은 마음을 깨끗하게(clearing) 하는 것이라 말할 수 있을지 모르나, 마음을 비우는(empty) 개념과는 전혀 다르다. Smalley는 적극적 상상은 융의 독특한 심리학적인 작업 방식으로서 그가 『Red Book』을 집필하는 수년 동안 초월적 상태에 들어가서 자신의 내면을 탐색하였는데, 이는 마음챙김 명상을 통해 마음을 탐색하는 것과 별로 다르지 않았다고 한다. Smalley는 적극적 상상 기법이 얼마나 강력한 명상기술이었는지를 입증하는 증거물이 바로 융의 『Red Book』이라고 말한다.

6. 기독교 영성수련과 분석심리학의 적극적 상상

프로이트와는 달리 융은 영적체험은 인간의 well-being에 본질적인 부분으로 보았다. 그는 전통적인 종교적 이미지들을 심리학적으로 그리고 경험적으로 재해석해 주었다. 융은 종교적인 이미지를 이성의 빛으로 조명하고 이해함으로써 그 심상들에 새로운 활기를 불어넣어 주었다(Jaffe, 2006). 융은 기독교, 힌두교, 불교, 영지주의, 도교 등의 연구를 통해서, 모든 종교의 신비 속에는 그가 개성화라 부른 변형의 여정(journey of transformation)이 존재한다는 것을 확신하였다. 이 여행은 자기(the Self)를 만나는 것인 동시에 신(the Divine)을 만나는 여행이라 했다. Jaffe(2006)는 심리치료와 종교는 모두 환자나 신자가 자아보다 위대한 어떤 힘과 관계를 맺게 되기를 기대한다고 말하며, 융은 이 힘을 자기(the Self)라고 불렀고, 종교적인 용어로는 그것을 신(the Divine)이라 말할 수 있다고 한다. Jaffe는 융이 J. Freeman과의 한 인터뷰에서 신을 믿느냐는 질문을 받았을 때, 잠시 멈추었다가 "나는 압니다. 나는 믿을 필요가 없습니다. 나는 압니다."라고 대답했는데, 그 말은 "나는 나 자신의 자아보다 더 큰 힘을, 내 자신의 경험을 통해 압니다. 그 자율적인 힘을 나는 신이라고 부릅니다."라는 의미라고 말한다.

　물론 분석심리학의 적극적 명상법은 우리가 일반적으로 행하는 기독교의 기도의 양상과 차이가 있다. 일반적으로 기도가 외부의 하나님을 대상으로 하는 것이라면, 명상은 자신의 내면, 무의식을 대상으로 하는 것이기 때문이다. 그럼에도 불구하고 분석심리학의 적극적 상상과 영성수련의 유형인 향심기도나 관상기도와 방법론상에서 접촉점을 찾아볼 수 있다. '마음의 상을 본다.'는 관상(觀像)이라는 용어는 분석심리학에서 사용하는 적극적 명상의 개념과 매우 흡사하기 때문이다. 단, 적극적 상상에서는 우선 수행자의 자아관조를 통해 환상이 일어나도록 만드는 현상이 먼저 있고, 그 후에 수행자가 그 일어난 환상이나 환청과 적극적으로 직면하고 대화하는 현상이 계속해서 이어진다. 또 전통적으로 수도원을 중심으로 행해져 온 영적 독서(Lectio Divina)에서 주로 사용하는 예수기도에서도 접촉점을 찾을 수 있다. 예수기도에서는 "주 예수 그리스도, 하나님의 아들이시여, 이 죄인을 불쌍히 여기소서."라는 말을 반복하며, 하나님을 향해 나아간다. 또는 숨을 들이쉬면서 속으로 '예수'라고 말하고, 숨을 내쉬면서 '그리스도여'라고 말한다. 혹은 숨을 들이쉬면서 '예수 그리스도여'라고 말하고, 숨을 내쉬면서 '저에게 자비를 베푸소서.'라고 말하기도 한다. 예수기도를 통해 마음 깊은 곳이 예수의 현존으로 가득 차게 되면, 두려움을 극복하고 마음의 평화를 느끼게 된다(윤종모, 2009). 이는 적극적 명상에서 하나의 이미지나 단어를 붙잡고 깊은 몰입의 상태를 들어가 자기(self)를 향해 나아가는 것과 유사하다. 그러나 이러한 방법론상의 유사성에도 불구하고, 영성수련에서 추구하는 것은 언제나 평안이지만, 적극적 상상을 통한 심리치료는 자기 비움을 통한 평안으로만 귀결되지는 않으며, 오히려 자기와의 진정한 만남을 추구하는 치열한 깨달음의 여정이라 할 수 있다. 그럼에도 불구하고, 기독교 영성수련과 적극적 상상 기법은 궁극적으로 우리 내면의 가장 중심이 되는 존재(higher self, holy spirit)에 닿을 수 있게 해 주며, 그것은 진정한 치유를 가능하게 하고, 영성의 깊이와 넓이의 확장으로까지 이어질 수 있다.

명상의 목적은 고요함, 평화, 기쁨, 일상생활에서의 효율성, 사랑하는 능력의 증가, 깊은 현실감각, 보다 완전한 자기를 얻어 내려는 것, 그리하여 한 차원 높은 행복에 이르고자 하는 것이다. 윤종모(2013)는 디지털 시대로 접어든 현대 사회에서 명상이 단순히 종교인이나 구도자에게만 중요한 것이 아니고 심리학자, 의사, 정치인, 학자를 막론하고 누구에게나 필요하며, 명상은 해도 되고 안 해도 되는 선택의 문제가 아니라 반드시 해야 하는 문제라고 주장한다. 여기서 또 한 가지 아무리 강조해도 지나치지 않는 것은 명상은 머리로 이해하는 것이 아니고, 실천을 통해서만 체험으로 알 수 있는 것이라는 사실이다. 깨달음의 영적 여행을 위해서는 지속적인 수행이 필요하다는 것에 대해 가장 잘 표현했던 것은 곽암선사(廓庵禪師)의 〈심우도(尋牛圖)〉 혹은 〈십우도(十牛圖)〉라 하겠다. 〈심우도〉는 나를 찾아 떠나는 모든 사람에게 해당되는 영적 여정을 잘 설명해 준다. 여기서 소는 참자아, 지혜 또는 진리를 담은 인간의 마음을 의미한다. 〈심우도〉는 자신의 잃어버린 마음을 찾아 떠나는 열 가지 과정을 그림과 시로 표현한 것으로서 이 그림에서 강조하는 것은 자신의 잃어버린 마음을 찾아서 참자아나 진리를 발견한다 해도 그것을 온전히 깨달아 걸림이 없어질 때까지는 많은 수행이 필요하다는 것이다. 융의 분석심리학과 적극적 상상 기법도 역시 그렇다. 책을 읽는다고 알 수 있는 것이 아니고, 직접 체험을 통해 알 수 있는 것이다. 명상도 적극적 상상 기법도 다른 활동이나 마찬가지로 인내를 가지고 지속적으로 실천해 나가는 것이 중요하다. 마지막으로 〈심우도〉를 소개하며 이 장을 맺기로 한다.

〈심우도(尋牛圖)〉(윤종모, 2009)

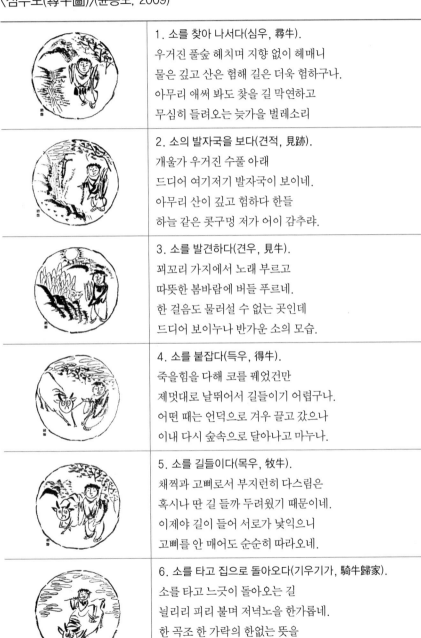

	1. 소를 찾아 나서다(심우, 尋牛). 우거진 풀숲 헤치며 지향 없이 헤매니 물은 깊고 산은 험해 길은 더욱 험하구나. 아무리 애써 봐도 찾을 길 막연하고 무심히 들려오는 늦가을 벌레소리
	2. 소의 발자국을 보다(견적, 見跡). 개울가 우거진 수풀 아래 드디어 여기저기 발자국이 보이네. 아무리 산이 깊고 험하다 한들 하늘 같은 콧구멍 저가 어이 감추랴.
	3. 소를 발견하다(견우, 見牛). 꾀꼬리 가지에서 노래 부르고 따뜻한 봄바람에 버들 푸르네. 한 걸음도 물러설 수 없는 곳인데 드디어 보이누나 반가운 소의 모습.
	4. 소를 붙잡다(득우, 得牛). 죽을힘을 다해 코를 꿰었건만 제멋대로 날뛰어서 길들이기 어렵구나. 어떤 때는 언덕으로 겨우 끌고 갔으나 이내 다시 숲속으로 달아나고 마누나.
	5. 소를 길들이다(목우, 牧牛). 채찍과 고삐로서 부지런히 다스림은 혹시나 딴 길 들까 두려웠기 때문이네. 이제야 길이 들어 서로가 낯익으니 고삐를 안 매어도 순순히 따라오네.
	6. 소를 타고 집으로 돌아오다(기우귀가, 騎牛歸家). 소를 타고 느긋이 돌아오는 길 닐리리 피리 불며 저녁노을 한가롭네. 한 곡조 한 가락의 한없는 뜻을 구태여 알아줄 이 구해서 무엇하랴.

	7. 소는 잊고 사람만 남다(망우존인, 忘牛存人). 소를 타고 무사히 내 집에 오고 보니 소는 이미 필요 없고 사람도 한가롭네. 해 뜨도록 늦잠 자고 느긋이 눈을 뜨니 채찍 고삐 부질없이 외양간에 걸려 있네.
	8. 나와 소를 모두 초월하다(인우구망, 人牛俱忘). 채찍 고삐 사람 소 모두 잊으니 푸른 하늘 광대하여 끝이 없구나. 훨훨 타는 화롯불에 한 점 눈이라 이제야 바야흐로 할 일 다 했네.
	9. 근원으로 돌아가다(반본환원, 返本還源). 본래로 돌아오니 공연히 애썼구나. 차라리 귀먹고 눈이나 멀었던들 내 집안에 있는 풍경 내가 왜 못 봤던고 물은 절로 흘러가고 꽃은 스스로 붉구나.
	10. 세상으로 돌아오다(입전수수, 入廛垂手). 맨 발에 맨 가슴 길거리로 설렁설렁 흙먼지 덮어써도 언제나 웃음일세. 신선의 비결 따위 무슨 소용 있으랴 곧바로 마른 나무 꽃을 피우네.

참고문헌

윤종모 (2009). 치유 명상. 서울: 정신세계사.

윤종모 (2013). 마음 디자인. 서울: 정신세계사.

윤종모 (2017). 넓이와 깊이. 서울: 심상코.

Antall G. F., & Kresevic, D. (2004). The use of guided imagery to manage pain in an elderly orthopaedic population. *Orthopaedic Nursing, 23*(5), 335-340.

Awalt, R. M., Reilly, P. M., & Shopshire, M. S. (1997). The angry patient: An intervention for managing anger in substance abuse treatment. *Journal of Psychoactive Drugs, 29*(4), 353-358.

Birnbaum, L., & Birnbaum, A. (2004). In search of inner wisdom: Guided mindfulness meditation in the context of suicide. *The Scientific World Journal, 4*, 216-227.

Carter, E. (2006). Pre-packaged guided imagery for stress reduction: Initial results. Counselling. *Psychotherapy and Health, 2*(2), 27-39.

Clinebell, H. (1989). *Basic types of pastoral care and counseling.* Abingdon Publications.

Esplen, M. J., & Hodnett, E. (1999). A Pilot study investigating student musicians' experiences of guided imagery as a technique to manage performance anxiety. *Medical Problems of Performing Artists, 14*(3), 127-132.

Flickstein, M. (2007). 명상심리치료입문: 내면으로의 여행 [Journey to the center: A meditation workbook] (고형일, 문정순, 정광주, 박현주, 오명자 역). 서울: 학지사.

Jaffe, A. (2012). C. G. Jung의 회상, 꿈 그리고 사상 [Memories, dreams, reflections] (이부영 역). 서울: 집문당. (원저 1961년 출판).

Jaffe, L. (2006). 마음을 해방하기: 융심리학과 영성 [Liberating the heart: Spirituality and Jungian psychology] (심상영 역). 서울: 한국심층심리연구소. (원저 1990년 출판).

Jung, C. G. (1949). *Essays on Science of Mythology.* New York, NY: Pantheon Books.

Hockenberry, M. H. (1989). Guided imagery as a coping measure for children with cancer. *Journal of Pediatric Oncology Nursing, 6*(2), 22-29.

Holmes, E. A., & Mathews, A. (2010). Mental imagery in emotion and emotional disorders. *Clinical Psychology Review, 30*(3), 349-362.

Molen, Y., Santos, G., Carvalho, L., Prado, L., & Prado, G. (2013). Pre-sleep worry decrease by adding reading and guided imagery to insomnia treatment. *Sleep Medicine, 14*, e210-e211.

Naik, M. N. S. (2013). Effect of guided imagery on life style among alcoholics.

Sinhgae e-Journal of Nursing, 11.

Sanford, J. A. (2010). 융 심리학과 치유 [Healing and wholeness] (심상영 역). 서울: 한국심층심리연구소. (원저 1977년 출판).

Snowden, R. (2010). Jung-The Key Ideas. www. teachyourself.com. OH: McGraw-Hill Customer Services.

Wallace, E. (1987). *Healing through the visual arts: A Jungian approach.* PA: Taylor & Fransis.

제2부

분석심리학과 문학

분석심리학과 문학치료:
상담적 개입의 치료 효과에 대한 논의를 중심으로[*]

장정은
(이화여자대학교 기독교학과 교수)

1. 들어가는 말

분석심리학과 문학치료는 문학작품으로 분류될 수 있는 신화나, 고전, 민담 등을 치료적 자원으로 사용한다는 점에서 유사성을 갖고 있다. 분석심리학은 프로이트(S. Freud)의 고전정신분석과 달리 집단 무의식의 개념을 도입해 인류의 보편적 상징이 치료적으로 사용될 수 있는 기반을 마련했다(이부영, 1998). 개인의 차원이 아닌 인류의 보편적 영역에 속한 무의식 개념은 신화나 고전, 구비설화에서 인류의 보편적 연상을 수집하도록 만들었다. 분석

---

* 이 장은 다음의 논문을 수정 · 편집했다.

장정은(2017). 분석심리학과 문학치료: 상담적 개입의 치료 효과에 대한 논의를 중심으로. 문학치료연구, 45, 9-34.

심리학이 심리치료이론으로 독특한 것은, 이것이 한 개인의 심리세계를 새롭게 창조하고 변화시키는 치료적 자원이 된다는 점이다. 문학치료는 인간의 삶이 문학처럼 구성되어 있음을 전제하고, 그 이면에서 인간의 삶과 문학작품을 떠받치는 서사의 개념을 도입했다. 이로 바탕으로 문학치료는 문학작품의 작품서사가 인간의 삶의 자기서사를 창조하고 변화시킬 수 있도록 길을 열어 놓았다(정운채, 2005).

이 장은 이런 분석심리학과 문학치료의 유사성을 비교하고 상술하는 데 그 목적이 있다. 나아가 이 장에서는 이런 분석심리학과 문학치료의 비교작업을 통해 상담적인 개입이 갖는 치료적 성격을 묘사하려고 한다. 이 비교작업은 상담적 개입이 마음의 문제에 치료와 회복을 가져올 수 있는 이유가 내적 경험 세계의 반영과 상담에서의 새로운 요소의 도입에 의한 그것의 변화와 창조에 있다는 것을 보여 주려 한다. 곧 정신병리를 경험하는 사람의 성격구조가 상담관계에서 반영되고 확인되는 것뿐만 아니라, 그 관계에서 새로운 요소의 도입으로 인해 그것이 건강한 구조로 새롭게 창조되고 변화된다는 점에서 상담적 개입은 치료적 성격을 갖게 된다. 문학작품을 상담의 매개체로 사용하는 분석심리학과 문학치료 사이의 비교는 이를 잘 드러내 보여 준다.

이 장은 크게 세 부분으로 나눠져 있다. 먼저, 앞의 두 부분에서는 분석심리학과 문학치료를 인간마음의 이해와 치료에 대한 이론의 관점에서 살펴본다. 분석심리학과 문학치료는 인간마음의 심층세계를 가정하여, 그곳에서 마음의 문제의 원인을 찾을 뿐만 아니라, 그 심층세계를 다루는 것에서 치료적 원인을 모색한다. 물론 두 이론들은 그 심층세계의 문법과 체계를 다른 개념과 내용으로 묘사하지만, 그것을 인식하고 다루는 것이 근본적인 병인의 해결이라고 본다는 점에서는 동일한 관점을 취한다. 한편, 분석심리학과 문학치료가 심층세계를 이해하기 위한 나름의 개념을 갖고 있음에도, 그 심층세계에 대한 이해 없이는 근본적인 인간의 회복과 성장이 어렵다고 본다는 점에서 동일한 치료 이론의 성격을 보인다. 그것은 인식 영역 밖에 있지만 고전과 신화 혹은 민담 속에 구현되어 있고, 그것은 인간의 내면이 새로운 창조와 변화를 경험할 수 있도록 하는 치료적 자원이 될 수 있다.

　마지막 부분은 이런 분석심리학과 문학치료의 비교작업을 통해서 상담적 개입의 치료적 성격을 자기심리학의 자기대상 개념을 바탕으로 논의한다. 상담이 치료적 효과를 갖는다고 주장할 수 있다면 그것은 어떤 심리적 과정에 의한 것인가에 대한 질문에 초점을 맞춰 이 부분의 논의가 이뤄진다. 그것은 상담관계에서 내적 성격 구조를 반영하고 창조하는 공감적 반응과 새로운 통찰의 경험에 의한 것임을 필자는 주장한다. 이것은 특별히 신화와 고전, 구비설화와 같은 문학작품을 치료적 자원으로 사용하는 분석심리학과 문학치료의 치료이론에서 함축적으로 제시하고 있는 것으로서, 필자는 자기심리학의 용어 사용을 통해 이를 구체적으로 묘사할 것이다.

2. 인간마음의 이해

　융(C. G. Jung)의 분석심리학은 프로이트의 정신분석이 도입한 무의식 개념을 받아들이고 그 무의식의 영향력을 중시한다는 측면에서 유사하다. 이것은 분석심리학 또한 인간 마음의 심층구조에 깊은 관심을 갖고 있다는 것을 의미한다. 인간의 의식 영역에서 일어나는 경험과 현상에 초점을 맞춰 정신병리의 원인을 그곳에서 찾는 것이 아니라, 의식 영역 밖에 존재하는 무의식의 영역에서 그 원인을 찾으려 한다는 점에서 분석심리학은 심층심리학의 특징을 공유하고 있다. 곧 인간 행동과 감정의 무의식적 의미와 그것들을 유발시키는 심층 구조를 파악하고 이해하는 것이 분석심리학의 치료적 목표가 된다는 점에서 무의식의 의식화라는 프로이트의 치료 목표와 동일한 방향을 갖고 있다(이부영, 1998).

　하지만 융의 분석심리학은 무의식의 구조와 내용에 대해 프로이트의 정신분석과는 다른 관점을 취하고 있다. 프로이트에 따르면, 인간의 무의식은 억압에 의해 비로소 탄생된다. 의식의 영역과 조화될 수 없는 성적이고 공격적인 표상들은 억압이란 방어기제를 통해 의식세계에서 제거되고, 이를 저장할 무의식의 영역이 생겨난다(Freud, 1915). 그러므로 이 무의식은 미숙하고 비합리적인 성적 혹은 공격적 표상들로 이뤄진다. 지속적으로 의식 영역에 회귀하려는 이 표상들과 이를 억압하려는 힘 사이의 갈등의 결과로 심리적인 타협물이 발생하고 이것이 신경증을 형성한다. 물론 프로이트의 후기 구조 모델에서 무의식의 영역은 단순히 성적이고 공격적인 표상뿐만 아니라 자아와 초자아의 활동 또한 포함되는 것으로 확장된다.

반면, 융에게 있어 무의식은 한 개인으로 하여금 자신을 실현시키도록 인도해 주는 지혜의 저장소라고 이야기할 수 있다. 분석심리학에서 무의식은 개인이 나아가야 할 인생의 방향을 제공하는 길잡이 역할을 한다. 이는 무의식이 단지 인간 심리의 미성숙한 측면들로 구성된 것이 아니라, 한 개인의 전체성을 실현시켜 줄 수 있고 미래의 나아갈 방향을 보여 줄 수 있는 자원들로 이뤄져 있음을 주장하는 것이 된다. 프로이트의 정신분석에서 인간은 무의식의 힘을 적절하게 제어하고 통제해야만 하지만, 융의 분석심리학에서 인간은 무의식을 발현시켜 자신의 전체성에 도달해야 한다. 무의식이 그 자신을 실현하도록 인간은 무의식을 발전시키고 의식 세계에 통합시켜야 한다(이부영, 1998).

이렇듯 융의 분석심리학은 인간 마음의 심층적인 구조에 관심을 갖고 있다. 그것은 인간의 전체성과 통일성을 실현하고 통합적인 마음 구조를 갖기 위한 목적을 갖는다. 이것은 문학치료에서 또한 마찬가지이다. 문학치료 또한 인간 마음의 심층에 존재하는 구조와 의미에 관심을 갖고 있으며, 그것이 마음의 치료와 긴밀하게 연결되어 있다고 이해한다는 측면에서 분석심리학과 일맥상통한다. 문학치료는 서사 이론에 토대를 두고 있는데, 이때의 서사는 표면에서 확인되고 이해되는 이야기가 아니라, 그 이야기의 기반을 이루면서 강력한 영향력을 끼치는 심층적인 이야기를 의미한다.

특별히 문학치료는 자기서사와 작품서사를 가정하며, 이 관계에 대해 상세하게 논의한다. 이런 논의가 중요한 것은 문학의 치료적 성격을 보다 체계적으로 설명하기 위함이다. 문학치료에서 작품서사는 작품의 기반을 이루며 지탱하는 서사로 이해되고, 자기서사는 한 개인의 심층에 존재하며 그 개인의 정서와 행동에 영향을 주는 서사라고 설명된다. 이 두 서사는 모두 텍스트차원에 존재하는 것이 아니다. 그것들은 텍스트의 심층에 존재하는 서사들이며, 텍스트를 지탱하고 그 토대를 이루는 것들이다(정운채, 2013). 작품서사든 자기서사든 두 서사는 인간의 마음에서 비롯된 것이다. 작품서사가 "작품으로 구현된 문학"이라고 한다면, 자기서사는 "삶으로 구현된 문학"이라고 볼 수 있다(정운채, 2005, pp. 7-8). 이렇게 문학치료는 텍스트 심층에서 작동하며 부지불식간에 인간의 심리에 영향을 끼치는 서사이론을 배경으로 한다는 점에서 융의 분석심리학과 유사하다.

하지만 문학치료는 인간 마음의 이면에서 작동되는 서사에 치료적 함의가 있다는 것을 주장하면서도, 분석심리학에서처럼 그것이 실현되어야 한다거나, 그것이 미래에 나아갈 방향을 제시하는 등대와 같은 역할을 한다고 주장하지는 않는다는 점에서 융의 분석심리학과 다르다. 문학치료는 인간의 의식 영역에 지속적으로 영향을 주는 인간 마음의 심층을 의식하고 거기로부터 비롯되는 힘의 중요성을 인식하며 그것을 서사로 개념화하지만, 그것은 일종의 치료대상이다. 이런 점에서 오히려 문학치료는 프로이트의 고전정신분석과 유사성을 갖는다. 특별히 문학치료에서 치료대상이 되는 것은 자기서사이다. 그 자기서사는 인생에서 일어나는 다양한 사건과 현상을 이해하고 파악하는 일종의 해석틀로도 기능하는데, 그것에 문제가 생겨나기 때문에 마음의 문제가 발생하는 것으로 문학치료는 이해한다. 그 자기서사는 작품서사의 도움을 빌어 수정되고 변화되어야 할 대상으로 여겨지며, 그런 점에서 문학치료의 인간 심층에 대한 이해는 분석심리학의 그것과 다르다.

그럼에도 불구하고 인간의 성장과 변화에 관심을 갖는 분석심리학과 문학치료는 인간 내면의 심층구조에 관심을 갖고 그것이 의미하는 것을 밝히는 데 초점을 두고 있다. 특별히 분석심리학과 문학치료는 그런 내적인 심층적 의미가 구비설화나 고전 그리고 문학작품 속에서도 찾아볼 수 있다는 점에서 공통점을 갖는다. 이 두 치료이론은 고전작품의 이야기가 만들어지고 조직되는 방식과 인간의 심리적 세계가 조직되고 형성되는 방식 사이에는 유사성이 존재한다는 가정을 하고 있다. 고전작품 세계의 이야기와 인물들은 인간 내면에 존재하는 심층적 마음의 영역과 세계를 표현하고 드러내고 있다. 이야기에 등장하는 인물과 그 배경, 그리고 이야기의 전개방식이 다르다고 하더라도, 그 이야기는 인간의 마음에서 벌어지고 일어나는 현상들을 반영하는 것이다.

문학치료의 작품서사와 자기서사가 바로 이것을 잘 보여 준다. 문학치료는 두 서사에 공통적으로 존재하는 보편적 구조와 이야기의 조직 체계를 해명하는 데 노력한다. 왜냐하면, 문학치료는 우리 인간의 삶이 서사적으로 구조화되어 있다고 믿기 때문이다. 우리의 인생살이를 떠받들고 삶을 형성하지만 심층에 내재하는 자기서사는 문학작품에서 확인되는, 이야기의 흐름과 조직을 가능케 하는 구조와 문법체계로서의 작품서사 속에 고스란히 나타난다. 이렇게 문학치료는 작품서사와 자기서사라는 개념을 통해 문학과 인간에 대한 연구를 상호 연결시키고 관련짓는다. 문학작품을 읽는 독자의 자기서사는 그 작품의 이면에 존재하는 작품서사와 그 심층구조에 있어 서로 통하고 만날 수 있으며, 이런 만남은 문학치료에서 인간의 성장과 회복을 가정할 수 있는 원인이 된다. 이렇게 인간의 삶을 구현하고 구조화한 자기서사는 문학작품의 행간에 내재하고 있는 작품서사에 반영되고 나타나게 된다.

융의 분석심리학 관점에서도 고전, 신화, 민담과 같은 문학작품은 인간의 내적 심리가 조직된 방식과 내용을 반영한다. 그곳에는 인간 마음에 보편적으로 존재하는 구조와 체계가 나타나 있다. 그렇기에 인간의 마음을 직접 연구하기 어려울 때, 이렇게 간접적인 방식으로 문학작품들을 통해 인간의 보편적 마음 깊이로 들어갈 수 있다. 특별히 융에 의해 제시된 집단 무의식의 구조와 내용은 이런 문학작품의 이야기 속에서 확인될 수 있다. 집단 무의식은 인간이라면 누구나 갖고 있는 태생적이고 보편적인 인간 심리의 영역으로, 그곳은 원형이라고 불리는 조직으로 구성된다(Jung, 1959). 이 원형은 내용은 없고 어떤 형태로만 존재하지만, 그것이 대표적인 원형적 심상으로 표현되고 경험될 수 있다. 이런 원형적 심상은 인간 역사에서 지속적으로 존재해 온 설화와 고전 속에서 찾아볼 수 있다.

이렇게 인간의 마음과 문학작품을 상호 연결시켜 이해하는 관점은 꿈 해석을 위해 융에 의해 도입된 확충법(amplification)에서도 확인할 수 있다(Jung, 1953). 프로이트에 따르면, 꿈은 꿈꾼 이의 소원성취 기능을 갖고 있는 것으로 인간의 심리 내적 상황을 반영하고, 지극히 개인적인 것이다. 그렇기에 꿈 내용은 꿈꾼 이가 최근 삶에서 경험한 것들을 자극삼아, 성취되지 못한 무의식 세계에 활성화된 욕망이 동력이 되어 나타난 것이다. 그 꿈의 내용은 꿈꾼 이의 개인적 상황과 역사를 반영한다. 그렇기에 꿈을 해석하기 위해서는 꿈꾼 이가 자신의 꿈을 이루는 요소들에 대해 자유롭게 연상하는 과정을 통해 꿈의 본래 사고에 도달해야 한다. 반면에 융은 꿈을 해석하기 위해서는 자유연상만으로는 불충분하다고 하였다. 융에 따르면, 꿈꾼 이의 꿈에 지속적이고 반복적으로 등장하는 주제와 문제들을 발견할 수 있는데, 그것들은 꿈꾼 이의 개인적인 경험과는 아무 관련이 없다. 또한 이런 주제들은 다른 이들이 꾼 꿈의 내용과 나아가 고전의 이야기에도 확인할 수 있는데, 이것은 결국 인류 보편적인 성격을 띤다는 것을 보여 준다. 그렇기에 이런 보편적인 꿈의 요소들을 이해하고 해석하기 위해서는 그렇게 다른 이의 꿈과 고전에 보편적으로 나타나는 꿈의 요소와 상징을 비교하고 평가하는 확충의 작업이 필요하다.

이렇듯, 분석심리학과 문학치료는 인간 마음의 구조와 그것을 구성하는 심리 내용이 문학작품 속에서 확인되고 표현된다고 주장한다는 측면에서 공통점을 갖고 있다. 하지만 마음의 심층을 이루는 조직과 그 내용을 이해하고 묘사함에 있어서는 서로 다른 차이점을 갖고 있다. 무엇보다 언급할 수 있는 것은, 분석심리학의 경우 집단 무의식으로 표현되는 인간 내적인 심층 구조는 표상과 행동으로 표현될 수 있는 원형들의 형태로 이뤄져 있다. 반면에, 서사 개념을 통해 인간 마음을 이해하려는 문학치료는 그 서사를 관계적 성격을 지닌 것으로 파악한다. 이렇게 분석심리학은 무의식적 표상으로 구체화될 수 있는 형태적 성격으로 무의식을 이해하고, 문학치료는 인간 마음의 심층을 모든 인간관계에서 원형적인 성격으로 이해될 수 있는 관계양상으로 묘사한다.

융에게 있어 대표적인 원형으로 개념화된 것은 페르소나, 아니마와 아니무스, 그림자와 자기 등이 있다. 페르소나는 인간이라면 외부현실에서 요구하는 기대와 역할을 의미한다. 이것은 비단 현실의 요구만을 의미하지 않으며, 자신이 되고 싶고 보이고 싶은 기능과 역할을 의미하는 것이기도 하다. 아니마와 아니무스는 집단 무의식에 존재하는 반대되는 성의 속성을 의미한다. 아니마는 남성에게 존재하는 여성의 부드럽고 감성적인 특성을 가진 집단 무의식의 원형을 의미한다. 아니무스는 반대로 여성에게 존재하는 남성의 합리적이고 이성적인 특성에 해당되는 원형을 가리킨다. 조화롭고 통합적인 성격을 형성하기 위해서, 남성이든 여성이든 이성의 특질을 의식화하고 실현하는 것이 중요하다. 그림자는 의식에서 이것이 자신이라고 평가하고 이해하는 것과는 반대되는 내적인 특징에 해당되는 원형을 의미한다. 자아는 통합적 성격을 이루기 위해 어두운 그림자의 원형을 의식 세계 안에 통합시킬 필요가 있다. 자기 원형은 의식과 무의식을 포함하여 한 개인의 성격의 전체성을 표방하는 원형이다. 무의식의 가장 깊은 곳에 존재하는 이 원형을 의식화하는 작업이 융이 그토록 강조한 자기의 실현을 의미하는 것이며, 무의식을 전체로서 체험하는 것이라고 이야기할 수 있다(Von Franz, 1964).

반면, 문학치료는 인간의 심층세계에 존재하며 인간의 삶에서 펼쳐지는 인생살이의 배경이 되는 서사를 관계양상으로 이해한다. 작품서사와 자기서사는 본질적으로 인간이 살아가면서 겪게 되는 무수한 인간관계의 특징들을 표현한다. 정운채는 서사가 다양한 인간관계에 대한 이야기임을 지적했고, 그 인간관계의 다양성을 '자녀서사, 남녀서사, 부부서사, 부모서사' 등의 기초서사로 분류했다(정운채, 2005). 특별히 이런 분류는 인간관계를 경험하는 주체의 관점이 반영된 것이다. 즉, 어떤 사람이 자녀의 입장에서 인간관계를 인식하고 바라볼 때 그것은 자녀서사가 되고, 남녀인 경우 남녀서사, 부부인 경우 부부서사, 그리고 부모인 경우는 부모서사가 된다. 문학치료는 이와 같이 서사를 인간관계의 양상으로 파악하면서 인간의 문제를 관계의 관점에서 풀어내려 한다. 그리고 정운채에 따르면, 그 각각의 서사 영역에는 주안점들이 있다. 자녀서사의 경우에는 순응, 남녀서사의 경우에는 선택, 부부서사의 경우에는 지속, 그리고 부모서사의 경우에는 양육을 주안점으로 제시하면서 그 각각의 서사 영역에서 벌어지는 심층의 이야기를 파악한다(정운채, 2008).

더불어 정운채는 각 서사영역의 주체가 대상과 관계를 맺는 방식에 따라서 '가르기서사, 밀치기서사, 되찾기서사, 감싸기서사'로 나눈다(2008, p. 266). 그에 따르면, 이 각각의 서사는 다음과 같이 묘사될 수 있다.

> 가르기서사가 규범을 내세우는 서사라면, 감싸기서사는 규범을 내세우지 않는 서사이다. 그리고 밀치기서사는 문제가 없다고 생각을 했다가 규범에 맞지 않는다고 해서 다시 가르기서사 쪽으로 밀쳐 내는 서사이고, 되찾기서사는 규범에 맞지 않는다고 돌아보지 않다가 문제가 되지 않을 수도 있음을 알아차리고 감싸기서사 쪽으로 방향 선회를 하는 서사이다(정운채, 2008, p. 266).

자녀서사 영역의 관점에서 이 서사들을 이해하면, 가르기서사의 경우 부모를 좋은 부모, 나쁜 부모로 구분하는 데에, 감싸기서사는 부모의 잘못에도 불구하고 부모를 받아들이는 데에, 밀치기서사의 경우 처음엔 나쁜 부모로 생각하지 않았다가 이후에 나쁜 부모로 밀쳐 내는 데에, 되찾기서사의 경우 부모에 대한 나쁜 의혹에서 벗어나 이해에 이르는 데에 각각의 강조점이 있다. 여기에서 볼 수 있듯이, 문학치료에서 인간의 마음을 이해하는 서사는 관계 양상으로 구조화되어 있다.

정리하면, 문학치료나 분석심리학은 인간 마음의 심층 구조와 그 내용에 대한 개념을 발달시켰다는 점에서 유사하다. 분석심리학은 집단무의식이란 개념을 통해 문학치료는 서사라는 개념을 통해서 인간 내적 세계의 문법과 체계를 다루고 있고, 그것이 인간의 성장과 회복과 긴밀하게 관련되어 있다고 이해한다는 점에서 유사한 성격을 이루고 있다. 하지만 문학치료나 분석심리학은 그 심층의 내용을 묘사하는 데 있어서는 차이점을 드러내고 있는데, 요약하면 분석심리학은 원형적 심상과 행동으로 발전 가능한 형태로 존재하는 원형으로 그 심층세계가 이뤄져 있다고 보는 반면, 문학치료는 그 서사가 인간 관계의 다양한 양상으로 이뤄져 있다고 파악한다.

3. 치료이론

심리상담이나 치료가 마음의 문제를 다루는 방법은 무엇인가? 심리상담은 어떻게 마음의 문제를 치료하는가? 상담적 개입의 치료적인 성격과 변화의 원동력을 이해하고 묘사하는 일은 쉽지 않다. 그 동안 상담의 치료적 변화의 원인을 다양한 측면에서 이해하려고 했다. 먼저, 그 치료적 변화는 카타르시스에서 비롯된다고 이해되었다. 자신의 내면 깊숙이 존재하는 이야기를 안전하고 신뢰할 만한 누군가에게 토로하고 표현하는 일은 그 이야기에 실려 있는 감정의 소산을 이뤄 내 치료적 변화를 유도한다는 것이다. 하지만 이런 카타르시스만으론 상담적 개입의 치료적 성격을 충분히 설명할 수 없다

(Rieff, 1979).

정신분석적 관점에서 보면 상담의 치료적 성격은 무의식의 통찰 혹은 그 해석에 있다고 말할 수 있다. 여기서 통찰과 해석은 내담자의 정신역동과 무의식적 표상 또는 무의식적 관계양상을 상담자가 내담자에게 적절한 상담시기에 알려 주고 확인시키는 것으로 이해할 수 있다(Gabbard, 2004). 프로이트 이래로 정신분석에서 가장 강력한 치료적 개입은 바로 이 해석에 있다고 볼 수 있다. 하지만 주의할 것은, 이 해석은 어느 순간이든 아무런 제한 없이 사용될 수 있지는 않다는 점이다. 해석은 내담자의 정신역동에 맞춰져 있는데, 이것을 내담자가 받아들일 준비가 되어 있지 않은 상황에서 제공할 경우 아무런 치료적 성과가 나타나지 않는다. 곧, 내담자 스스로가 자신의 무의식적 역동에 이를 수 있도록 준비시키는 과정이 숙련된 상담사와 그렇지 못한 상담사를 구분하는 중요한 기준이 된다. 상담자는 내담자의 이해와 통찰의 수준이 충분히 무르익었을 때를 기다리며, 이 해석이 가장 치료적인 순간을 구분할 수 있어야 한다.

또한 정신분석은 공감적 반응이 치료적 성격을 갖는다고 이해한다. 공감적 반응은 정신분석에서 해석 단계에 이르는 과정에서 필요한 상담자의 태도로 그동안 이해된 것이 사실이다. 다시 말해, 공감적 반응은 해석이란 목표를 이루기 위한 수단의 성격을 갖는다. 하지만 정신분석은 공감 자체가 갖는 치료적 성격에 보다 집중하기 시작했다. 그것을 보다 세밀하게 묘사한 정신분석학자가 코헛(H. Kohut)이다. 코헛은 『분석은 어떻게 치료하는가?』에서 공감 성격의 변화가 어떻게 치료적 변화를 일으키는지 묘사한다. 초기 상담에서 분석가는 전적인 공감을 제공하여 자기감의 결핍을 메우는 역할을 한다(Kohut, 1984). 이를 경험에 가까운 공감으로 묘사할 수 있다. 하지만 점차적으로 분석가는 초기의 전적인 공감에서 벗어나 현실에 가까운 공감을 제공하게 되는데, 이것은 초기 분석가의 따뜻함을 경험했던 환자에게 좌절감을 주게 된다. 하지만 코헛에 따르면, 이런 공감 성격의 차이로 인해 환자에게는 자신을 스스로 위로할 수 있는 내적 구조가 생성된다. 이를 코헛은 "변형적 내면화(transmuting internalization)"(Kohut, 1977, p. 323)라고 불렀다.

오늘날 관계 정신분석의 관점에서 치료적 성격은 새로운 관계의 경험에 있다고 이해된다. 이 관점에 따르면, 어떤 불변한 상담적 개입이 존재하는 것이 아니라, 내담자와 상담자에 의해 창조되는 관계적 성격에 의해서 적절한 상담적 개입이 결정된다. 동일한 거대자기감을 갖고 있다고 하더라도, 이것은 프로이트나 컨버그(Kernberg)의 경우처럼 분석을 가로막는 장애물로 여겨질 수 있는 반면, 반대로 이것은 위니컷(Winnicott)과 코헛의 경우처럼 회복과 성장을 위한 새로운 창조적 가능성으로 받아들여질 수 있다. 그것은 내담자와 상담자의 의해 창조되는 관계에 의해 결정되는 것이다. 즉, 어느 한쪽 이론이 불변하는 상담적 개입방법을 제공해 주는 것이 아니라, 상담관계의 상황과 그 성격에 의해 그 상담적 개입이 선택된다. 그런데 이런 상담적 개입의 선택에 있어 중요한 기준은 새로운 관계의 경험에 있다(Mitchell, 1999). 즉, 내담자는 정형화된 자신의 내적 대상관계를 그대로 유지하고 이를 외면화시키려 하지만, 이런 역동을 파악하는 상담자는 내담자에게 상담관계에서 새로운 관계를 제공하고 경험케 하여 치료를 유도해 내는 것이다.

그렇다면 분석심리학과 문학치료는 어떤 치료적 관점과 개입 방법을 갖고 있는가? 분석심리학은 정신병리를 병적으로 이해하지 않으며, 그것은 무의식적 의미를 갖는 심리적인 현상으로 받아들인다. 즉, 심리적 증상은 의미를 갖고 있는 것으로 그 증상을 겪고 있는 사람의 심리내적 통합을 위해 필요한 방향을 제시하는 기능을 갖고 있다. 예를 들어, 프로이트는 억압하는 힘과 억압받는 힘 사이의 갈등과 그 결과로서의 타협물로 정신병리를 이해한 반면, 융은 신경증 증상을 자기소외로 이해했다(권석만, 2012). 다시 말해, 실현시켜야 하는 전체로서의 자기를 소외시킨 결과로 신경증 증상이 나타나며, 그 증상은 일종의 미래적인 방향을 제시하는 기능을 하게 된다. 우울증의 경우에도 지나치게 외부로 향한 성격의 경향을 성찰하는 기능을 갖고 있으며, 이를 통해 자신의 내적인 요구와 필요에 주목하게 하는 역할을 하게 된다. 이것은 모두 정신의 균형과 통합을 위해 필요한 기능을 수행하는 것이다.

이러한 정신병리에 대한 분석심리학의 이해에서도 드러나듯이, 분석심리학의 치료목표는 성격의 통합이며 나아가 개성화에 있다. 현실 삶의 요구와 기대에 적응하고 이에 맞추기 위해 인간의 정신 내적 구조는 분화과정을 겪게 된다. 이로 인해 인간의 무의식적 자기실현의 요구는 무시되거나 소홀히 여겨지게 되고, 외적 인격인 페르소나와 자신을 동일시하고, 의식의 중심인 자아와 인간 내적 세계의 중심인 자기와의 분리와 소외가 일어나게 된다. 뿐만 아니라, 인간의 마음은 통합에서 멀어지고 분리와 소외가 일상화되는 결과로 이어진다. 이것은 정신병리의 원인으로 작용하고, 궁극적인 심리치료의 목표는 이런 소외와 분리를 극복하여 성격의 전체성을 회복하고 인간의 필수적인 욕구인 자기실현에 이르는 것이다(Jung, 1972).

이런 치료의 목표를 달성하기 위해서 분석심리학은 다양한 치료적 기법을 사용하게 된다. 먼저, 무의식에 대한 성찰과 통합 과정을 위해서 꿈 분석이나 적극적 상상 기법을 사용하게 된다. 정신분석에서 무의식의 이해를 위해 꿈을 강조하듯이, 무의식의 중요성을 한층 강조하는 분석심리학 역시 꿈 분석을 사용한다. 하지만 프로이트가 꿈을 억압된 욕동이 검열이 약화된 틈을 타 내적인 심리적 재료를 사용하여 자신을 드러내는 것으로 이해하는 반면, 융에게 꿈은 집단 무의식의 원형이 드러나는 지혜의 메시지로 이해한다. 꿈은 분화과정에서 의식에 집중된 인간 마음의 상태에서 무의식으로의 관심을 전환시키는 기능을 갖고 있다. 꿈의 요소는 집단 무의식의 원형이 반영되기에 인간의 내적 경험과는 무관한 형상이나 심상이 나타날 수 있다. 적극적 상상 기법은 연상이 꼬리에 꼬리를 물고 이어져 무의식적 표상에 이르는 자유연상과는 달리, 자신의 내적 심상에 주목하여 그것을 활성화하고 이를 글이나 그림 혹은 놀이를 통해 표현하는 기법을 의미한다(Von Franz, 1964).

한편으로 정신분석의 치료적 개입에서 오늘날까지 강조되는 전이와 역전이의 분석을 분석심리학 또한 강조한다. 융은 이런 점에서 관계적 관점을 갖고 있다. 사람은 항상 타인과의 관계 속에서 이해되며, 그 타인의 존재 속에서 자신을 발견하게 된다. 이는 투사를 보여 주는 것으로 한 사람의 무의식은 타인과의 관계 속에서 투사과정을 통해 드러나고 나타나게 된다. 타인 또한 자신의 독특한 무의식적 특징을 갖고 그 사람과 관계 속에 있다는 것을 감안하게 되면, 분석심리학에서 전이와 역전이를 이해하고 분석하는 것이 한 사람의 무의식을 분석하는 데 중요한 것인지를 보여 준다. 즉, 상담자와 내담자는 서로의 투사라는 상호작용 속에서 독특한 상담관계를 형성하게 되고, 그 관계 안에서 일어나는 전이와 역전이를 분석하는 것은 성격의 통합과 개성화 과정에 직결되는 의미를 갖는다(Know, 1998).

이상에서 볼 수 있듯이, 분석심리학은 무의식을 의식화시키기 위한 방법들을 개발했다. 여기서 언급되어야 하는 것은, 분석심리학의 무의식 이해가 정신분석의 그것과 달라 생겨나는 치료적 기법의 차이이다. 분석심리학은 인간 무의식이 단순히 억압의 결과로 생겨난 것이 아니라 분리와 소외의 결과로 인해 생겨난 것이며, 그곳에는 인간의 내적 경험과는 별개로 존재하는 태생적이고 선천적인 무의식의 원형이 존재한다고 주장한다. 이것은 인류의 보편적 경험이 유전을 통해 인간의 심리세계에 전달된다는 것을 의미한다. 때문에 인간의 내적 경험에 초점 맞추는 것만으로는 충분히 무의식을 이해하기 힘들게 된다. 바로 이것이 프로이트의 고전정신분석과는 다른 치료적 기법이 사용되는 이유이다. 이런 이유로 분석심리학에서는 적극적 상상기법을 통해 글과 그림, 모래놀이를 통해 능동적으로 무의식에 주목한다. 더불어 고전이나 전래동화와 같은 이야기 속에서 인류의 보편적 연상과 원형을 찾고 발견하려고 한다. 즉, 의식화되어야 할 무의식의 영역은 개인 내적 경험세계 가운데 소외되고 분리된 것뿐만 아니라, 인류에게 유전된 보편적인 것도 포함된다.

문학치료는 자기서사와 작품서사 사이의 상동성에 근거한 공명과 공감현상을 치유를 일으키는 근본 원리로 이해한다는 점에서 분석심리학과 유사한 측면을 갖고 있다(정운채, 2012). 무엇보다 문학치료는 작품서사를 통해서 자기서사를 변화시키려는 데 그 치료적 목표를 갖고 있다. 이렇게 작품서사를 이용해 자기서사에 변화를 줄 수 있는 이유는, 문학치료가 인간의 삶 또한 서사적으로 구조화되었다고 전제하기 때문이다. 문학작품과 인간의 인생살이의 기저는 서사로 구조화되어 운영되고 있고, 작품서사는 글쓴이의 삶을 지탱하고 있는 자기서사를 반영한다. 나아가 작품서사는 문학작품을 읽고 있는 독자의 자기서사에 와 닿아 영향을 줄 수 있는데, 왜냐하면 작품서사 또한 인간의 삶의 서사를 창조하고 영향을 끼칠 수 있기 때문이다(정운채, 2004).

　이렇게 자기서사에 영향을 주는 작품서사는 자기서사와 유동성의 측면에서 차이점을 갖게 된다. 먼저 작품서사는 완결된 문학작품의 텍스트 안에서 고정된 서사를 갖고 있어, 인간의 인생살이를 반영하는 유동적인 자기서사와 다르다. 이런 완성된 전체로서의 고정적인 작품서사의 성격은 자기서사를 진단하는 것을 가능케 한다. 고정된 형태로 존재하는 작품서사는 어렵지 않게 분석할 수 있는 특징을 갖고 있고, 분석된 작품서사는 자기서사를 진단하는 기능을 갖게 된다. 물론 이것은 한편으로 작품서사와 자기서사가 구조적인 상동성을 갖고 있기 때문이다(나지영, 2016). 이렇듯 작품서사는 분석의 수월성의 측면에서 체계적인 분류가 가능하고, 이를 바탕으로 자기서사를 분석하고 이해하도록 도울 수 있다.

　자기서사를 진단하는 원리는 작품서사를 대하는 독자의 정서적 반응을 통해서 가능하다. 독자의 자기서사와 작품서사의 유사성이 강할수록 독자는 그 작품서사에 정서적으로 반응할 것이라고 문학치료는 가정한다. 독자가 어떤 작품을 읽으면서 그 작품을 대단히 좋아하게 된다면, 독자의 자기서사와 그 작품의 작품서사는 밀접한 관련이 있고 높은 일치도를 갖고 있을 것이라고 여길 수 있다. 반면에 작품서사와 자기서사 사이에 일치도가 낮다면, 독자는 그 작품을 대하면서 공감을 느끼지 못하게 될 것이다. 하지만 그런 작품일수록 독자의 자기서사에 영향을 끼쳐 독자의 자기서사에 변화와 개선을 유도할 수 있을 것이라고 이해할 수 있다(나지영, 2016). 정리하면, 작품서사와 자기서사의 높은 호응도는 공감적 반응을 이끌어 내어 카타르시스를 경험하게 할 수 있다면, 작품서사와 자기서사의 낮은 호응도는 독자의 서사에 변화를 창조하는 새로운 관계 경험으로 작용할 수 있다.

이 두 가지 경우는 문학치료가 치료의 실제적 원리로 이해하는 공명현상을 묘사한다. 작품서사는 자기서사를 치료하고 변화시키는 치료제로 작용할 수 있는데, 이것은 작품과 내담자 사이에 공명현상이 일어나기 때문이다. 그것은 먼저, 작품서사와 자기서사의 유사성에 근거해 있다. 그 유사성에 의해 내담자는 작품을 읽으며 공감받았다는 느낌을 갖게 될 수 있다. 이것은 문학작품이 작품서사를 통해 내담자의 좌절과 실망 그리고 고통을 반영하고 확인해 주고 있음을 의미한다. 하지만 작품서사는 내담자의 인생살이가 경험하지 못하고 담아내지 못하는 다양한 변이와 가능성으로 충만하다. 독자는 문학작품에서 다른 인생살이의 방향을 보게 된다. 즉, 자신의 자기서사와는 다른 가능성을 확인하게 된다. 이것은 작품서사가 일종의 자기서사를 위한 모델링 또는 이상화의 역할을 하고 있다고 볼 수 있다. 자신의 자기서사와는 다른 변이와 방향을 보여 주는 작품서사는 결국 자기서사의 개선에 기여하게 되고 균형잡힌 자기서사를 창조하게 된다.

이것은 고전과 작품 속에서 인류의 태생적이고 보편적인 집단 무의식의 원형을 발견하고 이를 치료적 원리로 사용하는 분석심리학의 입장과 유사한 측면을 갖는다. 문학작품의 작품서사는 자기서사가 미처 파악하지 못하는 인생살이의 방향과 개선점을 포함하고 있다. 이를 읽은 내담자는 통찰에 이르러 통합적인 자기서사를 형성할 수 있게 되고, 인간관계의 개선을 이끌어 낼 수 있다. 동일하게 분석심리학의 입장에서 고전과 신화 그리고 설화는 집단 무의식의 원형적 심상을 담지하고 있으며, 이를 읽는 독자는 무의식의 의식화를 이룰 수 있게 되어 균형 잡힌 성격구조를 형성할 수 있게 된다. 이렇게 문학작품에 포함된 원형적 이미지는 인간 인격의 전체성을 실현하도록 돕는 무의식의 창조적 기능을 자극하고 촉진할 수 있게 된다. 결국, 문학작품은 내적 경험 세계의 반영뿐만 아니라 그 내적 세계를 새롭게 창조하고 변화시키는 역동적 힘을 갖고 있다고 볼 수 있다.

4. 치료효과의 분석

분석심리학과 문학치료의 치료이론을 통해 드러나는 치료적 원리를 묘사하는 것은 심리상담이 어떻게 치료적 변화를 일으키는 것인가를 이해하고 분석하도록 돕는다는 점에서 유익하다. 분석심리학이나 문학치료 모두 인간 마음의 심층에서 정신병리의 원인을 파악하고 그 해결책을 제시한다는 점에서 공통점을 보인다. 분석심리학은 정신분석 전통에 서서 무의식의 존재를 받아들이고, 그 무의식의 영역을 의식에 통합시키는 것이 치료적 변화를 위해 필요한 작업으로 받아들인다. 문학치료 또한 인식 밖에 존재하지만 인간의 삶 이면에 존재하는 서사의 변화와 수정을 치료의 목표로 삼고 있다. 분석심리학의 집단 무의식과, 문학치료의 서사에 대한 이론이 각기 다른 인간 마음의 체계와 구조를 제시하고 있는 것은 사실이다. 집단 무의식은 원형적 심상과 이미지로 발달 가능한 형태인 원형으로 구성되었다면, 서사는 관계양상으로 분석할 수 있다. 하지만, 실제 상담적 개입에서 이 두 치료이론은 상당한 유사성을 보이고 있다. 이 유사성을 이해했을 때, 심리상담적 대화나 상담이 어떻게 마음의 성장을 일으킬 수 있는지를 묘사할 수 있게 된다.

분석심리학에서 이해하는 집단 무의식은 태곳적부터 존재하는 인류의 보편적인 원형으로 이뤄져 있다는 점에서 고전정신분석이 이해하는 무의식의 개념과는 다르다. 그렇기에 꿈을 분석함에 있어서도, 개인의 내적인 경험만을 꿈분석의 단서로 사용하지 않으며, 오히려 인류의 보편적인 상징에 관심을 기울이게 된다. 더불어, 적극적 상상 기법 등을 통해 내면 깊이 존재하는 무의식의 세계를 표현하고 드러내는 상담적 기법을 사용하고, 고전과 신화나 민담에 구현되어 나타난 집단 무의식의 원형을 찾는다. 한편 문학치료는 완전한 전체로 존재하여 고정된 형태를 띠는 문학작품의 서사를 분석한다. 이것은 개인의 인생살이에 나타나는 포착하기 어려운 자기서사를 분석하기 위함이기도 하고, 또한 그 작품서사를 사용해 자기서사의 변화와 수정을 유도하기 위함이기도 하다. 서사로 구성된 우리의 인생은 문학작품의 작품서사를 통한 자기서사의 새로운 창조로 인해 회복될 수 있다.

이렇듯 분석심리학과 문학치료에서는 인간의 내적 경험 차원뿐만 아니라 그 내적 경험이 미처 파악하지 못하고 포착하지 못한 경험의 차원을 고전과 같은 문학작품을 매개체로 인식하고 나아가 그것이 내적 세계를 변화시키도록 유도한다는 점에서 유사성을 갖는다. 일반적으로 상담이론에서 강조하는 것은 경청과 들음이다. 내담자의 내적 경험에 상담자는 집중하고 내담자가 스스로 자신의 이야기를 할 수 있도록 배려하고 질문하여 자신에 대한 이해를 심화할 수 있도록 상담자가 돕는다. 이런 상담과정에서 상담자가 주로 다루게 되는 것은 내담자의 경험이며 기억을 통해 내담자의 내면에 형성된 내적세계의 구조가 될 것이다. 이것이 공감받고 수용되는 경험은 큰 치료적 효과를 갖는다. 하지만 상담은 그것보다 한 걸음 더 나아간다. 상담과정은 새로운 요소의 도입이 필요하다. 그 새로운 요소는 내담자에게 새로운 경험을 제공하는 것이고, 내담자의 내적 차원을 새롭게 창조할 수 있는 것이 되어야 한다.

최근 정신분석에서 강조되는 그 새로운 요소란 상담자와 내담자의 전이와 역전이 구조 관계에서 발생하는 것으로 정신병리를 유발한 관계가 아닌 이를 상쇄시키는 치료적 관계의 경험이다(Katz, 2014). 그것은 상담자에 대한 일종의 모델링으로도 설명할 수 있다. 상담자와의 관계에서 내담자의 마음에 비친 상담자는 내담자의 내적 결함과 결핍을 채워 줄 수 있는 인간적 자질과 태도를 갖고 있으며, 그것이 전이와 역전이 구조에서 내담자에게 전달된다. 그것은 내담자에게 새로운 내적 경험으로 작용하여 치료적인 계기로 작용할 수 있다. 이러한 새로운 관계 경험에서 내담자는 내사 혹은 변형적 내면화라고 개념화할 수 있는 치료적 경험을 할 수 있게 된다. 이렇듯 상담관계에서 내담자의 내적 경험을 수용하고 공감하는 일뿐만 아니라 치료적인 새로운 요소의 도입과 경험이 필요하다.

분석심리학과 문학치료는 이런 상담과정에서 일어나는 치료적 성격을 보다 명료하게 묘사하고 설명하는 치료적 이론이라고 말할 수 있다. 특별히 표현예술치료의 치료적 성격을 지지하는 상담이론을 제시한다는 점에서 이 두 이론의 비교는 유익하다. 이 두 이론에서 고전과 문학작품의 사용은 공감적 기능을 수행한다. 그것은 인간의 내적 경험이 반영되고 수용되는 경험이다. 문학작품을 통해 인간의 내적인 고통과 좌절 그리고 실망이 공감받는 경험을 한다. 하지만 문학작품은 단지 공감적 기능만을 수행하지 않는다. 그것은 인간의 내적 세계를 창조하는 힘을 갖고 있다. 분석심리학의 입장에 보면, 문학작품은 분화과정에서 소외된 인간 마음의 차원이 통합되도록 돕는 기능을 한다. 문학작품에 나타난 원형 표상들은 읽는 독자에게 무의식의 의식화를 도울 뿐만 아니라 이를 통해 성격의 통합에 이르도록 돕는다. 문학치료 또한 작품서사는 자기서사를 새롭게 창조하고 회복시키는 역할을 감당한다. 작품서사는 한 인간의 자기서사가 인식하지 못하고 담지 못하는 인생살이의 차원을 제시하고 그 자기서사를 새롭게 창조하는 힘을 갖고 있다. 이런 공감과 창조의 과정을 문학치료는 공명현상으로 개념화하였다.

이것이 갖고 있는 함축을 자기심리학의 자기대상 개념을 통해 묘사할 수 있다. 자기심리학은 정신분석의 한 흐름이면서도 자기감을 중심으로 정신분석을 재개념화했다는 점에서 차이를 갖는다(Jang, 2016). 자기감의 고양과 자기 구조의 응집성이 정신건강의 척도로 여기는 자기심리학은 이렇게 자기감이 고양되기 위해서는 자기대상이란 외부 대상이 필요하다고 여긴다. 자기

심리학을 탄생시킨 하인즈 코헛은 자기대상을 세 가지로 분류했는데, 그것은 거울자기대상, 이상화자기대상, 쌍둥이자기대상이다(Kohut, 1984). 거울자기대상은 특별하고 가치있는 존재로 경험되기를 원하는 사람의 인정의 욕구를 반영하고 확인시켜 주는 대상이다. 이상화자기대상은 이상화된 대상으로 친밀한 관계를 허락하고 수용함으로써 자기감의 증진을 제공하는 대상이다. 쌍둥이자기대상은 유사한 삶의 경험을 통해 소속감, 동질감, 유대감을 제공하는 대상이다.

문학작품은 이 세 가지 자기대상 기능을 제공할 수 있다. 무엇보다 먼저 문학작품은 인간 내적 삶의 측면을 반영하여 공감을 불러일으킬 수 있다. 이것은 독자로 하여금 자신의 내적 경험이 반영받았고, 자신의 실망과 좌절과 고통이 공감받았다는 느낌을 경험하도록 만든다. 이것은 카타르시스의 경험이자 동시에 문학작품이 거울자기대상 또는 쌍둥이자기대상으로 경험되고 있음을 의미한다. 이를 통해 문학작품과 유대관계를 형성시킨 독자는 동시에 작품 속에서 인생살이의 다른 형태와 가능성을 발견하고 현재 삶의 문제점을 바로잡을 수 있는 개선 방향을 통찰할 수 있게 된다. 이것은 일종의 이상화자기대상의 기능을 보여 준다.

그런데 이것은 인지적 발견 이상의 의미를 갖는다. 만약 삶에 필요한 통찰과 지혜를 발견하기 원한다면, 상담이 아니라 다른 계기나 관계를 통해서도 가능할 것이다. 상담은 상담자가 단순히 인지적 발견을 돕는 데 그치는 것이 아니다. 상담자와의 관계 속에서 문학작품의 분석과 이해는 조금 다른 의미를 갖는다고 볼 수 있다. 그 문학작품이 갖는 치료적 힘이 비로소 작동되고 치료적 힘으로 작용하는 것은 그것을 사용하는 상담자와의 관계에서이다. 어떤 문학작품의 원형적 심상이 내담자의 인격의 통합을 성취하게 하고, 작품서사가 자기서사를 창조하는 공명현상을 발생하는 것은 상담자와의 관계 속에서 가능하다. 이미 그 문학작품에 대한 이해과 깊이를 갖고 있고 스스로 그것을 훈련과정에서의 체험을 통해 알고 있는 상담자의 개입을 통해서 그런 치료적 현상은 일어날 수 있다. 그 개입은 단순히 상담자가 인지적 발견을 제공했다는 것을 의미하지 않고, 분석심리학의 입장에서든 문학치료의 관점에서든 문학작품의 치료적이고 창조적인 능력이 내담자 안에서 발생할 수 있도록 상담자가 상담관계를 구조화했다는 데 의미가 있다.

정리하면, 분석심리학과 문학치료는 치료적 회복을 위한 매개체로 고전과 같은 문학작품을 사용할 수 있다는 점에서 유사하다. 그것은 문학작품이 인격을 변화하고 새롭게 창조하는 역할을 할 수 있음을 전제한다. 무엇보다 그것은 문학작품과 인간의 내적 경험 사이의 유사성에 근거해 있다. 문학작품은 인간의 내적 삶을 반영하여 읽는 독자에게 감정의 소산을 경험하게 하고, 이를 통해 수용과 받아들임의 경험을 촉진할 수 있다. 이것은 자기심리학의 관점에서 거울자기대상과 쌍둥이자기대상으로 문학작품이 기능하고 있음을 의미한다. 나아가 문학작품은 인간 삶이 미처 파악하지 못하거나 포착하지 못한 삶의 새로운 요소를 담고 있어서 읽는 독자의 삶에 새로운 해결 방향과 통찰을 제시한다. 그것은 의식적인 과정이라기보다는 무의식적 과정으로서 문학작품이 새로운 인격을 창조하는 역할을 한다고 볼 수 있다. 분석심리학의 입장에서 보면 그것은 문학작품에 표상화된 원형적 심상이 내담자의 의식세계에 단순 등재되는 것을 통해서가 아니라, 그 원형적 심상이 이전에 그것을 소외시켰던 내적 세계에 통합되는 과정을 통해서 일어나게 된다. 문학치료의 관점에서 보면 그것은 문학작품 저변에 담겨진 작품서사가 공명현상을 통해 내담자의 자기서사를 새롭게 창조하고 변화시키는 과정으로 묘사할 수 있다. 이것은 문학작품이 자기심리학의 개념인 이상화 자기대상으로 기능하고 있음을 보여 준다. 이 모든 과정에서 훈련받은 상담자는 내담자를 위한 문학작품의 선정 그리고 그 적용에 중심적 역할을 하게 된다.

5. 나오는 말

지금까지 필자는 분석심리학과 문학치료의 비교를 통해 상담적 개입이 갖는 치료적 성격을 밝히고자 했다. 상담과정이 왜 치료적 성격을 갖는가? 상담은 어떻게 치료를 일으키는가? 이런 질문들은 상담에 종사하는 사람들에게 초미의 관심거리이다. 인간을 이해하고 진단하는 이론은 많지만, 그 문제를 어떻게 치료하고 도울 수 있을 것인지에 대한 이론은 명확하게 확립되지 않았다. 그렇기 때문에 분석심리학과 문학치료의 비교를 통해 이런 상담적 개입이 갖는 치료적 성격에 대해 분석하는 것은 의미있는 작업이라고 볼 수 있다. 분석심리학과 문학치료는 인간의 의식적 차원 이면에 있는 정신세계를 정신병리의 원인과 치료적 회복을 위해 다뤄야 한다고 주장한다는 점에서 공통된 시각을 갖고 있다. 분석심리학은 집단 무의식과 그것의 구성요소인 원형으로 그 정신세계를 구조화하고 있고, 문학치료는 서사 개념으로 그 정신세계의 문법과 체계를 묘사한다. 다만, 분석심리학과 문학치료는 그 심층세계를 구성하는 요소에 대해 다른 관점을 취하고 있다. 분석심리학의 경우 그것을 다양한 원형적 표상과 심상으로 구현될 수 있는 형태로 존재하는 원형으로 보고 있는 반면, 문학치료의 경우에는 다양한 관계 양상으로 분류할 수 있는 서사적 차원으로 심층세계를 분석한다.

심층세계의 차원을 가정하는 분석심리학과 문학치료는 그 치료적 개입에 있어서 개인의 내적 경험의 수용과 새로운 차원의 통합이라는 측면에서 유사성을 갖는다. 분석심리학은 프로이트의 고전정신분석이론처럼 무의식의 의식화를 치료적 목표로 삼고 있다는 점에서 공통적이지만, 인류의 보편적 연상을 위해 확충법을 사용한다는 점에서 그 목표에 이르는 방법이 다르다. 그렇기 인간의 집단적인 연상 내용을 볼 수 있는 신화나 민담 그리고 고전이 치료적 자원으로 사용될 수 있다. 문학치료는 작품서사와 자기서사 사이의 유사성에 근거한 공감과 작품서사에 의한 자기서사의 새로운 창조를 공명이란 개념으로 설명한다. 이 두 치료이론에서 엿볼 수 있는 상담적 개입의 중요한 특징은 개인의 내적 경험세계에 대한 수용과 공감이고 인류의 보편적 상징이나 이야기에 의한 개인의 내적 경험세계의 새로운 창조와 변화이다.

상담에서 내담자는 자신의 좌절과 실망 그리고 고통스러운 경험이 그것을 듣고 경청하는 상담자에 의해 공감받는다는 경험을 하게 된다. 이것은 상담적 개입의 치료적 성격을 구성하는 첫 번째 요소가 될 것이다. 이것은 자기심리학의 개념으로 거울 혹은 쌍둥이 자기대상 경험으로 분류할 수 있다. 그러나 상담은 그것으로 끝이 나지 않으며, 내담자는 상담관계에서 상담자를 자연스럽게 이상화하고 나아가 그 상담자의 태도와 삶의 인식을 모델링하게 된다. 이것은 내담자의 삶을 새롭게 창조하는 치료적 자원으로 기능하게 된다. 하지만 상담자 또한 개인적 한계를 갖고 있는 것이 사실이다. 만약 인류의 보편적 지혜가 내담자의 내적 세계를 새롭게 변화시키고 창조하는 자원으로 사용될 수 있다면, 이것은 상담적 개입의 두 번째 측면을 더욱 효과적이고 풍성하게 할 수 있을 것이라고 생각할 수 있다. 그런 점에서 분석심리학과 문학치료에서 민담과 고전, 신화 등의 사용은 유익하다고 볼 수 있다.

하지만 이것은 내담자에 대한 공감과 이해를 바탕으로 이뤄져야 하며, 문학작품과 고전에 대한 충분한 분석훈련을 받은 상담자에 의해 진행될 수 있음을 강조해야 한다. 단순한 읽기가 치료적일 수는 없다. 신화나 고전, 민담과 같은 문학작품의 이면에 존재하는 원형과 작품서사가 한 인간의 내적세계를 창조하고 새롭게 변화시키는 역동적인 힘으로 작용될 수 있는 것은 내담자의 마음을 충분히 공감하고 이해하는 상담자의 상담적 개입에 의해 촉진될 수 있다. 내담자를 진단하고 그에 따른 작품을 선정하고 고르는 것은 이런 과정에 대해 충분히 훈련받고 또한 내담자를 충분히 경청한 상담자에 의해 진행되어야 한다. 그렇기에 추후 연구로는 상담 중 고전과 민담 등의 사용을 통해 그 원형적 심상과 서사가 내담자의 왜곡된 심리세계를 새롭게 창조하는 치료자원으로 기능하도록 돕는 상담자의 자세와 태도, 그리고 작품의 상담적 사용방법이 무엇인지에 대한 것이 되어야 할 것이다.

참고문헌

권석만 (2012). 현대 심리치료와 상담이론. 서울: 학지사.

나지영 (2016). 스키마 이론과의 연계를 통한 문학치료학 서사이론 발전 방향 연구. 건국대학교 대학원 박사학위논문.

이부영 (1998). 분석 심리학: C. G. Jung의 인간심성론. 서울: 일조각.

정운채 (2004). 서사의 힘과 문학치료방법론의 밑그림. 고전문학과 교육, 8, 159-176.

정운채 (2005). 인간관계의 발달 과정에 따른 기초서사의 네 영역과 〈구운몽〉 분석 시론. 문학치료연구, 3, 7-36.

정운채 (2008). 문학치료학의 서사이론. 문학치료연구, 9, 247-278.

정운채 (2012). 자기서사의 변화 과정과 공감 및 감동의 원리로서의 서사의 공명. 문학치료연구, 25, 361-381.

정운채 (2013). 문학치료학과 역사적 트라우마. 통일인문학논총, 55, 7-25.

Freud, S. (1915). Repression. In Strachey, J. (Tr. & Ed.), *The standard edition of the complete psychological works of Sigmund Freud* (Vol.14, pp. 141-158). London: Hogarth Press.

Gabbard, G. O. (2004). *Long-Term psychodynamic psychotherapy: A basic text.* Washington, DC: American Psychiatric Publishing, Inc.

Jang, J. E. (2016). *Religious experience and self-psychology: Korean Christianity and the 1907 revival movement.* New York: Palgrave MacMillan.

Jung, C. G. (1953). *Psychology and alchemy: The collected works of Carl G. Jung.* Vol. 12. G. Adler & R. F. C Hull (Trs. & Eds.). Princeton, NJ: Princeton University Press.

Jung, C. G. (1959). *The archetypes and the collective unconscious: The collected works of Carl G. Jung.* Vol 9. G. Adler & R. F. C Hull (Trs. & Eds.). Princeton,

NJ: Princeton University Press.

Jung, C. G. (1971). *Psychological types: The collected works of Carl G. Jung.* Vol. 6. G. Adler & R. F. C. Hull (Trs. & Eds.). Princeton, NJ: Princeton University Press.

Katz, G. (2014). *The play within the play: The enacted dimension of psychoanalytic process.* New York: Routledge.

Kohut, H. (1977). *The restoration of the self.* Chicago: University of Chicago Press.

Kohut, H. (1984). *How does analysis cure?* Chicago: University of Chicago Press.

Knox, J. (1998). Transference and countertransference: Historical and clinical developments in the society of analytical psychology. In I. Alister & C. Hauke (Eds.), *Contemporary Jungian analysis: Post-Jungian perspectives from the society of analytical psychology* (pp. 73-84). New York: Routledge.

Mitchell, S. A. (1989). The wings of Icarus: Illusion and the problem of narcissism. In S. A. Mitchell & L. Aron (Eds.), *Relational psychoanalysis: The emergence of a tradition* (pp. 153-179). New York: Routledge.

Rieff, P. (1979). *Freud: The mind of the moralist.* Chicago: The University of Chicago Press.

Von Franz, M. L. (1964). The process of individuation. In Jung, C. G. (Ed.), *Man and his symbols* (pp. 158-229). New York: Doubleday & Company Inc.

저널치료

이유경
(숭실사이버대학교 기독교상담복지학과 교수)

1. 들어가는 말

저널(journal)은 프랑스어의 journee, 즉 하루에서 유래한다. 17세기에 저널은 하루의 여행과 하루 사건의 기록을 의미했다. 일반적으로 일기(diary)라는 용어와 저널(journal)은 거의 바꾸어 쓸 수 있고 같은 의미로 사용되기도 한다(Gillie, 2012). 일기와 저널쓰기는 자신에 관해 쓰는 과정이라는 공통점이 있고, 일기는 어린 시절부터 아주 익숙한 과정이라 할 수 있다. 그러면 일기와 저널치료에서의 글쓰기의 차이점은 무엇인가? 매일매일 일어나는 일과 사건을 객관적으로 또는 외부에서 보는 관점에서 기록하는 전통적인 일기와 달리, 저널은 자신이나 인생의 여러 문제들에 대한 보다 깊은 성찰과 이해를 위해 내면의 생각과 느낌을 글로 표현함으로써 글 쓰는 사람의 내적인 경험, 반응 그리고 인식에 글쓰기의 초점을 맞춘다(이봉희, 2007). 그러므로 저널은

정서적이고 내면적인 삶에 더 집중하는 좀 더 주체적인 기록이며, 정신, 육체
그리고 감정의 건강과 행복을 증진시키기 위한 목적을 가지고 쓰는 반성적이
며 성찰적인 글쓰기라고 할 수 있다. Progoff(1975)는 "저널은 각 개인이 자신
의 속도에 맞게 점진적으로 전체성을 향한 개인의 내면을 이끌어 주는 폭넓
고 다양한 기술들을 위한 도구"라고 하였다. 그러므로 저널쓰기는 자기 고백
의 글이자 무의식 속 억압된 자기의 욕망을 노출시킬 수 있는 효과적 도구라
고 할 수 있다. 또한 사회가 추구하는 가치체계를 통해서 억압되어 온 자신의
욕구를 이해하고 자신의 욕구와 가치관을 다시 되짚어 볼 기회를 마련하는,
즉 자신과의 진정한 만남이 이루어지는 도구라고 할 수 있다.

저널쓰기는 실제로 다양한 영역에 도움을 준다고 입증되었다. 강은주
(2005)는 저널쓰기를 통한 자신의 내면과의 만남이 이루어지고 이를 통해 자
신의 삶에 대한 새로운 의미를 발견할 수 있다고 한다. 즉, 저널쓰기의 과정
을 통해 외부의 환경을 내면의 삶과 관련을 시킬 수 있는 시간을 가지게 되
며, 이런 과정에서 중요한 의미를 새롭게 발견하게 된다는 것이다. '진정한
나는 누구인가?' 또는 '나는 무엇을 위해 존재하는가?' 등과 같은 자신에 대한
근원적인 질문을 던지게 함으로써 자신이 미처 발견하지 못했거나 드러내고
싶지 않았던 상실된 부분을 보상하고 어두운 부분을 직면하는 과정을 경험하
게 된다. 더 나아가 진정한 인간성을 발견하고 또 그 지점에 도달할 수 있도
록 반성적으로 글쓰기를 할 수 있다.

석은조(2006)는 저널쓰기가 자신을 분석하고 반성적 사고를 위한 학습과
정이라고 한다. 자신이 이전에 기록된 내용을 분석함으로써 현재의 생각과
다르게 어떠한 변화가 나타나는지 살펴볼 수 있다. 단순히 이론에서 그치는
것이 아니라 실제적인 삶의 변화를 이끄는 주요한 도구가 되어 준다고 하였
다. 이봉희(2007)는 저널치료의 중요성에 대해서 시각적 형태의 변화에 대
해 강조한다. 저널쓰기를 통해 우선 자신의 보이지 않는 느낌, 생각, 태도, 믿
음, 상상들을 시각적 형태로 변환시킨다. 그리고 글로 표현된 저널을 보고 읽

는 것을 통해 자신이 표현하고자 하는 여러 감정들을 시각화한다고 하였다. 이러한 과정을 통해 자신의 당면한 문제와 분리시킬 수 있는 내적 힘을 키우고 자신을 성찰하는 과정을 경험하게 된다는 것이다. 그러므로 저널쓰기는 글을 통해 자신을 새로운 관점으로 바라보게 하고, 시간이 지난 후 다시 읽게 되는 저널은 같은 경험이나 사건, 감정을 새로운 관점으로 재해석할 수 있게 됨으로써 진정한 자신을 이해하는 데 큰 도움을 준다고 하였다. 또한 저널쓰기가 간단하고 비용도 적게 들면서 효과적으로 활용할 수 있고 전인적인 자기 돌봄과 진정한 자아를 발견하고 성장하는 주요한 도구라고 하였다. 배영주(2012)는 저널쓰기를 통해 다른 사람과 소통하는 주요한 도구가 될 뿐 아니라 자신의 삶에 대한 새로운 의미를 구성하며 평가의 수단으로 활용할 수 있다고 강조하고 있다. 조희순(2014)과 황진화(2015)는 자신에 대한 저널치료의 과정 중 글쓰기는 자신이나 타인의 기억, 과거에 대한 성찰을 하는 과정을 통해 자신의 내면의 삶을 탐색해 가는 하나의 과정이 될 수 있다고 설명하고 있다. 즉, 자신에 대한 저널쓰기는 자신을 스스로 인식하고 성찰하는 것과 관계가 있다고 밝혔다. 이와 같이 저널쓰기의 효과성을 살펴볼 때 저널쓰기의 과정은 융이 진정한 자기와의 만남이 이루어지고 자기를 실현해 가는 개성화의 과정이라 할 수 있다.

　선행연구를 통해서도 저널쓰기의 효과성은 입증되었다. 배영주(2012)는 저널쓰기는 교사역할수행과 교사효능감에 유의미한 영향을 미치고 있음을 발견하였다. 또한 구체적으로 예비유아교사들이 자기를 인식하고 표현하여 반성적으로 성찰하는 과정을 통해 교사의 역할에 대한 자신감, 책임감을 향상시킬 뿐 아니라 적극적으로 문제에 접근함으로써 교사로서 정체성을 형성하는 데 변화를 가져왔다. 그리고 유아들과의 관계 형성뿐 아니라 동료 교사들과의 관계 형성에도 효과가 있었음을 알 수 있다. 이우진(2015)은 미술전공자의 저널쓰기의 의미에 관한 연구를 통해 저널쓰기는 치료자 자신이 자기 자신을 아는 것이 중요하다는 것을 자각하기 시작하는 계기가 되었다고 하였다. 또한 '나의 이해'는 곧 그들이 만나는 내담자 '너의 이해로' 이어져 치료관계에 긍정적인 영향을 미치는 경험을 하기도 했다. 저널쓰기는 치료자에게 자기 성찰뿐 아니라 치료자로서 건강한 자기 돌봄을 위한 주요한 도구가 된다고 하였으며, 자신과 타인을 총체적으로 이해할 수 있게 해 주는 과정이라고 설명하고 있다. 이를 통해 저널쓰기는 치료사로서 부족함을 성찰하게 해 주면 자신을 성장시키고자 하는 노력으로 이어지고 전문성 향상을 위해 자발적이고 적극적으로 성장하도록 동기를 부여해 준다는 것이다. 저널치료와 신체와 질병의 연관성에 관한 연구를 꾸준히 해 온 Pennebaker(1995)는 저널치료에 참여한 심리적 외상 경험 환자가 병원을 찾는 횟수가 현저하게 줄어들었다고 한다. 자신의 심리적 외상경험뿐만 아니라 다른 사람의 외상경험에 대해 적은 사람들도 병원에 찾는 횟수가 현저하게 줄었음을 보고하고 있다(Greenberg & Wartman, 1996). 또한 해직자에 대한 연구를 통해서 해직 군인에 대한 자신의 경험에 대한 저널쓰기를 지속적으로 경험한 사람이 이후 재취업률도 높았을 뿐 아니라 재취업 이후 새로운 직장에 적응력이 훨씬 높았음을 연구하였다(Pennebaker, 1994). Gleason(1994)는 심리적 외상에 대한 경험을 적은 사람이 피상적 주제에 대해 적는 것보다 면역기능의 향상이 현저하게 나타났음을 보고하였다. 긍정적 미래에 대한 저널쓰기 또한 건강을 증진시키는 데 큰 도움이 된다고 하였다(King, 2001).

선행연구를 종합해 보면, 저널치료는 어느 한 대상에 국한되는 것이 아니라 다양한 연령과 대상에게 실시될 수 있으며 다양한 영역에서 효과성이 나타나고 있음을 알 수 있다. 즉, 신체적 · 정신적 건강뿐 아니라 자아 정체감 확립과 성장에 많은 효과를 나타내고 있다. 또한 치료자인 상담자의 자기 성찰과 성장에도 큰 도움이 되고 있음을 알 수 있다. 이 장에서는 이러한 저널치료를 기독상담과 한국교회에 어떻게 적용할 수 있는지 다양한 논의가 필요함을 전제로 저널치료에 대한 구체적인 이론과 적용점을 소개하고자 한다.

2. 저널치료에 대한 이해

저널치료는 말 그대로 단순한 글쓰기가 아니라 다양한 저널쓰기의 방법을 통해 적절히 치료적 목적을 이루는 것이다. 즉, 본인의 독자적인 성찰적 글쓰기와 다양한 저널쓰기라는 도구를 통해 심리적 치료를 도모하는 것을 일컫는다. 저널치료의 창시자라 할 수 있는 Progoff(1975)는 저널치료는 외적으로 발생한 사건이든 그렇지 않든 이를 통해 우리의 마음에서 일어나는 역동과 감정들 그리고 사고의 흐름을 기록함으로써 자신의 내면의 목소리를 듣게 되고 자신의 잃어버린 혼의 소리를 듣고 경청하게 하는 내적 작업이라고 하였다. Adams(1990)는 저널치료는 심리적 · 감정적 · 신체적 치유를 돕고 치료상의 목적을 증진시키기 위해 반성적 사고와 글쓰기 과정을 목적의식을 갖고 의도적으로 활용하는 것이라고 하였다. 저널치료 홈페이지(www.journaltherapy.com)에 나와 있는 정의를 보면, 저널치료는 "정신적 · 육체적 · 정서적 · 영적으로 더 나은 건강과 행복을 위하여 반성적인 글쓰기를 목적 지향적이고 의도적으로 사용하는 것인데 이슈들과 염려(관심사), 갈등 등과 혼돈에 초점을 맞추어 명료화하는 효과적인 수단이다."라고 하였다. 일반적인 글쓰기는 텍스트가 독자라는 대상을 늘 염두에 두고 쓰이지만, 저널치료의 글쓰기는 일차적으로 글을 쓰는 자기 자신을 위해서 쓰는 것이다. 이에 저널치료는 자기 자신을 명확하게 언어적으로 표현하는 데 비중을 두기 때문에 우선 자신을 명확하게 이해하는 것이 전제되어야 한다.

저널치료가 치료적인 기능을 가지려면 다음과 같은 전제가 필요하다. 첫째, 치료목적을 포함한 치료계획이 설정되어야 한다. 둘째, 치료를 받는 대상자가 있어야 한다. 셋째, 훈련된 치료사의 적절한 중재와 개입이 있어야 한다. 넷째, 어떤 형태로든지 저널쓰기나 저널쓰기의 활동이 동반되어야 함을 전제로 한다. 그리고 저널 치료는 좁게는 심리치료의 한 방법으로 사용되지

만, 넓은 의미로는 인생의 목표를 설정하거나 삶의 위기를 극복하기 위한 과
정으로 활용될 수 있다.

저널치료의 목적은 다음과 같다. 첫째, 자기 자각과 통찰을 통한 자기 수용
에 있다. 글을 쓰는 과정을 통해 자신이 의식하지 못하고 억압해 두었던 다양
한 방어기제를 발견하고 되고 또한 이러한 과정을 통해 자기와의 진정한 만
남이 이루어짐으로써 자기 수용의 과정을 경험한다. 둘째, 문제의 외현화이
다. 저널쓰기의 과정을 통해서 자신의 문제를 객관화시키게 되며 새로운 관
점에서 문제를 바라보게 된다. 이러한 과정은 억압된 자신의 감정을 글을 통
해 표현함으로써 문제를 통제할 수 있는 힘을 갖게 되는 것이다. 셋째, 진정
한 자기와의 만남을 통해 자신의 개성화를 이루어 갈 수 있는 내면의 힘을 키
우기 위함이다.

3. 저널치료의 역사

글을 쓴다는 것이 치료적인 매개체로서뿐 아니라 자기 성찰과 자기 성장의
도구가 되는 것은 이미 AD 400년경, 아우구스티누스(Augustinus)의 저널 형
식의 글인『고백록(Confessions)』을 들 수 있다. 그는 자신의 청년기 방황의 세
월을 기독교적인 관점에서 성찰하는 고백적 저널쓰기의 한 형태로 글을 썼
다. 또한 10세기경, 일본의 궁정여인들이 저널형식이라고 볼 수 있는 '베갯머
리수첩(pillow book)'을 사용하게 되었고, 19세기경에는 신사 숙녀들이 자신
을 점검하는 도구(vehicle of self-examination)로서 가죽수첩을 활용하기도 하
였다. 이러한 역사적 흔적 외에도 일기라는 저널쓰기의 형식은 우리의 일상
생활에서 늘 치료적 효과를 제공하고 있다고 볼 수 있다. 분명한 역사적 시점
이 모호하기는 하지만, 저널쓰기의 다양한 형태들이 발전하면서 치료적 관점
으로 저널쓰기를 활용하여 저널치료를 창시하고 발전시킨 대표적인 학자들

을 간단하게 소개하면 다음과 같다.

1) Ira Progoff

저널치료의 창시자, 아버지라고 할 수 있는 사람은 심리학자인 Progoff (1922-1995)이다. 그의 저널치료는 1960년대 미국에서 Progoff의 'Journal Workshop(집중 저널 워크숍)'이라는 강의를 통해서 시작되었다. Progoff는 융의 분석심리학을 바탕으로 한 저널치료를 이론화하였다. 그는 처음에는 프로이트의 영향으로 수학을 하다가 프로이트를 중심으로 하는 소위 과학적이고 학문적이라는 당시의 심리학은 문화연구를 위한 작업이거나 충분한 도구가 아니며 증상들을 통한 진단에 의존한 심리학적 인간에게는 더 이상 희망을 발견할 수 없다는 결론에 이르렀다. 이후 그는 융의 이론을 발견하게 되면서 1959년에 심층심리학을 연구하는 기관을 설립하게 되었다. 이를 통해 그는 인간의 심리적 현상을 병리적으로 이해하지 않고 전체성을 이루는 과정이라고 인식하고 이를 돕는 데 저널치료를 적극적으로 활용하였다. 이에 수많은 강의와 치료를 통해 감정표현과 반성적 저널쓰기가 치료적 효과성을 가지고 있다는 것을 알렸으며, 개인상담에서도 수년간 '심리공책'을 사용하여 저널기법을 체계화하였다. 또한 『At a Journal Workshop』(Progoff, 1975)이라는 책을 활용하고 개인의 체험을 바탕으로 한 집중적인 저널쓰기 프로그램을 만들어 미국 전역에 매년 250회 이상의 저널쓰기 워크숍을 진행했으며, 저널쓰기의 이론과 방법론을 체계화시켜서 글쓰기를 통한 치유 프로그램의 대중화를 가져왔다.

2) Kathleen Adams

이후 Progoff의 이론을 바탕으로 저널치료를 널리 대중화시키고 다양한 기법을 개발한 사람은 Adams(1957-현재)였다. 작가이며 임상문학치료사, 저널치료사로서 활동 중인 그녀는 현재 덴버에서 저널치료센터를 운영하고 있다. 그녀는 삶 속의 여러 구체적인 문제를 글로 쓰기 위해 사용할 수 있는 구체적인 도구로서의 글쓰기 기법들을 모아 놓은 '저널 도구상자'를 제시하였다. 그녀는 '저널 도구상자'를 통해 15분 이내에 쓰는 19가지의 다양한 기법을 소개하고 있다. 그리고 구조화된 '문장완성하기' 기법부터 추상적이며 직관을 다양하게 사용하는 '자유로운 글쓰기' 기법에 이르기까지 다양한 수준과 유형의 기법을 사용할 수 있다. 이러한 다양한 기법들은 목적과 상황에 따라 사용할 수 있으며, 다양한 기법들을 선택하여 사용할 수 있기 때문에 폭넓게 빠른 시간 내에 실시하는 데 큰 도움을 받는다. 또한 처음에는 글을 쓰면서 자신을 표현하는 데 어려움을 느끼거나 글쓰기의 재능이 없는 사람들도 쉽게 쓸 수 있다는 장점이 있다. 그녀는 저널치료를 어떻게 활용해야 할지 모르는 초보 상담자들에게도 간단하고 쉽게 접근할 수 있는 치료적 기법을 제시하고 있다. 이처럼 '저널치료'에 소개되고 있는 다양한 기법은 다양한 저널치료 방법을 제공하고 저널의 명료함과 효과를 극대화하는 데 도움이 되었다. 또 이러한 기법들을 '저널사다리'로 구조화하였다. Adams의 다양한 기법은 우리나라에도 소개되어 한국의 저널치료의 기초를 이루고 있다.

3) James W. Pennebaker

Texas 대학의 심리학 교수인 Pennebaker(1950-현재)은 글쓰기 치료 중 감정적 치유적 글쓰기를 정립하였다. 그는 20여 년 동안 수 천 명을 대상으로 미국의 정신분석협회를 통해 심리적 외상(트라우마)을 경험한 사람들을 위한 글쓰기 치료의 효과성에 관한 연구를 진행하였다. 다양한 실험을 통해 신체적 증상의 근원과 건강의 비법과 표현하는 글쓰기가 어떤 연관성이 있는지에 대한 끊임없는 연구를 실시하였다. 이에 20분간 3~4일 정도의 감정적 글쓰기가 신체와 정신, 다양한 영역에서 어떤 효과가 나타나는지 밝혔다. 그는 심리적 외상의 종류가 아니라 트라우마를 표현하지 않고 억압한 것이 정신적·육체적 질병의 원인으로 작용된 것이라는 것이라고 보았다. 이에 연구를 통해 심리적 외상에 대한 감정적 글쓰기는 신체적 질병을 완화시키는 데 많은 영향을 미친다고 밝혔다. 즉, 감정적 글쓰기에 참여한 사람들은 면역체계가 전반적으로 향상되었으며 천식환자의 심폐 기능이 항진되었고, 관절염 환자의 통증 완화, 에이즈 환자의 백혈구 증가, 전이암 환자의 수면장애 개선 등의 다양한 변화에 대해 연구를 통해 입증하였다. 감정적 글쓰기는 일시적으로 기분이 전환되었을 뿐 아니라 장기적으로도 기분이 바뀌는 경험이 이루어졌다고 하였다. 또한 학교나 직장에서의 업무를 수행하거나 복잡한 문제를 기억하고 해결하는 능력이 향상되었음을 보고하였다.

4) 한국의 저널치료

우리나라에서 활발하게 이루어지는 저널치료는 2005년부터 이봉희가 운영하는 한국 글쓰기 문학 치료 연구소를 통해서이다. 이는 미국 저널치료자인 Adams의 영향을 받고 그의 주요한 저널치료의 기법을 중심으로 이루어지고 있다. 이 연구소를 통해 10대를 위한 저널치료 및 장년·노년들을 위한 회고록 쓰기 등을 통해 다양한 연령층에 저널치료를 확대하고 있다. 그리고 한국독서치료학회의 강은주는 다양한 글을 통해 저널기법을 다양하게 확산시키기 위해 노력하고 있으며, 저널치료의 효과성에 대해서 널리 알리고 있다. 한편, 다양한 연구를 통해서 저널치료의 효과성이 논의되고 있기는 하지만 실제적인 상담현장에서 저널치료가 확고하게 자리 잡지 못하고 있다는 당면 과제를 안고 있다.

4. Ira Progoff의 저널치료

1) 이론적 배경

앞서 언급하였듯이, Progoff은 융의 분석심리학의 영향을 받고 저널치료를 발전시켰다. 융은 인격의 전체를 정신이라 부른다. 정신의 개념에서 가장 중요한 것은 인간의 전체성이다. 즉, 인간의 마음은 선천적으로 전체성을 지향하고 서로 어울려 상호작용한다. 그러므로 인간이 일생을 통해 해야 할 주요한 과제는 자신의 전체성을 발전시키는 것이며, 타고난 전체성을 되도록 최대한으로 분화된 것을 일관성 있고 조화롭게 발전시키는 것이다. 이러한 자기의 전체성을 이루어가는 과정, 즉 자기를 알아가는 과정을 '개성화'라고 명명하였다. 특히 융은 정신의 전체성을 이루기 위해서는 '대극의 합일'을 통한 정신의 균형을 강조하였고, '무의식의 의식화 과정' 자체가 치료의 과정이라고 보았다.

융의 이론에 기반하여 저널치료를 발전시킨 Progoff도 인생의 가장 중요한 의미 중 하나는 발견하지 못한 영역을 발견하는 과정임을 강조하였다. 즉, 융이 말한 성격 구조 중 하나인 무의식을 탐색해 가는 과정 자체가 인생의 의미를 발견하는 것이라는 것이다. 그는 저널치료 과정 자체가 이러한 무의식을 의식화하는 과정이며 인간의 전체성을 발전시키는 과정이라고 보았다. 이를 위해 자신의 구체적인 경험을 알아가는 과정인 '집중 저널 워크숍'을 진행하였으며, 워크숍의 목적에 대해 다음과 같이 밝히고 있다. 첫째, 전체 삶의 역사 가운데 가장 중요한 것이 무엇인지 세워 가는 것이다. 둘째, 자신의 삶 가운데 내적 삶의 조화를 이루어 가는 과정이다. 셋째, 자신이 경험한 삶의 경험에 대한 연속성과 균형을 이루기 위한 과정이다. 넷째, 자신을 신뢰해 가는 과정이다. 이와 같이 Progoff는 삶의 균형을 이루고 인간의 전체성을 발전시키고 위해 '저널쓰기'라는 도구를 활용하였다.

2) 기법

(1) 네 가지 차원

Progoff는 저널 치료를 위해 '심리공책'을 활용한다. '심리공책'은 네 가지 차원으로 나누어져 있는데, Progoff는 이를 색으로 표시하며 글을 써 나가도록 하였다. 네 가지 차원은 다음과 같다.

① Life/Time 차원

빨간색으로 분류하며, 개인적인 삶의 역사 가운데 내적인 영향을 미친 구체적인 사실을 연대기적으로 객관적으로 기술한다. 또한 삶의 다양한 현상과 작은 과정을 상세하게 기록한다. 이를 통해 개인적인 삶의 다양한 경험이 어떻게 발전하였는지, 또한 어떠한 형태로 삶이 구성되었는지 살펴볼 수 있다. Life/Time 차원은 시간에 대한 내적 운동이라고 표현할 수 있는데, 이것은 시간적으로 경험한 내용은 주관적으로 자신의 삶의 질을 인식하기 때문이다. Life/Time 차원의 탐색은 '징검다리(Steppingstones)'라고 명명하였다. '징검다리'라고 명명한 이유는 이 과정이 의식 수준에서 인식할 수 있는 삶의 목표보다 더 깊이 있는 목표를 발견해 가는 과정이기 때문이다. 징검다리의 과정은 인생의 시작부터 현재에 이르기까지 무의식적으로 떠올리게 되는 사건을 발견하고, 시간과 사건에 관하여 감정·사고·직관·감각의 네 차원으로 나누어 기록한다. 또한 징검다리를 발견하는 과정에 '가 본 길과 가보지 않는 길(Road Taken and not Taken)' '타임 스트레칭(Time Streching): 과거와 미래의 탐색'으로 나누어 기록한다. 이 두 가지의 기록을 통해서 자신의 잠재력을 발견하게 되며 새로운 삶을 창조해 낼 수 있는 원동력을 발견하게 된다. 특히 타임 스트레칭의 과정은 자신에게 일어났던 사건들의 교차점을 발견하고, 자신의 자서전을 재구성해 본다. 이를 통해 깨달음을 확장하며, 나이듦을 상상하면서 자신이 가 보지 않는 새로운 삶을 탐험해 가는 과정을 하게 된다.

② Dialogue 차원

오렌지색으로 분류하며, 개인적인 삶과 연결되어 있는 관계 및 관계를 맺는 중심적인 의사소통 방식에 대해서 기록한다. 특히 관계 가운데 조화를 이루면서 살아가는 관계와 분열과 갈등 관계에 대해서 기록한다. Dialogue 차원은 우주 가운데 사람들이 자신의 존재를 펼쳐가고 삶을 살아가는 주요한 형태이다. 사람들은 다양한 상황 가운데 자신의 삶에 어려움을 경험하게 되기도 하지만 또한 변화되고 새로운 가능성을 발견하게 된다.

Dialogue 차원에서는 자신을 둘러싸고 있는 다양한 상황과 어떠한 대화를 나누고 있는지 살펴보는 과정을 한다. 구체적인 대화의 내용은 다음과 같다. 첫째, 사람들과의 대화(dialogue with persons)이며, 자신과 관계를 맺었거나 맺고 있는 다양한 사람들 혹은 주요한 사람들과의 대화를 시도한다. 둘째, 일과의 대화(dialogue with works)이며, 다양한 사건들과 내적 의미를 부여하며 성취하였던 일과 대화를 한다. 셋째, 신체와의 대화(dialogue with the body)이며, 질병의 경험이나 현재 하고 있는 건강관리에 관한 대화를 한다. 넷째, 사건 · 상황 · 환경과의 대화(dialogue with events, situations, and circumstances)이며, 자신이 처해 있는 다양한 사건, 상황 환경 안에서 자신의 정체성을 발견해 가는 대화를 한다. 다섯째, 사회와의 대화(dialogue with society)이며, 이는 가족, 사회, 국가의 영향을 받는 나를 발견하며 자신의 정체성을 확립하는 대화를 한다. Progoff는 우리가 살아가면서 하는 행동들은 개인적 배경보다 문화적 · 역사적 배경에 더 많이 근거하고 있다(Adams, 2006)고 보았다. 이러한 대화의 과정을 통해서 자신의 중심 대화가 무엇인지 발견하게 되고 자기를 발견해 가고 자기를 새롭게 인식하는 경험을 하게 된다.

③ Depth 차원

파란색으로 분류하며, 자신의 무의식적인 영역을 다루는 차원이다. 무의식을 탐색하기 위해 삶을 상징적으로 드러내는 꿈을 기록하고 꿈을 확장시켜 탐색한다. 이러한 상징을 탐색해 가는 이유는 의식 세계 속에 숨겨져 있으며 잘 드러나 있지 않은 중심의 내면을 탐색할 수 있기 때문이다. 이러한 상징의 활용은 정신적 현상을 상징으로 이해하고 상징적 세계관을 가진 융의 이론으로부터 출발한다. 상징을 통한 무의식적 탐색은 자기와의 진정한 만남이 이루어지도록 만들며 정신의 전체성을 이루는 주요한 과정이라고 본다.

여기서는 집중적으로 다음의 다섯 가지 영역을 탐색한다. ① 꿈 여행, ② 꿈을 확장, ③ 잘 드러나지 않는 심상 여행, ④ 심상 확장, 그리고 ⑤ 내적 지혜 대화를 기록한다. 꿈을 여행하는 과정에서 구체적인 꿈의 내용, 백일몽뿐 아니라 다양한 직관력을 통해 자신의 삶에 숨겨져 있는 지혜를 발견하게 된다. 심상에 관한 여행은 상징을 통해서 드러나고 이를 통해 자신의 삶에서 발견되지 않았던 잠재력을 발견해 가는 과정이다.

④ Meaning 차원

보라색으로 분류하며, 이 차원을 간단하게 '묵상의 과정(process of meditation)'이라고 부르기도 한다. 이 차원은 인간은 자신이 가지고 있는 객관적인 믿음과 상관없이 삶의 의미를 발견해 간다는 믿음으로 출발하였다. 의미를 발견해 가는 과정은 자기 개인을 뛰어넘는 더 큰 삶의 요인을 발견하여 삶을 통합할 수 있는 능력을 향상시키는 과정이다. 이에 삶의 의미와 영성, 믿음의 영역을 탐색한다.

여기서는 구체적으로 다음의 세 가지 영역을 탐색한다. ① 묵상 여행(the meditation logs), ② 연결점: 절정경험, 깊은 감정경험, 의미 탐험(connections; peaks, depths, and exploration)을 기록한다. ③ 기도할 때의 주문/간증(mantra/crystals; and testament)을 기록한다. Meaning 차원은 연결점(connections)을 발견하는 과정이라 할 수 있다. 이러한 연결점을 발견하기 위한 과정은 다음과 같다. 첫째, 각각의 차원에서 경험되는 경험의 사이클을 발견한다. 둘째, 내적인 중요성을 가진 사건을 모은다. 셋째, 영적 징검다리를 발견하며 내적 지혜를 발견하고 대화를 한다. 넷째, 가 보지 않는 길을 새롭게 열어 간다. 다섯째, 절정경험과 깊은 감정경험, 의미를 탐험하는 과정을 탐색한다.

(2) 저널의 피드백 방법

기록한 저널에 대해 어떻게 피드백을 하느냐는 중요하다. 피드백은 각 차원의 내용들을 연결시킬 뿐 아니라 내적 경험들을 좀 더 넓은 차원으로 드러낼 수 있게 한다. 피드백의 방법은 융의 이론에 근거하여 무의식을 포함하는 '정신의 전체성'의 관점을 기초로 한다. 피드백의 과정은 자신의 정신세계가 확장되는 경험을 하게 되고 이런 경험들이 누적되면서 강한 삶에 대한 강한 탄력성이 일어나게 된다. 즉, 자신의 삶에 대해 자발적이고 주체적인 삶을 살수 있는 힘을 가지게 되는 것이다. 융이 표현한 진정한 자기를 실현할 수 있는 '개성화의 과정'이 이루어진다.

피드백의 주요한 원리는 다음과 같다. 첫째, 저널의 과정에 대한 정확한 답을 주기 위한 것이 아니다. 피드백은 자신 스스로 통찰을 돕기 위하여 안내하는 과정으로서 활용된다. 둘째, 질문을 통해서 활용된다. 셋째, 무의식의 탐색을 위해서 자신이 발견한 것이 무엇인지를 중심으로 질문하고 이를 나눈다. 넷째, 무의식적 탐색이 자신의 심상의 변화와 오래된 습관, 패턴을 변화하기 위한 목적으로 활용된다.

5. Kathleen Adams의 저널치료

1) 이론적 배경

Adams은 Progoff의 저널치료를 바탕으로 널리 대중화시킨 사람이다. 그녀는 삶에서 경험되는 다양한 문제를 글로 표현하기 위해 글쓰기 기법을 모아 놓은 '저널 도구상자'를 제시하였다. '저널 도구상자'를 만든 기본적인 이론적 근거 또한 융의 이론에 근거한 것이다. 왜냐하면 그녀는 융의 이론에 영향을 받은 Progoff의 영향을 받았기 때문이다. 그러므로 저널치료에서 '무의식의 의식화 과정'을 중요하게 여기며 이 과정에서 인간의 전체성을 실현하고자 하였다. 그리고 무의식의 의식화를 위한 구체적인 기법들을 개발하였는데, 대표적인 기법들로 '인물묘사' '대화' '징검다리' '타임캡슐' 등이 있다. 그녀는 저널을 쓰는 목적에 대해 다음과 같이 말한다. 첫째, 당신 안의 작가를 발견한다. 둘째, 당신의 삶이 어떻게 펼쳐지는지 미래를 위해 기록을 남긴다. 셋째, 자신의 여러 다른 모습을 알아 간다. 넷째, 도움을 필요로 하는 곤궁에 처한 친구와 치료과정에서의 귀중한 치료도구로 활용된다. 다섯째, 관계의 치유가 일어난다. 여섯째, 잠재적인 무의식을 탐색한다. 일곱째, 꿈을 탐구한다. 여덟째, 당신의 꿈을 탐구할 수 있다. 아홉째, 당신 삶의 상징체계를 인지하고 직관을 발전시킨다. 열째, 창조력을 개발하고 삶의 사이클 패턴 경향성을 이해한다. 열한째, 시간과 업무 효율을 최대화한다.

Progoff가 자신의 경험을 탐색하는 데 있어 직관을 활용하는 데 매우 유용한 자유로운 글쓰기를 지향하는 반면, Adams은 좀 더 구조화되고 속도가 조절되고 억제되어 있고 손쉽게 빨리 쓸 수 있는 저널기법을 사용하였다. 대표적인 기법으로서 '클러스터' 기법에는 물리적 경계가 있으며 '5분간 전력질주' 기법에는 시간제한이 있다. Adams의 저널 기법은 일반적인 글쓰기처럼 철자 문법 등이 정확해야 하지는 않지만 구조화되어 있으며 억제되고 있고 속도의 조절이 이루어지는 기법들이다.

2) 기법: 저널 도구상자(Adams, 2006)

(1) 스프링보드
스프링보드에는 서술과 질문의 두 가지 기본이 되는 종류가 있다. 진술문으로 시작하며 사고와 사실(좌뇌)에 접근할 수 있으며, 질문으로 시작하면 탐구심과 감정을 불러일으킨다(우뇌). 스프링보드는 '빈칸 채워 넣기' 식의 서술형과 의문문으로 된 것이 있다. '지금 당장 해야 할 가장 중요한 것은?'의 질문형과 '오늘은 내 나이가 꼭 …… 살처럼 느껴진다.'의 서술형으로 나누어 기록한다.

(2) 인물묘사

인물묘사는 다른 사람과 자신을 묘사하는 것이다. 인물묘사는 누군가와 갈등관계에 있거나 누군가와 어떤 모습으로 만나게 될지 미리 생각해 보고 싶거나 더 직접적으로 자신의 다양한 부분을 알고 싶어 할 경우 매우 편리하게 사용할 수 있다. 이렇게 다른 사람을 글로 묘사하면서 자신을 투사하는 방법이다. 이는 잘 의식하지 못하고 마치 자신의 것이 아닌 것처럼 생각되는 부분을 발견해 가는 것이다.

(3) 클러스터 기법

클러스터 기법은 '마인드 맵 기법' 또는 '웹 기법'으로 불리기도 하는데, 수많은 정보들을 재빠르게 접할 수 있도록 하는 재미있는 기법이다. 이는 경영기법, 브레인스토밍, 프로젝트 경험에서 많이 사용된다. 자유롭게 떠도는 생각을 조직하고 연결시키며 한눈에 살펴볼 수 있도록 하는 기법이다.

(4) 대화

대화는 저널기법의 맥가이버의 칼과 같다고 표현되는 기법이며 이는 융통성을 가지고 있다는 의미이다. 그리고 많은 숙련된 저널치료자들이 널리 사용하는 기법이다. Progoff는 다섯 가지 유형의 대화 기법을 가르치고 있다. 즉, 사람과의 대화, 사건 상황과의 대화, 일과의 대화, 몸과의 대화, 그리고 사회와의 대화이다. Adams는 다섯 가지 영역을 포함하여 애정, 느낌과의 대화,

물건, 나의 소유물과의 대화, 저항, 방해 요소와의 대화, 내면의 지혜(신)과의
대화의 유형을 발전시켰다.

(5) 순간포착

순간포착(captured moments)은 동결된 한순간이다. 카메라의 셔터가 영원
속의 한순간을 필름에 포착하듯이 감격과 감동의 순간을 보존한다. 이 기법은
우리 안에 잠재되어 있는 창조력을 최대한 발휘하게 하고 시공간 안에서 한순
간의 광경, 냄새, 소리 그리고 감정을 세밀하게 표현하고 설명할 수 있게 한다.

(6) 100가지 목록

자신의 생각을 정리하거나 삶의 패턴을 정리하거나 문제점을 발견할 때,
또는 문제에 대한 해결책을 발견하고자 할 때 활용한다. 또한 브레인스토밍
을 할 때, 마음속을 살펴볼 때, 풍부한 정보를 수집할 때, 또는 실제로 진행된
것에 주의를 집중할 때 유용하다. 목록을 작성할 때 지침은 반복해도 논리적
이지 못해도 괜찮으며, 가능한 한 빠르게 쓰며, 완전한 문장으로 쓸 필요는
없고 그냥 적어 내려가도록 권한다.

(7) 의식의 흐름

의식의 흐름을 적어 가는 목적은 무의식과 잠재의식을 초대해서 그것을 드
러내도록 하는 데 있다. 그리고 이것을 살펴보면서 무엇을 잊고 있었는지, 무
엇을 간과했는지, 무엇을 버릴 수 있는지 등을 보는 것이다. 이것은 기법들
가운데 가장 직관적인 기법이라 할 수 있다. 단어와 문구, 노래가사, 상징, 꿈
속의 등장인물 등 어느 것이든지 시작하여 의식의 흐름을 이해할 수 있다.

(8) 징검다리

이 기법은 Progoff가 발견한 기법으로서, 징검다리는 한 개인의 인생행로

에서 중요한 행동이 있었던 시점이라고 할 수 있다. 또한 징검다리는 기쁨이나 고통, 발견이나 실패 중 어느 것에 편향되지 않는 중립적인 것이며 단지 우리가 인생의 흐름을 재구축할 때 주요한 의미를 지니는 표지와 같다고 할 수 있다. 징검다리 목록은 12~15개 정도로 제한한다. 징검다리의 첫 번째 항목은 내가 태어났다가 될 것이다. 다음으로 중요한 삶의 표지를 연대기적으로 목록화하거나 무작위순으로 세울 수 있다.

(9) 타임캡슐

타임캡슐 기법은 인생의 여러 행동들을 돌아보게 하고 그것을 하나의 일관성 있는 이야기로 구성해 주는 만능도구이다. 또한 살아 온 한 시점 속에서 그 진수를 포착한다. 그리고 1일, 1주, 1개월, 3개월 혹은 1년을 주기로 일정하게 쓸 수 있다. 일일 타임캡슐은 우리 삶의 쉼표, 마침표, 따옴표 등과 같은 역할을 한다. 월별 타임캡슐은 삶의 일과와 사건들을 월별로 기록한다. 연별 타임캡슐 저널쓰기는 개인의 역사서를 만드는 것이다. 또한 여행저널을 기록하기도 한다.

(10) 오늘의 주제

오늘의 주제는 한 번에 하나씩 옮겨 산을 옮길 수 있게 하는 저널기법이다. 이 기법은 인생의 연대기를 1개월 간격으로 유지하도록 해 준다. 빈 종이에 1부터 31까지 숫자를 적어 내려간다. 각 숫자 앞에 자신이 모니터링하고 싶은 사생활 또는 직장에서의 삶을 써 넣는다. 그리고 매일 오늘의 날짜와 일치하는 숫자의 주제를 본다. 오늘이 9일이라면 자신의 목록에서 숫자 9를 찾아 오늘의 주제를 보고 스프링보드 기법을 활용한다. 다음 달 9일에 오늘 적은 것과 동일한 주제에 관하여 적게 된다. 이때 우리는 자신의 삶의 변화과정을 살펴볼 수 있다.

(11) 보내지 않는 편지

보내지 않는 편지는 소위 3C, 즉 카타르시스(catharsis), 완성(completion) 그리고 명확성(clarity)을 위한 놀라운 저널 도구다. 이는 가장 사랑받고 또한 많이 사용되는 저널 기법 중 하나이며, 깊은 내적 정서를 표현하기 위한 훌륭한 수단이다. 또한 어떤 일을 종결짓거나 그 일에 대한 통찰력을 얻기 위해 선택할 수 있는 글쓰기 방법이다. 이 기법의 중요한 요령은 절대 보내지 않는다는 원칙을 전제로 하는 것이다.

(12) 관점의 변화

관점의 변화는 인생에서 가 보지 않았던 길의 가능성을 탐색할 수 있게 하는 저널기법이다. 이 기법은 인생에 있어서 중요한 결정을 내릴 수 있게 하며, 다른 사람을 이해하게 하고 미래의 시점에서 서서 원하는 삶을 그려 볼 수 있게 해 준다. 또한 선택하지 않는 길을 탐험하도록 허락해 주기도 한다. '만약 ~했다면' '만약 ~하지 않았다면'과 같은 생각이 계속 떠오른다면 자신이 선택하지 않은 상황을 선택했다고 가정하고 자신의 인생이 어떨 것인지 써 본다.

(13) 꿈과 심상

꿈은 무의식이 주는 선물이며 창조적이고 상상력이 풍부하며 자신의 내면의 세계를 상징적으로 가장 잘 드러내 준다. Progoff 또한 다른 일기와 구분해서 꿈들을 별도로 기록해야 함을 강조하였다. 저널에 꿈의 기록을 위한 별도의 섹션을 만들거나 또는 꿈을 기록하는 일기장을 따로 만들거나 일생 동안 꿈의 일대기를 그린 대본을 만든다. 그리고 꿈의 회상을 돕기 위해서 클러스터 기법이나 보내지 않는 편지, 순간 포착 등과 같은 기법을 활용할 수 있다.

6. James W. Pennebaker의 저널치료

1) 이론적 배경

Pennebaker는 글쓰기와 신체적 건강과의 연관성에 대해서 연구하면서 감정적 글쓰기가 정신적 건강뿐 아니라 면역체계에 가장 긍정적인 영향을 미친다는 것을 발견하게 되었다. 그리고 고통스러운 사건, 즉 고통스러운 사건을 경험하여 트라우마를 경험한 사람들의 치료를 위한 '감정적 글쓰기'를 확산시켰다. 그가 쓴 『글쓰기 치료』(2007)라는 책은 감정적 격변을 치료하도록 돕는 글쓰기치료 지도서라고 일컬어지며, 심리적 외상이나 각종 격심한 감정변화를 견디며 살아가는 모든 사람을 위한 책이라고 불린다.

Pennebaker(2007)는 감정적 글쓰기가 치료적 효과성을 나타내기 위해 필요한 원칙을 다음과 같이 제안한다. 첫째, 자신의 감정을 감추지 않고 솔직하게 인정하는 것이다. 둘째, 일관성 있는 스토리, 즉 자신의 이야기를 구성하는 것이다. 셋째, 자신의 부정적인 관점을 긍정적으로 바꾸는 가는 것이다. 넷째, 자신의 진정한 목소리를 발견하는 것이다. 다섯째, 손으로 직접 쓰는 것이다. 그는 또한 감정적 글쓰기는 무엇을 쓸 것인지 구체적으로 제시한다. 우선 자신을 괴롭히는 감정적 격변에 관해서 글을 쓰기를 권한다. 글을 쓰는 과정에서 글이 자신을 어느 곳으로 인도하든지 믿고 따라가기를 권한다. 그러나 감정적 글쓰기에서 주의해야 할 점은 '잠자는 호랑이는 깨우지 마라.'는 표현을 하면서 자각하고 있는 고통만을 다루기를 권한다. 그는 글쓰기에 대한 구체적인 제안점을 논의하고 있는데, 우선 글을 쓰는 데 누가 더 효과적인가에 대한 답을 제시하고 있다. 글쓰기는 문화, 계층, 언어를 뛰어넘어 모든 사람에게 효과성이 나타난다고 보았다. 글쓰기를 시작하면서 많은 사람들이 묻는 질문은 과연 철자나 문법의 개념이 없는 사람이나 글을 쓰는 데 어려움을 느끼는 사람도 글쓰기가 치유적인 효과가 나타나는가 하는 질문이다. 그는 이 질문에 어떤 사람도 글쓰기는 효과가 있음을 강조하였고, 이를 수년간의 실험 연구를 통해서 증명하였다. 그러나 심리적 외상을 입을 사람은 외상 발견 이후 1~3주 이내에는 심리적으로 가장 힘든 상태이기 때문에 글을 쓰는 것에 어려움이 있다고 보았다. 그리고 어린 시절 처벌받은 경험을 가지고 있는 사람들은 글을 쓰는 데 있어 글을 쓰는 과정에 적응 기간이 필요함을 강조하였다. 그리고 연구를 통해 여성보다 자신의 감정을 직접적으로 어려움을 느끼는 남성에게, 그리고 적대적이고 공격적이고 자기감정을 방치해 둔 사람들에게 글을 쓰는 것이 아주 유용하다고 하였다. 그리고 글쓰기의 효과는 성격상 미묘한 차이가 나타날 수 있다고 하였다. 심리적 외상의 치유를 위해서 얼마나 글을 써야 하는가의 질문에 대하여 적어도 4일간 적어도 20분씩, 그 이후는 4주 동안 한 주에 한 번 글을 쓰기를 권한다. 그리고 점진적으로 필요할 때 글을 쓰기를 권하고 있다.

2) 기법

우선 매일 최소 20분씩 4일간 자신의 깊은 상처에 대해서 글쓰기를 시작한다. 그리고 4일 내내 같은 주제 또는 다른 주제에 대해 쓰든 상관없다. 무엇보다 멈추지 말고 계속 쓰는 것이 중요하다. 매번 다른 관점에서 쓰는데, 1인칭을 3인칭으로 표현할 수도 있고 또 3인칭을 1인칭으로 표현해 볼 수 있다. 이 글을 어떤 사람에게도 보여 주지 않는 글이라는 생각을 가지고 글을 써 내려간다.

① 첫째 날: 자신의 삶에 있어서 현재까지 가장 큰 영향을 준 사건과 감정에 대해서 쓴다. 그 사건에 대해서 구체적으로 기술할 뿐 아니라 그 사건이 어떻게 자신의 삶과 관계, 감정에 영향을 주었는지에 대해서 구체

적으로 쓴다. 그리고 무엇보다 글은 아무에게도 보여 주지 않을 글이라는 관점을 유지해야 한다. 단순히 그 사건 자체에 대해서 구체적으로, 그 사건 경험할 당시의 감정, 그리고 지금 그 사건에 대해 자신이 경험하며 느끼는 감정에 대해서 쓴다.

② 둘째 날: 어제 경험하였던 그 사건이 자신의 삶의 모든 영역, 즉 가족, 친구, 인간관계, 자존감, 타인의 눈에 비친 자신의 모습, 일과 성취뿐 아니라 자신의 과거 기억에 어떠한 영향 등에 대하여 쓴다. 그리고 그 사건에 대해서 자신이 스스로 지각할 때 어떠한 책임이 있다면 그것에 대해서 쓴다.

③ 셋째 날: 지난 이틀간 썼던 내용을 반복하지 않는다. 현재의 감정을 중요시하며 그 사건에 대한 자신의 감정에 대해 쓰면서 지금 무엇을 느끼는지 또 무엇을 생각하는지 쓴다. 또한 그 사건이 현재의 자신의 삶과 모습을 어떻게 다르게 바꾸어 놓았는지 쓴다. 그리고 같은 사건에 대해서 쓰지만 자신의 또 다른 관점으로 사건을 바라보면서 쓴다. 즉, 어제까지는 자신이 그 사건으로 돌아가서 보고 느낀 것이 무엇인지 알아 가는 과정이라면, 셋째 날은 과거의 그 사건을 멀리 떨어진 지금 현재 여기서 보고 느낀 것을 쓴다.

④ 넷째 날: 셋째 날까지 쓴 것을 읽어 내려가면서 이 때까지 자신이 써 놓았던 사건과 자신의 느낌과 생각에 대해 곰곰이 생각해 보는 시간을 갖는다. 그리고 자신이 쓴 글을 읽으면서 드는 감정과 생각을 쓴다. 자신이 경험한 사건을 통해 자신의 삶에서 무엇을 얻었고 무엇을 잃었고 무엇을 배웠는지 쓴다. 무엇보다 경험하였던 어렵고 힘든 기억들을 통해 자신의 앞으로 미래의 삶에 어떻게 영향을 미치는지 쓴다. 이를 위해 앞으로 자신은 어떤 생각을 하고 어떤 행동으로 변화될 것인지, 또 앞으로 이러한 경험이 자신에게 어떠한 의미를 갖게 될 것인지 쓴다.

7. 기독상담학적 제언

1) 전인 건강을 위한 저널치료

저널치료의 효과성은 국내외의 학자들을 통해서 입증되고 있다. 우선 Adams는 저널치료의 효과성을 다음과 같이 제시하고 있다. 첫째, 과거의 상처나 어린 시절의 자신의 심리적 외상 및 상실과 슬픔의 극복, 둘째, 감정 및 관계의 치유, 셋째, 잠재의식과의 만남을 통한 자아 이해와 개발, 넷째, 삶의 상징성을 감지하는 능력을 통한 직관 개발, 다섯째, 삶 속에 직면하는 다양한 문제에 대처할 수 있는 힘을 키움, 여섯째, 시간의 효율적 사용과 업무 능력의 향상, 일곱 번째, 잠재된 창조성 개발이다. 또한 Pennebaker는 신체적 건강을 회복할 뿐 아니라 자신의 고통을 뛰어넘고 자신의 잠재적 창조성을 발견하여 이를 개발할 뿐 아니라 현실적 문제에 적극적으로 대처할 수 있는 힘을 기르는 데 큰 효과성이 있음을 강조하였다.

이런 관점에서 볼 때 저널치료는 기독상담학자인 클라인벨(Clinebell, 1995)의 제시한 전인건강과 유사성을 갖고 있다. 그는 전인건강의 영역에 대해 7가지 영역에 관해 설명한다. 즉, 영성을 중심으로 하여 몸, 마음, 놀이, 관계, 사회, 자연의 영역이며, 이러한 각각의 영역이 분리될 수 없고 상호연관성을 가지고 있음도 강조한다. 전인건강을 이루는 7가지 영역을 Progoff는 저널 집중 워크숍에서 다룬 네 가지 차원 안에 포함시켜 자신을 탐색할 수 있도록 돕는다. 특히 Dialogue 차원에서 다루는 사람들과의 대화, 일과의 대화, 신체와의 대화, 사건 · 상황 · 환경과의 대화, 사회와의 대화의 과정은 전인건강을 위한 7가지 영역과 일맥상통한다. 그리고 마음의 영역은 Depth 차원에서, 영성의 영역은 Meaning 차원에서 깊은 탐색과 통찰이 이루어지도록 돕는다. 클라인벨은 전인성이란 상처나 고통이 없는 상태가 아니라 상처와 고통을 다루기 위해서 끊임없이 무엇인가를 선택할 수 있다고 보는 희망적 관점을 강조하였고, 그의 중심 메시지 또한 희망이다. 인간은 삶에서 겪게 되는 심리적 외상, 상실, 위기, 실패에도 불구하고 전인성을 향하여 끊임없이 성장해 간다. 이는 전인적 해방-성장 모델을 통해서 잘 설명하고 있다. 또한 그러므로 저널치료는 클라인벨의 기독상담의 목표와 같이 전인건강을 이루고 해방과 성장의 목표를 이루는 과정이라고 할 수 있다. 또한 저널치료의 글쓰기의 과정은 '전인성을 이루어 가는 여정'이라고 명명할 수 있다.

2) 여성을 위한 저널치료

전인건강 중심의 성장상담이 저널치료와 연관성을 가지고 있는 것처럼, 여성주의 상담 또한 저널치료와 연관성을 가진다. 여성주의 기독상담의 대표 중 한 명인 Neuger(2002)는 전통 기독상담에서 간과해 온 개인의 변화뿐 아니라 문화의 변혁을 강조하면서, 여성의 낮은 자존감이나 심리적 고통의 뿌리는 차별의 문화로부터 출발한다고 보았다. 특히 가부장적인 문화적 관습에 놓인 여성의 억압과 고통의 경험을 이해하는 데 관심을 두었다. 가부장적 문화가 산출한 여성에 대한 가치 절하, 경제적, 역할의 차별적 대우, 여성 몸의 대상화 같은 경험에 관심을 가졌다. 그러므로 상담자의 역할은 내담자의 문제를 직접적으로 치료하는 데 초점을 맞추기보다 내담자 자신이 자신의 이야기를 발견하고 자신을 진심으로 믿는 내적 힘을 키워 가부장적 문화에 직접 직면하여 항거하도록 돕는 것으로 보았다. 이것은 여성을 치료하는 차원이라기보다는 여성에게 힘을 실어 주는 차원이라고 할 수 있다.

Neuger의 여성주의 상담의 구체적인 방법은 첫째, 여성의 자신의 목소리를 찾게 하는 것이다. 가부장적인 문화 아래서 경험되는 여성에 대한 편견과 가치 절하를 경험하는 여성에게 자신의 진정한 목소리 되찾게 하는 과정이다. 둘째, 여성이 자신이 처한 현실을 명확히 인식하는 과정으로서, 자신이 경험하는 현실은 문화 안에서 지배력을 가진 사람들과 집단에 의해서 만들어진 것임을 분명하게 인식하게 하는 것이다. 셋째, 이야기 치료의 주요한 과정이기도 한 자신의 이야기를 선택하고 재구성하는 과정이다. 이는 자신의 목소리를 분명히 인식할 뿐 아니라 자신이 책임감이 있게 새로운 이야기를 만들 수 있도록 선택하는 것이다. 넷째, 공동체의 지원이 이루어지도록 하는 것이다. 혼자의 힘으로 거대 문화의 담론을 맞설 수 없는 여성을 위해 두려움 없이 대안적 이야기를 펼칠 수 있도록 지지해 주는 공동체를 형성하는 것이다.

여성주의 상담의 구체적인 방법들은 저널치료의 방법 및 효과성과 연관성을 가진다. 이는 다양한 연구를 통해서도 알 수 있다. 박경희(2006)와 김인숙(2007)은 저널치료가 가족 폭력 피해자의 치료 및 중년 여성의 우울증 치료, 즉 문화와 환경적 요인으로 인해 심리적 외상을 경험하는 여성에게 큰 도움이 된다고 보고하고 있다. 즉, 심리적 외상을 경험한 여성에게 폭력과 우울을 만드는 문화적 힘을 인식하고 이에 저항할 수 있는 힘을 가지게 하였다. 또한 성인 여성들을 중심으로 연구한 공진영(2012)은 저널치료를 통해 성인여성의 자아탄력성과 감사, 그리고 긍정적 정서에 초점을 둔 주관적 안녕감이 의미 있게 향상되었음을 보고하고 있다. 자아탄력성은 '긍정적인 자신에 대한 인식을 나타내는 변수로 자신이 처한 어려운 상황이나 불확실한 조건하에서 자신의 통제 수준을 조절하고 역경에 성공적으로 대처하는 능력'이라고 정의할 수 있다. 이처럼 저널치료의 경험은 여성에게 자신이 처한 환경적·문화적 위기를 뛰어넘을 수 있는 힘을 제공해 주고 있음을 알 수 있다. 공진영(2012)은 우리나라의 성인여성들은 억압적인 문화적 상황으로 인해 자신의 진정한 목소리를 찾지 못할 뿐 아니라 표현하지 못하고 있다고 보았다. 그리고 이러한 가부장적 한국 문화 속에 있는 여성에게 저널치료는 자신의 목소리를 찾을 수 있는 치료적 방법임을 밝히고 있다. 특히 저널치료의 방법 중 하나인 자신과 사회와 문화와의 대화를 통해 여성은 자신의 문제에서 벗어나 자신을 지배한 문화적 힘을 인식하고 이를 벗어날 수 힘을 가지게 된다. 또한 저널치료에 참석하는 여성들은 글쓰기의 내용을 함께 나누면서 지지적 공동체로서 커다란 역할을 하게 된다. 저널쓰기의 함께 공유하는 지지적 힘은 여성이 차별, 편견의 지배적 담론에 대하여 저항할 수 있는 강력한 힘으로 작용한다.

3) 목회적 돌봄을 위한 저널치료

목회자와 목회적 환경으로 인해 제한된 목회적 돌봄을 위해 간단하면서도 쉽게 활용할 수 있는 저널치료는 목회 현장에서 적극적으로 활용할 수 있는 도구이다. 저널치료는 목회적 돌봄을 위해 다음과 같이 활용할 수 있다.

(1) 영적 돌봄

저널치료의 형식인 자기 반성적·감정적 글쓰기는 기독교 역사 가운데 영적 돌봄을 위한 귀중한 도구였다. 우선 성경은 감정적 글쓰기를 통한 영적 돌봄의 좋은 예들이 나타난다. 우선 시편의 22, 42,72, 150편 등은 감정적 글쓰기의 좋은 예이다(박노권, 2010). 시편에서 저자는 다양한 심리적 경험뿐 아니라 직접적이고 세밀한 감정을 적나라하게 표현하고 있다. 원망, 슬픔, 분노, 적대감, 후회 등의 감정을 그대로 드러낸다. 이러한 감정적 글쓰기는 저자의 고통을 점차 완화시킬 뿐 아니라 새롭게 하나님을 기대하고 만날 수 있는 자원으로 활용되고 있음을 알 수 있다. 바울의 서신서 또한 자기 반성적 글쓰기를 통해 다양한 감정과 하나님의 도우심과 영적 돌봄의 과정을 생생하게 묘사한다. 성경의 기록 외에 자기 반성적 글쓰기의 대표적인 예는 아우구스티누스의『고백록』이다. '고백록'은 지나간 과거를 회상하면서 쓴 자기 고백적 회고록이므로 자신의 죄를 언어로 표현하고 그때 느낀 감정을 상세하게 기록하는 특징이 있다. 이러한 죄에 대한 반성적 글쓰기는 영적 통찰과 영적 성장을 이룰 수 있는 좋은 도구다. 뿐만 아니라 수많은 성자들과 영성가들은 자신의 영적 경험을 고백적으로 서술한 '영적 일기'를 영적 돌봄을 위한 좋은 도구로 활용하였다.

또한 유기성(2016)은 전교인을 영적으로 성장하기 위한 도구로 '영성 일기'를 강조한다. '영성 일기'의 실천을 통해 교회의 부흥을 경험하였다고 하는 그는 날마다 영적 경험을 기록하는 것은 하나님의 동행하심을 경험하는 과정이고 자신을 영적으로 성장시키는 가장 좋은 과정임을 강조한다. 또한 교회의 제자 훈련 가운데 널리 활용된 'QT 훈련 및 쓰기'가 대표적인 저널형식의 글쓰기이다. 이는 말씀을 근거로 자신의 반응을 기록하는 형식이기 때문에 영적 돌봄을 위한 좋은 글쓰기의 예라고 할 수 있다. 그러므로 자신과 교회 공동체의 영적 돌봄의 도구로서 저널치료에 근거한 글쓰기를 다양하게 활용할 필요성이 있다.

(2) 다양한 대상별 돌봄의 활용

저널치료는 간단하면서도 어디서나 실행할 수 있는 장점이 있기 때문에 교회의 다양한 대상을 위한 돌봄의 도구로 활용될 수 있다.

① 아동의 돌봄

초등학생을 대상으로 저널쓰기가 학교적응에 미치는 영향에 대하여 연구한 김민지와 여태철(2016)은 저널도구를 일기쓰기에 생활화할 수 있도록 적용하여 연구를 진행하였다. 이를 통해 학생들은 자아개념에 부정적인 영향을 미친 것을 발견하게 되어 그 영향력을 감소시켰으며 자아개념이 긍정적인 변화되는 효과가 나타났다. 또한 자신의 저널쓰기에 대한 교우들의 긍정적 피드백을 통해 교우 관계가 개선되고, 자신감이 향상되었으며, 학교적응에도 도움을 줄 수 있다고 보고하고 있다. 또한 김호정(2009)은 일기 형식의 저널쓰기는 초등학생의 도덕성 중 자아개념과 자아존중감 발달 향상에 큰 효과가 있음을 보고하고 있다. 이에 그는 현대를 살아가는 아동들에게 마음의 공허함이나 황폐함을 벗어나 도덕성을 향상시키기 위한 자기 반성적 글쓰기를 할 수 있는 환경이 갖추어져야 하며, 이를 위해 가정과 학교에서 저널쓰기 활동을 체계적으로 운영하도록 적극적으로 권한다. 이와 같이 아동을 대상으로 하는 저널치료는 도덕성 향상뿐 아니라 자아개념 향상, 교우 관계 개선, 학교 적응에 큰 도움이 된다. 그러므로 교회의 현장에서도 아동을 위한 저널치료 프로그램이 적극적으로 개발되고 적용될 필요가 있다. 기독교적 관점에서 개발된 저널치료 프로그램은 아동의 목회적 돌봄에 큰 유익이 있을 것이다.

② 청소년의 돌봄

청소년을 대상으로 한 연구에서 김현숙(2000)은 저널쓰기를 통해 내향적 청소년의 자아개념을 높일 수 있다고 하였으며, 서미정(2002)은 집단 따돌림을 경험한 중학생의 부정적 정서가 감소되는 데 효과가 나타났다고 하였다. 김교헌과 태관식(2001)은 글쓰기를 통한 감정적 노출과 자기 노출은 청소년의 컴퓨터 중독 치료에 효과가 높게 나타났음을 보고하고 있다. 이는 청소년을 위한 돌봄의 도구로서 저널치료가 다양하게 활용되어야 함을 시사하고 있다. 그러므로 입시 경쟁과 치열한 교육열로 지쳐 있는 청소년의 심리적 치유를 위해 교회 학교를 중심으로 저널쓰기에 관한 다양한 프로그램이 마련되어 실천되어야 한다. 뿐만 아니라 기독교적 관점에 근거한 정체성이 확립될 수 있도록 다양한 청소년 저널치료 프로그램이 개발되고 적용될 필요가 있다.

③ 노인의 돌봄

노인을 대상으로 한 저널치료는 노인의 정서, 자기이해에 긍정적 효과가 나타날 뿐 아니라 육체 건강과 정신건강에 도움이 된다고 보고하고 있다(박보선, 2011). 특히 노인의 '자서전적 글쓰기'는 자신의 과거를 회상하면서 치유적 경험을 할 뿐 아니라 그 가운데 새로운 의미를 발견하고 노년의 삶을 건강하게 보낼 수 있는 자원이 되고 있다. 질병으로 인해 신체적·정신적 어려움을 겪게 되는 노인의 저널쓰기는 노인의 영적·정신적·신체적으로 큰 도움이 될 것이다. 또한 노인의 삶의 의미를 분명히 하고 건강한 노후를 보낼 수 있는 좋은 치료적 자원이 될 것이다. 한국교회의 많은 비율을 차지하는 노인을 위한 돌봄을 위해서 적극적으로 저널치료를 활용할 필요가 있다.

8. 나오는 말

저널치료는 다양한 대상과 영역에서 활용할 수 있을 뿐 아니라 기독상담적 논의를 통해 다양한 적용이 필요한 치료적 과정이다. 저널치료는 자신을 발견하는 과정이며, 정신의 대극의 합일을 이루게 하여 정신의 전체성을 이루어가는 과정이다. 또한 자기실현인 개성화를 이루어 가는 치료적 과정이다. 저널치료는 심리적 외상을 극복할 수 있게 할 뿐 아니라 신체적 건강을 증진시키는 데 많은 도움을 준다. 관계의 회복을 가져다줄 뿐 아니라 자신의 잠재력을 개발하여 실천할 수 있는 치료적 도구이기도 하다. 무엇보다 영성의 개발과 성장에 커다란 도움을 준다. 이에 저널치료를 전반적으로 살펴보기 위해 주요한 학자들의 이론과 기법을 소개하였다. 그리고 기독상담학적 관점으로 적용점을 제안하였다. 기독상담학적 제언은 다음과 같다.

첫째, 클라인벨의 전인건강을 이루기 위해 저널치료가 적극적으로 활용되어야 한다. 앞서 저널치료의 효과성에서도 보았듯이, 저널치료는 심리적 건강뿐 아니라 영적·정신적·신체적·관계적 성장을 위한 치료적 도구이다. 그러므로 저널치료는 해방과 성장을 목표로 하여 전인 건강을 이루기 위해 다양한 영역에서 활용될 필요가 있다.

둘째, 저널치료는 우리나라의 상황에서 자신의 목소리를 찾지 못하고 편견과 차별을 경험하는 여성을 위한 돌봄의 도구로서 적극적으로 활용될 필요가 있다. 저널치료는 가정폭력이나 성폭력, 성추행 등의 다양한 심리적 외상을 경험하는 여성에게 심리적 외상을 극복하고 자신의 목소리를 찾을 수 있는 치료적 과정이다. 즉, 저널치료는 가부장적 문화 속에서 억압된 여성이 진정한 자신과의 만남, 지지적 공동체와의 만남, 문화적 힘을 극복할 수 있는 치료적 과정이다.

셋째, 저널치료는 목회적 돌봄의 관점에서 다양한 대상을 위한 치료적 과정이다. 즉, 저널치료의 경험은 아동, 청소년, 청년, 중장년, 노인을 위한 돌봄의 과정이다. 그러므로 저널치료의 적극적 활용을 위해 교회학교를 중심으로 한 다양한 저널치료의 프로그램의 개발이 필요하다. 또한 자기 정체성을 확립해야 하는 청소년과 대학생을 위한 다양한 저널치료의 프로그램 개발과 적용이 필요하다. 감정적 격변을 겪는 청소년에게는 '감정적 글쓰기'를 통해 자신의 감정을 이해하고 표현할 수 있는 기회가 필요할 것이다. 또한 '감정적 글쓰기'는 폭력이나 중독으로 인한 병리적 현상을 나타내는 청소년에게 치유적 경험을 통한 회복의 기회가 될 것이다. 대학생과 청년에게는 정체성을 확립하기 위한 다양한 글쓰기 프로그램이 필요하다. 이 시기는 이성교제를 적극적으로 시도하고 결혼이나 직장을 준비해야 하는 인생 주기에 놓여 있기 때문에 이를 준비할 수 있는 글쓰기 프로그램들이 다양하게 적용될 수 있다. 또한 교회의 중년 여성 및 남성, 즉 여전도회와 남전도회의 프로그램 가운데 저널치료를 활용한 다양한 프로그램이 개발될 필요성이 있다. 중년기에는 자아를 발견하고 정신의 전체성을 이루기 위한 다양한 시도뿐 아니라 중년의 성숙성을 이루기 위한 다양한 글쓰기 과정이 필요하다. 또한 노년기를 맞이하는 장년부의 프로그램 중 '자서전 쓰기'나 '감정적 글쓰기'는 건강한 노후를 준비하는 데 많은 도움이 될 것이다. 이와 같이 목회적 돌봄의 실천을 위해 다양한 대상들에게 맞는 저널치료의 프로그램 개발은 더욱더 폭넓게 이루어져야 할 과제이다. 또한 기독상담학적 관점을 바탕으로 한 저널치

료의 연구가 미약하기 때문에 다양한 기독상담학적 저널치료 연구들이 지속
적으로 진행되어야 할 필요가 있다.

참고문헌

강은주 (2005). 글쓰기치료에 관한 이론적 고찰. **총신대논총**, 25(3), 48-88.

공진영 (2012). 저널치료가 성인 여성의 감사와 탄력성 및 주관적 안녕감에 미치는 효
　　과. 한국외국어대학교 대학원 석사학위논문.

김교헌, 태관식 (2001). 자기노출이 청소년의 컴퓨터 중독개선에 미치는 효과. 한국심
　　리학회지: 건강, 6(1), 177-194.

김민지, 여태철 (2016). 긍정적 피드백을 활용한 감사일기 쓰기가 초등학생의 자아존
　　중감 및 학습동기에 미치는 영향. 초등상담연구, 15(2), 165-182.

김인숙 (2007). 그룹 자서전 쓰기 프로그램이 중년여성 우울증 치료에 미치는 영향.
　　가톨릭대학교 대학교 석사학위논문.

김호정 (2009). 저널쓰기를 활용한 초등학생의 도덕성 발달 향상 방안: 자아존중감과
　　자아정체감 중심으로. 경인교육대학교 대학원 석사학위논문.

김현숙 (2000). 글쓰기 치료가 내향성 청소년들의 자아개념에 미치는 영향. 계명대학
　　교 대학원 석사학위논문.

박경희 (2006). 외상경험글쓰기의 치료적 효과와 기제: 가정폭력피해여성을 중심으
　　로. 서울대학교 대학원 박사학위논문.

박노권 (2010). 영성훈련으로서 영적 일기 작성의 효과. 신학과 현장, 20(4), 87-108.

박보선 (2011). 노인 자서전쓰기: 노령사회를 대비한 노령목회의 대안. 목회와 상담, 17,
　　354-383.

배영주 (2012). 전문가 교육에서 ‘저널쓰기’ 활용에 관한 질적 사례 연구. 한국성인교육
　　학회, 15(2), 151-174.

배진옥 (2007). 예비유아교사를 위한 저널쓰기 멘토링 프로그램의 개발과 효과검증.
　　동아대학교 대학원 박사학위논문.

서미정 (2002). 중학생의 집단따돌림 경험에 대한 문제 해결적 글쓰기 프로그램과 고
　　백적 글쓰기 프로그램의 효과 비교. 전남대학교 대학원 석사학위논문.

석은조 (2006). 저널쓰기가 예비유아교사의 반성적 사고 자기조절학습 및 자기효능감에 미치는 효과. 대구대학교 대학원 박사학위논문.

유기성 (2016). **영성일기**. 서울: 규장.

윤정하 (2014). 저널쓰기가 초등학생의 자아존중감과 주관적 안녕감에 미치는 영향. 서울교육대학교 대학원 석사학위논문.

이봉희 (2007). 저널치료: 새로운 일기쓰기. **한국국어교육학회**, 77(28), 235-264.

이우진 (2016). 미술치료 전공자의 저널쓰기 체험의 의미. 동국대학교 대학원 석사학위논문.

조휘순 (2014). 자성적 글쓰기기가 활용된 모래놀이상담에서의 유아교사 개성화 과정에 관한 질적 연구. 한국상담대학원대학교 박사학위논문.

차미숙 (2010). 저널치료를 통한 자아발견. 경기대학교 대학원 석사학위논문.

황진화 (2015). 자아 성찰적 글쓰기 교육 연구: 중학교 〈쓰기〉 영역의 교과서 분석을 중심으로. 이화여자대학교 대학원 석사학위논문.

Adams, K. (2006). **저널치료** (강은주, 이봉희 역). 서울: 학지사. (원저 2004년 출판).

Adams, K. (2006). **저널치료의 실제** (강은주, 이봉희, 이영식 역). 서울: 학지사. (원저 2004년 출판).

Clinbell, H. (1995). **전인건강** (이종현, 오성춘 역). 서울: 성장상담연구소. (원저 1992년 출판).

Gille B., & Stepphanie, H. (2012). **글쓰기 치료** (김춘경, 이정희 역). 서울: 학지사. (원저 2007년 출판).

Gleason, W. (1993). Mental disorders in battered women: An empirical study, *Journal of Personality and Social Psychology, 8*(3), 53-68.

Greenberg, M. A. A., & Wortman, C. B. (1996). Health psychological effects of emotional disclosure: A test of the inhibition-confrontation approach. *Journal of Personality and Social Psychology, 71*, 585-602.

King, L. A. (2001). The health benefits of writing about goals. *Personality and Social Psychology Bulletin, 27*, 798-807.

Neuger, C. C. (2002). Feminist Pastoral Theology and Pastoral Counseling: A work in progress. *Journal of Pastoral Theology, 2*(2), 35-57.

Pennebaker, J. W. (2007). 글쓰기치료 (이봉희 역). 서울: 학지사. (원저. 2004년 출판).

Pennebaker, J. W. (1995). The acute effects emotional regulation. Emotional regulation in Health. *Symposium conducted at the American Psychological Society Annual Convention in New York, July.*

Progoff, I. (1975). *At a Journal Workshop.* Los Angels: J. P. Tarcher.

제3부

분석심리학과 놀이

놀이치료

선우현

(명지대학교 아동심리치료학과 교수)

1. 놀이이론

인간은 엄마와의 눈맞춤을 시작으로 놀이를 시작하게 된다. 아직 자신이 인지한 정서를 표출할 심리기제가 발달하지 않은 아기는 놀이나 놀잇감을 통해 감정을 상징적 표현으로 발달시켜 나간다. 놀이는 일상에서의 경험을 표현하고 대상에 대한 도덕적·감정적 가치를 표현하는 중요한 수단이 된다. 따라서 놀이는 아동에게 가장 자연스러운 의사전달 수단의 역할을 하게 된다. 놀이는 인간 삶의 바탕이며 성장에 필수적 요소다(Brown, 2010; Slade, 1995). Freud는 놀이의 중요성을 언급하면서 상상의 세계와 현실세계의 연결 다리로 놀이와 놀이의 창의적 역량은 아동에게 바깥세계를 탐색하게 하며 도전하고 주변으로 다가갈 기회를 제공한다고 강조하였다.

놀이를 아동과의 정신분석에 도입한 Anna Freud(1937)는 놀이는 아동이 자신을 가장 잘 표현할 수 있는 매개체로 타인과 정서적 관계를 맺을 수 있도록 돕는다고 보았다. Anna Freud와 함께 아동정신분석을 발전시킨 Klein(1932)은 놀이를 아동의 무의식적 경험을 들여다볼 수 있는 통로로 보았다.

Bowlby(1953)는 가족치료에서 놀이의 상징적 기능과 사회적 발달을 언급하였으며, 가족 안에서 아동은 제한된 사회 속에서 자신의 놀이를 표현하도록 격려받으며 놀이를 통해 상징적 방식으로 새로운 세계를 만들고 재구성한다고 말하였다.

Piaget(1962)는 놀이가 제공해 주는 상징적 기능이 중요하다고 하였으며, 사회화와 타인과의 관계를 발달시키는 데 놀이가 기여한다고 보았다.

Erikson(1963)은 놀이를 자아의 기능이며 자신 안에서 신체적·사회적 과정들을 동기화하려는 시도로 보았다. 놀이를 하는 아동은 숙달된 놀이를 통해 앞으로 전진한다고 언급하였다.

Winnicott(1971)도 발달이라는 관점에서의 놀이에 초점을 맞춘다. 놀이가 타인에 관한 자신의 성장을 용이하게 해 준다고 주장하였다. 특히 유아는 엄마와 함께하는 관계 속에서 놀이를 한다고 보았으며, 모자관계에서 유래된 유대관계를 맺는 능력은 놀이과정을 통해서 비롯되었으며, 놀이라는 것은 성장을 하도록 도우며 집단과의 관계를 이끈다고 정리하였다.

Lieberman과 그의 동료들(2008)은 생활주기의 모든 관계에서 놀이가 중요한 기능을 한다고 보았다. 특히 부모와 아동이 함께 놀이에 참여하는 것에서 공감적 친밀감에 영향을 미치며, 이는 또래 간의 관계에서 또래와의 연합에 도움을 준다고 보았다.

이처럼 아동에게 있어 놀이는 억제되고 부정되어 무시되었던 것들을 안전하고 흥미로운 가상세계에서 느낄 수 있는 재미를 경험할 수 있는 기회를 제공한다. 상상놀이나 가상놀이를 표현의 수단으로 사용하는 것은 강한 정서를 다루면서 정서를 인지와 통합하도록 돕고 동시에 정서를 조절할 수 있는 기회를 제공해 준다. 따라서 놀이는 정보를 조직화할 수 있고 다양한 사고를 즐겁게 할 수 있도록 판타지와 상징들을 촉진하는 역할을 하므로 아동뿐 아니라 부모 역시 강한 정서수준에 직면했을 때 놀이의 창의적 과정을 통해 안전하게 참여할 수 있다는 장점이 있다.

2. 놀이의 치료적 요인

놀이의 속성 중 즐거움과 재미라는 긍정적 정서, 내적 동기에 의한 자발성, 행위의 결과에 집착하지 않아도 되는 자유로움, 상징화나 은유와 같은 비사실성, 새로움을 추구할 수 있는 창조적 자유 등 심리치료적 관계를 형성시켜 주고, 치료 효과를 증진시킬 수 있는 중요한 요소라 할 수 있다(Pellegrini & Galda, 1994; Schaefer & Cangelosi, 1993).

이러한 놀이의 속성과 특징적 요소들이 어떻게 심리치료적 효과를 증진시킬 수 있는가에 대해 살펴보면 다음과 같다.

첫째, 상담과정에서 치료적 관계를 형성하는 일은 무엇보다도 중요하고 우선되어야 한다. 아동이 자신의 의지로 심리치료나 상담을 받으러 오는 일은 거의 없기 때문에 놀이는 상담에 대한 저항을 극복하고 치료적 관계를 맺게 하는 데 매우 중요하다. 놀이라고 하는 매체는 무의식적으로 심리치료에 동의하고 적극적으로 참여하게 만드는 계기를 제공하게 된다(Bow, 1993). 놀이는 아동에게 흥미로우며 즐겁고 자연스러운 행동이기 때문에 자연스럽게 내담 아동과 치료적 신뢰관계를 형성하도록 도우며, 아동은 치료에 더 쉽게 참여하게 된다.

둘째, 아동은 자신의 감정, 욕구 및 생각 등을 말로 전달하는 데 미숙하다. 그러나 아동은 이미지와 정서로 채워진 놀이를 통해 본능적 또는 억압되어 있는 욕구를 자연스럽고 안전하게 표출할 수 있는 의사소통이 가능하다. 놀이를 통해 아동은 자신이 완전히 인식하지 못하는 생각, 감정 및 갈등을 나타낸다. 따라서 놀이는 아동의 보이지 않는 내적인 세계에 대해 관찰할 수 있는 기회와 자료를 제공해 줄 수 있다(Schaefer, 1993).

셋째, 심리치료의 중요한 목적의 하나는 내담자의 손상된 자아개념을 긍정적인 방향으로 증진시켜 주는 일이다. 놀이는 자기 동기화된 활동으로 아동이 자신의 환경을 탐색하고 성취감을 구축하려는 내적 욕구를 자연스럽게 충족시켜 주기 때문에 아동의 손상된 자아를 회복시키는 데 중요한 역할을 한다. 아동은 놀이 속에서 성취 경험을 갖게 되며, 이는 아동의 손상된 자아를 스스로 치유하고 자신을 존중하는 마음을 고양시키게 된다(김광웅 외, 2004).

넷째, 카타르시스는 핵심적 치료적 요소이다(Greencavage & Norcross, 1990). 아동에게 있어서 놀이는 자연스럽게 카타르시스 기능을 수행한다. 억압되었던 분노, 슬픔, 불만 등의 감정이 놀이 속에서 아주 쉽게 표현되며, 완화된다. 특히 놀이를 통해 아동은 자신이 수동적으로 경험한 외상적 사건이나 스트레스를 겪은 사건을 무의식적으로 표현하고, 이를 정서적으로 극복하기 위한 시도를 하게 된다. 또한 놀이를 통해 이러한 아픈 경험들을 재현하고 이를 스스로 극복할 수 있는 통로가 된다.

다섯째, 놀이는 아동이 현실에서 충족시키지 못하거나 좌절된 욕구를 놀이 속에서 상상놀이와 판타지 놀이를 통해 건강한 방식으로 충족하도록 돕는다. 이때 아동은 자아감을 증진시키면서 내적 통제력을 키워 치유할 수 있는 힘과 기회를 갖게 된다(Singer, 1976).

여섯째, 아동은 놀이 행동 그 자체의 즐거움과 내적 동기에 의해서 놀이하게 되며 놀이를 즐긴다. 따라서 놀이 속에서 경험하게 되는 즐거움과 재미는 아동이 겪는 불안이나 긴장, 걱정, 적대감, 지루함 등을 치유해 주게 된다.

일곱째, 놀이가 가진 속성 중 하나는 은유를 창조한다는 점이다(Frey, 1993). 놀이 속에서 만들어지는 판타지를 이야기로 재창조해 내는 놀이의 은유적 특성은 아동이 그동안 갖고 있던 비현실적 신념이나 부정적 정서를 가라앉히고, 부적절하게 해결해 왔던 문제행동을 새로운 방식으로 해결하게 되는 변화의 계기를 만들 수 있게 된다(Mills & Crowley, 1986).

3. 놀이치료의 역사

　놀이가 아동의 심리치료 방법으로 적용된 역사를 살펴보면, 아동정신분석가인 Hug-Hellmuth(1921), Melanie Klein(1932) 그리고 Anna Freud(1946)가 아동을 대상으로 놀이를 정신분석에 도입하면서 시작되었다. 이후 비엔나 정신분석학파인 A. Freud와 런던 정신분석학파인 Klein의 논쟁을 통해 1950년대 본격적으로 정신분석학적 놀이치료로 발전하였다. Hug-Hellmuth는 최초로 아동과의 정신분석에서 놀이를 도입하였으며, 놀이치료로 체계화되지는 않았으나 심리적으로 어려움을 겪고 있는 아동을 치료하는 방법으로 아동의 놀이행동을 관찰하는 최초의 임상가였다.

　A. Freud는 아동의 초자아가 아직 발달하지 않았다고 보고 아동과 분석가 간에 존재하는 감정적인 관계의 중요성을 강조하였다. 놀이가 이러한 관계 발달을 도우며 아동이 경험한 일들을 재현하거나 자기 스스로 탐구하는 자유를 느낄 것이라고 주장하였다. 놀이가 아동의 의식적인 감정과 생각에 대해 말하고 분석가와의 치료적 관계 내에서 무의식적 갈등이나 판타지를 촉진할 수 있다고 보았다. 반면에 Klein은 아동과의 관계의 발달이 아닌 아동의 불안감에 초점을 두었다. 놀이를 통한 감정의 해소와 자유연상에 놀이를 활용했다. 놀잇감을 배치하고 아동이 이것을 가지고 자신의 놀이를 자유롭게 주도하도록 하는 방식이 현대 놀이치료 방법에 사용되고 있다. 놀이가 아동의 무의식적 문제를 드러나게 하는 촉매제의 역할을 하므로 분석가는 아동이 자신의 문제를 말할 수 있도록 신뢰감이 있어야 한다고 보았다. A. Freud가 아동정신분석을 교육하던 영국의 Hamstead Clinic에서 수련을 받은 Erikson은 미국에서 주로 활동하면서 아동이 놀이를 통해 스스로 치료를 할 수 있다고

보았다(McMahon, 1992). 치료적 관계에서 드러난 놀이의 의미를 이해하는 것
이 무엇보다 중요하다고 강조하였다. Winnicott(1968)은 스퀴글 게임이라는
기법을 개발하면서 어린 아동과의 관계를 발전시키는 방법으로 구조화된 정
신분석 놀이치료의 기법을 발전시켰다.

　　Axline(1947)이 정신분석학적 바탕에 머물러 있던 놀이치료 이론을 Carl
Rogers의 내담자중심 상담이론과 접목시켜 아동중심놀이치료 이론으로 정
립하면서 놀이치료가 아동의 심리치료 방법으로 성장하게 되었다. 아동을
있는 그대로 수용하면서 치료적 관계의 중요성을 강조하였다.

　　20세기 중반 이후 놀이치료는 심리치료의 기법들에 근거하여 더욱 발전하
면서 다양한 놀이치료 이론들을 개발하였다. 대표적으로 Lowenfeld(1950,
1970)에 의해 창안된 모래상자 놀이를 Kalff(1966, 1980)가 분석심리학을 이론
적 배경으로 자기표현을 위한 모래상자를 매개체에 포함시켜 놀이치료 모델
인 모래놀이치료로 발전시켰다. 1960년대는 인지행동 놀이치료가 발달하였
다. 인지행동 놀이치료 모델은 아동의 문제행동에 초점을 두고 다양한 창의
적인 도구 및 과제들을 제시하여 치료실, 집과 학교 사이의 중간 역할을 하면
서 변화를 위한 목표달성에 강조점을 둔다.

　　Brody(1978)는 정서 및 행동문제를 보이는 아동뿐 아니라 발달장애 아동
들을 위한 적극적 놀이치료 기법을 주장하면서 직접적인 신체접촉 놀이를 포
함시켰다.

　　놀이치료사들은 부모가 아동을 수용하고 이해하며 아동의 발달에 긍정
적 영향을 줄 수 있도록 도와야 한다고 보았으며, 1960년 B. Guerney와 L.
Guermey(1964)에 의해 부모-자녀 간의 관계를 향상시키기 위한 치료방법으
로 부모놀이치료가 개발되었다. 이후 부모와 자녀 그리고 치료자가 모두 함
께 놀이 상황에 참가한 놀이치료와 가족치료를 결합시킨 절충주의적 치료방
법인 가족놀이치료가 개발되었다(Gil, 1994). 놀이치료에서 부모의 중요성이
강조되면서 아동의 문제를 가족치료 접근과 통합하여 다루고자 하는 임상적

노력이 계속되고 있다.

현재 놀이치료는 아동이 치료적 관계 속에서 놀이를 통해 자신의 어려움을 표현할 수 있는 기회를 제공해 주고자 하는 데서 출발하여 놀이활동을 주매체로 활용하여 아동이 가지고 있는 심리적 문제를 스스로 극복하고 최적의 발달을 이루도록 도와주는 심리치료의 한 형태로 계속 발전하고 있다.

4. 놀이치료의 주요 접근방법

인간은 어머니와의 상호작용 놀이부터 판타지놀이, 또래와의 역할놀이와 가장놀이를 거쳐 게임놀이에 이르기까지 연령에 따라 놀이단계를 확장하면서 발달하게 된다. 아동은 놀이활동을 통해 주변 환경을 이해하고 부모, 타인 그리고 사회적 환경과의 긴밀한 상호작용을 갖게 된다. 놀이를 통한 상호작용을 통해 아동은 어려움 없이 정보를 습득하고 그것을 활용하는 능력을 발달하게 되는 것이다.

그러나 발달초기에 어머니와의 상호작용 놀이에서부터 시작되는 놀이단계를 통해 얻게 되는 지각이나 표현반응의 능력, 타인의 정서를 받아들이는 능력, 타인과의 정서적 상호작용 능력이 제한되거나 결핍되는 경우 사회적 상호작용의 어려움으로 이어지게 된다. 더 나아가 자발적 사회적 접근이 제한되어 있어 또래와의 상호 교환적인 형태로 반응하는 능력이나 감정이입에 결함이 나타나 적절한 사회적 행동의 습득을 방해하고, 언어와 인지 그리고 학습에 어려움을 겪게 된다(이상복, 서정희, 2003). 이러한 행동문제를 나타내는 자폐스펙트럼 장애 아동에게 타인과의 관계능력을 향상시키기 위해 신체접촉, 놀이하면서 표출되는 긍정적 정서의 분위기, 적극적 상호작용을 촉진하기 위한 발달놀이치료, 치료놀이, 관계놀이상담 등의 놀이치료 접근이 적용되고 있다. 최근에는 부모를 치료과정에 포함하고자 하며, 부모와 자녀의 적극적 상호작용이 자폐스펙트럼 장애 아동의 상호작용 능력을 촉진한다고 보고하고 있다(선우현, 2008; MacDonal & Park, 1984).

아동이 부모와의 긍정적 관계발달에 실패하고 문제행동을 통해 부모와 갈등을 빚을 때, A. Freud(1964)는 아동이 분석가에 대한 의존을 발달하도록 해 주는 양육적인 관계를 제공하는 놀이의 이점을 깨닫고, 아동과 분석가 간 존재하는 감정적인 관계의 중요성을 강조하면서 놀이가 관계발달을 도울 것이고, 아동은 이러한 의존성을 통해 실제 일들을 재현하거나 순수한 감각으로 자기 자신을 탐구하는 자유를 느낄 것이라고 주장하였다. 정신분석 놀이치료에서 놀이가 아동의 의식적인 감정과 생각에 대해 말하고 좋은 환경이나 관계 내에서 무의식적 갈등이나 판타지를 실행하도록 허용하는 방법이라고 보았다. 치료자와 아동 간의 치료적 관계를 통해 아동의 감정이 어떻게 문제행동을 일으키는지 분석하고 공감하여 더 나은 방식으로 대처하도록 돕는다. 이때 치료자와 부모 간의 협력 또한 중요하다고 보았다.

Moustakas(1959)는 부적응 행동을 보이는 아동들이 자신의 내부로부터 문제를 해결하고, 자신을 위한 변화를 초래할 수 있는 능력을 가지고 있다고 보았다. 이를 발전시킨 Axline(1974)에 의해 발전된 아동중심놀이치료는 아동에게 있는 그대로 자유로운 환경 내에서 변화를 가능하게 해 주는 놀이경험들을 제공하는 것이 아동과 치료자 간의 안정적인 관계를 제공하기 때문에 치료적 효과가 있다고 보았다. 치료자가 아동을 통제하거나 변화시키려 하지 않고, 아동과 그 환경 간의 부조화를 해결하여 자연적인 자기 성장을 촉진하도록 돕는 놀이과정을 강조하였다. Landreth(1991)는 부모-자녀 놀이치료에서 부모가 아동과 놀면서 일관된 환경을 제공하도록 돕고 상상놀이 과정에서 자녀에게 제공하는 공감적 반영이 부모와 자녀 간의 긍정적 관계를 회복시키고 아동 스스로 긍정적 변화를 이끌 수 있다고 강조하였다.

Knell(2009)에 의해 발전된 인지행동 놀이치료는 정서, 인지 및 언어적 발달에 초점을 두고 아동의 부적절한 정서적 · 행동적 문제를 다루도록 돕기 위

해 구조화된 놀이활동을 통해 의사소통을 할 수 있도록 돕는다. 아동을 치료
에 참여시키고 저항을 줄이고 비합리적 사고를 바꿀 수 있도록 놀이를 활용
하고 현재 드러난 문제와 연결하여 적응적 인지를 갖도록 한다.

융의 분석심리학을 응용하여 모래놀이치료를 발전시킨 Kalff(1986)는 아동
은 모자일체성을 경험하면서 자신의 내면세계를 표현하고 정신적 외상을 해
결할 수 있는 기회를 갖는다고 보았다. 아동 스스로 무의식에 잠재된 자기 치
유능력을 발휘하게 되어 스스로를 치유하려는 힘을 갖는다고 보았다.

최광현과 선우현(2016)은 아동은 인형놀이를 통하여 자신의 부정적 정서
경험을 은유적 이야기로 의미 있게 표현하는데 이를 활용하여 인형이라는
상징을 통해 아동의 감정, 욕구, 자각, 생각 그리고 신념 등을 표현할 수 있도
록 돕는 구조화된 인형놀이치료를 개발하였다. 아동이 인형을 통해 무의식
적인 부정적 정서 경험을 안전하게 의식화하고 문제에 직면할 수 있도록 돕
는다.

놀이치료자들은 부모가 아동을 수용하고 이해하여 아동의 발달에 긍정적
인 영향을 줄 수 있는 능력을 갖도록 도와주어야 한다고 보았다. 이에 부모-
자녀 간의 어려운 관계를 회복 및 향상시키기 위한 치료방법으로 부모놀이치
료 및 부모-자녀 관계증진치료, 부모-아동 상호작용치료 등이 도입되었다.

놀이치료에서 아동의 부모를 포함한 가족 구성원 모두를 내담자로 보고 가
족 내의 복잡한 역동을 파악하여 구체적인 피드백을 주어 가족원들 간의 관
계를 회복하고 아동의 문제행동을 변화시키는 치료방식인 가족놀이치료가
개발되었다. 가족 안에서 놀이는 부모들 사이의 언어적 의사소통을 자제하
도록 하며 감정을 표현할 수 있는 방법을 제공해 준다. 따라서 가족놀이치료
는 가족의 맥락에서 아동의 발달적인 변화가 일어나도록 돕는다(Bowers et
al., 2013).

5. 기독교상담과 놀이치료

기독교는 하나님과의 관계 안에서 만나지는 관계적 신앙으로, 하나님은 무엇보다 중요한 자기대상이다. 인간이 하나님과의 인격적인 관계 안에 존재하는 것이야말로 자신의 풍부한 잠재력을 발휘하는 데 필요한 성숙의 일부분이기 때문이다(송정아, 2004). 기독교상담은 하나님으로부터 멀어진 인간에게 하나님의 형상을 회복하도록 도움을 주는 데 있다. 그것은 하나님과의 관계회복인 것이다. 하나님과의 관계회복은 자기-자기대상, 대상-대상의 관계회복의 기본이라고 할 수 있으며(채옥현, 2009), 자기의 회복은 하나님이나 자기대상들로부터의 독립을 만들어 주는 것이 아니며, 또한 우리 자신이 새로 발견하는 내면 자원들에 의해서 '완전함'을 만들어 주는 것도 아니다. 오히려 치유는 하나님을 사랑할 수 있는 관계성의 능력을 만들어 주고 공감적 기반 안에서 양육되고 유지되게 하는 데 더 효과적이다(유근준, 2009). 그러므로 아동이 상상과 판타지놀이를 통해 내적 대상의 하나님과의 만남을 경험하고 하나님을 사랑할 수 있는 관계성의 능력을 만들어 주고 공감적 기반 안에서 내적 치유를 유지할 수 있도록 돕는 것이 무엇보다 중요하다 하겠다.

유아기 및 아동기에 경험한 대상 경험이 훗날 하나님 경험에도 영향을 미치기에 이 시기에 놀이를 통해 하나님과의 관계 안에서 만남을 경험하는 것은 무엇보다도 중요하다. 따라서 놀이치료를 통해 아동의 심리, 신앙 그리고 영성발달을 통합하고자 하는 기독교상담의 노력이 필요하다고 본다. McEvoy(2003)는 종교, 영성 그리고 문화까지 서로 밀접하게 연결되어 있으며 중요한 영향을 받는다고 보았다. Winnicott(1977)은 종교와 문화, 예술 등은 놀이의 확장된 공간 속에서 일어난다고 보고 있다. 영성이 놀이의 연장선에 있으며, 영성은 놀이가 일어나는 중간 형상 속에서 존재하는 것으로, 창조적이고 자유로운 특성으로 인해 인간의 욕구를 채워 주는 기능을 한다.

　　아동의 놀이는 현실의 삶을 뛰어넘어 판타지의 세계에 몰입하게 하고, 판타지를 통해 삶의 일상으로부터 초월되는 놀이의 경험을 하게 된다(Appelros, 2001). 아동은 놀이를 통해 간접적으로 하나님과 만나며 가까워지는 경험을 할 수 있다(Berrymann, 1991). 놀이 안에서 아동은 하나님과 대화하고 예배드리며 하나님과의 영적 연결을 경험하게 된다.

　　이처럼 놀이는 아동의 신앙발달에 많은 영향을 미친다. 하나님의 개념과 성서 등에 나타난 표상을 받아들인 아동이 하나님과 관계를 맺고 이 안에서 전능하고 완전한 대상과의 은유와 상징의 놀이과정을 갖는 것이야말로 관계적이고 정서적인 경험을 통한 기독교상담의 내적 치유인 것이다.

　　기독교상담과 놀이치료의 통합을 통해 안전한 놀이 공간과 영성 안에서 아동이 충분히 좋은 하나님과 소통하고 자유롭게 창조적으로 놀이할 수 있는 계기를 마련해야 할 것이다. 주관적으로 경험하는 하나님과의 놀이경험 안에서 아동이 신앙과 영성발달과 더불어 건강한 정서를 발달시킬 수 있기를 기대한다.

참고문헌

김광웅, 유미숙, 유재령(2004). 놀이치료학. 서울: 학지사.

선우현 (2008). 모와의 상호작용 놀이가 자폐성 유아의 사회적 관계맺기에 미치는 영향. 한국기독교상담학회지, 15, 35-54.

송정아 (2004). 대상관계가 인간의 하나님 형상 발달에 미치는 영향. 한국기독교상담학회, 8, 117-139.

유근준 (2009). 내담자의 변화와 성숙을 위한 치료적 요인 연구-대상관계이론을 중심으로, 국제신학 11, 335-366.

이상복, 서정희 (2003). 발달장애의 진단과 평가. 대구: 대구대학교출판부.

채옥현 (2009). Kohut의 자기심리학의 기독교 상담에의 적용 가능성에 관한 연구. 고신대학교 대학원 석사학위논문.

최광현, 선우현 (2016). 인형치료. 서울: 학지사.

Appelros, E. (2001). Playing and Believing. *Studia Theologica, 55*, 23-40.

Axline, V. (1947). *Play Therapy*. Boston: Houghton-Mifflin.

Berryman, J. (1991). *Godly Play*. San Francisco: Harper SanFrancisco.

Bow, J. N. (1993). Overcoming resistance. In C. E. Schaefer (Ed.), *Therapeutic power of play* (pp. 17-40). Northvale, NJ: Jason Aronson.

Bowlby, J.(1953). *Child Care and the Growth of Love*. Baltimore: Pelican Books.

Brody, V. A. (1978). Developmental Play: A relationship-focused program for children. *In Child Welfare*, Volume LVII, 9, November.

Brown, S. (2010). *Play*. New York: Penguin Group.

Erikson, E. H. (1963). *Childhood and Society*. New York: W. W. Norton.

Freud, A. (1937). *The ego and the mechanisms of defense*. London: Hogarth Press and Institute of Psycho-Analysis.

Freud, A. (1946). *The psychoanalytic treatment of children*. London: Imago.

Freud, A. (1964). *The Psychoanalytical Treatment of Children*. New York: Schocken Books.

Frey, D. E. (1993). Learning by Metaphor. In C. E. Schaefer (Ed.), *The therapeutic powers of play*. Northwale, NJ: Jason Aronson.

Gil, E. (1994). *Play in family therapy*. New York, NY: The Guilford Press.

Greencavage, L. M., & Norcross, J. C. (1990). Where are the commonalities among the therapeutic common factors? *Professional Psychology, 21*, 372-378.

Guerney, B. G., Jr. (1964). Filial therapy: Description and rationale. *Journal of Consult-ing Psychology, 28*(4), 303-310.

Hug-Hellmuth, H. (1921). On the technique of child analysis. *International Journal of Child Analysis, 2*, 287.

Kalff, D. (1966). *Sandspiel*. Rascher Verlag.

Kalff, D. (1980). *Sandplay: A psychotherapeutic approach to the psycho* (W. Ackerman Trans.). Santa Monica, CA: Sigo Press.

Klein, M. (1932). *The Psycho-Analysis of Children*. New York: Jason Aronson.

Knell, S. M. (2009). Cognitive-behavioral play therapy. In K. J. O'Connor & L. D.

Braverman (Eds.), *Play therapy theory and practice: Comparing theories and techniques* (2nd ed.). Hoboken, NJ: Wiley.

Landreth, G. L. (1991). *Play Terapy: The Art of the Relationship*. Muncie, IN: Acceler-ated Development.

Lieberman, A. F., & Van Hom, P. (2008). *Psychotherapy with infants and young children: Repairing the effects of stress ans trauma on early attachment*. New York: The Guilford Press.

Lowenfeld, M. (1950). The nature and use of the Lowenfeld World Technique in work with children and adult. *Journal of Psychology, 30*, 325-331.

Lowenfeld, M. (1970). *The Lowenfeld Technique*. Oxford: Pergamon Press.

MacDonal, E., & Park, D. (1984). Developmental course of responsiveness to social reinforcement in normal children and institutionalized retarded children. *Developmental Psychology, 6*, 66-73.

McEvoy, M. (2003). Culture and spirituality as an integrated concept in pediatric care. *The American Journal of Maternal/ Child Nursing, 28*, 39-43.

McMahon, L. (1992). *The Handbook of Play Therapy*. New York: Tavistock Routledge.

Moustakas, C. D. (1959). *Psychotherapy with children: The living relationship*. New York: Harper & Row.

Pellegrini A. D., & Galda, L. (1994). *Play. Encyclopedia of Human Behavior. 3*. New York: Academic Press.

Piaget, J. (1962). *Play, Dreams and Imitations in Childhood*. New York: W. W. Norton Press.

Schaefer, C. E. (1993). What is pay and why is therapeutic? In C. E. Schaefer (Ed.), *The therapeutic powers of play*. Northwale, NJ: Jason Aronson.

Schaefer, C. E., & Cangelosi, D. M. (1993). Play Therapy Techniques.

Singer, J. L., & Singer, D. G. (1976). Imaginative play and pretending in early childhood: Some experimental approaches. In A. David (Ed.), *Child Personality and Psychopathology, 3* (pp. 419-444). New York: Wiley.

Slade, P. (1995). *Child play*. Bristol, PA: Jessica Kingsley.

Winnicott, D. W. (1968). The squiggle game. *Voices Spring*, 140–151.

Winnicott, D. W. (1971). *Therapeutic Consultations in Child Psychiatry*. New York: Basic Books.

Winnicott, D. W. (1977). Playing and Reality. London: Tavistock. 놀이와 현실 (이재훈 역). 서울: 한국심리치료연구소.

모래놀이치료와 기독교상담

류경숙
(강남 GEM아동가족상담센터 소장)

1. 들어가는 말

모래놀이는 상담자의 자기분석을 위한 도구로 활용되기도 하고 상담 장면에서 치료적 기법으로 활용되기도 한다. 즐겁고 창조적이기도 한 모래놀이는 성인이나 아동 모두에게 적용 가능한 것이 특징이다. 모래놀이치료는 1929년 마가렛 로웬펠트(M. Rowenfeld)가 '세계기법(world technic)'을 통해 아동과 의사소통하고 직접 관찰·해석하는 도구로 출발하여 1950년대 도라 칼프(D. Kalff)와 그의 제자들에 의해 발전되어 왔다. 심리상담 현장에서 모래놀이치료는 상징을 활용한 심상작업으로 활용되어 내담자의 정신의 가장 깊은 수준에서 변형을 경험할 가능성을 허용하는 심리치료 기법으로 활용된다.

오늘날 개인분석이나 치료에서 활용되는 모래놀이치료는 대부분 칼프의

견해에 기초하여 해석하고 이해하는데, 이는 모래놀이를 활용한 칼프의 오랜 경력, 칼 융(C. Jung) 이론에 대한 훈련, 에리히 노이만(E. Neumann)의 발달단계를 통한 이해, 로웬펠트와의 작업 경력, 수년간 동양철학에 관한 연구 결과와 무관하지 않다. 무엇보다 모래놀이치료는 융의 분석심리학 이론과 관련이 깊은데, 이는 칼프가 융으로부터 개인분석을 받았고 융은 칼프의 뛰어난 직관력을 발견하고 모래놀이치료를 지속적으로 연구하도록 권유했기 때문이다.

이 장에서는 모래놀이치료에 대한 이해와 과정을 살펴본 후 모래놀이치료의 역사와 발전과정에서 연구된 모래놀이치료의 치유의 힘과 자아발달 과정에 대해 살펴보고자 한다. 모래놀이치료를 심리상담 장면에서 어떻게 활용할 것인가에 대한 적용에 관한 부분은 모래놀이치료에 나타난 주제에 대한 연구들을 정리하여 이후 모래놀이의 해석과 내담자 이해를 돕고자 한다.

루스 암만(R. Ammann, 2009, pp. 202-204)은 모래놀이치료는 종교적 경험 및 몸과 정신의 분열을 치유는 것이며 영적 삶의 생산이라고 보았다. 모래놀이치료의 성공적 결과는 모래놀이 치료사와 관계가 있고, 또한 치료사와 피분석자 간의 공명과도 관계가 있다. 모래놀이 치료사는 전문가이기도 하지만 또한 개인이므로 인격적으로 더 잘 분화되고 원만할수록 내담자의 잠들어 있는 본질적 부분을 더 잘 삶으로 끌어낼 수 있게 된다. 이와 같은 측면에서 필자는 기독교의 영성적 측면이 모래놀이치료 과정의 내담자와 치료자 관계에서 어떻게 발현되고 치유적일 수 있는지에 대해 살펴볼 것이다.

따라서 이 장에서는 모래놀이치료의 과정이해, 역사와 발전, 모래놀이치료의 치유의 힘, 모래놀이치료 주제 분석, 모래놀이치료와 기독교상담에 관한 내용을 차례대로 살펴보고자 한다.

2. 역사와 발전

모래놀이치료는 런던에서 소아과 의사이면서 아동 정신의학자인 로웬펠트가 아동과의 정신의학적인 작업을 통해 시작하였다. 로웬펠트는 아동과의 의사소통은 아동의 언어인 놀이라는 자연스러운 방법을 통해 표현할 수 있는 기회를 주어야 한다는 것을 깨닫고 상자와 놀잇감을 준비하였다. 상자에는 색깔 막대, 비즈, 작은 장난감들, 종이 모형, 작은 상자 등을 두었는데, 아이들은 이것을 'wonder box'라고 불렀다(Lowenfeld, 1979, p. 3). 로웬펠트는 1928년 신경증적인 증상을 가지고 있거나 까다로운 기질을 가진 아동을 위한 임상센터(clinic)를 설립하여 놀이실에 테이블을 두고 아연으로 도금한 두 개의 상자에 하나는 모래만, 다른 하나는 물을 사용할 수 있는 모래를 준비해 두었는데 로웬펠트의 자녀들은 이를 '세계(the world)'라고 불렀으며, 이를 토대로 1929년 '세계 기법(World Technic)'이라는 이름을 붙이게 되었다. 미첼과 프리드만(Mitchell & Friedman, 1994, p. 16)은 로웬펠트가 아동의 작업을 이해할 때 기존의 성인분석에 적합한 이론들을 통해서가 아니라 아동의 활동을 관찰한 이론들을 적용했다는 점에 대해 가히 혁신적이라고 평가했다.

1937년에 파리에서 개최된 임상 컨퍼런스에서 융은 로웬펠트가 제시한 세계를 분석하였고(Bowyer, 1970) 이후 스웨덴의 임상가인 괴스타 하딩(G. Harding)은 로웬펠트와 함께 '에리카(Erica Method) 방법'을 연구하였는데, 이 방법은 로웬펠트의 도구와 방법을 병행하면서 진단과 치료에 적용하는 것이다. Vienna 대학의 아동발달 연구가인 샤롯데 뷜러(C. Buhler, 1951)는 아동의 인지와 발달을 연구하는 과정에서 이를 진단적 검사로 사용하기 위해 표준화하는 작업을 하였으며, 세계 검사는 160~300개의 제한된 수의 축소모형 피겨를 사용하여 테이블 위에서 실시하고 정상적인 세계에서 병리적인 세계를 변별해 내도록 고안된 표준화된 평정척도를 사용하여 채점하였다. 에릭 에릭슨(E. Erikson)은 '극 만들기 검사(Dramatic Production Test: DPT)'를 활용하였는데, 한정된 공간에 축소모형 피겨를 배치하는 것이 아동기의 정신적 외상을 대표하는 장면이라고 추정하였고, 표현하는 극 장면은 아동이 능동적인 놀이반복을 통해 정신적 외상을 극복하려는 것의 재개라고 보았다.

모래 안의 축소모형의 치료적 사용을 발전시킨 또 다른 유명 인물은 칼프이다. 칼프는 엠마 융(E. Jung)의 소개로 칼 융에게 개인분석을 받았고, 융은 칼프에게 융 심리학에서 탐색되지 않은 영역에 주의를 기울여 볼 것을 제안하였다. 전통적인 융 분석은 아동에게 적합하지 않았는데 융의 격려로 칼프는 1956년에 분석 훈련을 수료하자마자 로웬펠트와 함께 '세계 기법'을 공부하기 위해 런던으로 향하였다(Weinrib, 1983/2004). 칼프는 로웬펠트와 도널드 위니컷(D. Winnicott)과 함께 공부하였고, 정신분석가이자 융 분석심리학자인 미셸 포담(M. Fordham)과도 함께 했다(Kalff, 1980/2003; Mitchell & Freidman, 2009). 스위스로 돌아와 칼프는 융 분석심리학을 모래놀이에 적용하여 이것을 '모래놀이(Sandplay)'라고 불렀으며, 이는 칼프와 로웬펠트가 두 기법을 구분하기 위해 합의한 사항이다(Kalff, 2003; Mitchell & Friedman, 1994). 융 이론을 지향하는 칼프는 더 깊은 관점에서 로웬펠트의 세계 기법을 볼 수 있었는데, 칼프는 아동과의 의사소통 기법으로 사용하는 것 외에도 무의식의 상징적 이미지에 형태를 부여하는 것이 가능하다고 보았다.

1970년대 이후 모래놀이치료는 주로 칼프의 이론을 공고히 하고 확장하며 심화시키는 방향에 초점이 맞추어졌다. 와인리브(Weinrib, 1983), 둔다스(Dundas, 1990), 브래드웨이와 맥코드(Bradway & McCoard, 1997) 등의 융 학파 모래놀이치료자들이 주로 모래놀이에서 나타나는 이미지를 상징적으로 이해하고 적용하였으며, 모래놀이가 강력한 치료적 힘이 있다는 것에 동의했다. 칼프를 중심으로 발전되어 오던 이 기법은 현대에 와서는 '모래놀이치료(Sandplay Therapy)'란 이름으로 불리게 되었다(가와이 하야오, 2000).

3. 이론적 이해와 구성요소

1) 모래놀이치료과정

모래놀이는 모래상자에서 이루어지며, 상자의 크기는 각 학파마다 조금씩 다르지만 대략 56×72cm 정도의 직사각형 모양으로 내담자가 편하게 내려다보며 팔을 벌려 자신의 세계를 형상화할 수 있는 크기이다. 바닥은 바다 혹은 물을 상징하는 푸른색으로 칠한다. 암만(Ammann, 2007, pp. 46-47)은 직사각형의 공간은 긴장감, 불안정감, 움직임에서 오는 쾌감과 전진하는 데서 오는 쾌감을 유발하며 중심이 잡히지 않는 공간에서 중심을 계속 찾아가는 작업을 하게 된다고 보았다. 상자는 크기뿐 아니라 상자 안에서 일어난 것을 보호하고 지키는 공간의 틀이며, 내담자는 그 상자에 개인의 세계에 상응하는 피규어를 놓아 자신의 소우주를 형상화한다. 모래의 사용은 마른 모래를 사용할 수도 있고 물을 섞어 사용할 수 있다. 모래상자는 모래 그 자체로만 사용할 수도 있고 피규어를 놓아 꾸밀 수도 있는데, 피규어는 되도록 다양하게 준비하되 모든 것을 준비할 수 없으므로 상징성이 중요하다는 것을 기억해야 한다.

상담자는 내담자가 꾸미는 모래상자를 지켜보면서 상자를 스케치하고 내담자가 충분히 모래상자를 살피도록 시간을 준다. 이후 상담자는 내담자의 초대에 의해 상자를 함께 자세히 살피고 떠오르는 생각이나 느낌, 마음의 동요에 대해 묻는다. 이 과정을 마치면 상담자는 사진을 찍고 내담자가 나간 후 모래상자를 정리한다.

해석에 관하여는 지연된 해석의 필요성에 대해 많은 학자들이 언급한다. 암만은 자신의 경험을 통해 내담자들이 몇 달의 치료과정이 진행된 후 그들 스스로 자신들의 모래그림을 의미 있게 해석하여 치유의 힘을 경험하고 내적 성장과 성숙에 이른다고 보았다(Mitchell & Friedman, 2016, pp. 141-142). 지연된 해석에 대해 치료자가 장면에 대해 절대로 언급하지 말라는 의미는 아니다. 모래놀이 치료자의 역할은 장면에 전개되는 발달단계에 친숙하면서도 공감적인 관찰자와 청취자가 되는 것이다. 숙달된 치료자는 언어로 하는 치료에서 강조할 필요가 있는 무의식 주제의 표시로 내담자의 장면에서 나온 단서를 사용할 수도 있다(Weinrib, 1991). 내담자는 언어로 의사소통을 할 수도 있고 그렇지 않을 수도 있으며, 모래상자를 다 만든 후에 의식적인 부분을 나눌지에 대해 선택할 수 있다(Turner, 2005, p. 2).

2) 상징의 치유적 힘과 치유과정

모래놀이치료는 내담자가 자신의 내면의 세계를 표현하고 재배열하고 복원하기 위해 언어에 의존하지 않는 비언어적인 치료방법이다. 융은 자신의 전체 저작 어디에서도 모래놀이치료에 관하여 언급하지 않았으나, 1916년에 작성하여 1958년에 출간한 『초월적 기능』이라는 책에서 무의식적 내용을 손으로 표현하는 것의 가능성에 대해 다음과 같이 언급한다.

꿈의 내용과 같은 정신적 맥락을 분명히 하려는 경우, 결코 그것이 그리 용이하지 않다. 분명하지 않는 내용을 눈에 보이는 현상으로 드러나도록 하는 것이 절대적으로 필요하다. 이것을 스케치하거나 그림을 그리거나 혹은 조형작업을 통해 드러나게 해야 한다. 종종 손이 그 비밀을 어떻게 풀어야 하는지 알고 있다(Ammann, 2009, p. 17).

칼프의 상징적 접근법은 정신이 전체성과 치유를 향해 움직여 간다는 융의 기본적 신념을 바탕으로 한다. 스튜어트(Stewart, 1982)는 칼프식의 모래놀이가 융 심리학의 경험적인 확장이라고 보았다. 스튜어트는 융의 무의식 발견에 중심이 된, 융 자신의 놀이 경험을 상징적 자원의 방대한 창의적 출처라고 보았으며 개성화 과정을 촉진한다는 점에서 모래놀이 경험을 꿈 분석과 적극적 상상에 비유하였다. 융은 치유과정에서 상징놀이의 역할이 중요하다고 강조하였다. 상징(모래놀이에서 피규어)은 개인 무의식과 집단 무의식의 이미지를 반영한다. 융은 개인의 발달은 자기 자신의 훨씬 앞에서 묘사하는 상징에 의해서만 일어날 수 있다고 언급하였다(Jung, 1961, p. 293). 상징의 힘은 모래놀이에서뿐만 아니라 꿈, 환상, 신화, 종교에서도 보일 수 있다(Turner, 2016, pp. 132-133).

　신경학적인 측면에서 모래놀이치료는 두뇌의 전체적인 두뇌를 초월하는 상징적이고 시각적이며 촉각적인 기법이며 두뇌의 언어 중추를 초월한다(Badenoch, 2008). 정신의 치유를 위한 효과적인 중재는 뇌의 언어적 영역과 비언어적인 영역 모두를 활용하여 접근할 필요가 있으며, 모래를 만지는 물리적 감각의 육체적 감각은 신경의 통합, 신체, 대뇌, 대뇌 피질과 대뇌 피질의 연결을 촉진함으로써 인간의 신경학 요법에 대한 획기적인 발전의 원동력이다(Badenoch, 2008, pp. 221-223).

　칼프(1966, 1980/2003)는 모래놀이를 분석할 때 하나의 과정으로서 연속적 모래상자에 대한 연구를 하였으며, 모래놀이 과정은 좀 더 건강하고 적응력 있는 자아의 발달이 일어나도록 자기(Self)의 중심부인 정신 내부로 내려간다고 보았다. 내담자는 모래상자를 만들면서 내담자 내부에서 발생하는 정신적 변화에 대한 즉각적이고 직접적인 과정을 경험하게 된다. 특히 모래놀이 과정에서 치료자의 조용하면서도 숙련된 참여가 내담자의 잠재력을 활성화시킨다고 보았다. 모래놀이를 이해한다는 것은 단지 이성적으로 아는 것이 아니라 내담자의 표현을 담을 수 있는 그릇을 제공하기 위해 치료자가 버텨 주는 마음가짐, 즉 정신적인 것이며 담아 주기의 역할을 제공하는 것이다.

3) 모래놀이치료에서의 의식과 무의식

로웬펠트(1979)는 세계 기법에 대한 설명에서 원형체계(proto system)라고 명명한 의식의 형태에 대해 언급하였는데, 그는 원형체계가 아동의 단계적인 추론과 언어적 능력이 발달하기 이전의 정신경험의 특징이라는 것을 관찰했다. 원형체계의 의식에는 시간의 진행이 존재하지 않으며 발산된 모든 것이 일회적이다. 그는 세계의 창조물들은 이러한 초시간성의 상태에서 창조된다고 보았다. 모래상자에서 우리가 보는 것은 동시에 나타난 재료에 대한 정신경험이며 시간을 초월한 것으로 이해할 수 있는 것이다. 융은 원형은 강한 느낌을 불러일으키고 초자연적 특성을 가지고 있다고 보았다. 이에 대해 '마술적'이라는 표현이 너무 강하다면 '영적(spiritual)'이라고 표현될 수 있는 특성이라고 언급했다(Jung, 1960/1981, p. 205).

모래놀이치료는 의식과 무의식의 경계적인 요소를 가지고 있다. 터너(Turner, 2011, p. 21)는 모래상자 내용이 내담자가 자신의 모래상자에 반영하는 의식적 자각보다 높은 수준을 담아낸다고 보았다. 모래상자가 만들어지는 순간에는 내담자에게 논리적이지 않지만 내담자의 의식적 자각이 진전된 것으로 볼 수 있다는 것이다. 그 결과 3차원적이면서도 구체적인 형태로 나타나는 모래상자는 모래상자를 만드는 데 참여한 치료자와 내담자의 의식적 자각의 변화에 영향을 미칠 수 있도록 의도적으로 나타난 것이다. 라본(Rabone, 2003, p. 10)은 해변의 모래를 의식(육지)과 거대한 무의식(바다) 사이의 경계선에 있으면서 세계가 만나는 곳으로 이해하면서 모래상자는 내담자를 이 공간에 오도록 하고 초대하여 내담자의 잠재력과 오랫동안 묻혀 있거나 표면 아래에 있던 자아를 일으키고 온전히 수용한다고 보았다.

모래놀이치료의 전통은 두 가지 유형의 정신과정을 명확히 나타내고 있는데, 칼프의 아들인 마틴 칼프(Martin Kalff, 1993)는 노이만(E. Neumann, 1953/1973, 1972/1955)과의 작업에서 의식에서의 달과 태양의 형태(lunar and solar form)를 구분했다. 칼프는 모래놀이가 자각의 달 유형이라고 관찰하였고, 달 의식은 무의식적이지 않으나 태양 의식의 논리적이고 언어적 특징과 구분된다고 보았다. 모래상자에 나타나는 것들은 의식적인 자각의 한 유형이지만 완전히 의식 수준에서 나타나는 것은 아니라고 보았다. 모래놀이에서 나타난 것들은 무의식의 파동이 정점에 있는 것들이지만 구체적이고 3차원적이라는 점 때문에 의식적이라고 할 수 있다고 본 것이다(Turner, 2011, p. 21).

4) 자아발달 과정

융은 전체성을 지닌 자기가 정신의 중심에서 의식과 무의식을 통합하는 것을 자기실현 또는 개성화(individuation)라고 불렀다. 개성화가 이루어지는 것이 정신치료가 이루어진다는 의미이다. 개성화는 대극의 갈등에서 벗어나 온전한 인격을 이루는 것이기 때문이다. 칼프는 융 분석가이며 발달이론가인 노이만으로부터 깊은 영향을 받고, 1966년 강연에서 자신의 모래놀이 이론에 노이만의 발달단계를 통합하였다. 노이만(1973)에 따르면, 생의 첫해 동안에 인격의 전체(자기의 경험)는 어머니로부터 유아에게 흡수된 것이다. 노이만은 생애의 이 단계를 '모-자 일체성'이라고 부른다. 생후 1년이 지나면 정상 아동은 어머니로부터 자기를 분리하기 시작할 만큼 충분하게 발달한다. 자기가 무의식과 통합하기 시작하는 생후 2세부터 3세 초반에 아동의 자아는 무의식 안에 통합되기 시작하는데, 이는 아동이 보다 독립적이 되어서 어머니와의 사적인 관계를 경험하게 한다. 어머니로부터의 분리 및 자기를 통합하는 단계에서 아동은 그림이나 색칠에서 전체성의 상징(원 및 사각형)들을 창조하기 시작한다. 이러한 신성한 상징(numinous symbol)들은 선천적으로 잠재된 인간의 에너지가 가득한 이미지이며, 표현될 때 자기의 활성화에 영향을 미친다. 이러한 자기의 상징들이 분명해지기 시작하면서, 그들의 신비한 내용이 느껴질 수 있고, 그러한 경험은 건강한 자아가 발달하는 데 꼭 필요한 전제 조건이다(Mitchell & Friedman, 2016, pp. 91-92).

　노이만은 발달단계이론이 모래상자에 어떻게 나타나는지에 대해 5단계로 나누었는데, 첫 번째 단계는 혼돈(chaos)의 단계로 무의식에서 덜 분화된 혼란스러운 자아의 초기모습을 드러내 보이며 많은 요소들이 무질서하게 표현된다. 두 번째 단계는 동식물(animal/vegetable)의 단계로 개체로서의 심리적 통합을 향한 첫 단계이자 아동이 어머니로부터 분리되기 시작하는 발달단계로 동물이나 식물이 나타난다. 세 번째 단계는 투쟁(fighting)의 단계이다. 이 단계는 대결구도를 보인다. 네 번째 단계는 자아/자기 축(ego/Self axis)의 단계이다. 아동이 자아분화를 완성하는 시기로 '나'와 '너'의 개념을 알고 무의식으로부터 하나의 독립된 인격체로 분리하게 되어 자아가 활동하기 시작하고 내면에서도 장 개념을 갖게 되는 시기를 말한다. 다섯 번째 단계는 집단에의 적응(adaptation to the collective) 단계이다. 이 단계는 정상적인 일상생활을 보여 주는 단계로 아동이 외부세계와 관계 맺을 준비가 된 시기이며, 일상생활이란 학교가기, 친구관계 등 모든 것이 어머니와의 초기 양육관계에서 벗어나 외부로 향하는 세계관을 보여 주는 것을 뜻한다. 치료장면에 나타나면 아동이 세상으로 나가 건강한 삶을 누릴 준비가 되었으며, 치료를 종결해도 좋다는 신호로 받아들여도 무방하다(Turner, 2009, pp. 65-96).

　에딩거(Edinger, 2017)는 자아가 자기로부터 어떻게 일어나고 무의식에 자리 잡는지에 대해 설명하였다. 자아(의식의 중앙에 자리 잡고 있는 것)는 자기(정신의 질서 있고 통합적인 부분)에 파묻혀 있다가 점차 삶을 살아가면서 빠져나와 완전히 분화된다고 보았다. 에딩거는 어린 시절 정신세계의 손상은 자아와 자기의 축을 망가뜨린다고 가정하였다. 그러므로 자아와 자기를 재결합시키는 방향으로 치료적 과제를 진행시켜야 한다고 주장했다. 그는 또한 자아-자기 발달 모델을 자아-자기 분리와 합일 과정이 아동기와 성인기 동안 반복적으로 발생한다고 보았다. 이러한 과업을 단순한 순환패턴으로 보기보다는 나선형 모델이 생명의 시작과 죽음 사이에 일어나는 개성화 과정에 더 적합하다고 주장했다. 이는 융(Jung, 1953/1980)이 설명한 개성화 과정이 비선형적이고 다차원적이라고 본 것과 일치한다.

칼프는 중심이론을 자기의 배열이라고 보았다. "자아의 건강한 발달은 꿈 상징으로 또는 모래상자에서의 묘사로든지 간에 자기 출현의 결과로서만 일어날 수 있으며, 이러한 자기 출현은 성격의 발달과 통합을 보증하는 것으로 보인다."고 하였다. 칼프는 또한 자기의 배열 그리고 새로워지고 강화된 자아의 출현 이후에 모래놀이 과정에서 변화가 발생된다는 것도 언급하였다. 아동 및 성인은 좀 더 언어적으로 변화되고 모래상자는 성격에서 좀 더 진보적이 되는데, 내적으로는 중심화가 증가하는 느낌이 있을 뿐만 아니라 외부 세계에서는 좀 더 능력 있고 독립적인 태도를 보인다고 제시하였다. 그다음에 내담자는 좀 더 언어적이고 직접적인 방법으로 개성화 과정에 참여할 준비가 된다.

5) 치료자 역할

모래놀이는 치료시간에 이루어지며, 또한 치료자의 현존 및 치료적 동반으로 이루어지는 것이다. 치료자와 내담자는 공동적이면서도 각기 자기의 역할을 하게 된다. 이것은 내담자의 신체적 · 정신적 · 의식적 · 무의식적 힘이 서로 같이 움직이고 있다는 것뿐 아니라, 치료자의 인격도 무의식적으로 관계하고 있음을 의미한다. 그래서 모래상자는 내담자와 치료자 사이에 상호작용을 하는 장이 되고, 모래상자는 이런 특수한 상호작용이 눈으로 볼 수 있고 파악 가능한 형태가 되어 나타난 것이다(Ammann, 2009, p. 18).

모래놀이치료에서의 창조성은 죽음과 재탄생과 관계가 있다. 이는 낡은 정신 구조를 해체하여 새롭게 구성하거나 창조할 수 있는 능력을 말하는데, 칼프는 창조성이 '자유롭고 보호된' 공간에서 나온다고 보았다. 이 공간에서 내담자의 정신적 해소 및 새로운 형상화가 가능해지기 때문이다(Ammann,

2009, p. 19). 이 목표를 달성하기 위해 치료자는 두 가지 평행적인 태도를 갖추어야 한다. 하나는 내담자의 자기표현이 안전할 수 있도록 개방적이고 수용적(비판단적 이해)이어야 한다는 것이고, 또 하나는 내담자가 그들 자신의 본성의 한계 내에 머물 수 있도록 보호적이어야 한다는 것이다. 칼프는 치료과정이 자기에 의해 안내되고 이러한 과정들이 대부분 무의식에 의해 이루어진다고 주장한다. 따라서 치료자의 주된 역할은 회복을 시작하는 자기를 촉진하고 지지하는 환경을 구성하는 것이다. 키펜호이어(Kiepenheuer, 1991, p. 47)는 치료자가 만들어 준 이 공간 개인이, 다시 말해 놀이하고 만들고 드러내 보이는 곳을 '조화를 사랑할 뿐만 아니라 …… 자기 자신과의 강한 대면'이 있는 환경이라고 제안하며 연금술의 그릇(vashermeticum)으로 비유한다.

치료자의 역할은 특별히 어느 곳으로 이끌거나 지시하는 것이 아니라 치료과정을 지지하는 것이다. 치료자와 내담자 사이에 연결된 감정의 중요성은 일부 다른 관점에서도 논의되어 왔다. 칼프(1987)는 그것을 '동시성 순간(synchronistic moment)'이라고 말하는데, 이는 내담자가 상자에 내면 상황을 드러내면서 동시적으로 그들 모두 경험하는 치료자와 내담자 간의 직관적인 연결이다. 이 동시성 순간은 깊은 인식('아하'의 순간)의 하나이고 비언어적인 깨달음의 하나이다. 브래드웨이는 이를 '궁극적인 치료 순간(ultimate therapeutic moment)'이라고 보고 있다(Bradway, 1979, p. 37).

칼프는 치료자가 '자유롭고 보호된 공간'을 만들어 낼 수 있다면 치료자에 대한 긍정적인 전이가 가능하며, 결국 자기의 배열이 향상될 것이라고 믿었다. 모래놀이에서 내담자가 모래놀이 사용을 거부하거나 혹은 너무 쉽게 받아들일 때, 모래놀이 그림에 대해 솔직하게 공유하거나 혹은 치료자의 시야에서 숨길 때, 미니어처들이 독특하게 취급될 때(예: 파괴하기, 훔치기, 질투하기, 소중히 취급하기 등), 치료자가 모은 미니어처를 비판·칭찬하거나 혹은 다른 사람 것과 비교할 때 전이가 암시된다고 이해하고 있다(Mitchell & Friedman, 2016, pp. 135-137).

4. 임상적 적용: 모래상자 해석과 주제

1) 모래상자 해석

모래놀이치료에서 훈련된 치료자가 모래놀이상자를 해석하는 데 있어 대부분의 모래놀이치료자들은 이론적 이해, 상징주의에 대한 지식, 과정의 관찰, 직관 및 공감을 포함하여 심리학적 훈련과 능력을 모두 이해한다. 미셸과 프리드만은 여러 학자들의 주장과 견해를 통합하여 모래상자를 해석하고 주제를 찾아낼 때 5가지를 반드시 고려해야 한다고 보았는데, 여기에는 만들어지는 방법, 내용, 연속성에 대한 발달적 관점, 모래놀이에 나타나는 이야기, 치료자의 반응이 포함된다(Mitchell & Friedman, 1994, pp. 145-151).

첫째, 모래상자가 만들어지는 방법은 내담자가 모래상자를 창작하는 태도와 관련 있다. ① 내담자의 관심과 저항, ② 젖은 모래를 선택하는지 혹은 마른 모래를 선택하는지, ③ 내담자가 상자의 어디에 위치하고 있는지, ④ 물이나 모래를 어떻게 사용하는지(모래를 틀에 넣어 만들거나 가지고 노는지, 얼마나 많은 물을 첨가하는지, 얼마나 촉촉하게 하는지)에 관한 것이다. ⑤ 피규어를 어떤 방식으로 상자에 놓는가(예: 결단력 있게, 열정이 있는지, 주저하는지, 재빠르게 혹은 느린 속도로, 내담자가 피규어 배치에 마음을 바꾸는지, 내담자가 계속해서 피규어를 옮기는지, 사용되지 않고 선반으로 다시 가져다 놓는 피규어는 무엇인지), ⑥ 장면이 끝났는가 혹은 '진행 중'인가(역동적이고 끊임없이 변화하는지), ⑦ 내담자가 상자를 만들 때 기분의 변화가 관찰되는가, ⑧ 만약 마지막 이야기를 한다면 이 이야기를 경험하면서 어떤 말을 하고 상자에 대한 감정 반응이 있는가 등이다.

둘째, 상자의 내용에 관한 것이다. 치료자는 상자에서 심리적 의사소통을 이해하기 위해서 다양한 자료를 조사한다. ① 피규어의 상징적 의미[예, 개구리는 변형적 측면과 신화적 측면(왕자와 개구리)을 고려할 수 있음], ② 피규어의 사용과 배치(사용한 양, 피규어들 사이의 방향, 내담자로부터 가깝게 혹은 멀리 떨어져 배치되는지, 부조화, 상자에서 피규어들 간의 연결, 대극의 사용, 차후 상자에서 동일한 피규어들의 유사한 배치 등), ③ 모래 및 피규어의 사용으로 나타난 형태(특히 신체부위의 모양을 닮거나 다른 것을 닮은 형태가 보이는지, 상자 한쪽에 고립된 모습인지, 하나의 영역이나 피규어가 다른 것과 연결된 형태인지, 조화롭지 않은 형태가 있는지), ④ 다섯 가지 요소, 즉 공기·물·땅·불·바람이 문자 그대로 사용되고 있는지 아니면 표상적으로 사용되고 있는지, ⑤ 상자에 나타난 발달적 단계(예: 노이만의 식물, 투쟁 등, 집단의 단계, 피아제의 단계, 에릭슨의 단계), ⑥ 상자의 전체적인 구성(상자가 가로·세로·대각선으로 사용되었는지, 상자가 얼마나 비었는지 혹은 가득 찼는지, 공간의 사용, 질서와 혼란의 모습, 상자가 얼마나 경직 혹은 유동적인지, 상자 안의 장벽, 가장자리와 폐쇄, 특서 모서리에 있는 대각선의 고려, 상자의 중앙이 얼마나 사용되었는지, 특정한 사분면의 사용, 피규어들의 균형 혹은 비균형, 대극간의 연결, 상자에서 갈등의 묘사, 이상하거나 특이한 구성 혹은 표현, 정적 대 동적 의미) 등을 조사한다.

셋째, 상자의 연속성에 대한 발달적 관점[상징에서 나타나는 진화(진보 혹은 퇴행)]의 질뿐만 아니라 개인적 또는 원형적인 것을 유발하는 무의식 수준에도 민감해야 하며, 다음과 같은 질문을 통해 변화를 알 수 있다. ① 이전에는 정적인 특성만 있었던 곳에 움직임이 있는가, ② 균형과 중심화가 증가하고 있는가, ③ 치료가 진행되면서 중심적인 물체의 배치와 역할에 변화가 있는가, ④ 하나 이상의 주제가 전개되는가, ⑤ 탄생(나타남), 변형(변화), 죽음(사라짐)의 주제나 상황이 있는가, ⑥ 상징적인 내용이 변화되는가, ⑦ 상자에 반복적인 집요한 특성이 있는가 등이다.

넷째, 모래놀이 이야기에 관한 것이다. 내담자가 하는 이야기에서 상징적 내용, 정서적 색채, 주제, 이야기 해결의 내용을 통해 내적 과정에 대한 부가적 통찰을 얻을 수 있다.

다섯째, 치료자의 반응에 관한 것이다. 치료자의 감정이나 마음에 일어나는 이미지도 중요하다. 어떻게 느껴지며 어떤 인상을 주며, 첫 번째로 떠오르는 것이 무엇인가 등 치료자의 상자에 대한 이해가 포함되어야 한다.

2) 모래놀이치료 주제

미첼과 프리드만(1997)은 모래놀이치료 과정에서 나타나는 중심 주제를 '상처'와 '치유'의 주제로 분류하였다. 이 주제는 시각적 이미지로 분류하며, 모래상자에는 여러 개의 주제가 동시에 나타날 수 있고 모래놀이치료가 진행됨에 따라 주제의 양상이나 비중이 변화된다. '상처' 주제는 내담자가 경험한 외상, 상실, 가족원의 죽음 등과 관련된 비극과 연관된 경험이 모래상자에 나타나는 것이다. '상처' 주제는 모래상자의 초기과정에 주로 나타나며, '치유'의 주제는 주로 건강하고 생애 초기 경미한 수준의 외상을 경험한 내담자가 표현하고 치료 과정의 후반기에 나타난다. 김선숙과 김기현(2016)의 연구에 따르면, 상처와 치유의 주제는 모래놀이치료 과정이 진행됨에 따라 발달하고 진화하면서 각 모래놀이 내용 주제들의 구성요소들이 확장되고 풍부해지며 시간이 갈수록 긍정적으로 개선되어가고 있음을 확인할 수 있다. 구체적인 분류체계를 살펴보면, 상처의 주제 내 세부 주제는 '혼돈, 공허, 단절, 구금, 방치, 은닉, 취약, 상해, 위협, 장애(방해)'가 있으며, 치유의 주제 내 세부 주제는 '연결, 여행(여정), 에너지, 심화, 탄생, 양육, 변화, 신성(영성), 중심화, 통합'이 있다(〈표 7-1〉 참조).

〈표 7-1〉 모래놀이치료 과정에서 나타나는 중심 주제

상처의 주제		치유의 주제	
주제	내용	주제	내용
혼돈 (chaotic)	무계획적, 단절적, 무형적 배열 (예: 모래상자에 쌓인 대상물, 경계 및 외부 현실에 대한 무시, 아이템이 조심스럽게 배치되었으나 전체 외형이 혼란스럽게 섞여 있고 단절되어 있는 경우)	연결 (bridging)	요소들 간의 연결성, 상대방의 결합 (예: 사다리를 지구 및 높은 나무와 결합시킴, 천사와 악마 사이에 다리를 놓아 연결시킴)
공허 (empty)	인물대상을 활용하는 데 조심스러움. 호기심과 열정이 결여된 생기 없는 감정을 묘사함 (예: 모래상자의 구석진 부분에 배치된 한 그루의 죽은 나무를 제외하고 다른 부분은 거의 비어 있는 경우)	여행(여정) (journey)	통로 또는 중심점 주변을 따라서 이동함 (예: 길을 따라 걸어가는 기사, 카누를 타고 물줄기를 따라 내려가는 원주민)
단절, 분리 (split)	모래상자의 여러 부분들이 서로 분리 및 독립되어 있음 (예: 모래상자를 분리시키는 것으로 보이는 강, 울타리, 코끼리가 아래에서 위로 배치되어 있음)	에너지 (energy)	활동적이고 생명력이 넘치며 열정적인 활기가 뚜렷함 (예: 유기적 성장을 표현함, 건설장비가 업무를 수행하고 있음, 비행기가 활주로를 이륙함)
구금 (confined)	보통 자유로운 인물대상 또는 집단이 덫에 걸려 있거나 우리 안에 가두어 놓음 (예: 고뇌하는 인물을 우리 안에 배치한 경우, 배치된 여성 노인 주변에 모래벽을 쌓는 경우)	심화 (going deeper)	공간적으로 깊은 차원의 발견 (예: 개간을 실시함, 모래 속에서 보물을 발견함, 우물 또는 호수를 탐색함)
방치 (neglected)	필요한 지원과 관심으로부터 고립되어 있는 인물대상을 묘사함 (예: 높은 의자에 아기를 배치한 반면 엄마는 옆방에서 잠을 자고 있는 경우)	탄생 (birthing)	새로운 발전과 성장의 출현 (예: 아기 출산, 활짝 핀 꽃, 알을 품은 새)

은닉 (hidden)	인물대상을 모래에 파묻거나 시야에서 보이지 않게 숨김 (예: 집 뒤에 총을 숨겨 놓는 경우, 나무 아래의 모래에 마녀를 파묻는 경우, 매장, 무덤 등장)	양육 (nurturing)	성장과 발전을 지원하기 위한 양육, 보호, 도전을 제공함 (예: 아기에게 젖을 주는 엄마, 지원을 아끼지 않는 가족 집단, 환자를 보살피는 간호사, 음식물의 존재)
취약 (prone)	보통 올바르게 배치하는 인물대상을 의도적으로 비스듬히 놓거나 거꾸로 배치함 (예: 서 있는 임산부의 얼굴을 모래에 닿도록 엎드려 놓는 경우)	변화 (changed)	창의적으로 모래 및 대상물을 변화시키거나 활용함 (예: 다리를 건설하기 위해 모래로 다리의 윤곽을 표현함, 달을 묘사하기 위해 모래를 움직이거나 쌓음, 등굣길에 주워 온 나뭇가지를 활용하여 집을 지음)
상해 (injured)	상처를 입은 인물대상 또는 상처를 입는 과정을 묘사함 (예: 들것에 눕힌 붕대를 감은 환자, 공룡의 입에 카우보이를 배치함)	신성(영성) (spiritual)	초자연적 존재, 숭배하는 인물대상 또는 신의 존재를 느끼게 하는 물건 등과 같이 종교적 또는 영적인 상징물을 제시함 (예: 뱀, 예수, 부처 등)
위협 (threatened)	협박을 당하거나 겁을 먹는 사건을 묘사함. 또는 위험에 처한 인물대상이 특정 활동을 수행하기 어려운 불능 상태를 표현함 (예: 어린아이의 주위에 맹수를 배치함)	중심화 (centered)	모래상자의 중심부에 요소들이 심미적으로 균형을 이루고 있거나 또는 상대방과의 조화를 묘사함 [예: 모래상자의 중심부에 남성과 여성의 결혼, 만다라(Mandala: 불교에서 우주법계의 온갖 덕을 나타내는 둥근 그림)를 표현함]
장애(방해) (hindered)	새로운 성장과 발전의 가능성을 지연시키고 방해시킴 (예: 새로운 물길을 향해 움직이는 보트를 군대가 포위함)	통합 (integrated)	모래상자 전체에 동일한 수준의 아이디어를 구성함, 표현의 단일성이 나타남 (예: 동물원에서의 하루, 농구게임, 모래상자 전반에 균일하고 통일된 추상적 구성)

라크루아 등(Lacroix et al., 2007)은 9 · 11, 쓰나미 등과 같이 트라우마와 관련된 상황에 대해서도 상담자는 모래놀이치료를 어떻게 활용할 것인지를 생각해야 한다고 언급했고, 예 등(Yeh, Aslan, Mendoza, & Tsukamoto, 2015)은 미국 9 · 11 테러 사건과 관련하여 모래놀이치료를 실시하여 모래상자에 나타난 주제를 찾아내었다. 우리나라에서도 2003년 대구지하철참사를 기점으로 외상에 대한 상담적 접근에 대한 관심이 생겨나기 시작했고, 2014년 세월호 참사가 일어났을 때는 심리적 지원에 대한 관심이 상담이나 다른 개입을 하기 시작했다. 때늦은 감은 있지만, 2011년에 수면 위로 떠올랐던 가습기살균제 사건은 2017년에 일부 피해자들을 대상으로 심리 상담이 진행되었다. 트라우마나 특정 사건과 관련된 모래놀이치료에서는 그 상황과 관련된 피규어를 선택하는 것이 중요하다. 예 등은 문화적으로 중요한 상징물, 종교적 상징물, 가족 상징물, 깃발들, 영웅들, 동, 식물의 생애 등을 나타내는 백여 점의 피규어와 9 · 11 테러 사건과 직접 관련된 상징물로는 비상용 탈것, 비행기, 구조원들, 세계무역센터나 자유의 여신상 등을 함께 준비하였다. 전체 545개 코딩된 주제들의 대부분은 "상실, 연락이 단절됨, 지원을 상징하는 것이었다." 모래놀이치료 초기에는 "상실, 처절한 몸부림, 연락이 단절됨"에 대한 주제가 더 많았다가 시간이 지나면서 빈도가 줄었다(Yeh, Aslan, Mendoza, & Tsukamoto, 2015).

샌듀(Sandu, 1978)는 모래놀이를 통하여 원형적(archetypal) 주제를 조사하는 연구를 수행하였다. 원형적 내용을 갖고 있는 피규어는 초자연적인 형식이나 에너지를 구체화하는 것으로 이 세상에 흔한 동물이나 인간의 형태와 같은 자연에서 기인된 형태로 나타난다. 이들은 매우 어둡거나 혹은 매우 밝은 영혼의 성질을 나타내며 모래놀이에서 신성한 혹은 신비한 힘을 발산한다 (Turner, 2009, p. 167). 샌듀의 연구에 참여한 사람은 배경이 다양한 여성 20명으로, 샌듀는 첫 번째 모래상자에서 융이 정의한 원형적 주제가 묘사될 수 있는지를 알아내려고 하였다. 첫 번째 상자에 대한 관심과 논의가 지속되고 있는 가운데 로웬펠트는 첫 번째 상자에 특별한 중요성을 부여하지 않았으나 칼프(1988)는 첫 번째 상자에서 치료에 대해 내담자가 느끼는 방식, 무의식과의 관련성, 개인적인 문제, 가능한 해결책 등이 나타날 수 있다고 보았다. 연구 결과 5개의 주요 원형적 배열, 즉 여성, 남성, 길(또는 여행), 자기, 숫자(특히 3과4) 주위에 몰려 있었고, 샌듀는 내부 원형적 이미지를 구체화하는 것이 통찰, 새로운 관점, 개인의 자기 안에서 새로운 연결을 하게 한다고 보았다. 또한 해석은 모래놀이 경험 그 자체만큼 중요하지 않고 경험은 치료자의 확충과 별도로 독립적일 수 있다는 사실도 밝혔다(Sandu, 1978, p. 97). 샌듀의 연구는 모래놀이가 인간의 원형적 본질을 보여 주는 데에서 실행 가능한 투사적 도구임을 입증하였다.

질(Gil, 1998, p. 8)은 외상을 경험한 아동의 모래놀이치료에서 나타나는 진전과 침체의 특성을 〈표 7-2〉와 같이 정리하고 있다.

〈표 7-2〉 외상경험 아동의 모래놀이에서의 진전과 침체의 특성

진전되고 있는 특성	침체되어 있는 특성
정서의 활용	정서적 위축감
신체적 유연성	신체적 긴장
놀이 내 상호작용이 활발함	놀이 내 상호작용이 제한적임
임상가와의 상호작용이 활발함	임상가와의 상호작용이 제한적임
놀이가 변화하거나 다른 요소를 추가함	놀이가 늘 같은 수준에 머무름
놀이가 다양한 위치에서 일어남	놀이가 같은 지점에서 만들어짐
놀이에서 새로운 놀잇감을 사용함	놀이에 활용하는 놀잇감이 제한적임
놀이주제가 변화함	놀이주제가 변함이 없음
결과가 다양하고 적응적인 반응을 보임	결과가 고정되어 있거나 적응적이지 않음
시간이 흐를수록 경직된 태도가 풀림	놀이가 경직되어 있음
놀이 후 행동이 이완됨	놀이 후 활동성이 떨어짐
회기 후 증상이 유지되지 않거나 감소함	회기 후 증상이 그대로 유지되거나 증가함

5. 모래놀이치료의 초월적 기능과 영성적 요소

모래놀이치료에서의 초월적 기능은 인간의 변형경험에서 가장 심원한 질서를 의미하는 것으로, 적응적이고 정신적 위기에서 의식과 무의식의 반대되는 위치의 간극을 뛰어오르거나 초월하는 능력을 말한다. 융 이론에서 말하는 초월적 기능은 특히 상징화의 과정과의 관계에서 모래놀이치료와 관련이 있다. 상징은 자아의 한계적 지점과 자아의 한계에 대한 반응으로 무의식에서 제공된 보상적 부산물 간의 가교 역할을 한다. 상징은 해결될 수 없는 딜레마를 해결하며 자아 통합을 통해 인성을 의식적인 자각으로 확장하고 발전시킨다. 초월적 경험의 기능은 죽음처럼 느껴질 수 있는데, 그것은 자아의 돌이킬 수 없는 변화를 수반하기 때문이다. 자아의 의식적 버텨 주기가 아직 알 수 없는 새로운 대안에 굴복하게 되면 초월적 경험에서 절망과 무기력감이 느껴질 수도 있다. 초월적 기능을 경험하려면, 필요할 때 기꺼이 자아의 버텨 주기를 방출하고 그 결과가 더욱 충만한 삶일 것이라고 믿어야 한다(Turner, 2009, pp. 42-49). 필자는 모래놀이치료에서 주 재료인 모래를 영성적 매개체로 보고 모래의 상징성을 살펴보려고 한다. 모래놀이치료 과정에서 안전기지로서의 하나님 경험하기, 담아 주기 기능을 수행하는 치료자의 영성적 태도, 기독교의 영적 지향으로서 '침묵'에 대하여 살펴봄으로써 모래놀이치료의 기독교적 적용점을 고찰하고자 한다.

1) 영성적 매개체로서의 모래

라본(Rabone, 2003)은 모래가 가지는 자체의 상징성만으로 영성적인 매개체가 된다고 보았다. 예를 들어, 모래는 시간의 흐름에 대한, 즉 시간에 대한 은유가 되기도 하고, 모래는 괴물로 잠잘 때나 꿈속에 나타나기도 한다. 우리가 죽으면 먼지(모래)로 돌아가고, 성경에도 창세기 22장 17절에 모래와 관련한 구절이 나온다. "…… 하늘의 별처럼 땅의 모래처럼……." 이는 아브라함에게 모래처럼 자손을 번창시켜 주겠다는 축복의 의미로 사용된다.

영국에서 모래놀이치료 임상가로 활동 중인 라본(2003)은 예술치료사들은 세계가 만나는 장소로서의 한정된 공간에 대해 이야기하면서 모래상자가 그런 장소의 역할을 한다고 보았다. 모래상자는 꿈과 깨어 있음, 의식과 무의식 사이의 경계를 표시하는 분기점으로서 모래는 단순히 젖은 모래, 마른 모래로 논할 것이 아니다. 모래는 그 성질상 손가락을 통과해 흐르기도 하고 용기에 담지 않고는 쉽게 담을 수 없는 성질이 있다. 그리고 모래는 땅과 물 사이에서 발견된다. 라본(2003)은 해변의 모래를 "의식(육지)과 거대한 무의식(바다)사이의 경계선에 있으면서 세계가 만나는 곳"(p. 10)이라고 했다. 또한 "모래상자는 내담자를 이 공간에 오도록 하고 초대하여 내담자의 잠재력과 오랫동안 묻혀 있거나 표면 아래에 있던 자아를 일으키고 온전히 수용한다."고 말한다.

심리학자이면서 융 분석심리학적 모래놀이치료의 창시자인 칼프(1980)는 모래가 부드럽고 수천 개의 고운 입자들로 이루어져 있는 특징 그 자체로 중요하고 치료적인 물질이라고 여겼다. 성인이나 아동 모두는 모래로 어떤 형태를 만들거나 모래에 무언가를 새기거나 손가락 사이로 모래를 흘려보내는 놀이를 하는 것만으로 만족감을 느끼게 된다. 모래놀이치료자인 미첼과 프리드만(1994)은 "모래는 땅과 같이 자연의 원초적인 요소를 담고 있다."고 말했다. 모래는 마치 살아있는 것처럼 부드럽게 만질 때 마음을 가라앉히는 효과를 가져오며 거의 마술적인 성질을 가지고 있다고 언급했다(Mitchell & Friedman, 1994, p. 53).

모래는 모든 문화권에서 다양한 사람들에게 적용된다. 모래 만다라는 티베트와 인도에서 정신적 유산의 일부로 여겨진다. 또한 모래는 모든 문화권에서 다양한 사람들에게 접근할 수 있다. 일본에는 바위정원이나 모래정원이 있는데 모래를 높낮이가 있는 파도 모양을 만들어 물이 출렁이는 것으로 표현하기도 하고 높이 쌓아서 산으로 표현하기도 한다. 이는 불교전통에서 온 것이다. 불교에서 모래정원이나 바위정원은 자기성찰의 의미와 깨달음의 길을 제공해 준다. 모래정원에서 놀이를 하는 것은 여러 면에서 치유적인 효과가 있다. 모래는 접촉을 통해 마음을 가라앉히고 고요한 느낌을 불러일으키며 영적인 상징성의 유산을 가지고 있다는 의미에서 그 자체로 치유적이다.

2) 안전기지로서의 하나님 경험

보호와 안전에 관한 신학적인 성찰을 시작하려고 할 때 떠오르는 성경구절은 시편 23편이다. "내가 사망의 음침한 골짜기로 다닐지라도 해를 두려워하지 않을 것은 주께서 나와 함께 하심이라 주의 지팡이와 막대기가 나를 안위하시나이다." 이 구절은 하나님이 내적·외적 위협으로부터 '안전기지'가 되시며 안정감을 제공해 주실 것이라는 확신을 준다.

모래놀이치료는 상자를 꾸미면서 상상력의 창조성을 활용하는 매우 효과적인 치료법이다. 하지만 이 치료는 치료자와 내담자의 '안전하고 보호된 공간'이라는 관계 경험에서 비로소 이루어진다. 에스터휘이젠(Esterhuyzen, 2014)은 모래놀이를 배우는 많은 사람들이 모래놀이에 대한 올바른 이해와 해석의 중요성에 집중하게 되면 모래놀이에서 일어나는 '담아 주기'의 중요성을 소홀히 하게 되는 것에 대해 우려를 표하였다. 모래놀이에서 상징적으로 말하는 '담아 주기'는 의식적으로 촉진하거나 만들 수 있는 것이 아니다. 미첼과 프리드만(1994)은 '담아 주기'에 대한 와인리브(Weinrib, 1983, p. 29)의 의견을 제시하고 있다. '자유롭고 보호된' 공간은 물리적 및 심리적 양쪽 모두여야 한다고 덧붙였다. 물리적 차원은 모래상자 그 자체이며, 이는 한정된 피규어의 수에 따라 제한과 자제가 모두 포함되어 있다. "정서적이고 심리적인 자유롭고 보호된 공간은 치료 과정의 심리적 용기(container)이며 보호자가 되는 치료자의 인격에 의해 제공된다."

　'안전하고 보호된 공간' 개념은 볼비(Bowlby, 1988)의 애착이론에서 나온 개념이다. 볼비는 유아와 엄마의 유대관계에 관한 연구를 통해 애착이론을 전개해 나간다. 애착은 동물행동학적인 관점에서 유아의 젖빨기, 울기, 미소, 의존, 추종 등의 행동이 엄마의 어루만져 주기, 안아 주기, 달래 주기와 같은 반응과 맞물려 '애착행동'으로 부호화된다고 보았다. 애착의 발달은 엄마가 아동의 애착행동에 대해 민감하고 반응적이며 일관적일 때 안정되게 형성되며, 안정된 애착을 경험한 아동은 비로소 부모를 '안전기지(secure base)'로 삼고 분리되어 자신의 엄마 주변에 있는 외적 환경을 탐색하고 자율성과 효능감을 형성하게 된다. 부모의 안전기지 제공은 양육에서 핵심적인 부분으로 안전기지는 자녀가 외부 세계로 나갈 수 있는 발판이 되며 동시에 자녀가 내적 · 외적 탐색을 마치고 돌아왔을 때 신체적 · 정서적 재충전을 제공해 주는 것이다. 이때 부모는 자녀의 독립성을 격려하면서 자녀가 필요로 할 경우에는 도움과 반응을 제공하는 것이다.

　모래놀이치료 장면에서는 치료자가 내담자를 만나면서 제공한 애착이 아니라 내담자의 초기 '내적 작동모델'에 근거할 것이다. 에스터휴이젠(2014)은 내담자는 치료자를 심리적으로 내면세계 탐색을 위한 안전기지, 즉 애착대상으로 이용한다고 보았다. 이는 유아가 외적 세계 탐색을 위한 안전기지로서 엄마를 이용하는 방법과 같다. 내담자가 내적 혹은 외적 위협에 의해 압도될 때 애착대상으로서의 치료자는 안정감을 제공하게 된다. 치료장면에서 이미 형성된 애착유형 패턴이 반복되겠지만, 내담자는 치료자와의 초기경험과 다른 경험을 함으로써 비롯되는 고통과 더불어 다른 체험을 되풀이함으로써 그 경험을 알게 되면서 변화가 온다. 양육자에 대한 애착은 개인에게 안정감을 제공하고 낯선 상황에서 안전기지의 역할을 하기 때문에 양육자와 안정된 애착은 미래의 새롭고 도전적인 환경에서 활용될 수 있는 적응적 행동을 가능하게 된다(Sroufe & Waters, 1977).

모래상자에서 볼 수 있는 안전기지는 집의 바닥 평면으로 나타난다. 성인의 모래놀이에서 집의 바닥 평면이 반복적으로 나타나는데, 때로 성인 내담자는 어떤 공간을 내버려 두거나 기능을 하는 어떤 공간으로 분화시키지 않기도 하는데, 치료가 진행되면서 집의 바닥 평면이 더 보완되고 적절하게 분화하게 된다. 모래놀이치료에서 내담자가 안전성을 가지게 되면서 점차 분화된 공간으로 활용하게 되는 것이다. 터너는 치료자는 내담자의 이미지가 드러날 수 있도록 자유롭고 보호된 공간이 만들어지는 것의 중요성을 피력하였다.

> 안전기지로서의 치료자 역할은 치료자는 물리적이고 심리적인 용기(container) 기능을 함으로써 '자유롭고 보호된 공간'을 만들어 낸다. 즉, 내담자들은 탐색하는 데 자유롭다고 느끼면서도 자신의 한계를 넘어서는 것으로부터 보호도 받아야 한다. 따라서 치료자는 두 가지 자질, 즉 (1) 판단하지 않는 태도, 그리고 (2) 한계를 설정하는 사람이다(2016, p. 8).

모래놀이치료자는 애착이론과 애착이 전 생애에 어떻게 계속 작용하는지에 대해 분명하게 이해함으로써 치료관계에서 내담자의 행동의 무의식적 동기를 더 잘 이해할 수 있는 능력을 갖추게 된다. 내담자의 애착유형을 작업하는 것은 모래놀이치료에서 자유롭고 보호된 공간을 제공하는 중요한 면이다. 내담자와의 규칙적인 만남, 정각에 시작하고 끝내는 것, 상담을 잠시 쉬는 것에 대해 알려 주고, 그 동안 주관적이고 비합리적인 체험을 통해 작업하는 것과 같은 것과 같은 매일 매일의 일상적인 것들 모두가 자유롭고 보호된 공간의 부분이다(Esterhuyzen, 2014). 안전기지로서의 하나님을 만나는 것은 안정되게 그 자리에서 머무르는 것만을 의미하지 않는다. 우리 각자는 안정감을 느낀 후 스스로 자신의 내면이나 외부를 탐색하고 자아의 삶을 찾아 떠날 수 있다. 벡(Beck, 2006)은 이와 같은 탐색은 불안 없이 안정감을 찾을 때

가능하며, 어려운 과정에서도 안정된 애착을 형성한 개인은 기독교 핵심 교리를 거부하는 일은 일어나지 않는 경향이 있다는 연구를 하였다.

3) 증인으로서의 치료자

증인(witness)은 어떤 사람의 여정에 함께하면서 바로 옆에 있는 사람을 말한다. 모래놀이치료에서 치료자는 모래심상작업 과정의 증인으로서의 역할을 하게 된다. 치료자는 모래상자에서 일어나는 어떤 것이라도 공감하며 수용하게 된다. 증인은 모래심상작업 과정에서 내담자의 마음의 증인이 되어 내담자를 이해하고 알게 된다(Green, 1999). 성경 누가복음 24장 13-35절은 예수의 죽음과 부활의 소식을 듣고 가던 두 제자가 예수님을 만나는 장면에 대한 이야기이다. 그들은 처음에는 그들이 만난 사람이 예수라는 것을 알지 못하나 이후 부활한 예수의 증인이 된다. 모래놀이치료에서의 치료자는 상자가 만들어짐에 따라 스케치하고, 조용히 기록하며, 각각의 장면뿐만 아니라 진행 분위기의 느낌을 연결시키면서 전개되는 상황의 목격자(증인) 역할을 한다(Turner, 2016, p. 89).

얄롬(I. Yalom, 2002)은 "상처받은 치료자는 그들이 내담자의 상처에 대해 좀 더 깊이 공감할 수 있기 때문에 더 효과적인 상담을 할 수 있다."(p. 107)는 견해를 가지고 있다. 이는 그들이 내담자의 치유과정에 좀 더 깊이 개인적으로 참여할 수 있기 때문이라고 생각했기 때문이다. 브래드웨이와 맥코드에 따르면, 모래놀이치료에서 '치료'라는 것은 진단을 위한 것이 아니라 '치유'를 의미한다. 모래놀이치료만이 가진 치유적인 힘은 기본적으로 '공감'으로부터 출발한다. 브래드웨이와 맥코드는 "놀이치료과정에서 내담자는 치료자가 단지 내담자의 느낌에 대해 동의하는 것 같은 느낌(동정)에서가 아니라 치료자의 '공감'으로 인해 '증인됨'을 경험하게 되며, 치료자와 내담자 사이의 공감과 증인됨의 경험은 그들 사이에서 치유와 성장을 불러일으키게 된다."

(Bradway & McCoard, 1997, pp. 28-29)고 하였다.

　모래놀이치료 과정에서 치료자는 '조용히 지켜보는 증인'으로서 내담자가 하는 작업에 대해 고맙다고 하거나 판단하지 않는 태도를 가진다. 치료자는 내담자가 모래상자를 꾸미는 것을 따라가는 것이지 결코 그 과정을 방해하여서는 안 된다.

4) 침묵의 영성

　앞에서도 살펴보았지만, 모래놀이치료에서 치료자의 자세는 매우 중요하다. 모래놀이치료에서 치료자는 가장 중요한 도구이다. 치료자가 내담자와 모래놀이 회기를 함께 하는 경험은 내담자가 자신의 가장 깊고 알지 못하는 영역에 대해 치료자에게 믿고 맡기는 신성한 작업이다. 신학자 뉴웬(H. Neuwen, 2015)은 우리 영혼을 살피고 우리 마음을 진정시키는 것이 침묵이라고 말하였다. 치료자의 태도는 때로는 조용한 언어화나 상호작용이 적절할 때도 있다. 하지만 치료자는 훈련과정을 통해 내담자가 자신을 표현하는 과정 중에 고요히 앉아 있는 능력을 키워야 한다(Turner, 2009, pp. 397-398). 뉴웬(2015)은 침묵은 변형적이라고 말한다. 그는 침묵 속에서 인간은 창조주와 더 가까워진다고 보았다. 모래놀이치료에서 침묵은 주제의 변형을 가져온다. 모래놀이치료에서 침묵 경험은 인류가 그들의 창조주와 더 가까워지게 함으로써 자신을 더 잘 이해하게 된다. 그래서 뉴웬은 침묵하는 것은 영혼을 위해 어느 것으로도 대체할 수 없는 훈련이라고 말했다.

　미첼, 프리드만(1994)은 모래놀이치료는 상담자가 언어적으로 많이 관여하지 않으면서 내담자가 자신의 내면에 들어가는 기회를 가지도록 해야 한다고 말한다. 아동을 대상으로 하는 모래놀이치료에서는 내담자가 자기 자신과의 관계에 초점을 맞추므로 아동의 내면세계에서 일어나 일은 모래사진을 통해 반영된다. 그러므로 치료자는 놀이를 관찰하면서 아동 옆에 조용히 앉아 모래상자를 만들게 된다. 라본(2003, p. 10)은 모래놀이치료를 '침묵치료'라고 부른다. 그는 모래놀이치료에서 내담자와 치료자가 모래를 어루만지는 자체가 내면의 이야기나 표면적인 대화를 이끌어 낸다고 보았다. 침묵 속에서 내담자는 자신이 원하는 바를 정확하게 모래세계에 표현하도록 격려받는다. 말을 하지 않고 내담자는 자신을 향해 속삭이는 피규어를 선택한다. 피규어들은 내담자의 무의식과 관련된 상징으로 이끌며 침묵은 내담자의 내면과 외적인 세계 사이의 대화로 채워진다고 볼 수 있다.

치료자는 내담자의 과정에 온전히 집중함으로써, 치료자의 이야기에 의해서가 아니라, 바로 그 존재를 통하여 내담자에게 정신의 자기치유 과정이라는 믿음이 생기도록 안내한다. 치료시간에서의 이러한 침묵의 시간은 아무것도 언급되지 않은 시간이지만 매우 아름답고도 가치 있는 것이다. 그것은 당황스러움에 의한 침묵이 아니라, 의식적으로 행하는 침묵인 것이다. 치료자와 내담자가 내담자의 내면세계에 함께 눈을 돌리는 것이므로 오히려 이 순간에 서로 긴밀함을 갖게 된다(Ammann, p. 31).

뉴웬(2015)은 하나님의 말씀이 하나님의 긴 침묵으로부터 나왔으며 침묵의 언어로부터 온 것에 대해서 우리가 증인이 되기를 바란다고 말하고 있다. 또한 침묵이 하나님 말씀의 근원이며 말씀에 능력을 더하고 말씀이 이루어지게 한다고 보았다. 말씀이신 예수 그리스도가 오심으로써 침묵의 비밀이 드러났다고 보았다. 모래놀이치료 경험은 때로 신비스러운 과정을 경험하게 된다. 모래놀이치료 과정에서 사용할 상징물을 선택하는 것은 무의식적인 과정이라고 할 수 있다. 이 과정은 내적 자아가 스스로를 표현하는 방법이며, 말보다 더 깊게 표현되는 상징적이고 은유적인 언어이며 모래놀이치료는 이를 통해 소통하게 되는 것을 말한다.

6. 나오는 말

모래놀이치료는 로웬펠트가 아동과의 의사소통을 위한 매개체 혹은 해석의 도구로 개발하였으나 이후 칼프가 융의 분석심리학에 대한 깊은 이해를 바탕으로 하여 노이만의 발달단계에 대한 이해, 동양사상에 대한 깊이 있는 통찰 등 풍부한 이론적 적용을 통해 발전시켜 왔으며 현재에도 임상적 장면에서 아동과 성인상담뿐 아니라 상담자의 개인분석의 도구로 활용되고 있다.

모래놀이치료는 모래라는 질료의 특징뿐 아니라 손으로 만질 수 있는 감각적 적용, 내담자와 치료자 간의 모-자 일체성을 통한 관계의 힘, 융 이론 관점에서 확인할 수 있는 원형적 치유의 힘, 지연된 해석을 통해 내담자가 깨닫는 순간의 초월적 경험 등으로 설명된다.

융이 연금술에 대하여 연구하면서 개성화의 과정과 같은 초월적 경험을 한 것처럼, 모래놀이치료 역시 '시행'과 '관조'의 연금술의 과정을 거치게 된다. 모래놀이치료를 상담과정에 적용하기 원하는 상담자는 시행의 과정에서 내담자와 함께 하는 치료자의 증인됨, 담아 주기, 안전기지로서의 역할에 대한 숙고가 먼저 필요하다. 이에 덧붙여, 이론에 대한 깊은 이해는 내담자의 발달과정과 삶의 주제를 이해하는 데 유용한 도구가 될 것이다.

필자는 모래놀이치료에 관한 이론 정리와 임상적 적용에 관한 내용을 써 내려가면서 기독상담자로서 모래놀이치료를 어떻게 이해할 것인가에 더 큰 관심을 가졌다. 이미 기독교상담 적용에 기록한 바와 같이, 모래놀이치료 현장은 안전기지로서의 하나님 경험과 내담자의 발달과정에 증인되시는 하나님 경험, 침묵 속에서 내담자와 치료자가 함께 귀를 기울이고 하나님의 음성을 듣는 영적 경험의 장이다.

참고문헌

가와이 하야오 (2000). 모래상자의 지혜 (우종태 역). 서울: 서울특별시립동부아동상담소.

김광웅 (2011). 심리치료에서 상징물 사용의 임상적 가치. 상징과모래놀이치료, 2(1), 1-14.

김선숙, 김기현 (2016). 정서불안 아동과 주의력 결핍 아동의 모래놀이치료 과정에서 표현된 상처와 치유 주제에 대한 분석. *Family and Environment Research, 54*(6), 631-642.

Ammann, R. (2009). 융 심리학적 모래놀이치료: 인격 발달의 창조적 방법 (이유경 역). 서울: 분석심리학연구소. (원저 2001년 출판).

Badenoch, B. (2008). *Being a brain-wise therapist: A practical guide to interpersonal neurobiology*. NY: W. W. Norton & Company.

Beck, R. (2006). God as a secure base: Attachment to God and theological exploration. *Journal of Psychology and Theology, 34*(2), 125-132.

Bowlby, J. (2014). 안전기지: 애착이론의 임상적 의미 (김수임, 강예리, 강민철 역). 서울: 학지사. (원저 1988년 출판).

Bowyer, R. (1970). *The Lowenfeld world technique: Studies in personality*. London: Pergamon Press.

Bradway, K. (1979). Initial and final Sandplay worlds of married non career and unmarried career women in analysis. *Professional Reports, 6*, 35-41. Sanfransisco: C. G. Jung Institute. Presented (March, 1979) st the Joint Conference, United States Societies of Jungian Analysts, Asilomar, CA.

Bradway, K., & McCoard, B. (1997). *Sandplay-silent workshop of the psyche*. London and New York: Routledge.

Buhler, C. (1951). The world test: Manual of directions. *Journal of Child Psychiatry, 2*, 24-35.

Cooper, J. C. (1978). *An illustrated encyclopedia of traditional symbols*. New York: Thames & Hudson.

Dundas, E. (1978). *Symbols come alive in the sand*. CA: Aptos Press.

Edinger, E. F. (2016). 자아발달과 원형: 정신 발달과정과 삶의 의미 창조 (장미경 역). 서울: 학지사. (원저 1972년 출판).

Esterhuyzen, A. (2014). 모래놀이의 '안전하고 보호된 공간'. 모래놀이치료연구 10(1), 1-16.

Gil, E. (1998). Understanding and responding to post-trauma play. *American Play Therapy Newsletter, 17*(1), 7-10.

Green, G. (1999). *Love without end*. Sedona, AZ: Spiritis Publishing.

Herman, J. (1992). *Trauma and recovery*. New York: Basic Books.

Jung, C. G. (1961). *Freud and psychoanalysis*. Collected Works 4. Princeton University Press.

Jung, C. G. (1980). *Psychology and alchemy* (2nd ed.). Collected Works of C. G. Jung. London: Routledge. (Original work published 1953).

Jung, C. G. (1981). *The development of personality*. R. F. Hull (Tr). Princeton, NJ: Princeton University Press. (Original work published 1954).

Jung, C. G. (2006). 연금술에서 본 구원의 관념: 융 기본 저작집 6 (한국융연구원 C. G. 융 저작 번역위원회 역). 서울: 솔 출판사.

Kalff, D. (1987). *Sandplay with Dora Kalff*. (Notes of seminar). Carmel, CA: University of California at Santa Cruz.

Kalff, D. (1988). *Sandplay in Switzerland*. (Notes of seminar). Zürich: University of California at Santa Cruz.

Kalff, D. M. (2003). *Sandplay: A psychotherapeutic approach to the psyche*. Cloverdale, CA: Temenos Press. (Original work published 1980).

Kalff, D. M. (2003). Foreword. In D. M. Kalff, *Sandplay: A psychotherapeutic approach to the psyche*. Cloverdale, CA: Tenemos Press.

Kiepenheuer, K. (1991). The witch's house: A free and protected place for 'bewitched' children. *Journal of Sandplay Therapy, 1*(1), 45-47.

Lacroix, L., Rousseau, C., Gauther, M., Singh, A., Giguere, N., & Lemzoudi, Y. (2007). Immigrant and refugee preschoolers' sand play representation of the tsunami. *The Arts of Psychotherapy, 34*(2), 99-113.

Lowenfeld, M. (1979). *The world technique*. London: George Allen & Unwin.

Mitchell, R. R., & Friedman, H. S. (1994). *Sandplay: Past, present and future*. NY: Routledge.

Mitchell, R. R., & Friedman, H. S. (2003). Using sandplay in therapy with adults. In C. E. Schaefer, *Play therapy with adults* (pp. 195-232). New Yok: Wiley.

Mitchell, R. R., & Friedman, H. S. (2009). Sandplay themes expressed in the healing process. *International Society for Sandplay Therapy*, 1-25.

Mitchell, R. R., & Friedman, H. S. (2016). 모래놀이치료—과거, 현재, 미래 (송영혜, 서귀남, 김현희, 김상희, 이명성 역). 서울: 시그마프레스. (원저 1994년 출판).

Neumann, E. (1973). *The Child*. New York: C. G. Jung Foundation for Analytical Psychology, Inc.

Neumann, E. (1973). *The Child. Structure and dynamics of the nascent personality*. New York: Harper Colophon.

Nouwen, H. J. M. (2015). 마음의 길 (윤종석 역). (원저 1981년 출판).

Rabone, K. (2003). The silent therapy. *Counselling and Psychotherapy Journal, 14*(7).

Sandu, M. (1978). *Feminine psyche: An initial investigation of archetypal conselltions as projected in sandplay*. Unpublished master's thesis, United States International University.

Sroufe, L. A., & Waters, E. Attachment as an organizational construct. *Child Development , 48*(4), 1184-1199.

Stewart, L. H. (1982). Sandplay and jungian analysis. In M. Stein (Ed.), *Jungian analysis* (pp. 204-218). La Salle, IL: Open Court.

Turner, B. A. (2009). 모래놀이치료 핸드북 (김태련 외 역). 서울: 학지사. (원저 2005년 출판).

Turner, B., & Unnsteinsdottir, K. (2011). *Sandplay and storytelling: The impact of imaginative thinking on children's learning and development*. Cloverdale, CA: Temenos Press.

Yalom, I. D. (2005). 치료의 선물 (최웅용, 천성문, 김창대 역). 서울: 시그마프레스. (원저 2002년 출판).

Yeh, C. J., Aslan, S. M., Mendoza, V. E., & Tsukamoto, M. (2015). The use of sandplay therapy in urban elementary schools as a crisis response to the world trade center attacks. *Psychology Research, 5*(7), 413–427.

Weinrib, E. L. (2004). *Images of the self: The sandplay therapy process*. Cloverdale: Temenos Press. (Original work published 1983).

분석심리학과 표현예술치료

제4부

분석심리학과 드라마

표현예술치료로서의 사이코드라마

김영경

(한국열린사이버대학교 상담심리학과 교수)

1. 표현예술치료로서의 사이코드라마

1) 분석심리학과 사이코드라마의 조우

사이코드라마의 창시자인 Moreno는 어릴 적부터 유태교와 기독교 영향으로 신 역할을 하는 놀이를 좋아했다. Moreno는 네 살 때 동네 아이들과 신과 천사의 놀이를 하다 팔이 부러지는 사건을 '추락하는 신의 사이코드라마'라고 부를 만큼 신역할 놀이에 심취해 있었다. 이러한 일화를 볼 때 Moreno에게 있어서 사이코드라마는 일종의 역할 놀이이고, 무엇이든 가능한 창조적인 경험의 장이다.

Moreno는 사이코드라마를 연극적인 방법을 통해 진실을 탐색하는 과학이라고 정의하였다(Fine, 1979). Kellemann(1992)은 사이코드라마를 내담자가 극화, 역할연기, 자기표출을 행위화하는 집단 치료방법으로 정의하였고, Blatner와 Blatner(1988)는 사이코드라마를 환자의 삶 속에서 의미 있는 사건을 언어뿐 아니라 행위화하는 심리치료 방법이라 정의하셨다. 이러한 정의를 볼 때 사이코드라마는 현실에서 다루지 못한 상상을 지금 여기에서 다른 사람들과 함께 행위로 표현하는 경험의 장이다.

정신분석과 사이코드라마는 기법에 차이가 있지만 억압된 경험을 행동으로 표현하고 재연함으로써 무의식적 '내적 자기(inner self)'를 의식화할 수 있다는 점에서 유사하다. 그러나 1912년 Moreno는 프로이트(S. Freud)와의 만남에서 "사람들을 사무실이 아니라 거리에서 만나고, 꿈을 분석하기보다 다시 꿈을 꿀 수 있도록 용기를 주겠다."라고 했다(김유광, 1992). 이러한 표현에서 알 수 있듯이, Moreno는 이론가이기보다 행동가이고 실천가이며, 이런 점에서 프로이트와 다름을 Moreno 스스로 분명하게 하였다.

Moreno는 프로이트와는 달리 융(C. G. Jung)과는 많이 닮아 있다. 융은 자신의 심리학을 논리나 통계에 의한 결과가 아니라 사람의 경험을 토대로 하였기에 자신을 철학자가 아니라 경험론자라고 말한다(이부영, 2011). 융은 자신이 행할 수 없는 것을 환자에게 기대할 수 없다는 신념으로 무의식에 직면하는 실험을 스스로 감행하였는데, Moreno 또한 스스로 경험하고 행위화하는 것을 즐겨했다. 융은 무의식에 심취해 있을 때, 무의식의 환상을 관찰하고 그림과 놀이로 재현하여 실체화하려고 하였다. 이는 Moreno가 마치 상상 놀이를 재현한 것과 유사하다.

Blatner(2005)는 사이코드라마가 융의 예술 이론을 지지하는 방법론 중의 하나라고 하였다. 융은 무의식의 자율적 콤플렉스를 상징으로 작품 속에 드러나게 하고, 이 상징을 이해하는 방법에서 예술을 활용한다(이부영, 2011). 융은 적극적 상상(active imagination)이라는 이름으로 환상을 적극적으로 수용하여 무의식을 분석하였다. 적극적 상상으로는 모든 것이 가능하고, 열려 있으며 수용적이다. 마치 Moreno가 창의적 역할놀이에 심취해서 새로운 경험의 장을 실험하는 것처럼, 융은 적극적 상상을 통해 무의식을 경험하였다. Moreno는 융처럼 무의식을 억압과 부인의 콤플렉스 저장고일 뿐 아니라 지혜와 창조성의 잠재적 원천으로 보았다(Blatner, 2005).

융의 원형이론, 집단 무의식 이론은 모든 예술치료의 심리학적 토대가 되었다. 융은 인간의 마음속에 보편적으로 비슷한 형태로 존재하는 타고난 무의식을 '집단 무의식'이라고 하였다. 이 무의식은 개인의 체험에서 비롯된 것이 아니라 오랫동안 인류가 체험한 심적 내용이 굳어진 것이다. 특별한 상황에 처하면 비슷한 반응을 하게 되는데, 이는 집단 무의식에 의한 것이고 이것을 원형이라고 하였다. 사이코드라마에서 나의 이야기가 너의 이야기가 되고, 우리의 이야기가 되고, 우리의 어머니의 이야기가, 더 나아가 할머니의 이야기가 낯설지 않고 우리의 이야기가 되어 서로 어우러져 만남이 이루어지는 것은 아마도 융의 집단 무의식으로 설명이 가능하다. 특히, 융의 인류의 집단 무의식 관점에서 본다면, 인간에게 내재된 예술적 속성은 표현예술치료라는 이름을 붙였을 뿐 태고 이래로 지금까지 인간의 전인적 치유뿐 아니라 성장과 발달에 영향을 주었던 의미 있는 도구이다.

융의 그림자와 페르소나도 사이코드라마와 관련이 깊다. 자아의식이 거절한 것은 그림자가 되고, 긍정적으로 받아들인 것은 자아와 페르소나의 일부가 된다. 페르소나는 사회적 규범이나 관습과 양립함으로써 자아에게는 이질적인데 이는 그림자와 유사하다. 그러나 페르소나는 교육과 사회적 환경에 적응한 결과로 대중 앞에 나서고, 그림자는 자신을 드러내지 않고 은밀하게 숨어 있다. 그림자는 페르소나가 허용하지 않는 것을 하길 원한다. 그림자는 무의식적인 측면에 있는 '나'의 어두운 면이다 보니 자아가 자기의 일부분으로 받아들이지 않으려고 한다. 그렇다면, 그림자가 원래 부정적이고 열등한 것인가? 그렇지 않다. 무의식 속에서 분화될 기회를 잃은 채 침잠되어 있을 뿐, 의식화될 때 창조적이고 긍정적인 역할을 하게 된다. 그림자는 투사를 통해 자신의 그림자의 존재와 마주하게 된다. 그림자가 '나'의 일부가 되려면, 무의식 속에 내버려 두었던 그림자를 적극적으로 수용함으로써 창조적인 힘이 발휘되도록 해야 한다. 그림자를 외면하지 않고 경험하도록 허용할 때 부도덕 문제가 발생할 수 있겠지만, 한편으로는 더 큰 전일성을 획득한다(Stein, 2015). 융이 자신의 그림자와 마주하여 수용하길 원하는 것처럼, 사이코드라마도 가면을 벗고 내면의 진실과 마주하길 원한다. 즉, 융식으로 하면 사이코드라마는 페르소나를 벗고 숨겨 두었던 그림자를 드러내어 새롭게 경험하게 하는 작업이라고 할 수 있다.

개인의 성장과 치유에 있어서 창조성과 영성을 중요시하는 융(2016)은 창조적 표현을 무의식적 마음과 치유에 도달하는 수단으로 사용한다. 융은 자신의 주요한 기법인 적극적 상상에서 음악, 춤, 그림 등과 같은 예술치료 방법을 사용하는데, 특히 그림 그리기가 무의식적 이미지를 그림을 통해 즐거운 환상에 접근하도록 하여 정서적인 면을 표현하게 한다고 하였다(Brooke, 2010). 이는 사이코드라마에도 적용될 수 있다. 다만, 사이코드라마 세계에서는 그 표현 수단이 그림뿐 아니라 몸과 행위로 표현될 수 있는 것이라면 음악, 춤, 시 등 무엇이든 가능하다.

융과 Moreno가 만났다는 자료는 찾지 못했지만, 둘은 닮아 있다. 그러나 융은 예술가의 개인사와 연결하여 예술을 설명하는 것을 원치 않았고, 예술가는 집단 무의식을 표현하는 사람으로 간주하고, 이들에 의해 표출된 원형적 상징의 표현으로서의 예술작품에 관심을 가졌다(이부영, 2011). 이는 Moreno와 다른 점이다. Moreno는 예술작품보다는 그것을 표현하는 사람에게 관심을 가졌기에 그 사람의 삶의 이야기, 그 속에서의 진실된 만남이 중요하였다. 그렇다고 해서 Moreno는 개인에게만 집중하지 않았다. 오히려 개인과 함께 하고 있는 집단에서의 상호작용을 통한 집단 치유에 더 중점을 둔다.

2) 예술적 사이코드라마

고대로부터 인류와 늘 가까이 함께했던 것은 예술이다. 춤추고 노래하면서 서로의 이야기를 나누고, 집단을 형성하면서 치유의 도구로, 제례의식의 한 형태로, 놀이도구로 사용되던 예술 활동이 임상현장에서 주요한 역할을 하고 있다. 마음을 다루는 과정인 심리학은 예술과 관련이 깊은데, 이는 마음이란 예술의 모체가 되기 때문이다(이부영, 2011).

Weller는 개인의 신체, 정서, 인지를 통합하기 위해 예술매체를 사용하기 때문에 표현예술과 심리치료의 통합을 예술치료로 정의하고 있다(정광조, 이근매, 최애나, 원상화, 2013). 이 정의는 인간을 전인적 관점에서 해석하고 있으며, 이러한 시각에서는 전인적 치유와 예방 및 성장을 강조한다. 표현예술치료(통합예술치료와 유사하게 사용 가능)는 예술매체를 통해 인간 내면세계를 표출함으로써 인간의 전인적 통합을 목표로 한다(김진숙, 1996; 임용자, 2004). Corey(2013)도 예술치료의 목표를 인간의 총체적 분화에서 전체성과 연결성의 회복이라고 하였다. 즉, 인간을 지정의(知情意)뿐 아니라 영적인 측면까지 포함한 전인적 존재로 통합된 삶의 목표를 가지고 있다는 관점이다. 특히 전인적 관점에서 영성이 차지하는 비중은 크다(김영경, 2007). Nachmanovitch(1990)는 창조적 과정을 영적 통로로 제안하였고, Allen(1995)은 상상과 일상생활의 이미지에 형태를 부여하는 예술작품 제작이 영적 체험이자 앎의 방법이라고 주장하였다.

Collingwood(1998: 김혜숙, 김혜련, 2007 재인용)는 예술이 최초의 기본적인 인간의 정신활동이라고 하였다. 이를 근거로 최헌진(2007)은 인간이 인간다울 수 있는 유일한 근거가 예술임을 강조하였다. 뿐만 아니라 예술적 상상력은 인간의 인식을 지배하는 힘이고, 인간의 본질이다(Coleridge, 1984: 백기수, 1996 재인용). 미학자 Read(1955)는 삶이란 끊임없는 실험적 과정이기에 인간의 경험 자체가 하나의 예술이라고 하였다. 최헌진(2010)은 사이코드라마의 예술 창조의 재료는 인간, 몸, 행위라고 하였다. 즉, 사이코드라마 참가자 스스로가 창조품이 되고, 우리의 삶과 일상의 경험이 예술이 된다. 삶 자체가 하나의 창조이며 예술이고, 보편성보다 서로의 다름을 인정하고 그것을 추구하며 새로운 삶을 경험하고 창조하는 과정이라는 점에서 사이코드라마는 예술적이라고 할 수 있다.

최헌진(2007)은 예술적 사이코드라마에서 표현한 예술은 "인간의 삶을 해방시키는 혹은 인간의 생존을 위한 삶의 창조적 형식"으로 정의한다. 사이코드라마가 지금 여기에서의 창조활동이고, 과정상 실천적인 예술적 창조에 초점을 맞추기 때문에 사이코드라마 그 자체가 예술이고, 그래서 예술적 사이코드라마이다. 또한 몸과 마음의 예술을 바탕으로 하는 사이코드라마, 즉 맘(몸과 마음의 합성어)예술의 사이코드라마가 예술적 사이코드라마다(최헌진, 2007). 사이코드라마에서의 맘 예술은 있는 그대로 가장 적절한 순간의 드러남 자체이기에 재현과 표현을 넘어선 체화(embodiment)의 예술이다(최헌진, 2007).

최헌진(2007)이 '예술적 사이코드라마'라는 말을 사용한 것은 기존의 예술 매체 사용 때문이라기보다는 사이코드라마가 자발성, 창조성, 창조적 진행 과정 등을 통한 총체적 예술 또는 치유적 예술이라고 말할 수 있기 때문이다. 즉, 음악치료, 미술치료, 무용치료 등을 활용한다는 의미보다는 사이코드라마 고유의 예술적 측면을 강조한다는 의미가 크다. 왜냐하면 사이코드라마는 예술적 창조과정이기에 이미 다양한 예술적 표현 형식을 보유하고 있어서, 음악치료, 미술치료, 무용치료의 형식을 차용하지 않아도 이미 충분히 예술적이기 때문이다. 최헌진(2007)은 사이코드라마가 예술적 형식으로 바뀔 수 있어야 하고, 몸과 마음을 토대로 하는 맘 예술의 창조적 의미를 강조하였다. 이때 예술의 의미는 인간의 생존을 위한 삶의 창조적 형식이기 때문에 자신의 삶을 재창조하고 진실을 찾아가는 사이코드라마에 대한 예술적 의미 부여는 가능하다. 예술적 사이코드라마는 일상에서 벗어난 시공간, 오직 지금

이곳에서만 존재하는 순간적 삶의 예술이다. 다시 재현할 수도 없고, 재현한다고 해도 앞의 것과 동일하지 않기 때문에 지금 이 순간 있는 그대로의 드러남 그 자체가 예술적 사이코드라마가 된다.

2. 예술적 사이코드라마의 주요 개념

1) 자발성

사이코드라마는 이론보다는 기법 중심으로 더 많이 소개되고 있으나, 여기에서는 사이코드라마의 주요 개념으로 Moreno의 대표적 이론인 자발성, 창조성, 역할론을 살펴보고자 한다. 먼저, 자발성의 사전적 의미는 '남의 교시나 영향을 받지 않고 스스로의 힘으로 표현하는 일 또는 그런 특성'이다. Moreno는 자발성을 습관적이거나 고정관념에 사로잡히지 않고 기존 상황에 새롭게 반응하고 새로운 상황에 적절하게 반응하는 힘으로 정의한다(Moreno, 1953: 최헌진, 2010 재인용). 자발성은 능동적으로 행위적인 삶을 추구하는 힘으로 설명할 수 있는데, 가장 근접한 예로 감각적 경험만으로 이루어지는 아기의 움직임을 들 수 있다. 아기의 울고 웃음은 외부의 힘에 의한 것이 아니라 오직 자신의 경험에 따른 반응이기 때문에 가장 자발적이라고 할 수 있다. Moreno는 인간의 상상력은 태어날 때부터 주어진 것으로 현실과 상상의 세계를 자유롭게 오갈 수 있음이 곧 자발적이고 창조적임을 의미한다고 하였다. 이러한 인간의 능력이 환경에 의해 삶 속에서 희석되고 왜곡되어 힘을 잃게 됨으로써 온전히 '나'로 살기가 쉽지 않다. 사이코드라마에서는 주인공이 자신의 상상력을 통해 자신을 경험하고 타인을 경험함으로써 온전히 '나'를 경험하게 하는 장을 마련해 준다. 그 어느 누구의 개입과 간섭에 매이지 않고 온전히 자신이 되어 자신도 몰랐던 '나'와 마주하게 되는데, 이것을 가능하게 하는 힘이 곧 자발성이다.

2) 창조성

Moreno는 창조성은 실체이고, 자발성은 촉매라고 하였다(Moreno, 1953: Shu, 2010 재인용). 또한 창조성이 자발성을 자극하여 서로 상호작용하게 되는데, Moreno는 이러한 과정에서 인간이 자신의 창조적 힘을 자각하여 자발성과 창조성을 회복해야 한다고 하였다.

Moreno(1953: Shu, 2010 재인용)는 창조적 행위의 특징을 5가지로 설명하고 있다. 첫째, 창조적 행위는 자발적이다. 누군가의 강요에 의해서 이루어지는 것이 아니라 스스로에 의해 행위화가 이루어진다. 둘째, 창조적 행위는 경이롭다. 창조적 행위는 일상에서의 경험을 넘어서기에 놀라움 그 자체이다. 셋째, 창조적 행위는 현실을 넘어서는 행위이기 때문에 그것이 만들어진 이전의 현실을 변형시킨다. 넷째, 행위는 실존적으로 행위자를 창조자로 규정한다. 다섯째, 창조자는 세상을 구체적이고도 창조적으로 바꾸어 놓는다. 창조적 행위는 의식의 검열을 통과하기보다 순간에 그대로 드러나는 독특한 행위 자체이다. 창조성은 자발성에 의해 표출된다고 해도 과언이 아니기 때문에 자발성은 창조성과 성장의 근본이다. 이처럼 창조성은 자발성과 분리하여 생각할 수 없기 때문에 Moreno는 자발성과 창조성의 합일이 이루어지는 창조적 과정에 관심을 두었다(Moreno, 1983: Shu, 2010 재인용).

3) 역할론

Moreno(1960a)에게 있어서 역할은 대상에 반응하는 인간의 행위 형태로 자아표현의 최소 단위이다. 즉, 실제로 몸과 행위를 통해 표현되고 드러나는 형태이다. 역할놀이는 자유롭게 자발성을 가지고 자신 및 타인의 역할을 맡

아 행위하는 작업으로 광의적 의미로는 인간의 기본 활동이고, 협의적 의미
로는 사이코드라마의 중요한 기본 기법이다. Moreno는 역할이론에서 3가지
역할을 설명하였다(Moreno, 1960b). 첫째, 인간이 공통적으로 가지고 있는 생
리적인 고유의 역할(예: 먹는 사람, 자는 사람 등), 둘째, 타인과 관계를 맺는 사
회적 역할(예: 엄마, 아들, 친구, 이웃 등), 셋째, 상상, 기억에서의 인물에 기초
한 자아의 내적 역할, 즉 사이코드라마적인 역할(예: 화난 자아, 슬픈 자아 등)
이다. 역할놀이는 다양한 역할을 실제로 경험해 봄으로써 자신을 확장시키
고, 타인에 대한 이해가 넓어져 틀 속에 갇혀 있지 않고 행위화를 통해 스스
로 체험할 수 있는 실험의 장이 될 수 있다. 이러한 맥락에서 사이코드라마는
주인공이 역할자가 되어서 실제로 행위해 보는 실험의 장이 된다.

　Kipper(1986)는 역할놀이의 기능을 다음의 5가지로 설명하고 있다.

　① 역할놀이는 미지의 세계를 경험하게 한다.
　② 역할놀이는 삶의 과정에서 경험했던 특정 사건을 기념할 수 있도록 한다.
　③ 역할놀이는 공통된 가치체계와의 관계성을 확인시켜 준다.
　④ 역할놀이는 치유적 실습이 가능하다.
　⑤ 역할놀이는 구체적인 표현을 통해 의사소통의 양식이 된다.

　인간은 일상 속에서 수많은 역할을 하고 있고, 그 속에 빠져 있기에 실제로
어떻게 반응하고 있는지 알아차리기가 쉽지 않다. 이때 필요한 것이 바로 역
할거리(role distance)이다. 역할거리는 나로부터 벗어나 나를 볼 수 있는 상징
적 거리이다. 즉, 내 역할에만 빠져 있지 않고, 역할교대나 거울기법으로 일
정 거리를 두고 나를 바라볼 때 평소에 알고 있었던 내가 아닌 또 다른 나를
경험하게 되기 때문에 사이코드라마에서 역할거리는 중요하다.

3. 사이코드라마의 치료요인

Corsini와 Rosenberg(1955)는 집단정신치료의 치료요인을 최초로 체계적으로 분류하여, 수용, 이타주의, 보편성, 주지화, 현실검증, 전이, 상호작용, 관찰자 치료, 감정과 사고의 표출 등을 제안하였다. Yalom(1995)은 치료요인으로 자기이해, 대인관계 학습, 보편성, 이타심, 가족 재구조화, 카타르시스, 집단 응집력, 동일시, 지도(guiding), 실존요인, 희망의 고취 등 11개로 설명하고 있다. 사이코드라마가 집단정신치료로서 이와 같은 치료요인과 맥락을 같이할 수 있으나, Moreno는 사회원자, 텔레, 워밍업, 역할연기, 자발성, 창조성, 문화적 보존으로 설명하고 있고, Zerka Moreno는 텔레, 자기노출, 즉, 치료자의 진실성, 자기개방, 카타르시스, 행위통찰을 치료요인으로 보았다. Kellermann(1992)은 사이코드라마의 치료요인으로 7가지를 제안하였다. 즉, 치료자의 기술(능력, 성격), 정서적 제 반응(정화, 억압된 감정 표출), 인지적 통찰(자기이해, 개념의 재구조화), 인간관계 학습(참만남, 텔레, 전이, 역전이의 탐색을 통한 학습), 행동학습, 상상하기, 비특징적 요인(이차적 요인들로 상호 신뢰성, 치료의 제 인식, 마술적인 면들)이다.

Moreno가 병리적 관점을 배제하고 있기 때문에 치료요인이라는 용어 자체가 사이코드라마의 정신에 맞지 않다고 생각한 최헌진(1999)은 치료요인을 변화인이라 명명하였다. 최헌진은 변화인이 환자뿐 아니라 일반인의 자아 성장의 목적으로도 존재함을 고려하여 다음과 같이 7가지를 제안하였다.

① 일탈성: 익숙한 일상에서 벗어나서 어쩌면 일상으로부터의 탈출처럼 지금 여기에 충실하고자 하는 자발성이다. 일상의 반복 속에서 벗어나 새로운 가능성의 장으로 주변인이 아닌 주인공의 역할로 나아가는 경험이다.

② 부정성: 익숙한 "예"에서 "아니요"라고 표현함으로써 새로운 시각의 열림을 경험하는 또 하나의 자발적 반응이다.

③ 회의성: '나는 누구이고, 어떻게 살아야 하는가?'에 대한 끊임없는 질문을 갖게 하는 회의성은 진실한 나를 찾고자 하는 자발적인 힘의 속성이다.

④ 도취성: 빠짐, 몰입, 일종의 광기이고 현실적으로 살아보지 못한 새로운 세계로의 내적 일탈이기에 중독증과 유사하다. 그러나 도취성은 변화와 확장이 있지만, 중독증은 단순한 반복에 의한 습관과 집착성을 보인다는 점에서 도취성과 구별된다.

⑤ 자유성: 능동적이고 적극적으로 반응하는 힘이며, 그 어떤 정체됨 없이 변화되어 흘러가고자 하는 자발적 힘이다.

⑥ 생성성: 주어진 인식의 틀을 보존하려는 것이 아니라 자신만의 의미와 가치를 새롭게 만들어 가는 창조과정이다.

⑦ 참빔성: 채움과 비움을 의미한다. Moreno식으로 말하면 신성(神性, 우주적 인간의 성질)이다. 참빔성은 다른 여섯 가지의 자발적 속성을 아우르는 최상의 자발성이다.

이러한 7개의 변화요인은 자발성을 축으로 이루어진 것이고, 현실적 삶 속에서도 똑같이 응용될 수 있다. 최헌진은 7가지 변화요인에 대응하여 자발성을 가로막는 현실요인으로 습관인, 관념인, 집착인, 질서인, 정체인, 소유인, 불가지인을 제시하였다. ① 습관인은 일상성, 당위성, 정상증에 습관화된 인성, ② 관념인은 합리성, 이론, 언어, 개념 등에 의해 관념화된 인성, ③ 집착인은 신체, 이상적 자아상 등에 집착된 인성, ④ 질서인은 도덕성, 관심, 규율에 얽매인 인성, ⑤ 정체인은 집단의식, 인간관계성에 빠져들어 있는 인성, ⑥ 소유인은 물질, 시간, 소유에 사로잡혀 있는 인성, ⑦ 불가지인은 고독, 무의미, 불완전성에 놓여나지 못한 인성이다. 이와 같은 현실요인은 저항을 촉발하는 기본요인으로 변화요인이 드러나지 못하게 방해하고 있다.

사이코드라마를 상담현장에서 활용할 경우, 치료요인 중 카타르시스를 목적으로 사용되는 경우가 많다. TV 매체를 통해 방송될 때도 바타카로 의자를 치거나 소리를 지르게 하는 장면을 자주 보게 되면서 이러한 생각이 일반화되고 있다. 이런 점에서 카타르시스를 좀 더 살펴보고자 한다. 카타르시스는 아리스토텔레스가 『시학』에서 관객이 감정 방출하는 것을 카타르시스라는 용어로 처음 사용하였다. 아리스토텔레스는 비극의 기능이 관객의 의식과 영혼을 정화시키는 카타르시스의 분출이라고 하였다. 카타르시스는 관객이 극의 인물을 공감함으로써 경험한 것을 다른 관객과 나눔으로써 해방감을 극대화한다. 아리스토텔레스에 따르면, 극의 주목적은 교육이나 오락이 아니라 공동체의 조화와 치유로 이어지는 감정들의 방출이다(Boal, 1985: Brooke, 2010 재인용).

정신치료에서는 환자를 정서적으로 깨끗이 하는 의미의 의학용어로 카타르시스를 사용하고 있다(Kellermann, 1992). Moreno는 카타르시스를 안에서 밖으로 나가 비움이 되는 방출과 해방으로 묘사하였다. 즉, 카타르시스는 자기표현을 위한 자발성을 촉진하고 강화하는 목적으로 사이코드라마에서 활용되고 있다. 이를 통해 그동안 막혀 있었던 그 무엇인가가 무너지게 되어 자기 안에 공간이 만들어지면 자신의 정서, 사고, 행동을 재구조화할 수 있다.

사이코드라마에서의 카타르시스는 행위를 통해 경험하게 되고, 참여한 모두가 경험하게 되는 집단 카타르시스이기에 공동의 창조 작품이기도 하다. 개인이 혹은 집단이 함께 강력한 정서 방출만으로도 즉각적인 치료 효과가 있다고 할 수 있으나, 카타르시스는 소리를 크게 지르고, 감정을 폭발시켜야만 하는 것은 아니다. 안전한 공간에서의 이러한 시도는 의미가 있긴 하지만, 진정한 카타르시스는 내적인 부조화의 통합으로 인한 새로운 자각이 중요하다. 이러한 자각은 독백이나 단순한 역할 바꾸기를 통해 내적 투쟁을 경험하는 것만으로도 가능할 수 있다(Blatner, 2000: Brooke, 2010 재인용).

사이코드라마 치료요인 연구에서 집단상담의 치료요인 척도인 Yalom의 척도를 사용하여 연구가 진행되어 왔다(이용희, 2006; 윤성철 외, 1999; 이후경, 현지은, 윤성철, 김선재, 2000). 이후경 등(2000)은 초범 및 경범인 비행청소년 대상으로 사이코드라마를 실시하고 치료요인을 연구한 결과, 전체 대상자들에게서는 실존성, 보편성, 치료자와의 동일시, 희망의 고취 순으로 높게 나타났다. 역할별로는 차이를 보였으나 모든 역할에서 가장 높게 나온 것은 실존성으로 나타났다. 실존성은 기본적인 삶에 대한 태도로서 자신의 삶에 대해 다시 한 번 더 책임 있게 바라보게 하는데, 사이코드라마를 통해 자신의 삶을 새롭게 경험함으로 나타나는 현상으로 여겨진다. 실존성은 낮병원 및 입원 병동의 성인 환자뿐만 아니라 일반인들에게서도 상위순위를 차지하였다(윤성철 외, 1998: 윤성철 외, 1999: 이충순, 유계준, 김명희, 1984). 실존성 다음으로 높게 나온 것은 보편성인데, 보편성이 높게 나온 집단은 낮병원 환자, 알코올 중독 환자 등 유사한 증상을 보이는 동질집단이다(윤성철 외, 1999; Yalom, 1995).

4. 사이코드라마 과정 및 기법

1) 과정

Hollander(1969)는 사이코드라마 진행과정을 준비 단계, 행동화 단계, 통합 단계로 구분하였는데 사이코드라마 과정의 특징이 잘 드러나도록 구분하면 일반적으로 준비 단계, 행위화 단계, 마무리 단계로 명명할 수 있다.

(1) 준비 단계
준비 단계는 현실의 문에서 나와 사이코드라마의 세상으로 들어가는 문을 통과하게 하는 과정이다. 어떤 일을 수행함에 있어서 준비가 필요하듯이, 사이코드라마를 시작하기 전에 현실에 익숙한 생각과 행위를 멈추고, 주인공, 디렉터, 관객 모두가 새로운 만남의 장으로 들어가기 위해 지금 이순간의 자발성을 촉진하며 준비작업을 하는 중요한 단계이다. 필자가 사이코드라마 수련을 받을 때를 예로 들면, 기차를 타면서부터 사이코드라마 연구소 문을 열고 들어가는 순간까지 그 과정 자체가 하나의 워밍업이 된다. 알 수 없는 긴장감과 함께 약간의 설렘과, 자유로움, 기대 등 여러 감정이 교차하면서 연구소 계단을 밟고 올라가 문을 여는 순간 현실이 아닌 다른 세상으로 순간 이동한 듯한 경험을 하게 된다. 이러한 자신만의 워밍업을 통해 사이코드라마 세상에서의 워밍업을 준비하기도 한다.

준비 단계의 주요 목적은 이성보다는 몸의 경험으로 사이코드라마에 대한 이해를 돕고, 집단의 참여를 위한 응집력을 촉진할 뿐 아니라 주인공으로 참여하고자 하는 자발적인 의지가 생기도록 준비시키는 것이다. 이러한 과제 수행으로 방관자 없이 나의 일부가 아니라 온몸으로 전적으로 참여하여, 나, 너 그리고 우리의 만남을 목표로 나아가게 된다. 이를 위해 디렉터는 집단의 크기, 특성, 참여자들의 현재 몸과 마음 상태, 시간 등을 고려하여 워밍업 방법을 선택한다.

Moreno(1947: Blatner, 2005 재인용)는 준비 단계에서 자발성을 높이기 위한 필요조건으로 다음과 같이 제시하였다. 첫째, 신뢰감과 안전감이다. 낯선 공간에서 낯선 사람들과 함께 어쩌면 자신도 알지 못했던 진실과 마주할 수 있기 때문에 워밍업 단계에서 신뢰감과 안전감을 느끼게 하는 것은 중요하다. 둘째, 직관, 상상, 느낌이다. 계산적이거나 현실적이 되어 버리면 경험의 역할놀이판은 깨지고 만다. 페르소나를 벗고, 내 안의 그림자가 적극적 상상을 통해 표출될 수 있도록 준비시키는 것이 필요하다. 셋째, 긴장감을 해소시킬 수 있는 유희성이다. 사이코드라마에서는 분노, 아픔, 울부짖음만 있는 것이 아니라 그러한 긴장감 속에서도 자발성이 떨어지지 않는 것은 웃음이라는 쉼의 공간이 있기 때문이다. 워밍업에서의 유희성은 새로운 만남의 장으로 계속 나아갈 수 있도록 잠깐의 쉼을 통해 힘을 재결집시키기 위해 필요한 중요한 조건이라 할 수 있다. 넷째, 새로운 세상을 탐색하려는 동기이다. 지금까지 경험했던 방식과는 다른 방식으로 새로운 세상을 탐색하려는 호기심과 용기를 불러일으키는 것은 워밍업에서 반드시 해결해야 할 중요한 과제이다. 이러한 마음이 참여자들로 하여금 주인공으로 나아가게 하고, 관객 또한 열린 마음으로 함께 할 준비를 하게 된다.

(2) 행위화 단계

행위화 단계는 디렉터가 워밍업 단계를 통해 자발적으로 등장한 주인공과 함께 서로 영향을 주고받으며 삶과 진실을 탐구하는 과정이다. 행위화 단계에서는 장면을 만드는 것이 중요하다. 크게 인터뷰 장면, 첫 장면, 연결 장면, 중심 장면, 마지막 장면으로 구분된다. 인터뷰 장면은 주인공으로 나오기까지의 생각과 느낌을 탐색하고, 주인공의 자발성과 준비 정도를 파악한다. 인터뷰 장면 대신에 주제만으로 장면을 만들 수 있는데, 이를 주 장면(chief scene)이라고 한다. 주인공이 언급한 한두 문장의 주제를 가지고 바로 "보여 주세요."라고 해서 언어적으로 길게 진행되는 인터뷰를 방지하고, 말이 아닌 행위화를 할 수 있도록 한다.

첫 장면은 인터뷰 장면이나 주 장면에서 언급된 최소한의 등장인물, 시간, 장소, 상황을 단서로 하여 만든다. 첫 장면을 통해 자발성을 방해하는 요인들을 제거하고, 역할 행위화와 감정 표현의 수준을 점검하면서 다음 장면으로 나아갈 준비를 한다. 연결 장면은 장면과 장면들을 연결해 주는 짧은 장면으로 앞 장면을 요약하거나, 문제점을 보완하기 위해 디렉터와 의논하거나, 자신의 느낌과 생각을 이야기하면서 다음 장면에 대해 준비하는 과정이다. 중심 장면은 첫 장면과 마지막 장면을 제외한 모든 장면이 이에 해당된다. 일반적으로 3~5개의 중심 장면이 만들어지고, 이는 모두 중심 주제와 연결되어 있다. 중심 장면이 진행될수록 자발성은 증가하고, 행위가 많아지며, 몰입도 깊어지고 카타르시스를 경험하게 되는데, 이 과정을 통해 주인공뿐 아니라 관객도 유사한 경험을 하게 된다. 더 나아가 주인공은 자신의 전이와 투사를 드러내면서 자신의 대상관계를 구체화한다(Dayton, 2008). 마지막 장면은 절정 경험, 즉 최고의 감정 상태 이후에 인위적으로 만들어진다기보다 자연스럽게 이어지는 장면이다. 말 그대로 원 없이 놀았는지를 확인하고, 무대를 떠날 준비를 하게 된다.

(3) 마무리 단계

마무리 단계는 크게 역할 벗기와 나누기로 구분된다. 역할 벗기는 행위화에 참여했던 모든 참여자들이 자신의 역할(주인공, 보조자 등)에서 벗어나는 과정이다. 일반적으로 머리부터 발끝까지 손으로 몸을 털면서 역할을 벗어나는 상징적 행위화를 통해 역할 벗기를 한다. 다만, 강한 감정적 여운이 남아 있는 역할자가 있을 경우에는 주인공과 집단의 양해하에 가능한 한 짧고 간단하게 탈역할 행위를 시도하기도 한다. 역할 벗기는 나누기를 기점으로 전후에 진행할 수 있는데, 역할 벗기를 먼저 한 후에 나누기를 할 경우 역할이 아닌 자신의 느낌과 경험으로 충고를 할 수 있기에 주의가 필요하다.

나누기는 주인공의 행위화 과정에 집단이 함께 했음을 언어와 행위로 표현하는 시간이다. 나누기에는 주인공과 유사한 경험, 유사한 느낌, 유사한 상황이지만 다른 느낌 등이 포함된다. 나누기는 주인공만큼이나 집단에게도 자기감정을 환기시키고 사이코드라마에서 이루어진 카타르시스를 재경험하게 한다(Blatner, 2005).

나누기 방식은 여러 가지가 있지만, 필자가 자주 사용하는 나누기 방식은 이야기치료(White, 2010)에서 외부증인에 의한 정의예식(definitional ceremony)을 활용하는 방법이다. 외부증인은 사이코드라마에서 집단과 유사한 성격으로 다음과 같은 4가지 질문에 답하는 형식으로 나누기가 진행될 때

조언이나 충고를 예방할 수 있다.

① 표현질문: 주인공의 행위화에 참여하면서 개인적으로 마음에 와 닿은 것이나 관심이 가는 단어나 문장 또는 감정 표현에 초점을 두어 나눈다.
② 이미지 질문: 주인공의 행위화에 참여하면서 떠오르는 이미지를 나눈다.
③ 공명 질문: 주인공의 행위화에 참여하면서 자신의 삶의 어떤 울림이 있었는지를 나눈다. 즉, 자신의 삶의 어떤 부분이 떠오르고 연관되는지를 나눈다.
④ 이동질문: 주인공의 행위화에 참여하면서 마음이나 생각의 움직임(이동)이 있었는지를 나눈다.

나누기는 말로만 하는 것이 아니라 행위로 표현하기도 한다. 예를 들면, 안아 주거나, 업어 주기 등 주인공의 동의하에 행동으로 표현할 수 있다. 가끔은 말보다 행동으로 표현하는 나누기가 더 감동적일 때도 있다.

2) 기법

(1) 기본 기법

① 역할놀이

사이코드라마에서의 역할놀이는 연극적 역할극이나 역할연기와는 다르다. 역할극에서의 역할의 중심은 부여된 역할, 즉 타인 중심이지만, 사이코드라마적 역할놀이의 중심은 자기 자신이다. 역할자는 자신의 삶 자체를 역할화하기에 자신을 있는 그대로 드러내게 된다.

디렉터, 보조자도 주인공의 세계를 함께 창조하고자 하는 역할이고, 지금이 순간에 주인공과의 만남에 의한 역할놀이에 참여한 역할자이다. 주인공

에 의해 역할이 부여되고, 주인공을 위해 역할을 수행하지만, 그 속에서 내가
드러나게 되고, 또 다른 나와 마주하게 된다. 동일한 역할이라 할지라도 누가
하느냐에 따라 다른 것은 그 역할에서 나 자신이 드러나기 때문이다.

② 역할 바꾸기

역할 바꾸기는 깨달음의 과정이다. 나를 떠나 대상이 되었을 때 자신을 제
대로 경험하게 된다. 역할 바꾸기의 목적은 다음과 같다. 첫째, 정보 획득이
다. 이는 주로 인터뷰 방식으로 진행된다. 예를 들어, 여자 친구와 이별한 남
자 주인공일 경우, 주인공이 여자 친구 역할 바꾸기를 통해 두 사람 간의 연
애 역사를 인터뷰 방식으로 습득한다. 둘째, 자신을 돌아보게 하려는 목적이
다. 예를 들어, 자신이 사용하는 방에 배치된 익숙한 물건이나 가구 중 하나
로 역할 바꾸기를 해서 제3자적 관점에서 자신을 경험하도록 하는 방법이다.
셋째, 상대의 입장을 이해하기 위한 목적이다. 넷째, 주인공의 저항을 극복하
기 위함이다. 생각이 많아 계속 말로만 표현하고자 하거나 행위화를 주저할
때 역할 바꾸기를 통해 주인공의 저항을 다스리게 한다. 다만, 상대자가 가해
자나 폭력자인 경우에는 역할 교대 시 주의가 필요하다.

역할 바꾸기의 예를 들면 다음과 같다.

디렉터1: 당신의 방에는 어떤 물건들이 있나요? (천이나 소품을 이용하거나
　　　　집단을 이용해서) 이것들을 이용해서 한 번 배치를 해 봐 주세요.
주인공1: 침대가 있고요, 침대 옆에 책상이 있어요. 책상 위에는 책들과 노
　　　　트북……큰 거울도 있어요.
디렉터2: 그래요. (침대와 주인공의 자리를 바꾸면서) 먼저 침대가 되어 보
　　　　시겠어요? 저 사람과 몇 년째 같이 지내고 있나요?
주인공2(침대역할): 한 10년 된 것 같아요.
디렉터3: 와우! 꽤 오랫동안 함께 지냈는데, 우리끼리 이야기지만 저 사람

어떤 사람인 것 같아요?

주인공3(침대 역할): 좀 이상해요. 밤에 잘 때면 울어요. 왜 우는지 모르겠어요. 그런데 소리도 내지 않고 울어요. 어떨 땐 무섭다니깐요.

디렉터4: 그런 모습 보면서 하고 싶었던 말이 있었을 것 같은데, 저 사람에게 한 마디 한다면 뭐라고 하고 싶으세요?

주인공4(침대 역할): 야! 울려면 소리라도 내서 실컷 울어~~~.

이와 같은 방식으로 주요한 소품들과 역할 바꾸기를 진행한 후, 보조자가 주인공이 했던 말을 주인공에게 들려주어 자신과 조금 더 깊이 있는 만남을 할 수 있도록 한다.

③ 이중자(double) 기법

이중자 기법은 또 다른 나를 통해 숨겨진 상보적 측면을 드러내거나 자신의 진실한 선택을 경험하게 하는 방법이다. Blatner(2005)은 이중자 기법의 목적을 3가지로 설명하고 있다. 첫째, 주인공의 이야기를 강조하거나 과장함으로써 주인공의 심리적 경험을 충분히 드러내도록 자극하고, 둘째, 주인공이 새로운 경험 속으로 들어가도록 지지해 주고, 셋째, 효과적인 제안과 해석을 통해 주인공이 조금 더 쉽게 마음을 열기 위함이다. 이중자 역할은 다음과 같다. 첫째, 주인공을 지지하고 힘을 주는 지지적 이중자, 둘째, 주인공을 자극하여 자신의 진실을 드러내도록 하는 도발적 이중자, 셋째, 양가감정을 드러내도록 하는 양가적 이중자로 구분된다. 이중자 기법을 사용할 때, 보조자가 어떤 이중자 역할을 하던 이중자가 표현하는 대사는 주인공이 사용했던 표현에 준하도록 함이 필요하다. 보조자가 너무 과장되게 표현하거나 지나치게 확대 해석할 경우, 오히려 주인공의 자발성을 떨어뜨릴 수 있기 때문이다.

(2) 워밍업 기법

워밍업을 통해 사이코드라마를 이해시키고, 특히 역할놀이를 통해 자신뿐 아니라 타인과의 만남을 준비시키는 기법으로 자발성을 이끌어 내도록 한다. 사이코드라마에서 만남은 중요한 의미이기에 워밍업을 통해 친밀감을 넘어 습관화된 만남이 아닌 지금 이 순간의 만남을 준비하게 한다. 최헌진(2010)은 워밍업의 목적을 3가지로 설명하고 있다. 첫째, 자발성 증진, 둘째, 상호만남 촉진과 결속력 다지기, 셋째, 역할놀이와 자기표현에 자유로워지기이다. 아동에게 있어서 놀이와 창조적 표현은 너무 쉬운 일이나 성인에게는 쉽지 않다. 사회 또는 규범이 만들어 놓은 페르소나에 익숙해져 있기에 평상시와 다른 열린 공간을 만들어 창조적 표현이 가능하도록 기회를 제공해 주는 차원에서 워밍업은 중요하다.

- 방법 1: "내가 알고 있는 누군가와 닮은 사람의 어깨 위에 손을 올리세요." 또는 "내 심장과 유사한 느낌(감정의 형용사를 사용해서 표현)을 가진 사람의 어깨 위에 손을 올리세요." 등과 같은 지시를 통해 서로 간의 느낌을 교류하고 만남을 준비시킨다. 어깨 위에 손을 올리다 보면 연결고리가 형성되는데, 이때 뒤에서부터 한 명씩 상대를 선택한 이유를 한두 마디로 나누게 하면서 만남을 준비한다([그림 8-1]).

[그림 8-1]

• 방법 2: 서로 체격이 비슷한 사람끼리 2명씩 짝을 이루어 한 명이 파트너의 뒤에서 허리를 잡고 부정적인 말(예: '할 수 없어!' '주제 파악 좀 해라.' 등)을 하게 한다([그림 8-2]). 이때 파트너는 부정적인 말에 반박하면서 온 힘을 다해 그 올무에서 빠져 나와 자신의 부정적인 내면의 소리로부터 벗어나는 경험을 하게 한다. 이때, 온 힘을 다해 빠져나오기에 안전에 주의가 필요하고, 디렉터는 전체를 살피면서 참여자들이 어떤 경험을 하고 있는지 관찰을 통해 비언어 메시지를 파악한다.

[그림 8-2]

• 방법 3: 의자 2~3개를 준비하여 의자를 사용해서 현재의 자신과 과거 어느 한 장면의 자신을 시각화하여 묘사하게 한다. 과거와 현재의 모습 중에 하나를 선택해서 지금 이순간 자신이 하고 싶은 이야기를 간단하게 표현하게 한다. 이러한 과정을 한 명씩 돌아가면서 한 다음 주인공을 초대한다. 이 방법은 참여 인원이 10명 이하일 때 적합하고, 20명 이상일 경우는 변형해서 활용한다. 즉, 집단 중에서 4~5명 정도 자원을 받아 진행하고 나머지 집단들은 자신의 마음에 끌리는 의자 뒤에 서게 해서 그 의자를 선택한 사람들끼리 모여 선택한 이유를 서로 나누면서 워밍업을 한다. 집단 크기에 따라 10~20분 정도로 나누고, 너무 오랜 시간이 소요되지 않도록 한다. 워밍업은 말 그대로 준비 단계이기 때문에 워밍업 차원에서 진행하도록 한다([그림 8-3]).

[그림 8-3]

(3) 행위화 기법

① 기본기법

a. 확대법: 목소리 확대나 자세 및 거리의 확대를 통해 주인공이 행위화 할 수 있도록 한다.

b. 강화법: 힘을 실어 주기 위한 목적으로 사용된다. 주로 사용되는 기 법으로는 표현을 한두 단어로 압축하여 반복하는 방법, 이중자 기법 으로 지지집단 형성(예: 신, 천사, 슈퍼맨 등), 또는 녹용이나 청심환과 같은 힘의 상징인 물질을 이용하는 방법 등이다.

c. 구체화법: 애매하고 추상적인 것을 구체적으로 가시화하고 역할화하 는 기법이다. 자주 사용되는 기법은 사랑과 같은 추상적인 개념을 의 인화하는 방법, 고통을 의자나 가방과 같은 무거운 물건을 들게 하거 나 사람이 매달리는 것 등으로 무게감을 느낄 수 있도록 상징화한다 ([그림 8-4]).

d. 감정이동: 바타카 등으로 감정을 이동시켜 표현하게 하는 것으로서 어느 정도 감정과 접촉이 되었을 때 가능하다. 감정 접촉이 되지 않 은 상태에서 바타카를 통해 표출하게 할 경우, 오히려 주인공의 자발 성을 떨어뜨릴 수 있으니 감정의 흐름을 잘 파악하여 시도해야 한다.

[그림 8-4]

② 개입기법

a. 행위중단: 위험한 돌발 상황 발생 시 행위 중단이 사용되는데 이를 대비해서 위험을 느낄 경우 'stop!'이라고 외치기 등 주인공과 미리 암호를 정하여 활용한다.

b. 유머: 지속된 긴장 분위기 전환을 위해 필요하다. 사이코드라마는 보통 3시간 정도 진행되기에 긴장이 지속될 경우, 주인공과 집단 모두 지칠 수 있기 때문에 분위기 전환을 위해 디렉터의 유머가 필요하다.

c. 코칭: 관객을 이용해서 주인공이 역할을 잘 감당할 수 있도록 코칭한다. 이때 디렉터는 '잘할 수 있을까?' '못할 걸?' '내기해 볼까?' 등과 같은 표현으로 집단을 참여시키면서 집단 반응을 통해 주인공을 자극한다.

d. 시간 압축: 인간의 한 평생의 이야기를 3시간에 모두 풀어 놓기는 어렵고, 또한 모든 이야기가 필요한 것은 아니다. 이럴 때 불필요한 설명을 건너뛰고 핵심으로 바로 개입하는 기법이다.

e. 공간 이동: 주인공의 자발성이 떨어질 때 편한 장소로 순간 이동한다. 예를 들면, 산, 바다, 우주 등 주인공이 가고 싶어 하는 곳이면 어디든 이동이 가능하다.

f. 장애물 극복: 주인공이 행위화를 함에 있어서 주저하게 하는 장애물은 늘 있기 마련이다. 이때 장애물을 형상화하여 탈출, 뚫기 등을 통해 장애물을 극복하는 경험을 하게 한다([그림 8-5]).

[그림 8-5]

g. 이미지화: 주인공이 자신의 현 상태를 소품과 관객을 이용하여 이미
  지화한다. 또는 디렉터가 주인공의 이야기를 듣고 이미지화하기도
  한다. [그림 8-6]은 주인공이 집단을 이용하여 현실 속에서 '무작정
  열심히 일만 하는 나' '지쳐 있는 나' 하지만 '늘 밝고 환한 미소로 에
  너지 넘치는 나' 등 3개의 페르소나로 살아가는 자신을 삐에로로 형
  상화 하였다.

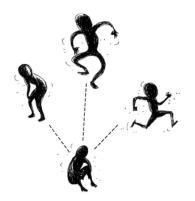

[그림 8-6]

(4) 마무리 기법

① 장면 마무리: 주인공이 마지막으로 하고 싶은 것을 하도록 한다. 예를
  들면, 마지막 인사, 마음속에 남기고 싶은 사진 찍기, 노래 등이다. 주인
  공이 마지막으로 하고 싶은 것은 너무나 작은 것들이다. '사랑한다'라는
  말을 듣고 싶다거나, 업혀 보고 싶다거나, 안겨서 자장가를 듣고 싶다거

나와 같은 아주 작은 것들이지만 그들에게는 평생의 한이 될 정도로 원하는 것이기에 이와 같은 장면 마무리가 이들에겐 의미있는 경험이고 선물이 된다.

② 집단 마무리: 주인공의 이야기에 함께 참여한 집단들의 나누기로 진행된다. 사이코드라마는 혼자 한 것이 아니라 집단과 함께 한 것이기에 서로의 마음을 표현하는 장을 마련하는 것은 주인공뿐 아니라 집단에게도 필요한 시간이다.

참고문헌

김영경 (2007). 중년기 교인들의 목회상담을 위한 전인적 안녕 모형. 연세대학교 대학원 박사학위논문.

김유광 (1992). 모레노의 일생. 한국임상예술학회 3월 월계 학술집담회 구연논문집(2-12). 서울: 한국임상예술학회.

김진숙 (1996). 예술심리치료의 이론과 실제. 서울: 중앙적성출판사.

김혜숙, 김혜련 (2007). 예술과 사상. 서울: 이화여자대학교 출판부.

백기수 (1996). 미의 사색. 서울: 서울대학교 출판부.

윤성철, 이후경, 김선재, 이규항, 함웅, 홍향희 (1999). 입원환자를 대상으로 한 대집단 사이코드라마의 치료요인 연구. 신경정신의학, 38(2), 306-316.

윤성철, 이후경, 정인과, 이규항, 함웅, 차정화 (1998). 정신병환자에서 집단정신치료와 사이코드라마의 치료요인 비교. 신경정신의학, 37, 437-452.

이부영 (2011). 분석심리학-C. G. Jung의 인간심성론-. 서울: 일조각.

이용희 (2006). 심리극 주인공 경험이 자기개념, 희망감 및 치료적 요인에 미치는 영향과 경험 내용의 질적 분석. 전북대학교 대학원 석사학위논문.

이충순, 유계준, 김명희 (1984). 단기집단정신치료의 치유인자. 신경정신의학, 23, 183-188.

이후경, 현지은, 윤성철, 김선재 (2000). 비행청소년을 위한 대집단 사이코드라마의 치료요인. 신경정신의학 39(6), 1023-1035.

임용자 (2004). 표현예술치료의 이론과 실제. 서울: 문음사.

정광조, 이근매, 최애나, 원상화 (2013). 예술치료. 서울: 시그마프레스.

최헌진 (1999). 사이코드라마의 변화요인. 한국사이코드라마학회지, 2(1), 89-111.

최헌진 (2007). 예술적 사이코드라마. 한국사이코드라마학회지, 10(3), 1-14.

최헌진 (2010). 사이코드라마 이론과 실제. 서울: 학지사.

Allen, P. B. (1995). *Art is a way of knowing*. Boston: Shambhala.

Blatner, A., & Blatner, A. (1988). *Foundations of psychodrama: History, theory & practice* (3rd ed.). New York: Springer.

Blatner, A. (2005). 사이코드라마 기법 (최윤미 역). 서울: 시그마프레스. (원저 1996년 출판).

Brooke, S. L. (2010). 창의적 통합예술치료 매뉴얼 (류분순 역). 서울: 하나의학사. (원저 2006년 출판).

Corey, G. (2013). 심리상담과 치료의 이론과 실제 (조현춘, 조현재, 문지혜, 이근배 역). 서울: 박영사. (원저 2012년 출판).

Corsini, R., & Rosenberg, B. (1955). Mechanisms of group psychotherapy: Process and dynamics. *Journal of Abnormal and Social Psychology, 51*, 406-411.

Dayton, T. (2008). 사이코드라마와 집단치료매뉴얼 (김세준 역). 경북: 도서출판 비블리오드라마. (원저 2005년 출판).

Fine, L. J. (1979). Psychodrama. In R. J. Corsini (Ed.), *Current psychotherapies*. Peacock, Illinois.

Hollander, C. (1969). *A Process for psychodrama training: The Hollander psychodrama curve*. Denver, Colorado: Evergreen Institute Press.

Jung, C. G., von Franz, M. L., Henderson, J. L., Jacobi, J., & Jaffe, A. (2016). 인간과 상징 (김양순 역). 서울: 동서문화사. (원저 1964년 출판).

Kellermann, P. F. (1992). *Focus on psychodrama: Therapeutic aspects of psychodrama*. London: Jessica Kingsley Publisher.

Kipper, D. A. (1986). *Psychotherapy through clinical role playing*. Brunner/Mazel, New York.

Moreno, J. L. (1960a). Definitions of group psychotherapy. *Group Psychotherapy*, *13*, 57–62.

Moreno, J. L. (1960b). *The sociometry readers*. Glencoe, IL: The Free Press.

Nachmanovitch, S. (1990). *Free play: Creativity in life and art*. New York: Tarcher/ Perigee.

Shu, G. (2010). 삶을 변화시키는 예술치료 (최외선, 조성희, 이미옥 역). 서울: 학지사. (원저 2003년 출판).

Stein, M. (2015). 융의 영혼의 지도 (김창한 역). 서울: 문예출판사. (원저 1998년 출판).

White, M. (2010). 이야기치료의 지도 (이선혜, 정슬기, 허남순 역). 서울: 학지사 (원저 2007년 출판).

Yalom, I. D. (1995). *The theory and practice of group psychotherapy* (4th ed.). New York: Basic Books.

제9장
심리상담 안에서의 음악심리치료적 접근법의 활용*

상담훈련생을 위한 음악으로 유도된 심상(Guided Imagery of Music) 기법과
뮤직사이코드라마(Music psycho drama) 프로그램
현상학적 사례 연구를 중심으로

조은혜
(신안산대학교 교양과 교수)

1. 들어가는 말

프로이트가 무의식을 발견하고 정신을 과학적으로 다루기 시작한 후 정신
분석은 정신치료의 기초 이론이 되어 왔다. 한편, 융은 현대인의 가장 저변에
깔린 심리적 문제의 원인을 자기분열, 자기소외, 즉 자기 내면의 진정한 자신
의 모습과 이탈된 삶의 전인성의 균열이 가져다준 '신경증'이라 진단하고, 그
치료를 위해서는 무의식(내면)의 소리를 들을 수 있어야 하며, 자신의 외부세
계와 내부세계와의 조화를 이루어 나아가야 한다고 주장했다. 실제로, 심리

---

*이 장은 다음의 논문을 수정 · 편집했다.
조은혜(2012). 상담훈련생의 스트레스 대처에 관한 연구: 음악심리치료적 접근을 중심으로. 연세대
학교 대학원 박사학위논문.

상담실, 진료실 혹은 치료실에서 언어를 중심으로 시행되는 상담과 약물에 의존하는 정신치료 내지는 심리치료에 한계를 느낀 어떤 치료사들은 다중예술치료 등의 다양한 방식의 시도를 하게 되었고, 음악, 미술, 자유 동작, 문예, 놀이, 사진, 동 식물, 요리, 향 치료 등의 다양한 치료 방식이 인간의 필요성과 욕구에 의해 나오게 되었다. 이러한 치료 방식은 다중으로 서로 어우러지면서 상호 발전을 자극하게 되었는데, 서로 다른 분야가 한데 어울려 나름대로의 개성을 노출시키면서 그 가운데서 발달적인 공통점을 찾아내려는 시도는 값진 것이라 하겠다.

그렇다면 음악은 인간의 심리치료에 어떻게 유용한가? 음악은 인간 행동의 보편적이고 본질적인 부분이고, 실재 물리적 구조로 이루어지며, 시간의 질서 안에 있어서 총체적으로 인간에 영향을 준다. 즉, 인간의 신체적 반응과 인지적이고 감정적인 반응에 영향을 주어 몸-마음 연계를 쉽게 하고, 인격적 상호 반응에도 영향을 준다. 음악은 의사소통의 독특한 형태로서 정서(감정)에 통합적으로 연결되어 있는 미적이고 창의적인 경험이다. 그것은 즐거움과 만족의 원천을 제공한다(Clynes, 1982; Colwell, 1970; Critchley & Hansen, 1977; Peters, 2000). 음악은 심리치료 및 상담의 도입 과정에서 자연의 소리와 음악적 자극으로 유도된 심상이 ① 자기의 원시성과 원시적인 역동과의 접촉, ② 원-자기(Original Self)의 자기 인식, ③ 자신의 신체적·심리적·영적인 상태를 대변하여 그것을 소재로 통찰이 시작될 수 있으므로, 음악은 개인적인 통찰(insight)과 인식과 진단의 도구, ④ 자신과 관련된 사람, 사물 등을 상징화할 수 있는 심층세계의 상징과의 만남을 유도, ⑤ 현재와 미래에 대처하는 긍정적이고 힘이 부여된 감정적 경험, 상태의 개선 및 새롭게 회복될 수 있게 돕는 기능을 수행한다.

이 장에서는 음악심리치료와 심리상담의 융합에 관한 더 구체적인 설명과 실제적인 활용 가능성의 제시를 목표로, 음악치료 분야에서 상담이나 이미지 등을 음악과 접목해 실행하는 '음악정신치료(Music Psychotherapy)'나 '음악으로 유도된 심상(Guided Imagery of Music: GIM)' 그리고 '사이코뮤직드라마 (Psycho music drama)' 등을 실제적으로 활용의 부분에 중점을 두었다. 이를 위해, 먼저 GIM과 사이코뮤직드라마의 심리치료적 기능에 대하여 논하고, 다음으로, 상담훈련생을 위한 개인·집단 음악심리치료 프로그램 설계의 원리 및 틀 구성, 마지막으로, 상담훈련생을 위한 집단음악심리치료 프로그램의 연구사례를 들어 그 효과에 대하여 논의하고자 한다.

2. 음악치료의 이론적 측면: 음악의 치료적 기능을 중심으로

Bunt(2002)는 음악치료의 본질 세 가지를 직관, 즉흥성 그리고 지성으로 보았다. Peters(2000)는 '음악치료란, ① 음악을 매개로 하는 하나의 치료의 과정이며, ② 개인에 대한 사정을 근거하는 계획되고 목표 지향적이며, ③ 상호작용과 개입을 포함하고, ④ 음악이나 음악에 기초한 경험을 사용하며, ⑤ 사례별로 차별화된 처방이며, ⑥ 특별히 훈련된 요원들에 의해 실행하며, ⑦ 개인 내담자의 특정한 필요를 충족하는 것을 지향한다.'라고 정의한다. 필자는 음악치료를 21세기 다문화 간 맥락에서 인간의 존엄성과 창조성을 회복하고 바람직한 사회를 이루어 나가는 일환으로 생각한다. 즉, 개인이나 집단의 신체적·정신적·인지적·사회적·영적 필요를 인식하고 치료하기 위해 계획되어야 할, 전인적 회복을 위한 상호작용과 중재의 과정으로 보고 있다(조은혜 외, 2007, pp. 152-153). 따라서 음악치료를 위한 진단 영역을 전인적 인간 이해를 위한 삶의 영역별 분석, 즉 신체적·정서적·인지적·사회적·영적 영역별로 나눌 수 있다([그림 9-1] 참조). 따라서 음악심리치료에서는 무의식의 심층세계와 신속하게 접촉하여 반응을 일으킬 수 있는 예술적 상징이 풍부한 기존 혹은 즉흥 음악을 사용하여 내담자의 다층적이고 다중적인 경험을

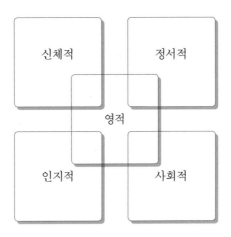

[그림 9-1] 음악치료의 진단 영역

출처: 조은혜 (2007).

① 신체/물리, ② 정서/ 감정, ③ 인지/사고, ④ 사회/대인, ⑤ 문화/정치/경제, ⑥ 영적 도메인 등과 같이 영역별로 나누어 분석하고 진정한 상태를 진단하여, 목적과 목표가 분명한 치료 전략과 계획을 수립하여 치료 내지 치유를 위한 통찰로 향할 수 있게 해 준다.

1) 음악치료와 음악심리치료 기법

음악치료는 내담자의 잃어버린 능력을 회복하고 아직 잃지 않은 능력을 강화하도록 유도하며 포괄적인 삶의 질을 다루는 것이다. 그것은 내담자의 장애를 분석하고, 경험을 교정하며, 새로운 가능성을 개발해 중단된 인격적 성숙을 돕는 것이다. 또한 몸의 감각을 일깨우는 실제적 체험의 가능성, '개입'을 통한 행동 변화의 가능성, 감정 표현의 가능성, 내담자 상호간의 의사소통 등을 강화하고 뒷받침하는 것이다(Bruscia, 2006; Bunt, 1994; Peters, 2000; van Deest, 1999). 현재 신체·심리 분야에서는 광범위하고 다양한 비음악적 목표를 달성하는 음악과 소리의 중요성이 인정되고 있다. 필자가 진행한 치료의 예를 들면, 20○○년 9월 19일 오후 3시에서부터 약 1시간 30분 정도 진행되었던 사이코뮤직드라마에서 참여자 중의 한 사람은 마무리의 공유단계에서 소감을 "저는 징을 치는데 꼭 '굿'하는 것 같았어요. 자기의 나쁜 에너지나 쌓였던 감정들을 풀면서 자기의 스트레스도 풀고 정신적으로 편안함을 느꼈습니다."라고 피력하였다.

심리치료의 목적은 내담자로 하여금 보다 나은 인간적 삶의 상황으로 들어갈 수 있도록 융통성을 가지게 하고, 내담자의 심신의 감각을 일깨우고 표출·표현하도록 지지하며 자기 성찰을 돕고 경험을 교정하고 새롭고 다양한 가능성을 개발하도록(van Deest, 1999) 지지하며, 희망을 고취하는 것이라고 볼 수 있다. 정신의 복잡다단한 세계를 탐구할 때(심리치료) 쓰이는 비유 세 가지를 들어본다면 다음과 같다.

첫째, 고고학자들이 고적 발굴 시 땅을 한 켜 한 켜씩 마치 시루떡의 여러 겹을 벗겨 보듯 한다는 비유가 있고, 둘째, 마치 양파 껍질 속을 한 겹씩 벗겨 가듯 한다는 비유가 있고, 셋째, 무의식의 세계는 마치 나선형의 스프링 모양

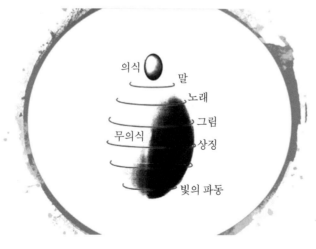

[그림 9-2] 정신세계의 구조

출처: 조은혜 (2001).

으로 되어 있어 생명현상은 그 스프링이 풀려 나가는 동안이다. 생명 에너지
의 축적은 하나의 기다란 감정이나 이미지의 끈으로 말이 노래가 되고 노래
가 그림이 되고 그림이 상징이 되고 상징이 빛의 파동에 영향을 주는 등으로
이루어진다. 이 축적된 에너지가 여러 가지 이유로 억압되고 비틀렸을 때 그
것들을 다시 자연스럽게 풀어내는 것이 치유의 과정이다.

   정신은 체험을 먹고 표현을 통해 배설되면서 나선형으로 성장한다고 했는
데, 이러한 정신 에너지의 순차적이고 자연스러운 방출과 운용은 바로 예술
치료와 밀접하게 관련지을 수 있을 것 같다. 음악은 청각적인 자극을 통해 보
다 직접적으로 무의식을 자극하여 그 안에 축적된 감정, 사고, 경험, 심상, 꿈,
이상, 환상, 잉여현실 등의 잠재 에너지를 깨워 풀어내는 역할을 한다. 이러한
원리를 바탕으로, 즉 음악으로 유도된 심상(Guided Imagery of/and/from Music:
GIM)치료의 기법은 첫째, 긴장의 이완과 집중의 효과가 있으며, 순발력·즉
흥성·자발성·창조성을 더욱 불러일으킨다. 둘째, 비언어적 의사소통을 가
능케 하여 개인/집단 공감대 형성, 생동성 있는 역동, 카타르시스를 보다 효
과적으로 일으킨다. 셋째, 결과적으로 억압된 감정을 반영·자극·공명하여
보다 깊고 높은 치료적 요인인 카타르시스(정화)에 이르게 한다.

(1) 음악으로 유도된 심상(GIM) 기법

   Bonny는 GIM을 심리치료에 사용하기 시작했다. GIM 기법은 음악심리
치료의 대표적 기법 중 하나로서, 정신역동적이고 자아초월적인 접근을 그
근거로 한다. 그것은 음악적 자극이 인간의 청각 경로를 타고 지각될 때, 인
간의 심층 무의식에 신속하고 깊이 파고들어 상징과 은유로 형성되는 심상
(imagery)을 자극하여 의식의 세계로 떠올리게 된다는 가설을 전제로 한다
(Blake & Bishop, 1995; Bonny, 1999; Bunt, 2002). GIM 기법의 회기는 1~2시간
정도에 걸쳐 준비 대화(Prelude: preparation dialogue), 이완과 도입(relaxation
& induction), 음악 감상(music & imagery), 그것과 관련한 사후 통합(postlude:

relating to reality: integrity)이라는 4단계 절차로 이루어진다(Bonny, 1999). 이러한 GIM 기법을 사용하여 내담자 자신의 (스트레스) 상황에 대한 심층적이고 다층적인 분석과 인식을 유도한다. 아울러 비언어적 표현과 비언어적인 의사소통을 통한 깊은 수준의 직면과 통찰 양상을 관찰하여 적절하게 대처할 수 있도록 하는 음악의 심리치료적 기능과 작용이 존재한다.

(2) 사이코뮤직드라마

사이코뮤직드라마는 음악치료와 드라마치료의 융합 모델이다. 특히 마음을 다루는 모든 정신치료의 실제가 융통성과 순간에 많이 이루어지는 점을 감안해서 사이코드라마의 즉흥 연기와 음악치료의 즉흥 연주가 창조적으로 어우러져 카타르시스를 극대화시키는 가능성도 경험할 수 있다. 그것은 주인공, 주제가 설정된 상황과 달리, 즉흥적이고 창조적이고 자발적인 대화와 행위를 통해 정신치료에 필요한 암시, 상징, 표현, 성찰, 의사소통의 범위를 넓히고 깊이를 더하며, 좀 더 쉽고 효과적으로 구성원들 간의 상호 교류 및 반응이 일어날 수 있다(조은혜, 2001, p. 12). 그동안 한 인간의 존재를 틀 지우고 묶어 왔던 일체의 작용을 거부하고, 타인의 평가나 비판을 받지 않으며, 자유롭게 자신이 선택한 악기로 자신만의 고유한 내면의 느낌을 떠올려, 자신만이 낼 수 있는 소리를 창출하는 것이기 때문이다. 그 모든 소리와 몸짓은 우주에 하나뿐인 자신이 지금 여기에서 창조하는 유일하고 독특한 음악으로서 존중되기 때문에 행위자의 자존감을 높여 주며 매 순간 개인과 집단이 직면한 감정, 비언어적인 의사소통, 과거-현재의 갈등의 해결과 감정의 통합(Moreno, 1999), 미래로의 희망을 고취시키는 데 도움을 준다.

심리극 안에서 참여자들의 신경증의 본질인 역할 갈등(role conflicts)이 탐색되며, 무대 위에서 가시화되는 경험을 통하여 언어적 표현이나 의사소통 장애의 훈습(working-through) 등의 심리치료의 효과를 획득할 수 있다. 정신병동에서 미술치료나 음악치료 등의 창조적 치료기법에 통합 운용되어 환자뿐 아니라 치료사에게도 필수적인 자발성과 사회성 등 외향성 개발에 도움을 준다. 또한 가족치료 분야에서도 역할극 연습에 유용하며, 치료사 훈련에서도 역기능 가정의 구성원인 환자의 느낌이 어떤 것인지를 경험할 수 있게 해 준다. 사이코드라마의 본질적인 특징이 자발성, 창조성, 순발력 등을 자극, 개발, 활용하는 것에 있으므로(Blatner, 1987), 사이코드라마의 즉흥성에 음악을 매개체로 더하여, 보다 나은 삶의 질을 지향하는 즉흥 음악을 도입하면 치료 효과를 더 높여 준다고 보고 있다.

2) 음악의 치료적 기능

치료의 장의 만남의 매개체로서 가능한 즉흥음악을 위시한 일체의 음악은 치료의 효과를 낼 수 있다고 보았고, 그것은 음악치료의 근거로 삼을 수 있는 중요한 점이다.

① 음악은 병적인 혹은 다문화 간 상황에서 종종 일어날 수 있는 언어적 표현의 한계를 초월하여 비언어적인 표현과 의사소통을 가능하게 한다. 그것은 언어적 형태의 표현보다 독자적이고 더 깊이 있고 상징적이므로 그 자체가 언어에 의해 획일적으로 해석되거나 평가될 필요가 없고 타인을 의식하지 않는 좀 더 자유로운 감정의 표현을 가능하게 한다.

② 음악적인 자극은 인간의 깊은 무의식의 세계에 신속히 도달하여 내면에 상하거나 왜곡되어 해를 끼치고 있는 것들을 상징, 이미지로 불러내어 직면하게 하고, 현재 및 미래에 대처하는 긍정적이고 힘이 부여된 감정적 경험으로 교정하여 새롭게 회복할 수 있게 한다.

③ 음악치료의 과정, 특히 GIM 기법에서, 음악으로 자신과 관련된 사건·사람·사물을 상징화할 수 있고 음악적 자극에 의하여 자신의 심층세계의 심상과 만날 수 있게 하여 그것을 소재로 통찰이 시작되고 심리적

인 불안, 공포, 갈등 등을 일으키는 문제를 다룰 수 있게 한다.

④ 즉흥음악, 특히 타악기의 연주는 원초적인 감정을 배출시켜서 사이코드라마에서의 카타르시스와 같이 정화하는 작용을 하며 정화 후에 더 나은 삶을 위한 통합과 질서를 추구하는 감정 통합의 효과도 지닌다. 감정의 순화를 통한 자아기능 강화, 좀 더 개인적인 성숙함과 원활한 의사소통에까지 이르게 한다.

⑤ 집단 안에서의 즉흥연주 시 각기 다이내믹, 음색, 리듬이 서로 다르지만 연주하는 가운데 융화될 수 있는 것과 같이 건강한 자아의 발달과 강화를 위해 자신과 타인의 자아가 각기 나아가면서도 심리적인 분리와 융합을 체험하는 일종의 공생관계와 주위 사람들과의 일체감 등을 체험하게 한다.

⑥ 집단 안에서의 즉흥연주 시 나오는 전체의 소리를 서로 들으며 무의식 속의 환상, 회상, 인간관계, 개인적인 의미나 아이디어 등이 드러나며 상호 교류할 수 있게 된다.

⑦ 즉흥음악은 있는 그대로의 상황에서 생생한 치료사와 내담자의 만남을 가능하게 하며 내담자의 장애를 감별해 내며, 잠재된 가능성을 일깨워 개발할 수 있도록 체험하게 하는 역할을 한다.

이와 같은 음악의 치료적인 효과를 다른 예술치료의 영역에서도 활용할 수 있다는 관점이 발생될 수 있다. 특히 음악치료와 사이코드라마의 협동작업 내지는 융합의 시도가 1970년대 후반부터 시작되어 뮤직사이코드라마의 형태로 Moreno에 의하여 체계화되어 왔으며(Moreno, 1999), 샤머니즘을 위시하여 다양한 문화의 원시종교의식에 있는 종족 음악활동의 치료효과에 관한 연구와 관련하여 이루어져 왔다.

3. 집단음악심리치료 프로그램[1]: 프로그램 설계의 원리 및 틀 구성

필자가 고안한 상담대학원생들을 위한 집단음악심리치료 프로그램을 위주로 하는 교육 분석의 틀은 다음과 같은 절차와 과정의 내용들로 구성되어 있다. 제I단계는 진단과 통찰의 과정으로서 개인교육 분석 절차이다. 학기 초에 하는 자기보고식의 진단용 성격 검사이며, 단순한 성격특성 파악 이외에도 검사 태도, 심리역동적 관계 및 원인 심리치료 방법까지 파악이 가능하다고 알려져 있는 미네소타 다면적 인성 검사(Minnesota multiphasic Personality Inventory: MMPI)를 (기독)상담훈련생에게 실시한 후, 그 결과를 참고로 약 10회기에 걸친 개인교육 분석에서는 상담훈련생으로서의 삶의 영역별 관찰 및 성찰과, 프로이트와 융 식의 꿈 분석을 통한 심리치료의 과정을 거쳐 표층적 현실 경험과 심층적 경험의 접촉점을 이해하는 자기 통찰의 시간을 가졌다. 제II단계는 치료와 평가의 과정으로서의 집단교육 분석 절차이다. 20회기로 규정되어 있는 교육 분석의 나머지 10회기 분에 해당하는 치료의 과정으로서, 음악심리치료적 접근 중심의 다중예술치료(multi-arts therapy) 실행으로 자신의 깊은 감정의 세계를 외면·억압·회피하지 않고 상징과 은유가 풍부하게 녹아 있는 예술이라는 표현과 수용의 안전지대에서 표현·표출하면서 자기 자신과 만나 대면하고, 진정한 자기 가치감 회복을 지향하도록 했다.

다음으로는 필자가 연구방법론으로 나름대로 고안한 상담훈련생의 개인교육 분석을 위한 교육 분석의 틀 I과 집단 교육 분석의 틀 II를 살펴보도록 한다. 교육 분석의 세팅에서 활용할 수 있는 (기독)상담훈련생을 위한 심리치료 모형에 관한 필자의 기초 아이디어는 다음과 같다.

1) 교육 분석의 틀 I(개인)

십자가 모형이다. 이는 상담훈련생 및 내담자의 삶의 영역별로 다중적인 표층적 현실의 좌표를 제공하는 수학적 그래프상의 X축에 해당하는 경험에 대한 진술들과, Y축에 해당하는 심리적·내적 현실을 가리키는 심층적이고 다층적인 진술들로 구성된다.

2) 교육 분석의 틀 II(집단)

(운동성이 있는) 팽이 모형이나 우주선 모형이다([그림 9-3] 참조). 심층적이고 분석적인 진술의 범주화를 위한 삶의 8가지 영역 모형, 즉 신체적·감정적/정신적·사회적·경제적·문화적·정치적·종교적/영적·미래상 영역을 놓고 그 둘(X축과 Y축)의 입체적이고 다차원적인 역동과 결합, 상호작용은 표층과 심층이고, 외부 현실과 내부 현실, 그리고 의식과 무의식의 씨줄과 날줄로 직조되는 삶의 이야기의 (재)창조 작업을 가리킨다. 현재 당면한 피할 수 없는 표층적 현실 경험들과, 무의식 수준에 있는 심층적 경험들의 교류와 창조적 직조의 양상을 살펴본다. 마치 팽이나 우주선과 같은 이미지를 생각할 수 있다. X축인 표층적 현실이 계속되고 Y축인 심층적 현실도 계속 작용하면서 시간과 공간을 따라 이동해 가고 있다.

[그림 9-3] 팽이 모형 사진(영화 〈인셉션〉의 한 장면)

교육 분석을 위한 심리치료 모형은 다음의 3개의 축을 이루고 있다.

(1) 축 I

'축(axis) I'은 과거-현재-미래에 대한 표층/심층(내면세계와 외부 현실) 탐색의 시간의 축으로서 역사와 몸과 관련된 내용들을 가리킨다. 그것은 ① 과거의 경험, 원 가족 배경, 환경 등 자전적 사실에 대한 자료와 정보 수집, 역사인식, ② 현재의 경험에 대한 자료와 정보 수집, 즉 자기 저널(self journal) 쓰기, ③ 미래상 혹은 다가올 미래에 대한 소망(희망)과 계획, 예상, 예측에 관한 상담훈련생의 진술로 구성된 자료들이다.

(2) 축 II

'축 II'는 과거-현재-미래에 대한 표층과 심층(내면세계와 외부 현실) 탐색의 심리역동의 축으로서 정신, 종교(영성), 예술과 관련된 내용들을 가리킨다. 표층(의식세계와 외부 현실의 인식) 세계에서 일어난 일들을 나타내는 사실과 경험에 대한 기술, 주 1회 정도의 규칙적인 자기 저널 쓰기, 심층(무의식 세계에 대한 통찰) 탐구를 위한 꿈 분석, 음악심리치료기법의 하나인 GIM(Blake & Bishop, 1995; Bonny, 1999; Bunt, 2002)을 사용하는 정신분석, 표층(의식세계와 외부 현실에 대한 인식)과 심층(무의식 세계에 대한 통찰) 탐구의 직조가 이루어지는 이야기 심리치료적 접근법을 통한 문제의 외재화, 독특한 결과 등을 위한 자전적 이야기하기와 창조적인 글쓰기, 지금 여기(here & now), 시간-공간, 잉여 현실의 체험과 그 치료 효과 등과 관련된 뮤직사이코드라마(다중예술치료) 참여 전후에 대한 상담훈련생의 진술로 구성된 자료들이다.

(3) 축 III

'축 III'은 과거-현재-미래(시간의 축)에 대한 표층/심층(내면세계와 외부 현실) 탐색의 상호 관계(교류, 상호 반응, 의사소통)의 축, 공간의 축으로서 사회, 문화, 정치와 관련된 내용들을 가리킨다. 교육 분석의 제I단계 진단과 통찰의 과정으로서 개인 교육 분석에 활용되는 형식에는 다음과 같은 것들이 있다.

① 상담훈련생을 위한 교육 분석용 질문지
② 삶의 8가지 영역별로 한 주간 동안에 일어난 일, 사고 그리고 감정을 자유롭게 기술하여 슈퍼바이저와 공유하고 탐색하는 시간을 갖는, 치료적 행위를 독려하기 위한 자기 저널 쓰기
③ 심리치료에서 필수적으로 실행되는 꿈 분석의 작업이 주로 프로이트 (1933/2006, 김숙진 역)와 융의 심리학(Jung, 1933/2001, 1972/2003, 1974; Boa, 1988)에 근거한 상담훈련생이 한 주간 동안의 꿈을 기억나는 대로 기록하여 슈퍼바이저와 공유 및 분석의 시간을 갖도록 준비하는 꿈 일기 쓰기
④ 음악심리치료 중심의 다중예술치료 또는 통합표현예술치료(Brooke, 2010) 프로그램 참여 전후에 대한 상담훈련생의 진술로 구성된 자료

참고로, 연구자가 고안한 교육 분석용 자기 저널은 다음과 같이 영역 1~8까지의 영역별 기술하기로 구성되어 있다. 자기 성찰을 위한 정기적인 글쓰기 작업으로서 '(스트레스로 도전해 오는) 피하고 싶어도 피할 수 없는 자신의 현실'을 걸러 냄 없이 연필 가는 대로 적어 본다. 여기서 좀 더 자연스럽고 진정한 자기 성찰의 글쓰기를 위해, 또한 GIM 기법을 도입하는 일환으로, 글을 쓰는 동안 자신이 선호하는 음악이나 잔잔하고 부드러운(듣기 편한) 음악을 들을 수 있다.

삶의 8가지 영역별 모델은 Lartey의 목회신학 방법론과 연관된 삶의 관찰과 성찰을 위한 육각형의 이마고 모델([그림 9-4])을 좀 더 세분한 것이라고 보면 된다. 이러한 영역별 관찰과 성찰을 위한 작업은 상담훈련생의 삶의 영

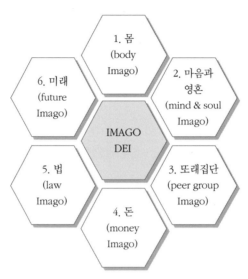

[그림 9-4] 삶의 영역별 관찰과 성찰을 위한 육각형

출처: 조은혜(2012), p. 63.

역별 스트레스의 종류와 그 대처법 모색에 일관되는 유용한 분석의 틀이라고 볼 수 있다. 자기 저널 쓰기는 상담훈련생의 의식세계와 외부 현실에 대한 인식을 담고 있는 표층적 경험의 기록으로서 다음과 같이 구성할 수 있다.

- 영역 1: 신체적 영역(physical domain)은 몸의 신학, 몸의 정치학, 몸 심리치료(body psychotherapy), 물리, 생리와 심리의 밀접성과 불가분의 관계, 뇌신경학적인 이해, 명상과 호흡기도 등과 관련된 내용을 포함한다.
- 영역 2: 감정적/정신적 영역(emotional/mental domain)은 자신의 감정 상태 기술과 파악, 감정 다스리기, 삶의 목적, 목표 그리고 의미, 삶의 질과 삶의 만족도에 관한 성찰, 관상기도 등과 관련된 내용을 포함한다.
- 영역 3: 사회적 영역(social domain)은 사회성 기술, 대인관계, 공동체 의식, 사회적 관심과 지원, 사회적 활동과 봉사, 사회 계급과 사회경제적 지위 등과 관련된 내용을 포함한다.

- 영역 4: 경제적 영역(economic domain)은 부르심/사명과 직업의 관계, 돈 이미지, 재테크와 경제 활동 등과 관련된 내용을 포함한다.
- 영역 5: 문화적 영역(cultural domain)은 문화 차이와 갈등, 인종과 문화 편견, 상호 문화 교류, 다중예술치료 등과 관련된 내용을 포함한다.
- 영역 6: 정치적 영역(political domain)은 권력의 논리, 교회와 국가, 정치 지도자상, 국가주의와 애국주의, 폭력, 테러, 이주 노동자 등과 관련된 내용을 포함한다.
- 영역 7: 종교적/영적 영역(religious/spiritual domain)은 하나님 상(image), 고독, 화해를 위한 예언자적 대화, 부르심과 사명, 거룩한 독서, 집중 기도 등과 관련된 내용을 포함한다.
- 영역 8: 미래상(vision)은 하나님의 선교, 하나님의 나라 관상기도 등과 관련된 내용을 포함한다.

4. 집단음악심리치료에 관한 논의

1) 프로그램 실행의 결과

상담훈련생의 스트레스 대처의 층은 제1층 '부인 · 거부 · 저항', 제2층 '직면 · 수용 · 이동', 제3층 '전환 · 초월 · 변혁'으로 나누어진다. 그것은 '치료적인 인간상으로 되어 감'의 도상에 있는 상담훈련생의 심리 · 실존 · 생태 영성적 맥락의 층과도 일치한다. 필자는 참여자 집단의 스트레스 이야기를 통해 개인의 스트레스 경험이 그 대처 경험 안에서 변혁적 삶으로의 동인으로 작용하는지 아닌지의 여부가 스트레스 대처의 유형을 가르는 기준이 된다는 사실을 발견했다(〈표 9-1〉 참조).

⟨표 9-1⟩ 상담훈련생의 맥락, 스트레스 대처층, 스트레스 경험의 양태, 스트레스 대처 유형

상담훈련생의 심리 · 실존 · 생태 영성적 맥락	스트레스 대처층	스트레스 경험의 양태	스트레스 대처 유형	해당 연구참여자
자기정체성, 독특한 음색(tone), 자기 소리 내기 (solo)	제1층 부인 · 거부 · 저항	스트레스 경험이 변혁의 동인으로 잠재	'자기중심성의 대처' 유형	참여자 4 (주연) 참여자 5 (카멜리아) 참여자 6 (영) 참여자 7 (다나) 참여자 8 (아니마)
사회적 그물망 체계 (ensemble)	제2층 직면 · 수용 · 이동	스트레스 경험이 변혁의 동인으로 작용하기 시작	'자기중심성에서 탈자기중심성의 대처로의 이동 중' 유형	참여자 2 (클라라) 참여자 3 (하은)
의식 전환 상태, 영적 황홀경, 절정-경험 (symphony of universe)	제3층 전환 · 초월 · 변혁	스트레스 경험이 변혁의 동인으로 작용	'탈자기중심성 대처' 유형	참여자 1 (지영) 참여자 9 (타베사)

2) 집단음악심리치료의 효과에 관한 논의

사례

회기 후 평가 [클라라; 스트레스 대처의 제2층(직면·수용·이동)]

[나의 그림에 대해서: GIM 이후]

집단상담을 하고 난 후 스트레스의 변화 상황은 다음과 같다. 먼저 나의 스트레스 상황은 (목회자인) 남편과 가사에 대한 갈등, 남편이 경제력을 쥐고 있고, 나는 그 그늘 아래에서 허락을 받는 어린아이 같은 모습에 대한 기분 나쁨, 무시당한 느낌 등이 나의 문제였다.

[GIM 그림] 외롭지만 강한 여행

GIM에서 내가 원하고 있는 바는 자유(바람을 맞고 나는 새)였다. 비록 저항은 있어도 헤쳐 나갈 힘이 많은 나를 발견하였다.

자유를 원하는데 발목 잡고 있었다는 듯한 느낌, 부정적이 있었더라도 긍정으로 박차고 있는 에너지가 느껴진다.

바람은 스트레스를 뜻한다.

새가 나를 많이 닮았다.

(저항)하고 싶어도 참아야 한다. 그러나 우울, 힘들어도 나의 것으로 받아들이고 힘 있게 이 길을 갈 것이다.

돌은 마음껏 헤엄치는 데 방해되는 것, 아이가 둘이라 그 상징인 것 같다.

강단이 있어 보인다.

나는 자유롭고, 편안한 것을 좋아한다. 성향도. 자유, 순종을 받아들이는 데 버거워하는 듯한 모습. 즐겨야 하는데, 힘겨워하는 듯한 모습.

–중 략–

그냥 음악을 들으면서 솜씨도 없이 그렸는데 꽤 성의껏 봐 준다는 감사하다는 마음과 되게 자세하게 표현하는 감각들이 다들 많이 있다는 생각이 들었고, 나에 대해서는 '내가 그렇게 자유를 갈망하고 있구나.'라는 생각이 들었다.

지금은 어떻게 남편과의 갈등, 내가 가진 스트레스 문제를 해결해야 할지 뚜렷한 방향을 잡지 못했지만, 주저앉아 있고, 여전히 말없이 불만이 가득인 채로 입만 튀어나와 있는 어린아이가 아니라, 대등하게 맞서서 이야기할 수 있는 힘 있는 내가 되었음을 인식했다. 그러나 그런 방법이 힘 있는 것이라고는 얘기할 수 없는지도 모른다. 점점 더 대화의 기술을 터득해서 남편을 설득하고, 나도 '남자는 여자 하기 나름이다.'라고 말할 수 있는 사람이 될 수도 있지 않을까…….

> **외롭지만 강한 여행**
>
> 요구가 많았다.
> 그러나 재미로 승화되었다.
> 내가 할 수 없는 환경이 있어서
> 슬픔도 있고
> 짧은 여행을 다녀오고
> 작은 이야기가 생겼다.

[GIM 시 1] 외롭지만 강한 여행

[뮤직사이코드라마 이후]

상황극을 하고 나서는 정말로 아빠 같은 강압적이고 강한 사람을 만난 것이 너무 잘한 일이라는 생각과 그러면서도 아빠처럼 막내인 사람을 만나서 그 뒤치다꺼리를 해 줘야 하는 힘든 엄마의 모습을 살아야 하는 나를 바라볼 때 답답하고 짜증나있는 상황이 되었다. 그러나 내가 결혼한 사람이 아빠는 아니고, 또 얼마든지 바꿀 수 있는 젊은 사람이라는 것에 희망을 두고 또 기도하는 사람이니까, 하나님이 만들어 가실 부분도 많이 있으리라는 것을 기대하면서 조금만 더 참고, 해결해 나가야 하겠다는 생각이 들었다.

(1) 스트레스 대처를 위한 '안전지대' 음악, 그리고 음악심리치료

이 연구에서 채택한 음악심리치료적인 접근법은 언어적인 감정 표현이나 의사소통의 한계점을 극복하고, 무의식의 치료적 자원들과 맞닿아 있는 비언어적 감정표현과 비언어적 의사소통을 가능하게 하는 심리치료의 유용한 도구이다. 다층적인 혹은 중첩적인 스트레스 상황에 있는 상담훈련생이 한 인간으로서 방해를 받았거나 중단되어 있는 성숙의 길, 더 나아가 개성화(정석환, 1984)의 길을 찾아 나가도록 돕기 위하여, 해당자의 과거 경험을 재경험하고 교정하게 하는 과정을 통해 '지금 여기'인 현재에서 새롭게 인식하고 나아가 감각과 행동 변화의 새로운 가능성을 개발하여(van Deest, 1999) 자신의 미래상을 회복하게 해 주어야 할 것이다. 그것은 독특한 존재로서의 통합성을 향해 자신의 존재 그대로의 모습을 알고, 자신의 가치와 자긍심을 재발견하며 재인식해 나가는 작업이다. 이를 위하여 심층적이고 비언어적인 삶의 영역과 쉽게 연결할 수 있는 유용한 치료의 중재적 도구인 '음악'을 사용할 수 있다. 음악으로 GIM과 만나게 되면서, 자신의 내부에 잠재되어 있거나 왜곡된 상태로 있던 치료적인 자원들을 재발견하게 되고, 그것을 소재로 한 통찰이 시작된다. 그것은 심리적 불안, 공포, 갈등 등을 일으키는 문제를 다룰 수 있게 해 준다. 치료적인 예술 행위의 자발성으로 현재와 미래에 대처하는 감정적 경험을 가능하게 한다. 또한 집단 내에서도 상호 교류적이고 지지적인 다중예술치료의 다양한 활동 등을 통해 긍정적이고 자신에게 바람직한 감정과 행동을 표출하는 노력을 하며, 더 나아가 본원적인 자기다움, 다른 어느 누구와도 비교할 수 없고 동일하지 않은 독특한 존재 가치감, 자존감, 자신감을 회복해 갈 수 있게 된다고 본다(조은혜, 2001).

이와 같이, GIM의 실행, 연구 참여자 개인의 스트레스 스토리 공유, 뮤직사이코드라마의 실행, 그리고 공유와 마무리에 이르는 체계적인 회기의 모든 절차와 과정은 연구 참여자들의 스트레스 대처 유형을 파악할 수 있는 내용들을 풍부하게 제공해 준다. 누구에게나 타인을 의식할 필요 없이, 혹은 경우에 따라 덜 의식하면서, 상징의 덩어리와 은유로 가득 찬 예술적 어법으로 자신의 억압된 무의식의 감정들을 의식의 표면으로 떠올려 해방시킬 수 있는 '안전지대'가 필요하다. 그 안전지대의 하나인 음악치료적 심리극의 무대(stage)안에서, 서로 동등한 입장에서 함께 어우러져 자유롭고 창조적으로 자신의 것들을 거리낌 없이 표현하다 보면, ① 정화작용과 관련이 있는 카타르시스의 효과, ② 타인의 삶에 관여할 수 있는 능력 개발을 위한 예비 단계로서의 자기 정서 치유 상태를 경험하도록 해 준다.

> 나의 담아 두었던 것이 나만의 것이 아니라 누구나 겪었고 겪고 있다는 것이 서로에게 공감과 수용을 경험하는 계기가 되었고, 경청의 의미를 다시금 깨닫게 되었다. 이번 집단상담을 통해 관계성에서 오는 커다란 영향력을 깨닫게 되었다(회기 후 평가 S. 3).

(2) 회기 후 의미 있고 두터운 진술 속에 나타난 집단음악심리치료 효과

집단음악심리치료 스트레스대처 프로그램에서 회기 후 상담훈련생들의 자아탄성력(Leyden-Rubenstein, 2007)이 향상되어 다음과 같은 효과가 나타난다.

① 부정적 정서를 경험하는 상황에서도 불안에 취약(vulnerability)하지 않게 된다(Tallegen, 1985).

> 내 안의 부정적인 감정(분냄과 불안…)이 결국 나 자신에 대한 신뢰, 하나님과의 관계 회복에 문제가 있었음을 깨닫고 나의 내면을 직면하면서 부정적 감정조차 수용하고 이해하는 과정이 되었다. 상담 공부에 대한 불확신과 미래에 대한 불안감… 예수님을 만나는 드라마를 통해 나의 이 불안함의 원인을 깨닫게 되고……. 더 기대되는 3일간의 과정이었다(회기 후 평가 S. 3).

② 상황에 대한 긍정적인 재평가를 통해 스트레스 상황에서 긍정적인 의미를 발견하게 된다. 스트레스의 경험 그 자체가 생의 변혁을 향하여 움직여 나아가는 데 동인으로 작용하는 '탈자기중심성 대처' 유형의 특징을 나타낸다.

> 우리의 삶은 누구나 쉽고 편안하게 가는 것만은 아닐 것이다. 때로는 어려움과 역경이 닥치고 환란이 우리를 곤고하게 할지라도 소망을 잃지 않고 도전하면서 이겨 나간다면 아름다운 행복을 만들어 갈 수 있는 능력을 얻게 되리라 믿는다. 하루의 삶이 우리에게 주어진 것은 하나님의 은혜임을 기억하면서 감사하는 마음으로 밝은 모습으로 살아갈 수 있기를 바라는 마음을 함께 수업한 원우들에게 전하고 싶다(S. 1지영).

③ 효과적인 정서 조절이 변혁의 동인이 되는 것으로, 감정의 억제나 억압 혹은 감정의 행동화, 폭발과 같은 비치료적 내용들로 이루어진 것이 아닌, 나-너의 관계에서 상담자가 내담자의 감정을 들어 주고 같이 공감하며 따라가 주는 감정 합류의 경험이 상담훈련생에게 활력을 부여하며, 반영과 통찰 등을 경험할 수 있게 한다. 그 관계성 안에서의 타인과 나, 그리고 자신과의 화해가 이루어져 치유의 길로 향하는 통로를 제공한다고 볼 수 있는 것이다.

> 워밍업과 몸을 유연하게 움직이며 음악을 받아들이고 표현하는 과정에서 마음의 편안함도 느낄 수 있었고, 몸과 마음의 일체로 인한 여유로움으로 집단상담 과정에서 오는 마음의 역동과 드러냄의 고통스러운 과정이 정화되었다. 음악은 항상 나에게 귀한 친화력과 치유력을 갖는 부분이다. 모든 과정 중에 악기와 음악으로 느끼고 드러내고 나누는 과정에서 음악이 없었다면 금세 그 과정에 들어가지 못했을 것 같다. 들음으로 마음과 몸의 평안함이 온다는 것을 새삼 느끼게 되었다(회기 후 평가 S. 3).

④ 감정적인 영역에서 그 치료의 실마리를 찾게 된다. 감정과 스트레스 대처

의 밀접한 상관성으로, 상담의 상황에서 치료동맹을 가능하게 하는 내담자와
상담자의 원초적 관계는 감정의 접촉(Nordoff & Robbins, 1997)으로 인해 성립
되는 감정의 합류점이라는 공동지대 안에 성립될 수 있다(Trevearthen, 1996).
자기의 진정한 감정에 대한 의식과 직면 그리고 자각, 더 나아가 솔직하고도
적절한 표출과 표현의 기회가 지연되거나 감소하게 되어 심층의 심리세계에
서 억압되어 있다가 그 스트레스의 압력, 압박, 긴장의 영향으로 감정의 에너
지가 소진될 가능성이 크기 때문이다. 상담자와 내담자가 함께 마음 놓고 들어
설 수 있는 그 공통의 땅은 상담과 치료의 '안전지대'가 될 수 있는 가능성을 지
니는, 보편적 감정의 솔직하고 자유롭고 활발한 표현의 장이어야 할 것이다.

(GIM 시간에 음악을 들으면서) 결혼하기 전에 꿈꾸었던 어린 시절의 소녀 같은 생각을
했고(꿈) 어린 시절로 돌아가고 싶다는 아쉬움을 느꼈고 무언가 말로 표현할 수는 없지만
가슴이 벅차오르는 느낌이 있다(S. 1지영).

(마음으로 한 기도) '나는 눈물 흘리기도 싫어요. 왜 자꾸 나약한 모습을 보이게 만드시
는 거예요. 전 창피하다고요. 그리고 짜증나요. 제가 울면 사람들이 놀려요. 예배 때나 기
도할 때 울면 은혜받았다고 생각하기보다, 무슨 일이 있는지 전도사님과 무슨 문제가 있는
게 아니냐고 생각한단 말이에요.'라고 하나님께 대들고 있었다(S. 2 클라라).

---

⑤ 스트레스 경험의 영적인 의미와 잠재 가치의 재발견으로, 스트레스 경
험에서 영적인 의미와 그 잠재 가치를 재발견하고 스트레스 대처를 위한 종
교적 견해를 확장하여 획득해 나갈 수 있게 된다.

내 안의 부정적인 감정(분냄과 불안…)이 결국 나 자신에 대한 신뢰, 하나님과의 관계 회
복에 문제가 있었음을 깨닫고 나의 내면을 직면하면서 부정적 감정조차 수용하고 이해하
는 과정이 되었다. 상담공부에 대한 불확신과 미래에 대한 불안감… 예수님을 만나는 드라

마를 통해 나의 이 불안함의 원인을 깨닫게 되고. 예수님 역할을 하면서 내 안에 주신 하나
님의 비전을 깨닫게 되어 위로가 되었다. 어떤 역할을 하던 어떤 상황이 되든지 우연히 된
것이 아니라 하나님의 손길이 개입하심을 절실히 느끼는 과정이었다. 음악을 들으면서 예
수님과 만남을 생각하고 있었는데 정말 예수님과 만나는 과정을 드라마를 통해 경험하면
서 나에게 주신 상담이 비전이 얼마나 귀한지 다시금 깨닫게 되었다. 그리고 이 상담을 통
해 나에게 행하실 하나님의 역사가 더 기대되는 3일간의 과정이었다(회기 후 평가 S. 3).

중첩적인 스트레스 상황의 맥락 안에서도 상담훈련생은 생의 발달 주기를
통과하며 제2의 자기 정체성(self identity)을 찾기 위한 과정을 밟는다. 이 때
겪게 되는 스트레스에 대한 반응은 실존적인 의문이나 종교적 성찰의 과정
등과 관련을 가진다(Maslow, 1959). 이것이 바로 '치료적인 인간상으로 되어
감'의 여정이다. 한 예로, 참여자 9(타베사)는 실존적 · 영적 혼란 등에서 오는
스트레스를 직면하여 수용한다. 자신에게 임하는 예수님의 사랑을 전인적으
로 체험하며 그와의 친밀한 관계를 재확인 · 회복하고 고요함과 평온함으로
대처한다.

참여자 9 (타베사): (고요하고 느린 음악이 배경에 흐르고 있다) 예수님 저는 무엇 때문에
　　　　살고 있죠?
　　　　저는 예수님이 계시다는 것을 믿지만 때때로 예수님이 안 계신다고 느끼기도
　　　　해요.
　　　　예수님이 사랑한다는 거는 아는데 이게 어떤 감정인지는 모르겠어요.
　　　　예수님 저는 우주의 미아 같아요.
참여자 3 (하은, 예수님 보조자아 역할): 너는 나를 못보고 있지만 나는 너를 항상 보다듬
　　　　고 있다.
　　　　나는 네가 존재하고 있다는 것만으로도 행복해.
　　　　나는 네가 만나는 모든 사람을 통해서 네게 (나의) 사랑을 전달해 주고 있다.

> 나는 네가 힘들 때 같이 눈물을 흘린다.
>
> 나는 네가 박사 되는 것을 바라는 게 아니다.
>
> 너는 내 사랑의 화신이 아니냐.
>
> 참여자 9 (타베사): 예수님, 예수님의 깊은 사랑 깊이 느껴져요(고요하게 맑은 눈물을 흘리며).
>
> 항상 저의 투정을 들어 주시고 묵묵히 기다려 주시고
>
> 전지전능하신 주님이 저를 왜 안 도와주시냐고 투정을 부릴 때에도
>
> 사랑해 주신 예수님의 사랑이 지금 더 느껴져요.
>
> 예수님 항상 저와 함께 계실 거죠?
>
> 제가 거부해도 제 편이시란 말이죠?
>
> 참여자 3 (예수님): 언제나 힘이 되어 줄게.
>
> 참여자 9 (타베사): 내가 힘든 (스트레스) 상황에서도 예수님이 나를 인도하시는구나 느껴지는 거예요.
>
> —뮤직사이코드라마 장면 #. 21 중에서—

참여자 9(타베사)는 회기의 초반에는 제2의 자기 정체성과 생의 의미 재발견을 위한 의문으로부터 스트레스에 직면했다. 회기의 중간에 예수님과의 대화를 통하여 영적인 대처 양상의 플로우(flow)를 보여 주고 있다.

5. 나오는 말

결론적으로, 이 연구의 참가자들은 음악으로 유도된 심상(GIM)과 뮤직사이코드라마를 위주로 한 음악심리치료 프로그램 안에서, 창조적인 음악 활동을 통한 현실감각, 몸의 이미지, 자존감, 자기 가치감 등이 향상됨을 경험할 수 있었다. 즉흥연기는 자발성, 창조성, 순발력, 감정표출 및 표현이란 본

질적 특성상 공통점이 있고, 실제 임상의 회기에서 내용과 감정표현을 따라 밀접하게 진행되는 양상을 띠어 온 즉흥음악은 사이코드라마의 혈류와 같다는 표현까지 가능했다. 즉흥음악은 카타르시스 발생 전후 과정에 걸쳐 극적인 효과를 드높였고, 감정 정화 후에 더 나은 삶을 위한 통합과 질서(Moreno, 1971)를 추구하는 감정 통합의 효과도 가져왔다. 상황에 젖어 들면서 음악에 반응하는 참여자들을 보며 역으로 사이코드라마는 음악으로 유도된 심상(imagery)에 보다 구체적인 이미지를 제공할 수 있을 것 같았다. 음악에 따르는 심상을 보다 구체적인 연기, 상황과 연결 지어 표출시켰을 때 자아에 통합되는 이미지가 보다 많아질 수도 있을 것 같았다. 마치 한 편의 판소리처럼, 음악에 반응하는 자유즉흥 동작 만들기, 자유즉흥 그리기, 즉흥연주, 즉흥연기 등을 해 가는 과정에서 자신과 관련된 사건·사람·사물들이, 삶의 심층과 표층의 축(십자가 모형)이, 시간과 공간의 움직임(팽이 모형)을 따라 역사성과 관계성을 내포하며 지속적으로 직조되어 온 창조적 이야기들을 상징화된 이야기로 안전하게 풀어 내어 외재화하고, 자신만의 독특한 결과물인 새로운 신화를 창출할 수 있게 되었다.

> (집단음악치료에서) 생산된 음악의 사운드가 집단의 역동과 쟁점, 개인의 관심 등을 반영한다. 음악적인 사건들이 이러한 과정을 확연하고 명백하게 만들고 그것들이 탐색되고 토론될 수 있게 될 수 있다(Crowe, 1991).

후주

1) 이 연구는 돌봄 제공자와 돌봄 수혜자 쌍방의 참살이의 필요성에 따라 신체적·심리적·영성적인 근거를 바탕으로 한다. 이를 위해 기독(목회)상담에서 음악을 영성·심리치료의 도구로 사용하는 기법 중 GIM과 '뮤직사이코드라마'로 스트레스 대처를 위한 치료 프로그램을 구성하고 있다.

참고문헌

강지윤 (2000). 초보 연출자와 숙련연출자의 심리극 연출행위 비교. 부산대학교 대학 원 석사학위논문.

고강호 (1999). Catharsis. 한국사이코드라마학회지, 2(1), 40-57.

고려대학교 부설 행동과학연구소 편 (2000). 심리척도핸드북(I, II). 서울: 학지사.

권수영 (2005). 프로이트와 종교. 경기: 살림출판사.

김경애 (2005). 프로이트의 정신분석 상담 기법을 통한 인성교육 연구. 부산교육대학 교 대학원 석사학위논문.

김승혜, 이정배, 황종렬, 김정욱, 전현식 (2010). 현대생태사상과 그리스도교. 서울: 바오 로딸.

김유광 (1992). 정신치료극에 적용한 꿈의 분석: 사례분석을 중심으로. 임상예술, 7(June), 31-41.

김청은 (1999). 약물남용 청소년의 재발예방을 위한 사회극 중심의 단기집단프로그램 효과연구. 이화여자대학교 대학원 석사학위논문.

대한신경정신의학회 편 (1997). 신경정신과학. 서울: 하나의학사.

대한정신의학회 (1998, 수정판). 신경정신과학. 서울: 하나의학사.

드라마학회 제3차 학술대회 발표자료집. 한국사이코드라마. 소시오드라마학회, 42-48.

문선혜 (2004). 음악치료 이해와 적용에 관한 연구. 중앙대학교 대학원 석사학위논문.

문영주 (2006). 임상목회교육(Clinical Pastoral Education) 그룹 슈퍼비전에서 나타난 하나님 이미지 통합과정. 연세대학교 대학원 박사학위논문.

박외자 (2002). 정신역동적 상담과정에서 내담자의 전이에 대한 숙련상담자와 초보 상담자의 언어 반응의 차이. 경성대학교 대학원 석사학위논문.

박정해 (2006). 상담자의 자기위로능력, 영적안녕 및 상담자발달수준과 심리적 소진 의 관계. 가톨릭대학교 대학원 석사학위논문.

박진희 (1995). 상담자의 역할스트레스와 직무만족도에 대한 연구. 연세대학교 대학 원 석사학위논문.

유영권 (2008). 기독(목회) 상담학: 영역 및 증상별 접근. 서울: 학지사.

유채영 (1999). 한국싸이코드라마의연구경향분석. 한국사이코드라마학회지, 2(1), 58-81.

윤정임 (2008). 낙관성, 인지적 정서조절 및 상담자 소진의 관계. 가톨릭대학교 대학원 석사학위논문.

이동수 (1998). '프로이드'의 예술관. 한국임상예술학회 3월 연구논문집, 19-22.

이문희 (1998). 심리극 집단상담에서 주인공의 감정표현이 집단응집력과 회기효율성에 미치는 효과. 이화여자대학교 대학원 석사학위논문.

이우주 (2002). 의학사전(3판). 서울: 아카데미서적.

이홍배 (2001). 목회자 아내의 탈진에 대한 연구. 연세대학교 대학원 석사학위논문.

장미경, 이상희, 정민정, 손금옥, 조은혜, 유미성 (2007). 아동 상담의 이론과 실제. 서울: 태영출판사.

정경빈 (2009). 초보 상담자 스트레스에 대한 질적 연구. 가톨릭대학교 대학원 석사학위논문.

정석환 (1984). 칼 융의 '개성화(individuation)'에 관한 연구. 연세대학교 대학원 석사학위논문.

정석환 (2002). 목회상담학 연구. 경기: 한국학술정보(주).

조은혜 (2001). 즉흥음악이 사이코드라마 카타르시스에 주는 효과. 이화여자대학교 대학원 석사학위논문.

최명옥 (2009). 외상사건에의 노출과 업무특성, 심리사회적 자원이 공감, 피로, 소진에 미치는 영향. 건양대학교 대학원 석사학위논문.

최헌진 (1998). 사이코드라마의 네 가지 주제. 한국사이코드라마학회지 창간호, 1-47.

최헌진 (1998). 자발성 창조성의 시각에서 바라본 정신치료. 한국사이코드라마학회지 창간호, 104-135.

Alvin, J. (1978). *Music Therapy for the Autistic Child*. Oxford: Oxford University Press.

Ansdell, G. (1995). *Music For Life: Aspects of Creative Music Therapy with Adult Clients*. London: Jessica Kingsley Publishers.

Arnheim, R. (1984). 예술심리학(상, 하) (김재은 역). 서울: 이화여자대학교출판부.

Blake, R. L., & Bishop, S. R. (1995). Bonny Method of Guided Imagery and Music(GIM)in the treatment fo post-traumatic stress disorder(PTSD) with adults in a psychiatric setting. *Music Therapy Perspectives, 12*, 125-129.

Blatner, A. (1977). *Acting-in*. London: Free Association Books.

Blatner, H. A. (1987). 싸이코드라마의 토대 (한국싸이코드라마학회 역). 서울: 중앙문화사.

Bonny, H. L. (1999, November 19). *History and development of the Bonny Method*. Presented at the World Congress of Music Therapy Plenary Session: Panel of Founders in Washington, DC. Retrieved May 5, 2004 from http://www.bonnyfoundation.org/bonny.html

Boxill, E. (1984). *Music Therapy for Developmental Disabilities*. Rockville: Aspen Publications.

Brooke, S. L. (2010). 창의적 통합 예술치료 매뉴얼 [Creative Arts Therapies Manual] (류분순 역). 서울: 하나의학사. (원저 2006년 출판).

Brown, D., & Pedder, J. (1979, 1991). *Introduction of Psychotherapy* (2nd ed.). London: Routledge.

Bruscia, K. E. (1998). 음악치료의 즉흥연주 모델. 경기: 양서원.

Bruscia, K. E. (2006). 음악 심리치료의 역동성 [The Dynamics of Music Psychotherapy] (최병철, 김영신 역). 서울: 학지사. (원저 1998년 출판).

Bunt, L. (1994). *An Art Beyond Words*. London & NY: Routledge.

Bunt, L. (2002). Transformation, ovid, and Guided Imagery and Music (GIM). In L. Bunt & Hoskyns, S. (Eds.), *The handbook of music therapy*. NY: Brunner-Routledge.

Clynes, M. (Ed.). (1982). *Music Mind and Brain: The neuropsychology of Music*. NY: Plenum Press.

Coliazzi, P. F. (1971). The Phenomenology of Merleau-Ponty and the Serial Position Effect. *Journal of Phenomenological Psychology, 2*(1), 115-123. BRILL

Coliazzi, P. F. (1978). Psychological research as phenomenologist views it. In R. Vaile & M. King (Eds.), *Existential phenomenological alternatives for psychology* (pp. 48-71). NY: Oxford University Press.

Collins, G. R. (2002). 기독교 상담과 인간성장 (정석환 역). 경기: 한국학술정보(주).

Corey, G. (1995). *Theory of Practice of Group Counselling* (4th ed.). Brooks/Cole Publishing Company.

Corsini, R. J., & Wedding, D. (1989). *Current Psychotherapies*. Honolulu: F. E. Peacock Publishers. Inc.

Critchley, M., & Hansen, R. A. (Eds.). (1977). *Music and the brain: Studies in the neurology of music*. Springfield, IL: Charles C. Thomas.

Darrow, A. (2006). 음악치료 접근법 (김영신 역). 서울: 학지사.

Davis, W. B., Gfeller, K. E., & Thaut, M. H (1992). *An Introduction To Music Therapy*. IA: WCB.

Ellis, A. (2000). 스트레스 상담 [Stress counselling: a rational emotive behavior approach] (김남성, 조현주 역). 서울: 민지사. (원저 1998년 출판).

Feinstein, D., & Kripper, S. (1997). *The Mythic Path*. New York: Jeremy P. Tarcher/ Putnam.

Foyle, M. F. (1987, 2001). *Honourably Wounded; Stress among Christian Workers*. Oxford: Monarch Books.

Gallway, W. T., Hanzelik, E. M. D., & Horton, J. M. D. (2009). *The Inner Game of Stress*. NY: Random House.

Gaston, E. T. (1968). *Music Therapy*. NY: Macmillan.

Gordon, E. (1971). *The Psychology of Music Teaching*. Englewood Cliffs, NJ: Prentice-Hall.

Grainger, R. (1999). *Researching the Arts Therapies A Drama therapist's Perspective*. London: JKP Ltd.

Greenberg, I. A. (Ed.). (1974). *Psychodrama*. London: Souvenir Press.

Greenspan, M. (2008). 감정공부: 슬픔, 절망, 두려움에서 배우는 치유의 심리학 [Healing Through The Dark Emotions] (이종복 역). 서울: (주)웅진씽크빅. (원저 2003년 출판).

Hillman, J. (1960). *Emotion: A Comprehensive Phenomenology of Theories and Their Meaning for Therapy*. Routledge and Kegan Paul, Limited.

Holmes, P. (1998). 현대정신분석과 심리극 (송종용 역). 서울: 백의출판사.

Horney, K. (1991). 프로이드의 정신분석의 새로운 이해 (송용대, 김현옥 역). 서울: 중앙 적성출판사.

Huskins, L. (Edt.). (2008). *Dreaming the Myth onwards.* N.Y.: Routledge.

Lartey, I. (2003). *In Living Color: An Intercultural Approach to Pastoral Care and Counselling* (2nd ed.). London: Jessica Kingsley.

Lazarus, R. S. (1981). The Stress and Coping Paradigm. In C. Eisdorfer, D. Cohen, A. Kleinman, & P. Maxim (Eds.), *Models for clinical Psychopathology* (pp. 177-214). NY: Spectrum.

Lazarus, R. S. (1982). Thoughts on the relations between Emotion and cognition. *American Psychologists, 37*, 1019-1024.

Lehman, P. R. (1968). *Tests and Measurements in Music.* Englewood Cliffs, NJ: Prentice-Hall.

Lehrer, P. M., Woolfolk, R. L., & Sime, W. E. (2007). *Principles and Practice of Stress Management* (3rd ed.). NY: Guildford Press.

Lloyd-Jones, M. (1965). *Spiritual Depression: It's Causes and Cure.* Grand Rapids: Eerdmans.

Madsen, C. K., & Madsen, C. H. Jr. (1970). *Experimental research in music.* Englewood Cliffs, NJ: Prentice-Hall.

Maslach, C. (1993). Professional burnout: Recent developments in theory and research. edited by Wilmar B. Schaufeli, Christina Maslach, Tadeusz Marek. Washington, DC: Taylor & Francis.

May, R. (1977). *The meaning of anxiety.* NY: W. W. Norton & Company.

May, R. (1992). *The Cry for Myth.* NY: W. W. Norton & Company.

McWilliams, N. (2007). 정신분석적 심리치료 (권석만, 이한주, 이순희 역). 서울: 학지사.

Meier. C. A. (1986). *Soul and Body.* New directions in Jungian therapy & theory. San Francisco: The Lapis Press.

Meier. C. A. (1989). *Healing Dream and Ritual.* Einsiedeln, Switzerland. Diamond Verlag.

Moreno, J. L. (1977). *Psychodrama Vol I.* NY: Beacon House.

Moreno, J. L. (1999). *Acting Your Inner Music*. Saint Louis: MMB Music.

Neuger, C. C. (2002). 여성들을 위한 목회상담: 이야기 심리학적 접근 (정석환 역). 서울: 한들 출판사.

Nordoff, P., & Robbins, C. (1997). 창조적 음악요법 (김군자 역). 서울: 피플뱅크.

Nouwen, H. J. M. (2005). 상처 입은 치유자 (최원준 역). 서울: 두란노.

Pargament, K. I. (2007). *Spiritually Integrated Psychotherapy*. NY: The Guildford Press.

Peters, J. S. (2000). *Music therapy: An introduction* (2nd ed.). IL: C. C. Thomas.

Phelps, R. P. (1980). *A guide to research in music education* (2nd ed.). Metuchen, NJ: Scarecrow Press.

Pvlicevic, M. (1997). *Music Therapy in Context*. London: JKP.

Revesz, G. (1954). *Introduction to the Psychology of Music*. Trans. C. I. C. de Courey. Norman: University of Oklahoma Press.

Rudd, E. (1980). *Music Therapy and It's Relationship to Current Treatment Theories*. MMB. Saint Louis.

Schachter, S., & Singer, J. E. (1962). Cognitive social and physiological determinants of emotional state. *Psychological Review, 69*, 379–399.

Schalkwijk, F. (1994). Music and People with Developmental Disabilities. Jessica Kingsley Publishers.

Seashore, C. E. (1938). *Psychology of Music*. NY: McGraw-Hill.

Seashore, C. E. (1947). *In Search of Beauty in Music: A Scientific approach to musical esthetics*. NY: Rauld Press.

Selye, H. (1974). *Stress without Distress*. NY: Lippincott and Crowell.

Selye, H. (1980). The Stress Concept Today. In I. L. Kutash et al. (Eds.), *Handbook on Stress and Anxiety*. San Francisco, CA: Jossey-Bass.

Spolin, V. (1963). *Improvision for the theater*. IL: Northwestern University Press.

Totton, N. (2005) (Ed.). *New Dimension in Body Psychotherapy*. Berkshire, NY: Open University Press: McGraw-Hill Education.

Trevarthen, C., Aitken, K., Papoudi, D., & Robarts, J. (1996). *Children with autism:*

Diagnosis and interventions to meet their needs. London: Jessica Kingsley.

van Deest, H. (1999). **음악치료** [Heilen mit Musik] (공찬숙 역). 서울: 시유시.

Yalom, I. D. (2005). **치료의 선물** [The Gift of Therapy] (최웅용, 천성문, 김창대, 최하나 역). 서울: 시그마프레스.

제5부

분석심리학과 기타 치료

제**10**장

분석심리학적 미술치료

구미례
(사단법인 한국가족문화상담협회 이사장)

1. 들어가는 말

필자는 미술치료 기법을 활용한 상담을 다년간 실시해 오면서, 내담자의 미술작업에서 무의식이 저항 없이 드러남으로써 내담자가 자신의 내면과의 접촉이 효과적으로 이루어지며 상담의 내용이 풍부해지는 경험을 하게 되었다. 이는 융(C. G. Jung)이 아무런 생각 없이 그린 형태와 형상을 의식적으로 만나면서 그에 대한 내적 대화까지 이루어진다(Riedel, 2004)라고 주장한 내용을 지지해 주는 것으로 볼 수 있다. 또한 위기 상황 또는 갈등 상황에 처한 내담자들이 미술작업을 통해 에너지를 충전하고 시각화된 그림에 대한 대화를 통해 자신의 문제를 통찰하면서 새로운 시각으로 자신의 문제를 해석하고 해결해 가는 모습을 발견하였다. 이는 융이 자신의 여생을 통해서 특히 자신의 개인적 위기가 닥쳐왔을 때 그림을 그리거나 색을 칠하고 조각함으로써 생동감 있는 통찰을 얻었다(한국미술치료학회, 2000)는 내용을 확인해 주는 것으로 볼 수 있다. 필자는 이와 같은 경험을 통해 융의 분석심리학에 관심을 가지게 되었다.

융의 분석심리학 이론을 기반으로 한 여러 연구들에서 미술치료에 대한 보고를 하고 있다. 안유림(2014)은 미술활동이 억압된 자신의 상처를 심상으로 대면하고 의식화하여 무의식적 원형을 상징화한다고 하였다. 「만다라 그리기 활동이 유아의 자아개념 및 행동특성에 미치는 효과분석」(박미정, 2004) 연구에서는, 아동이 내면 감정을 만다라에 표현함으로써 스스로 자신의 문제를 발산하고 자기를 돌아보게 된다고 하였다. 「자기표현 중심 만다라 미술활동이 정신지체아동의 사회 정서 발달에 미치는 영향」(소지연, 2008)에 대한 연구에서도 연구대상자들이 개개인의 내면 감정을 만다라에 표현함으로써 스스로 자신의 문제를 발산하고 자기를 돌아보게 되고 사회 정서 발달에 긍정적 영향을 미치는 것으로 나타났다. 전미진(2016)의 「분석심리학적 관점으로 본 프리다 칼로의 작품분석에 관한 연구 결과」는 다음과 같다. "융의 분석심리학적 관점으로 분석해 보면서 미술이라는 시각매체가 자신의 무의식을 들여다보고 이를 미술의 상징성과 전체성으로 통합시킴으로써 문제를 인식하고 자기 성찰의 기회로 가는 데 중요한 통로가 되는 것을 알아볼 수 있었다."(전미진, 2016) 이하경(2015)은 뭉크(E. Munch)의 작품을 중심으로 「융의 분석심리학 관점에서 본 시각예술 상징의 표상적 특성 연구」를 하였다. 그는 연구 과정을 통해 시각예술에 표현된 상징적 이미지들은 시각화된 작가 무의식의 내면세계로 상징을 통해 잠재된 집단 무의식의 원형 의미와 개인 무의식에 내재된 심리적인 경험을 간접적으로 표출함을 확인할 수 있었다(이하경, 2015).

이와 같은 연구들은 융의 분석심리학 이론을 기반으로 한 미술활동이 억압된 자신의 상처를 심상으로 대면하고 무의식적 원형을 상징화하고, 스스로 자기를 돌아보게 되며 사회·정서 발달에 긍정적 영향을 미친다고 보고하고 있다. 필자 또한 다년간 미술치료 현장에서 선행연구에서 보고한 내용을 확인하는 경험을 해 왔다. 다음에서는 먼저 분석심리학적 미술치료의 이론적 배경과 기독(목회)상담적 접근에 대하여 살펴보고, 분석심리학적 미술치료의 긍정적인 결과를 보여 준 한 사례를 소개하고자 한다.

2. 이론적 배경: 분석심리학적 미술치료

융은 자신의 무의식으로부터 나온 심상을 탐색하면서 발견했던 심리학적 가치를 깨달은 후에 환자들에게 꿈이나 환상적 요소를 시각적으로 표상하도록 하였다(한국미술치료학회, 2000). 또한 자신의 여생을 통해서 특히 자신의 개인적 위기가 닥쳐왔을 때 그림을 그리거나 색을 칠하고 조각함으로써 생동감 있는 통찰을 얻었으며 나아가 자신의 이론 개발에 도움을 받았다(한국미술치료학회, 2000).

1) 융의 분석심리학 이해

분석심리학은 체험을 바탕으로 하는 심리학설로, 사람의 마음을 관찰하고 스스로의 마음의 움직임을 진지하게 살펴 간 사람의 경험을 토대로 엮은 가설이다(한국미술치료학회, 2000). 이는 인간심리를 해석함에 있어서 그 해석이 그 당사자에게 얼마나 효과적이냐에 역점을 둔다(이부영, 1998).

융은 개인의 경험을 초월한 선험적인 원형(archetype), 집단 무의식(collective unconscious), 집단원형(collective archetype)에 기반을 둔 심리치료에 접근하였다. 융(1982)에 따르면, 집단원형은 개인의 꿈이나 예술 작업에서 드러난다. 내담자는 꿈, 그림언어인 조형 작업을 통해 무의식의 내용을 상징화하며, 치료자는 이러한 상징들을 치료과정에서 분석하고 의식화로 이끌어 낸다(정여주, 2017).

(1) 분석심리학의 발전(이부영, 1998)

융은 유년기에 인간의 마음속에는 태어난 후 배우지 않고도 원초적인 행동을 일으키는 씨앗(조건)이 있으며 그것이 상징으로 표현된다는 집단 무의식과 원형론이 있다는 체험을 하였다. 그는 청소년기에 '자아의 탄생'과 '심리적 대극'을 자기 안에 있는 두 가지 성향으로 경험하였다. 정신적 대극(psychic opposites)의 문제는 심리학적 유형론으로, 대극합일의 원초적 능력의 발견으로 이어지며, 저서 『신비적 융합』을 쓰기까지 그의 분석심리학설의 중심을 이룬다. 그는 1903년 무의식적인 '콤플렉스(Complex)'의 존재를 발견하였다. 1916년 적극적 명상(active imagination)을 통해 무의식을 탐구하며, 개인 무의식, 집단 무의식, 아니마(anima), 아니무스(animus), 자기(self), 개성화(individuation) 등의 개념을 소개하였고, 1920년에는 『심리학적 유형(Psychologische Typen)』 등 많은 책들을 저술하였다.

(2) 분석심리학의 기본 개념

분석심리학의 기본 개념에 대해서는 융의 이론을 정리한 이부영(1998)의 『분석심리학-C. G. Jung의 인간심성론』에서 발췌하여 개관하고자 한다. 분석심리학은 정신적 현실에 대한 경험이라는 주관적 접근방법으로 심리적 사실의 발견을 추구하는 학문이며 그 학설은 절대적인 진리이기보다 하나의 가설이라고 정의한다. 분석심리학에서의 마음의 구조와 기능을 정리해 보면, 인간의 마음에는 '나(Ich, Ego, 자아)'가 있으며, '나'의 둘레에는 '의식'이 있다. 내가 가지고 있으면서도 내가 아직 모르는 정신세계를 '무의식'이라 부른다. 무의식이란 아직 의식되지 않은 정신세계로서 자아의 통제 밖에 있는 것이다. '나(자아)'는 한편으로는 외계(external world)와 관계를 맺으며, 다른 한편으로는 나의 마음, 즉 내계(internal world)와 관계를 갖도록 되어 있다. 무의식에는 출생 이후의 특수한 경험에 의한 개인마다 독특한 '개인 무의식'과 선천적으로 존재하고 시간과 공간을 초월해서 모든 인간이 보편적으로 갖고 있는 '집단 무의식'이 있다. 그리고 집단 무의식의 내용을 이루는 '콤플렉스'를 '상(Imago)', 또는 '원형(Archetype)'이라고 부른다. 융은 자신을 경험론자이며, 자신의 입장은 '사실'을 중심으로 한 현상학적 입장이라고 말하였다. 분석심리학은 인간의 마음속에 무엇이 어떻게 작용하고 있는가를 살펴 나가고 거기서 얻은 사실을 바탕으로 각 개인의 의지와 의욕의 방향을 살펴본다. 즉, 인간의 고통이 어디에서 유래되었는지 알기 위하여 과거의 역사를 살펴보고, 그 고통이 무엇을 의미하며, 장차 그를 어디로 이끌고 가려는지 그 정신의 지향성, 목적성을 알고자 한다.

융은 그의 논문 「변화의 상징」에서, 집단 무의식은 개인의 삶에 관련된 억압과 정신적 심연을 뛰어넘어, 위대한 치유경험으로 이루어진 상징들을 간직한 인류의 지하 보물들이 쉬고 있는 심연의 무의식 영역이라고 주장한다(정여주, 2017). 융의 무의식은 다시 개인 무의식과 집단 무의식으로 구분된다. 개인 무의식은 개인이 살아오면서 억압하거나 망각한 사고와 감정이다(이부영, 1998). 그리고 집단 무의식은 민족이나 사회의 집단역사와는 관계없이 모든 인류에게 공통적으로 유전되어 내려온 불안, 위험, 공포, 대항, 애정, 증오, 이성관계, 친자관계, 출생, 사망 등에 대한 인간의 본성이다(정현희, 2016). 융은 자신이 발견한 집단무의식으로 인해 프로이트와 결별한다(정여주, 2017). 융은 상징적 심상(symbolic imagery)을 프로이트처럼 1차 과정의 충동을 위장한 2차 과정으로 변화된 것으로 단순화하기보다는 강한 감정이입의 태도로 심상 그 자체를 이해하고자 한다. 융은 상징적 사건이나 심상을 프로이트가 믿고 있는 것처럼 근친상간의 실행이나 욕망의 결과를 나타내는 것으로 보지 않고 집단 무의식에 귀속시킨다. 융에 있어서 상징적 심상은 그 자체로서 설명력을 가지며, 심상이 언어화를 통한 투사로 받아들여질 때 그 의미를 나타낸다. 상징적 심상은 의식과 무의식에서 나오고 이 둘을 연결시킨다(한국미술치료학회, 2000).

2) 융 학파의 분석심리학적 미술치료의 이해

융이 환자들에게 사용했던 그림의 심상(pictorial imagery)이 널리 알려지지 않았지만 1931년 『정신치료의 실제』에 실은 「정신치료의 목적」이라는 논문에서 심상을 활용한 치료방법(미술치료)의 많은 준거를 제시했었음을 알 수 있다(Jung, 1966: 이지은, 2014 재인용). 미술치료의 개척자이고 정신분석적인 지향성을 갖고 있던 Marget Naumburg도 초기에 융의 사상에 많은 동감을 했다(Cremin, 1961: 한국미술치료학회, 2000 재인용). 융 자신은 무의식으로부터 나온 심상을 그려 내고 색칠하는 데 중요한 역할을 했던 '능동적 심상화(active imagination)' 기법에 대해 자신의 저서에서 많은 언급을 했지만, 심상에 관한 자신의 개인적이고 전문적인 경험을 확장시킨 저서는 출판하지 않았다(한국미술치료학회, 2000). 그러나 『원형과 집단 무의식(The Archetypes and Collective Unconcious, Collected Works, vol. 9, part 1)』(1968)과 『연금술 연구(Alchemial Studies, Collected Works, vol. 13)』(1968) 그리고 『인간과 무의식의 상징(Man and his symbols)』(1964)의 책을 통해 환자들의 미술활동에 대한 실례들과 원형적 상징주의가 치료과정에 연결되었음을 제시하고 있다(한국미술치료학회, 2000). 그럼에도 불구하고 융의 분석심리학은 현대의 미술치료자들이 추천하고 있는 심상(imaginary)의 이용에 관해 폭넓은 아이디어를 제공하고 있다(한국미술치료학회, 2000). 분석심리학적 미술치료의 이해를 돕기 위하여, 여기서는 미술치료 관련 저서들(최외선 외, 2011; 정현희, 2016; 한국미술치료학회, 2000)에서 발췌하여 미술치료의 발전과정과 기본 개념에 대해 간략히 소개하고자 한다.

(1) 미술치료의 발전

미술치료라는 용어는 1961년 『Bulletin of Art therapy』의 창간호에서 편집자인 Ulman의 논문에서 표현되었으며, 오늘날의 미술치료는 상징화의 중요성을 부각시킨 프로이트와 융의 역할이 컸던 현대 정신의학과 함께 성장해 왔다(최외선 외, 2011). 미국의 정신분석학자 Naumburg는 미술치료에 대한 개척자 역할을 한 사람으로, 1940년대부터 치료양식으로 미술표현을 도입하였고, 1950년대에 접어들면서 Kramer(1971)가 Naumberg의 뒤를 이어 연구를 계속하면서 미술치료의 입장이 여러 방향으로 나뉘어 왔다(최외선 외, 2011). 1960년대에 미국미술치료학회(American Art Therapy Association)가 창립되었고, 『미술치료 전문지』가 출간되면서 미술치료에 대한 관심이 확산되기 시작하였다(최외선 외, 2011). 이후, 미국, 일본, 한국 등에서도 정신병원의 입원환자를 대상으로 미술치료가 시도되어 왔으며, 우리나라에서는 1992년에 한국미술치료학회가 창립된 후, 많은 학회와 협회가 설립되어 많은 임상 전문가들을 양성해 오고 있다(최외선 외, 2011). 최외선 등(2011)은 "미술치료는 교육, 재활, 정신치료 등 다양한 분야에서 널리 사용될 수 있으며, 어떤 영역에서 활용되고 있는지 간에 공통된 의미는 시각 예술이라는 수단을 이용하여 인격의 통합 혹은 재통합을 위한 시도다. 미술치료란 심리치료를 기초로 하여 인간의 조형 활동을 통해 개인의 갈등을 조정하고 동시에 자기표현과 승화작용을 통해서 자아성장을 촉진시킬 수 있다. 또한 자발적인 미술활동을 통해서 개인의 내적 세계와 외적 세계 간의 조화를 잘 이룰 수 있도록 도와주기도 한다."(최외선 외, 2011)라고 말한다.

(2) 미술치료의 기본개념

정현희(2016)는 "미술치료는 미술활동을 통한 자아표현, 자아 수용, 승화, 통찰에 의해 개인의 갈등을 조정하고 심리문제를 해결하며 자아성장을 촉진하는 심리치료의 한 분야"라고 정의한다. 또한 "인간의 심상 시각화 경험을 통해 형성되는 미술활동에서는 개인이 자신도 모르게 쌓은 경험, 말로는 표현하기 어려운 생각과 감정, 자신의 성격, 욕구와 소망 등이 은연중에 나타나기에 개인의 미술활동에서 개인의 내면을 볼 수 있다."(정현희, 2016)고 주장한다. 또한 미술활동은 개인의 느낌이나 사고, 문제점을 전달해 줄 뿐 아니라, 정신적인 문제를 이겨 내고 회복하는 데에도 도움을 주며, 학대, 상실, 폭력, 재난 등의 정신적 외상들이 미술활동을 통해 표현됨으로써 개인의 긴장과 불안이 해소된다(정현희, 2016). 그러나 "표현되지 않은 고통스러운 경험은 미해결된 채 마음 깊이 억압되어 개인의 행동을 지배하고 그것은 훗날 문제행동으로 그 증상이 나타나게 된다"(차수선, 2008). 정현희(2016)는 "미술치료는 비언어적 커뮤니케이션 기법으로, 이 기법을 반복 시행함으로써 시각적 이미지가 구체화되고, 여기에 언어적 보완이 이루어지면서 지금까지의 자기 상실, 왜곡, 방어, 억제 등의 상황에서 벗어나 보다 명확하게 자아인식과 자기실현을 이루게 되는 심리치료의 한 분야이다."라고 한다.

그리고 정현희(2016)는 미술치료의 특성에 대해 다음과 같이 말하고 있다. "미술치료는 미술활동을 활용하여 심리치료를 하는 것이다. …… 미술은 심상의 표현으로, 심상은 우리가 언어로 인식하기 전에 우리의 경험을 통해 이미 형성된다. 심상을 통해 개인이 잘 모르는 정신세계를 일깨워 줄 수 있고, 무의식을 의식으로 가져올 수 있다. 색채는 인간의 감정과 정서에 커다란 영향을 미친다. 개인이 선택하는 색채는 그 개인의 특성, 경험, 학습, 순간적인 감정 상태 등을 반영하기도 한다. 색채가 인간에게 미치는 영향을 앎으로써 미술치료에서 색채를 치료적으로, 진단적으로 사용할 수 있다. 색채는 각각의 독특한 성질과 느낌을 지니고 있으며, 개인마다 보고 받아들이는 감정도 일정하지 않다. 우리의 대뇌에는 색채에 대한 이전의 경험들이 입력되어 있다. 따라서 이전의 경험과 연관된 결과로서 색이 지각된다."(정현희, 2016)

필자는 다년간의 미술치료를 하면서 심상은 우리가 언어로 인식하기 전에 우리의 경험을 통해 이미 형성된다는 정현희(2016)의 주장과 일치하는 사례를 발견할 수 있었다. 아울러 심상의 표현은 구체적인 조형물 또는 그림으로도 표현되지만 색채만으로도 표현되는 것을 알게 되었다. 또한 내담자의 여러 작품을 함께 펼쳐놓고 관찰할 때, 각 개인마다 독특한 색채의 흐름을 발견할 수 있다. 또한 색채에 대한 개인의 주관적인 감정은 과거의 경험, 특히 어린 시절 부모와의 관계에서 형성된 경우가 많다는 것도 확인할 수 있다. 이는 색채는 무의식에 관한 내용뿐 아니라, 초기 경험에서 비롯된 영향임을 통찰할 수 있는 자료가 될 수 있다는 증거로 여겨질 수 있다. 필자는 색채는 각각의 독특한 성질과 느낌을 지니고 있으며, 개인이 선택하는 색채는 그 개인의 특성, 경험, 학습, 순간적인 감정 상태 등을 반영하기도 하고 개인마다 보고 받아들이는 감정도 일정하지 않다는 정현희(2016)의 주장에 동의한다. 색채의 연상에 있어서 각 개인에게는 긍정적이거나 부정적인 양면이 공존하며, 그에 다른 색채의 상징도 주관적으로 해석될 수 있다. 따라서 미술작품 해석에 있어서 개인의 특성이나 감정 등의 개별성을 반영하지 않고 색채의 연상과 상징을 일반적으로 적용하여 해석할 경우에 오해의 소지가 있으므로, 반드시 상담자는 대화과정의 질문과 응답을 통해 내담자가 스스로 자신의 색체에 대해 주관적인 해석을 할 수 있도록 도울 필요가 있다.

　한국미술치료학회(2000)는 미술치료의 장점을 다음과 같이 정리하였다. 첫째, 미술은 심상(image)의 표현이다. 둘째, 미술은 방어가 감소된다. 셋째, 미술은 어떤 유형의 대상을 즉시 얻을 수 있다. 넷째, 미술은 자료의 영속성이 있어 회상할 수 있다. 다섯째, 미술은 공간성을 지닌다. 여섯째, 미술은 창조성과 신체적 에너지를 유발한다(한국미술치료학회, 2000). 이와 같은 장점을 가지고 있는 미술치료는 궁극적으로 심신의 어려움을 겪고 있는 사람들을 대상으로 하여 그들의 작품을 통해서 그들의 심리를 진단하고 치료하는 데 그 목적이 있다(한국미술치료학회, 2000).

　필자는 미술치료를 개인상담과 가족상담에 접목시켜 사용하고 있다. 집단미술치료 프로그램은 학교의 학생, 교사, 학부모들을 대상으로 진행해 왔으며, 다문화가족지원센터, 경로당 등에서도 대상에 맞도록 프로그램을 기획하여 진행해 오고 있다. 미술치료를 도구로 하는 상담에서는 내담자 개인 및 가족의 무의식이 저항 없이 드러난다. 그림의 내용을 가지고 상담할 경우에 상

담의 내용이 풍부해지고, 자료의 즉시성과 영속성, 그리고 내담자에게 창조
성과 에너지를 유발하게 되는 경험을 하게 된다. 이러한 경험은 한국미술치
료학회에서 제시한 미술치료의 장점은 확인하는 것이라고 볼 수 있다.

　○○고등학교에서 연중행사로 진행하는 '미술기법을 활용한 가족미술심리
여행'은 4시간 동안 진행되는 프로그램으로, 보조진행자로 참여한 교사들은
짧은 시간에 변화되는 가족들의 모습에 놀라움을 금할 수가 없다고 하였다.
그리고 현재 진행 중인 경로당 프로그램에서는 어르신들이 매번 어린 시절로
되돌아가 유치원에 온 것 같다고 하며 행복해하고 있으며, 자신들의 작품을
전시하는 전시회를 손꼽아 기다리고 있다. 필자가 운영하는 상담센터에서는
상담을 전공한 교사들을 대상으로 미술기법을 활용한 집단 프로그램을 다년
간 지속적으로 진행하고 있다. 이 프로그램이 인생의 전환점이 되었다고 하
는 참여 교사들의 놀라운 경험들에 대한 보고를 통해 미술치료의 장점을 확
인할 수 있다.

3) 분석심리학적 미술치료

　융은 자신의 개인적 위기에서 그림이나 조소 활동을 통해 생동감 있는 통
찰을 얻었으며, 자신의 무의식으로부터 나온 심상을 탐색하면서 발견했던 심
리학적 가치를 깨달은 후에 환자들에게 꿈이나 환상적 요소를 시각적으로 표
상하도록 했다(한국미술치료학회, 2000).

(1) 분석심리학적 미술치료의 개념

　융(1982)에 따르면, 집단원형은 개인의 꿈이나 예술 작업에 드러난다. 내
담자는 꿈, 그림언어인 조형 작업을 통해 무의식의 내용을 상징화하며, 상담
가는 이러한 상징들을 치료과정에서 분석하고 의식화로 이끌어 낸다(정여주,
2017). 인간은 자신의 내적 심상인 상징과 꿈을 통하여 일상적 의식세계가 아

닌 다른 깊은 곳에 성장 의지가 있다는 것을 증명하는 것이 융(1982)의 치료 목적이다(정여주, 2017). 융은 만다라를 심리치료 분야에 처음으로 적용하였으며, 만다라는 기독교의 십자가, 원불교의 일원상, 불교사찰 표시인 만(卍)자 외에도 인간 정신 속에 있는 자기를 나타내는 상징에서 그 모습을 볼 수 있다고 주장한다(한국미술치료학회, 2000). 융은 만다라를 개성화 과정의 그림이라고 정의했으며, 모든 만다라가 완전한 개성화의 표현은 아니더라도 인간의 자기실현의 성취과정에서 야기되는 혼란을 심리적으로 치유하려는 동기에서 발생한 것이라고 주장한다(한국미술치료학회, 2000). 원형 심상을 지향하는 만다라는 그림으로서 다소 추상적인 형태를 취할 수밖에 없어, 만다라는 '마법의 원'으로서 심리적인 중심을 강렬하게 표상한다(김순일, 2004). 그러므로 이 자아와 무의식 사이의 균형을 회복하려는 심리적 총화인 만다라는 자기인식의 표상이라고 볼 수 있다(최외선 외, 2011). 즉, 만다라 작업을 통해 우리는 많은 것을 경험할 수 있으며, 갈등을 극복하고 자기 자신을 수용하게 되며 잠재된 창의력을 발견할 수 있다(정여주, 2006).

　융은 논문 「심리치료의 목적」(1929)에서 그림 형상화의 방법을 발표했는데, 자신의 환자에게 꿈이나 환상에서 보았던 것을 실제로 그려 보도록 요구하는 방법을 서술하고 있다(송승희, 2010). 융은 그림을 그릴 때 자신의 상징들을 자유롭게 나타내는 데 동참하는 무의식은 그림을 그리는 과정을 조종하고 시험하고 책임지는 의식을 만나기 때문에, 이러한 과정을 능동적 상상 방법이라고 생각한다(오원전, 2003). 그는 아무런 생각 없이 그린 형태와 형상을 의식적으로 만나면서 그에 관한 내적 대화까지 이루어진다고 말한다(송승희, 2010). 미술치료에서 행해지는 것은 능동적 상상을 뛰어넘어 바로 상상을 형상화하는 것이다(Riedel, 2004). 융은 그려진 그림을 자기 앞에 세워 놓고 바라보며 무의식의 어떤 것을 끄집어내는 것이 중요하다고 주장한다(정여주, 2017). 융(2006)은 "상징은 무의식의 긍정적인 면을 강조함으로써 무의식이 본능적인 욕망의 원천이 아닌 창조적인 기능을 가진 것이다. 즉, 상징은 잘 알려지지 않았기에 그 본질을 알기 위해서는 추측할 수밖에 없고, 상징은 무의식의 내용을 알기 위한 가장 최선의 표현이다."라고 주장한다.

융 학파의 치료사들은 치료대상자들에게 꿈이나 환상을 시각적으로 표상하도록 지시하며, 상징적 심상에 대해 강한 감정이입을 하여 심상을 이해하고자 한다(정현희, 2016). 융에게 상징화 작업에 있어서, 무의식과 의식의 과정이 동시에 일어나는 역동적 교류를 우선적으로 본다. 무의식의 내용이 표현되는 상징은 '원형적 의미'와 '발전적 의미'(Jung, 1982 재인용)를 내포한다. 이를 통한 융의 치료의 목적은 분리되고 파편화된 자아를 통합하는 과정이며, 이러한 통합화 과정이 개성화 과정이다(정여주, 2017). 정여주는 해석할 때 내담자의 그림은 종합적으로 해석되어야 한다고 지적하고, 그림을 지적·감정적으로 이해해야 한다(정여주, 2017).

Riedel(2000)은 융의 분석심리학에 근거한 미술치료의 실제에서 형상화과정, 상상 및 상징화 과정, 대화와 해석 과정, 만남과 관계 과정인 네 과정의 요인으로 치료의 효과를 거뒀다는 사례를 제시하고 있다(Riedel, 2004). Riedel은 그림의 상징이 많은 것을 내포하고 있으며, 상징이란 내담자의 무의식에 있는 기억, 갈망, 기대와 이상향의 몫을 내포함으로써 치유적 통합을 제시하며, 정서를 담는 그릇이고 진보적 상징으로 본다(Riedel, 2004). 그리고 융(1973)은 만다라를 개성화 과정의 그림이라고 정의한다. 융의 만다라가 개성화 과정이라고 정의한 점에 동의하며 자아와 무의식 사이의 균형을 회복하려는 심리적 총화인 만다라는 자기인식의 표상이라고 볼 수 있다(최외선 외, 2011). 만다라 작업을 통해 우리는 많은 것을 경험할 수 있으며, 갈등을 극복하고 자기 자신을 수용하게 되며 잠재된 창의력을 발견할 수 있다(정여주, 2006). 필자는 능동적 심상화 과정을 활용한 미술치료 사례연구를 통해 융이 개인적 위기가 닥쳐왔을 때 그림을 그리거나 색을 칠하고 조각함으로써 생동감 있는 통찰을 얻었을 수 있었다(한국미술치료학회, 2000)고 고백한 내용을 본 사례의 내담자의 보고에서도 확인할 수 있었다.

(2) 능동적 심상화 과정

융은 강한 충동을 동반하는 정신의 미지 영역을 이해하기 위해서 더 깊이 들어가는 것을 능동적 심상이라고 명명한다고 말한다. 특히 융은 자신의 무의식으로부터 나온 심상을 탐색하면서 발견했던 심리학적 가치를 깨달은 후에 환자들에게 꿈이나 환상적 요소를 시각적으로 표상하도록 했다(한국미술치료학회, 2000). 능동적 심상화가 처음 언급된 것은 1916년에 작성되고 1957년에 출판된 「초월적인 기능(The transcendent Function)」이란 논문에서였다(Jung, 1957, 한국미술치료학회, 2000 재인용). 융은 「The Secret of the Golden Flower」(1931)에 관한 논평에서 다음과 같이 이야기했다. "융통성이 없는 의식상태에서는 흔히 손으로만 환상을 만들어 낼 수 있다. 다시 말하면 의식과는 전혀 무관한 그림을 그리거나 모형화할 수 있다."(Jung, 1931) 융은 무의식으로부터 나온 심상을 그려 내고 색칠하는 데 중요한 역할을 했던 '능동적 심상화(active imagination)' 기법에 대해 자신의 저서에서 많은 언급을 했지만, 심상에 관한 자신의 개인적이고 전문적인 경험을 확장시킨 저서는 출판하지 않았다(정여주, 2017). 그러나 『원형과 집단 무의식』과 『연금술 연구』 그리고 『인간과 무의식의 상징』과 같은 책을 통해 환자들의 미술활동에 대한 실례들과 원형적 상징주의가 치료과정에 연결되어 있음을 제시하고 있다(정여주, 2017). 융은 정서는 심상으로 나타나고 이 심상은 다시 격렬한 정서를 감소시킨다고 하였다. 그는 강한 정서적 충동을 동반한 어떤 환상에 직면해 있는 동안 이러한 정신의 미지의 영역에 대한 이해를 위해서는 그 안으로 더 깊이 들어가야만 한다는 것을 깨달았다. 그는 다른 사람에게 '능동적 심상화'를 적용하기 전에 자기 자신을 먼저 실험했다(한국미술치료학회, 2000).

정현희(2016)는 능동적 심상이 전하는 이미지를 이해하기 위해서는 실제 생활에서 자신에게 일어났던 일들을 다시 한 번 기억해야만 한다고 말한다. 능동적 심상화의 목표는 이미지들의 의미를 알고 이해하여 그 결과를 받아들이는 것이다. 그는 융의 능동적 심상 4단계를 다음과 같이 소개한다. 첫째, 자아의 사고연쇄로부터 마음을 비운다. 둘째, 마음을 비우고 떠오르는 이미지들에 주의를 집중한다. 셋째, 이미지로 본 것을 적는다. 아울러 들은 것을 그려 내거나 조각하고, 들은 것에 따라 춤을 추거나 악보로 적어 낸다. 내적 경험을 외적인 형태로 표현하는 시간이다. 넷째, 능동적 심상이 전하는 메시지를 이해한다.

능동적 심상화의 단계를 거치는 과정에서 의식과 무의식이 서로 이야기를 하게 되며, 이 과정을 통해 무의식의 내용을 파악하는 데 도움이 되고, 개인의 성장, 발달 그리고 치료가 이루어진다. 정서는 심상으로 나타나고 그 다음에는 언어화된다. 그러면서 점점 비합리적인 부분이 적어진다. 심상이 계속적으로 나타나면서 의미가 발견된다. 심상이 형상화되고 언어화된 후에는 의미를 발견하게 된다. 성장과 치료의 요인은 정신의 깊은 곳에서 무엇이 일어나는 가에 대한 자기이해와 자기인식일 것이다(정현희, 2016). 윤종모(2012)는 클라인벨의 말을 인용하여, 명상은 자신의 의식을 침묵하게 하여 중심으로 모으는 방법이라고 말한다. 즉, 마음을 비우고 떠오르는 이미지에 주의를 집중하기 위해서는 명상이 효과적이라고 주장한다. 필자는 윤종모의 주장에 동의하며, 미술치료를 진행할 때 초반에 치유명상을 통해 마음을 비우고, 그 과정에서 떠오르는 내적 경험인 심상(이미지)을 외적인 표현인 그림으로 상징화한다면 내면 깊은 곳의 무의식과 만날 수 있다고 생각한다.

Riedel(2004)은 미술활동 과정의 4단계를 제시한다([그림 10-1] 참조). 미술활동 과정의 치료적 요인은 작품을 구성하는 형상화 과정, 작품을 구성하는 과정에서 수반되는 상징과정 및 상징화 과정, 질문을 통해 작품의 근원을 찾아가는 대화와 질문 과정, 작품을 구성하거나 만든 후의 대화를 통해 상담사와 내담자 사이에 이루어지는 만남의 관계 과정으로 나누어 볼 수 있다(Riedel, 2004). Riedel이 제시한 미술활동의 4단계의 과정을 자세히 살펴보면 다음과 같다(Riedel, 2004).

형상화 과정 ⇨ 상징화 과정 ⇨ 대화와 해석 과정 ⇨ 만남과 관계 과정

[그림 10-1] 미술활동 과정의 4단계

출처: Riedel(2004).

① 1단계 형상화 과정(Riedel, 2004에서 발췌)

작품을 구성하는 형상화 과정은 무에서 어떤 새로운 것을 생성하는 과정이다. 형상화 과정이 이루어지기 위해서는 먼저 매체와의 만남, 매체의 탐구과정이 이루어져야 한다. 그런 다음에 형상화 과정이 이루어진다. 매체는 정서적·인지적으로 감정을 자극한다. 이 과정에서 작품의 아이디어를 만들어내고 심상을 구체화한다. 이 과정에서 내담자는 작품에서 자신의 감정과 심리적 모습을 볼 수 있고 대면할 수 있다.

② 2단계 상징화 과정(Riedel, 2004에서 발췌)

작품으로 만들어진 이미지는 만든 사람의 마음속에 있는 무언가의 상징이다. 내담자는 이미 형상화 과정에서 작품의 이면과 작품 안에 표현된 정서, 갈등, 위기와 접했기 때문에 더 이상 정서를 위장하거나 그에 압도당하지 않는다. 또한 발견한 내적 심상과 의식적으로 만날 수 있고 능동적으로 대면할수 있다. 작품을 볼 때는 잠재적인 것, 작품 형식, 작품 내용이 고려되어야 한다. 반복되어 나타나는 내용, 과장·생략·왜곡되는 부분은 내담자에게 의미가 있는 것으로 보아야 한다. 상담자는 미술작품을 제대로 이해하기 위해서 만드는 순서, 언어적·비언어적 행동 등 미술활동 과정을 잘 관찰해야 한다. 그리고 작품 표현의 개별성, 상담자에 따른 표현의 차이, 상담자의 반응에 따른 차이를 고려해야 한다.

③ 3단계 대화와 해석 과정(Riedel, 2004에서 발췌)

대화는 작품을 만든 내담자의 내적·외적 현실에 대한 이해와 동시에 치료적 관계로 연결될 수 있다. 대화의 목적은 작품의 이야기를 통해서 내담자가 자신의 욕구, 갈등, 사고, 정서, 경험, 시각 등을 외현화하도록 돕는다. 또한 질문을 통해 내담자가 경험한 인물, 사건, 환경에 대한 그의 생각, 감정, 느낌 등을 해석하며 이해하고, 내담자에게 최대한 이익이 되도록 한다. 작품의 의미를 잘 이해하기 위해서 상담자는 내담자가 미술활동을 하는 동안의 이야기를 잘 듣는 것이 중요하다. 대화에서 언급한 내용뿐 아니라 작품의 색과 형태를 관찰하고, 그 구성에 대해 내담자에게 질문하는 것이 작품 해석에 도움이 될 수 있을 것이다. 대화의 과정은 미술활동에의 몰두, 상담자와 스스로 이야기 나누기, 작품 내용의 공유로 이루어진다. 때때로 여러 가지 이유로 인해 자신의 작품에 대해서 이야기하는 것을 거부하기도 한다.

④ 4단계 만남과 관계 과정(Riedel, 2004에서 발췌)

작품은 치료적 관계를 반영하는 것인 동시에 상담자가 내담자에게, 내담자가 상담자에게 주는 메시지이다. 미술치료에서 상담자와 내담자 사이의 관계는 항상 함께 보고 함께 고려해 볼 수 있는 작품과 연결되어 있다. 작품을 보완할 때 자기조절력이 영향을 준다. 미술활동을 통해 창의성이 활동하게 된다. 내담자는 미술활동을 통해 자신을 파괴할 정도의 분노, 자신을 무력화할 정도의 절망감과 우울감에서 예기치 못한 기쁨, 희망, 성취감, 자아몰입, 활동 자체에 대한 만족감이 나올 수 있다. 그럼으로써 자신 안에 있는 창의성이 재활동하게 된다. 내담자는 작품을 만들면서 자기 형상화, 개성화, 자기치료를 한다. 이러한 새로운 의미의 발견은 내담자의 자신감에 영향을 주게 된다. 집단치료의 경우, 작품을 다른 집단원들에게 보여 주고, 상담자와 다른 집단원들과 함께 작품에 대해 대화를 하는 것은 작품에 대한 긍정적 반응을 일으킬 수 있다. 또한 작품에 대한 좋은 감정을 더욱 강화시킬 수 있다.

3. 분석심리학적 미술치료의 기독(목회)상담적 접근

필자는 다년간의 미술치료 및 미술집단상담을 실시하며, '하나님 이미지'가 초기 대상의 경험에 의해 형성되며, 그 하나님 이미지에 따라 하나님과 관계뿐 아니라 대인관계에도 많은 영향을 미치고 있음을 경험하고 있다. 따라서 기독교상담에서의 '하나님 이미지' 탐색은 내담자에게 자신의 초기 경험 특히 부모와의 경험이 하나님 이미지와 연관이 있다는 점을 확인시켜 줄 수 있고, 비합리적인 기존의 '하나님 이미지'의 변화의 동기를 부여하는 데 효과적이라고 생각한다. '하나님 이미지'의 변화는 내담자의 자존감과 대인관계에도 영향을 미친다는 것을 다음의 연구들을 통해서도 확인할 수 있다.

하나님 이미지에 대한 연구들은 다음과 같다. 정선미(2009)는 그의 연구에서 "우리의 신앙적 삶 가운데 중요한 기능을 하고 있는 하나님 형상은 각 개인마다 다르다. 그리고 어떠한 하나님의 이미지를 갖고 있는가에 따라 신앙적 삶의 질은 매우 다르게 이루어질 수 있다. 즉, 내가 어떤 하나님의 형상을 갖고 있느냐에 따라 신앙적 삶의 질은 너무나 다르게 이루어진다. 하나님 이미지는 단순히 제도적인 종교의 가르침에 의해서 형성되는 것이 아니라 자기의 초기 대상 경험과 끊임없는 자기 이미지와의 상호작용에 의하여 형성되며, 인생 주기를 통해 계속적으로 변화하고, 개인이 경험하는 인생의 사건에 따라 달라질 수 있음을 볼 수 있다."고 하였다. 그리고 박남희(2013)는 "하나님 이미지는 그 사람이 '하나님을 어떤 분으로 체험하고 있는가'를 보여 주는 아주 중요한 표지로서 신자가 하나님과 맺고 있는 관계의 성격을 보여 주며 하나님과의 관계 성장을 측정하는 도구가 된다."라고 말한다. 그는 하나님 이미지 변화는 가능하다는 여러 학자들의 이론(Rizzuto, Freud, Ulanov & Ulanov, English 등)에 근거하여 복음관상기도 수련을 실시하였다(박남희, 2013). 이를 통해서 하나님과의 친밀함이 깊어졌고 하나님은 내 생각과 느낌,

감정, 경험, 교리 너머에 계시는 훨씬 크시고 관대하신 분임을 알게 되었다(박남희, 2013). 이의순(2010)은 위기 상황에서 도와주실 것을 믿고 의지하고 신뢰할 만한 긍정적 하나님 이미지가 나타났다는 결과를 보고하고 있다. 필자는 하나님 이미지는 단순히 제도적인 종교의 가르침에 의해서 형성되는 것이 아니라 자기의 초기 대상 경험과 끊임없는 자기 이미지와의 상호작용에 의하여 형성되며, 인생 주기를 통해 계속적으로 변화하고, 개인이 경험하는 인생의 사건에 따라 달라질 수 있다는 정선미와 이의순의 연구 결과에 동의한다.

문영주(2006)는 집단 슈퍼비전에서 나타난 하나님 이미지 통합과정에 대한 연구에서, 하나님 이미지 통합과정이란 그 자신이 가지고 있던 불완전한 하나님의 상에 정체되었던 것에서 벗어나 온전한 하나님의 형상을 찾아 통합해 가는 것을 의미한다고 말한다. 그는 하나님 이미지의 통합은 '자기중심성에서 벗어나기'의 경험에 대한 개인적인 차원과 관계적인 차원의 전략을 통하여 나타난다고 주장한다(문영주, 2006). 그래서 '기존의 하나님 이미지의 변화' '기존의 하나님 이미지의 확장' '기존의 하나님 이미지의 강화' '기존의 하나님 이미지의 유지'라는 결과를 얻을 수 있다(문영주, 2006)고 한다. 권세윤(2009)은 하나님과의 관계는 인간이 다른 사람과의 관계를 가능하게 한다고 하며, 인간의 온전한 사랑은 불가능하지만 하나님의 사랑으로 사랑하는 것은 온전한 사랑이 될 수 있다고 주장한다.

이러한 연구 결과들에 따르면, 미술치료 프로그램을 통해 자신의 의식적·무의식적 내면과의 만남과 양질의 관계 경험은 '하나님 이미지' 변화에 긍정적인 도움을 줄 수 있음을 확인한 것으로 여겨진다. 필자는 다음 절에서 살펴볼 사례를 통해 의식적·무의식적 내면과의 만남과 양질의 관계경험을 할 수 있는 분석심리학적 미술치료가 '하나님 이미지' 변화에 긍정적인 영향을 미치는지를 확인해 보고자 한다. 이 분석심리학적 미술치료를 통해 내담자가 초기 부모와의 경험 등 '하나님 이미지' 형성의 요인을 탐색하도록 돕고,

'하나님 이미지'의 변화에 따른 대인관계의 향상 등 내담자의 삶에 미칠 영향까지 유추해 보도록 돕는 기회를 제공하고자 한다.

4. 분석심리학적 미술치료 사례

다음의 사례는 '융의 능동적 심상화 과정'을 기반으로 한 구조화된 미술치료이다.

1) 연구 대상 및 연구 절차

(1) 연구 대상

이 연구의 대상은 필자가 진행하는 미술치료 집단에 참가하여 미술치료에 대한 선이해가 있는 내담자로, 40대 중반의 기독교인 기혼 남성이다. 내담자는 당시 상담 관련 대학원의 박사과정을 수료한 상태였으며, 그동안 불안정한 상담 직종 분야에서 상담심리 전문가로서의 현실적 고민 속에 침체된 상태였었다. 내담자는 남에게는 상담해 주는 역할과 위치에 있지만 정작 자신은 누군가와 맘 편히 얘기 나눌 수 있는 사람이 없음으로써 심리적 위축감이 나타나는 것으로 보였고 학업적인 고민 또한 하고 있었다.

(2) 연구 방법 및 구성

융은 그림을 그릴 때, 자신의 상징들을 자유롭게 나타내는 데 동참하는 무의식은 그림을 그리는 과정을 조종하고 시험하고 책임지는 의식을 만나기 때문에(오원전, 2003), 아무런 생각 없이 그린 형태와 형상을 의식적으로 만나면서 그에 관한 내적 대화까지 이루어진다고 주장한다. 필자는 자기 내면의 탐색 기회가 부족하였던 내담자에게 융이 주장한 바와 같이 미술치료의 형상화와 상징화 작업을 통한 자신의 의식적·무의식적 내면과의 만남을 통해 자신을 새로운 시각으로 바라보고 새롭게 자신의 삶을 선택할 수 있도록 도움을 주고자 하였다.

이 사례는 융의 능동적 심상 4단계(정현희, 2016)를 기반으로 하여 Riedel (2004)이 제시한 4과정을 모델로 한 구조화된 미술치료로 구성한다. 미술치료는 매주 1회씩 총 8회기, 회기별 2시간씩 상담하였다. 매 회기에 심호흡과 명상을 통해 떠오른 심상을 구체화하는 '형상화 과정', 작품을 구성하는 '상징화 과정', 그 작품에 대한 내담자의 설명과 상담자의 질문을 통해 내담자가 자신의 내면을 탐색하여 스스로를 분석하며 당면 문제의 근원을 인식하도록 돕는 '대화와 해석 과정', 대화를 통해 상담사와 내담자 사이에 이루어지는 '만남의 관계 과정'으로 진행하였다. 기독교인인 내담자에게 사전·사후검사로 '자아상 그리기'와 '하나님 이미지 그리기'를 실시함으로써 미술치료가 자신의 심리적 상태에 어떠한 영향을 미쳤는지를 탐색하고 새로운 자아상을 지속적으로 성장시키기 위한 계획을 세워 보았다. 아울러 하나님이 내담자에게 주는 의미와 하나님과의 관계의 변화에 따른 부모와의 관계성을 탐색하였다.

〈표 10-1〉 분석심리학적 미술치료의 구성 내용

회기	주제	활동 목표	활동 내용
1	하나님 이미지 1	사전검사: 상징화된 하나님 이미지를 통해 자기와 하나님과의 연관성 및 부모와의 관계성을 탐색	눈을 감고 심호흡을 하며 마음을 가다듬은 후, 하나님의 이미지를 상상하여 형상화하고, 그 내용을 그림으로 상징화
	이름표	능동적 심상이 이름을 통해 표현되며 강점 인식을 통해 자신에 대한 긍정적인 감정이 증대되고, 라포를 형성에 효과적	색도화지 위에 별칭을 적고, 색종이를 오려 붙이고 강점을 본인이 3가지, 상담자가 3가지 기록 후, 스티커로 장식하여 꾸미고, 손코팅지로 마감하여 오림
	자아상 그리기 1	사전검사: 심리적 상태 파악과 마음 속 깊은 곳에 있는 무의식적 핵심감정 탐색. 핵심감정의 형성 요인과 현재의 삶에 미치는 영향 탐색	명상을 통해 떠오른 자신의 이미지를 형상화하여 그림으로 상징화함. 자신의 이미지는 상징적이거나 사실적으로 표현하며, 그림에 대한 질문과 반응을 나눔

2	컬러 이미지 그리기	색의 이미지는 이전 경험과 연합된 결과이므로, 색채의 연상 또는 상징과 연관된 에피소드 탐색 통한 각 색채의 선호도 탐색	빨강, 주황, 노랑, 초록, 파랑, 보라, 분홍, 갈색, 하양, 검정의 10가지 색을 칠하고, 그 색과 연관된 에피소드와 내용 기록(한국색채심리치료협회, 2006 참조)
3	화산 폭발	화산은 내담자의 내면세계를 나타내고 위로 분출되는 용암은 욕구분출의 표현으로 보며, 주요한 에너지원이 될 수 있음을 인식	화산 밑그림이 그려진 종이에 색칠을 하고, 그림에 대한 설명을 통해 자신의 정서적 상황을 인식하며, 내담자의 현재상황과 어떻게 관련되는지를 탐색
	감정 사전	개인은 각각 다양한 감정을 가질 수 있음을 알게 하고, 경우에 따른 색의 느낌을 탐색하여 색채에 대한 무의식적 선호도를 인식	'감정에 따른 색의 느낌 표'에 제시된 13가지 경우에 느껴지는 감정에 따른 색을 차례로 칠하며, 그에 따른 느낌을 탐색(한국색채심리치료협회, 2006 참조)
	감정 표현하기	긍정적인 감정을 통해 에너지와 자원을 찾고, 부정적인 감정을 변화시키거나 또는 적절하게 처리할 수 있도록, 그리고 부정적인 감정을 긍정적으로 다룰 수 있도록 도움	'감정 표현하기' 표에 제시된 5가지 감정의 경우, 자신의 표정과 감정의 색채를 상징화하고, 그 감정이 일어나는 상황과 어떻게 표현하는지를 생각해 보고 기록하여, 대화과정을 통해 평가
4	인생 곡선	자신의 삶의 굴곡을 그림으로 상징화함으로써 삶의 의미에 대해 생각해 보고, 인생에 영향을 미친 가족들의 삶을 객관적 시각으로 이해하고 수용	출생부터 현재까지, 상단에는 긍정적 경험을 회상하여, 하단에는 부정적 경험을 연대별로 기록하고, 사건들을 곡선으로 연결하고, 사건별로 연관된 그림이나 사진을 오려 붙여 상징화 작업을 함
	문양 만다라, 자유 만다라	만다라는 인간 정신 속의 중심을 나타내는 것으로, 분열된 자신을 통합하고 삶의 본질, 자신의 중심에 이르는 생활을 영위하게 함(최외선 외, 2011)	만다라 문양에 색칠하는 방법과 떠오르는 심상을 원 안에 자유롭게 그리는 자유 만다라가 있음. 명상으로 이완작업 후, 내면에 떠오르는 심상을 형상화하고, 색깔로 원형 속을 채워 넣음
5	나의 색 1, 2	자신에게 정서적으로 안정감을 주거나 선호하거나 기피하는 색채가 부모의 영향에 의한 것임을 확인하고, 그 색채에 대한 인식을 새롭게 함	'자기색 탐구표'에 자신과 연관된 색채를 칠함. 자신의 원점 색, 가장 '나'다운 색, 부모와 관련된 색, 좋아하는 색, 싫어하는 색, 생기 있게 하는 색 등(한국색채심리치료협회, 2006 참조)
	가계도	가족의 정보가 도식화되어 가족 유형의 형태를 한눈에 볼 수 있고, 중요한 삼각관계를 추적할 수 있음. 질문을 통해 가족관계 개선과 자아분화가 이루어짐	3세대 가계도에 각 개인의 나이(사망 나이), 성격, 직업, 관계선 등을 적고, 주요 인물과 연관된 사건들이 미친 영향을 탐색. 가족관계에 관한 질문이 매우 중요함

6	웅덩이 그리기	가장 힘들 때의 느낌, 그 상황에서 빠져나오기 위한 방법, 도와줄 사람, 도움을 주는 사람에 대한 반응 등을 살펴보고, 고통에 대한 해석을 탐색	종이에 'U'자 모양의 웅덩이 안에 있는 자신을 그리고, 웅덩이에서 나오기 위해 어떻게 하는지, 나오는 데 도움을 줄 수 있는 사람 등을 상징화하고 이야기 나눔(최외선 외, 2009)
	나의 몸	내담자의 신체적 감각에 대한 탐색을 위한 것으로, 신체 각 부위를 색채로 상징화함으로써 신체 각 부분에 대한 감각 증진	명상을 통해 자신의 신체적 심상을 형상화하고, 신체가 그려진 종이에 신체 각 부분을 색채로 상징화함. 그림에 대한 질문과 반응을 나눔
	난화 그리기	무의식 속에 잠자고 있는 상상을 표출시키며, 그림 설명 과정을 통해 그림의 의미를 명료화하고, 무의식적인 자신의 내면과의 만남을 통한 실존 탐색	종이에 크레파스로 긁적거리기를 마음껏 한 후, 심상을 투영한 이미지를 찾아 색칠하여 형상화하고, 그 형상에 이름을 붙이고, 그림을 설명하는 자유연상을 통해 자신의 내면을 탐색
7	중요한 항아리	중요하게 여기는 가치관 이해와 함께 그 가치관의 형성 요인, 현재의 삶에 미치는 영향, 그것들이 자신의 인생에 어떤 의미가 있는지를 탐구하며, 정말 소중한 것인지 평가	'아주 중요함' '중요함' '중요하지 않음'의 3개의 항아리를 그리고 제목을 적은 후, 각 항아리에 내용을 채우고, 그것들이 삶에 어떤 의미가 있고 정말로 소중한 것들인가를 질문(최외선 외, 2011)
	계란화 1, 2	계란을 발견하고 파괴시켜 새롭게 탄생하는 과정을 표현하는 것으로, 계란의 금은 내담자의 현재 심리적 에너지의 강도를 나타냄. 내담자의 표현을 존중	타원이 계란이라는 것을 인지되면, 계란에서 태어나는 것을 도와주도록 동기화시킴. 자신의 계란에서 나오면 좋다고 생각하는 것을 무엇이든지 상징화하도록 함(최외선 외, 2011)
8	자아상 그리기 2	사후검사: 자신의 이미지를 다시 그림으로써 자신의 심리적 변화를 인식하고, 그 변화를 통해 새로운 삶의 선택을 위한 계획 점검 및 실천의지 확인	명상을 통해 떠오른 자신의 이미지를 새롭게 형상화하여, 그림으로 상징화함. 그림에 대한 설명과 변화에 대한 대화를 나눔. 새로운 자아상을 지속적으로 성장시키기 위한 계획을 세워 봄
	하나님 이미지 2	사후검사: 새롭게 형상화된 하나님 이미지를 그림으로 상징화함으로써 자기와 하나님과의 연관성 및 부모와의 관계성을 재탐색	눈을 감고 심호흡을 하며 마음을 가다듬은 후, 하나님의 이미지를 상상하여 형상화하고, 그 내용을 그림으로 상징화하여 다시 작업

(3) 미술치료의 진행방법

'융의 자기 심상화 과정'을 활용한 미술치료는 주 1회 같은 요일에 작업 가능한 시간에 진행한다. 매 회기 초반에 내담자의 마음을 비우는 작업을 원활히 하고 무의식의 이미지가 떠오르도록 하기 위하여 치유명상 기법을 사용하였다. 매 회기에 Riedel이 제시한 4단계의 과정이 반복적으로 이루어진다. ① 형상화 과정으로, 내담자는 치유명상을 통해 이미지를 떠올린다. ② 상징화 과정으로, 떠오른 이미지를 그림으로 표현한다. ③ 대화와 질문 과정으로, 상담자가 질문을 하고 내담자가 답변을 하며 미술 작품에 담겨진 의미를 탐색하며, 내담자가 스스로 자신의 그림의 의미를 해석해 나갈 수 있도록 돕는다. ④ 만남과 관계 과정으로, 서로 피드백을 나눈다. 매 회기 종결 부분에서는, 내담자가 상담 내용을 요약하고 그 시간에 배운 점과 느낀 점들에 대해 이야기를 나누며 효과를 평가하였다.

(4) 연구 결과

이 사례의 회기별 그림과 내담자 보고를 정리하면 다음과 같다.

① 1회기

[그림 1] 하나님 이미지	[그림 2] 이름표	[그림 3] 자아상 그리기

내담자 보고 내용: 거북이는 하나님이 나를 바라보실 때 천천히 인내하시면서 엉금엉금 기어가듯이 나를 기다려 주시고 인내하시는 분이라는 이미지가 있다. 그리고 나의 상처 난 마음을 공감해 주시고 함께 눈물 흘려 주시는 분

이시는 '위로자' 이미지로 다가왔다. 이름표 그리기를 통해서 나타난 나 자신
에 대한 이미지는 따뜻하고 온화하며 가정적이라는 것을 발견했다. 직업세
계에 들어오기 전 교회 관련 사람들을 그리워하는 마음과 그때로 다시는 돌
아갈 수 없다는 현실이 '그리움 많은 나'로 표현하게 된 것 같다. 자아상 그리
기에서 '나는 지금 어디에 서 있는가?' '현재 가장 힘든 나의 문제?' '나의 심리
적, 영적 상태는?'과 같은 질문 앞에 문득 '리모컨'이 떠올랐다. 부모님 집 안
방에 있는 TV 리모컨인데, 내가 누나에게 부모님 방 안에 있는 리모컨을 던
지려는 위협적인 행동을 하였다. 그 순간의 감정이 강하게 반사되어 '리모컨'
을 집어 던지려는 시늉을 하였다. 어렸을 때 부모님이 싸울 때 집안에 집기류
가 던져졌던 소리와 그 기억이 떠오르면서 나도 모르게 리모컨을 손으로 집
은 것으로 연결되는 것 같아서 서글펐다. '이러한 것도 학습이 되어 나의 뇌
리 속 어딘가에 저장되었었구나.'를 깨닫게 된다.

② 2회기

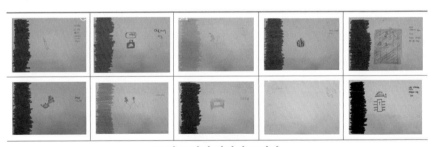

[그림 4] 컬러 이미지 그리기

내담자 보고 내용: 컬러 이미지 그리기를 할 때, 특히 검정색에 대한 이미지
는 부모님의 죽음이다. 아직 두 분이 살아 계시지만, 언젠가 내 곁을 떠나가
실 때 나의 상실감과 허전함이 매우 클 것 같아 두려움마저 느끼게 된다. 나
는 아직 부모님 한 분 한 분 떠나보낼 준비를 하고 싶지 않다. 부모님 댁을 갔
을 때, 두 분 중 한 분이라도 안 계시면 그 빈자리와 상실감이 끔찍하여 마주

하기가 무섭다. 어릴 적 나에게 좋은 모습보다는 늘 화내고 싸우시고, 나에게 여러 결핍된 양육을 해 오셨던 분이셨지만, 그래도 내가 부모님 댁에 갔을 때 부모님이 계시는 모습을 기대하는 것은 지금이라도 내 자신이 못 받았던 애정을 받고 싶은 보상심리가 아닌가 싶다. 10대 후반부터 교회에 다니기 시작하면서 신앙심이 점차 생기면서 부모님에 대한 이해심도 높아지기 시작하였다. 그러나 어머니에 대한 '애증'의 감정은 40대가 된 지금도 어느 정도 남아 있고, 가끔 어머니에 대한 분노감이 솟아올라 내 방식대로 공격할 때도 있었다. 그러나 그럴 때마다 자책감이 들어 후회감이 몰려오곤 한다. 그래도 부모님은 나에게 소중하신 분이시고 말해 본 적은 없지만 세상에서 제일 사랑하는 분이다.

③ 3회기

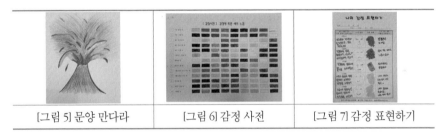

| [그림 5] 문양 만다라 | [그림 6] 감정 사전 | [그림 7] 감정 표현하기 |

내담자 보고 내용: 부모님은 어린 시절 나에게 정서적으로 이로움을 주신 것이 거의 없다. 그로 인해 초등학교 저학년 때까지는 '학습부진아'로서 학급에 남아서 부족한 공부를 하기도 했는데, 그때를 돌이켜보면 너무나 외롭고, 초라하고…… . 다른 아이들은 집에 가는데 나만 남겨지는 것에 대한 두려움에 휩싸일 때가 많았다. 부모님이 자주 싸우시고 살림 집기들이 깨지는데 어떻게 공부에 집중해서 잘할 수 있었겠는가. 그러나 부모님은 모르신다. 내가 그때 얼마나 이루 말할 수 없는 수모와 고통을 당했는지를, 지금도 말하고 싶지는 않다. 가슴에 묻어 두고 가고 싶다. 어렸을 적부터 집에 와서 부모님에

게 나의 마음과 상태를 말해 본 적이 없었다. 학교에서 일어났던 일이나 다른 어떤 일도……. 부모님은 그저 돈 몇 푼만 달라고, 뭐 좀 사 달라고 할 때면 그런 돈이 어디 있느냐고 야단치기 일쑤였다. 나는 늘 풀이 죽었고, 기가 죽어서 위축되곤 했다. 나 자신에 대해 뭐라 떳떳이 주장하거나 나타낼 엄두가 안 나고 자신감이란 아예 없었다. 그런 감정은 지금도 낯설고, 표현하기가 쉽지 않다.

④ 4회기

[그림 8] 인생 곡선	[그림 9] 문양 만다라	[그림 10] 자유 만다라

내담자 보고 내용: 초등학교 1학년 때, 학교에 가서야 한글을 깨우칠 수 있었다. 그 흔한 유치원교육은 나와는 거리가 멀었다. 부모님은 자신들도 초등학교도 못 나올 정도로 '무학'이어서인지 나에 대한 교육열 또는 학업에 대한 기대나 요구가 전혀 없으셨다. 막내 자식인 나에게 어떠한 교육을 제공해야 할지 대한 개념이 전혀 없으셨던 것이다. 따라서 학교 준비물들은 내가 알아서 챙겨야 했으며, 어린 나에게는 분명 한계가 있었다. 미술 준비물이나 자연 준비물을 못 챙겨 갈 때마다 담임 선생님께 뺨을 맞았던 일도 생생하다. 부모님이 나이가 많아 막내아들인 나는 일곱 살, 한 해 일찍 들어가 한글에 대한 개념도 없이 무방비 상태로 초등학교에 들어갔는데, 1학기 때까지 학교에서 시험을 보면 검은 것은 글씨였다. "한글을 모르니까, O, X로만 찍어서 평균점수 15점이다."라는 담임 선생님의 멸시 섞인 음성이 지금도 생생히 기억된다. 그 선생님이 돈을 밝히는 것 같았고, 아이들 엄마들이 뭔가 갖다 바치는 것을

본 적이 있었다. 나는 그런 담임 선생님으로부터 온갖 수모와 창피를 당하기
일쑤였고, 내 이름이 불리면, 마치 내가 교도소안의 '죄수' 같다는 생각이 들
었다. 저벅저벅 힘없이 걸어 나가는 나 자신의 이미지를 그 당시에도 분명히
느낄 수가 있었다. 너무나 외로웠다. 그러나 부모님한테 전혀 말도 못했고 혼
자 묵묵히 이를 견뎌 내야 했다. 지금 와서 생각해도 나는 그때 너무나 외로
웠다. 나의 인생의 하향곡선은 바로 그때가 최고조였다. 지금도 그때를 회상
하면 끔찍하다.

⑤ 5회기

| [그림 11] 나의 색 1 | [그림 12] 나의 색 2 | [그림 13] 가계도 |

　　내담자 보고 내용: 어린 시절, 나의 정서는 갈색으로 상징된다. 갈색은 쓸쓸
함을 준다. 나의 아동기 주된 정서는 허전함과 외로움 그리고 불안함이 핵심
감정이었다. 나는 아무 말썽을 부린 적 없이 착하게 자랐다. 그러나 어린 시
절 부모님의 잦은 싸움은 격렬하였고, 아버지의 술주정과 어머니의 불안이
늘 맞닿아 있었다. 아버지의 술 드시고 지르는 목소리가 저 동구 밖에서도 들
렸고, 당시 나는 인기척만 들어도 예기불안에도 휩싸였으며, 무서움에 어딘
가로 도망치고 싶었으나 갈 데 없는 막다른 골목에 처한 상태였다. 나는 어린
시절 나의 이러한 모습을 상담을 공부하고 나서야 언어로 표현할 수가 있었
다. 가계도를 그리며 탐색하던 중 새롭게 알게 된 것들이 있다. 시골에서 성
장한 어머니는 여자이기에 학교교육은 꿈도 못 꾸었던 시절을 사셨으며, 실
제로 부모님은 '무학'이셨다. 어머니는 60세가 되셨을 때 한글을 깨우칠 정도

로 정규 학교 문턱은 가 보지도 못하여 아무런 배움의 기회조차도 없었던 시절을 보내셨다. 가계도를 탐색하면서 여자이자 한 사람으로서의 인정과 존중을 전혀 받아 보지 못하였을 어머니의 '한'과 '화'의 감정들이 전달되었고 마음에 크게 와 닿았다. 어머니의 '화'의 정서는 자신을 불안하게 만들 뿐 아니라, 가장 어리고 취약한 막내 자식인 나에게 그대로 전수가 되었음을 깨닫게 되었다. 그리고 그 영향이 지금까지도 막중함을 확인하는 기회가 되었다.

⑥ 6회기

		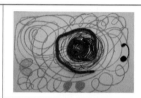
[그림 14] 웅덩이 그리기	[그림 15] 나의 몸	[그림 16] 난화

내담자 보고 내용: 웅덩이에 빠져 있는 나를 보니, 외로움이 몰려온다. 무섭고, 공포이고, 막막하다. 그 자리에서 꼼짝도 못하다가 결국 소리를 질렀을 것 같다. 가족과 아내가 제일 먼저 떠올랐다. 그들은 나를 보고 너무나 슬퍼서 눈물을 흘리며 통곡할 것 같다. 부모님은 지금 힘이 없으시니까 나에게 밧줄을 준비해 와서 던져 주고, 사다리를 내려 줄 것 같으며, 아내는 그 사다리를 타고 내려와 나를 부축해서 같이 올라가 줄 것이라는 확신이 들었다. 나는 아내에게 그런 믿음과 신뢰감이 있다. 나 또한 아내가 어려움에 처하면 아내와 똑같이 할 것 같다. 나는 도움을 주려는 사람들을 보며 미안함과 창피함도 들겠지만 이내 고마움과 따뜻함을 느낄 것 같다. 내가 밖에서 웅덩이에 빠진 사람을 바라본다면 먼저 드는 마음은 측은함과 슬픔, 쓸쓸함이다. 여러 사람을 찾고 불러 모아서, 입고 있던 옷을 벗어 줄을 이어 만들어 몸에 매도록 한 후에 끌어 올릴 것 같다. 나는 이제 움츠리고 있는 나에게서 잠재력을 발견하

여 다시 세상 밖으로 힘차게 나가, 나의 정열을 쏟을 준비가 되었다. 독수리 날개 쳐 올라가듯이 새 힘을 얻고 나아갈 것이다.

⑦ 7회기

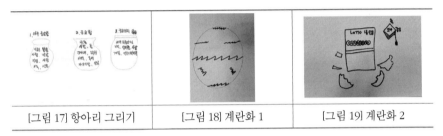

[그림 17] 항아리 그리기	[그림 18] 계란화 1	[그림 19] 계란화 2

　내담자 보고 내용: 항아리 그리기를 하며 내가 중요하게 여기는 것에 대한 가치와 인식들을 알아차릴 수 있는 계기가 되었다. 그동안 내가 중요시했던 돈, 명예, 학위도 중요하지만, 인생에서 더욱 소중하고 중요한 것은 사람, 건강, 직업, 사랑, 가족, 신앙, 신뢰, 믿음 등이라는 것을 확인하게 되었다. 이번 작업을 통해서 내가 중요시했던 성공, 명예, 나의 노력이 내 인생에 있어서 정말 소중한 것인가를 되새겨 보는 시간들이 되었다. 나에게 왜 이런 가치관이 형성되었고, 나의 가치관이 현재의 생활에 어떤 영향을 미치는가와 내가 소중히 여기는 것들이 나의 인생에서 어떤 의미가 있는지를 성찰할 수 있는 시간들이었다. '중요하지 않은 것'들은 과거에 나의 상처들을 떠나보내지 못했던 것들, 과거의 안 좋았던 습관, 욕망, 시간 도둑 같이 의미 없는 활동들이다. 이러한 것들은 실로 나에게 중요하지 않은 것들이기에 예전의 썩은 구습과 옛것들을 벗어야 할 것이다. 그렇게 함으로써 진정 내가 더욱 소중한 가치에 따라 남은 인생을 살아갈 것으로 생각하는 기회가 되었다. 그리고 진정한 사랑이 무엇인지를 생각하며, 예수님의 사랑을 구체적으로 실천하기 위해서 내가 할 수 있는 활동들을 찾아 이어 나가고 싶다.

⑧ 8회기

[그림 20] 자아상 그리기 2	[그림 21] 하나님 이미지 2

　　내담자 보고 내용: 사후검사로, 자아상 그리기와 하나님 이미지를 그렸다. '자아상 그리기'의 제목은 '마주볼 수 있는 새'이다. 이전에 새를 그릴 때에는 눈을 뜨고, 정면을 똑바로 볼 수 없이 고개를 숙이는 새, 그리고 슬퍼하며 눈물을 흘리는 새를 그렸었다. 지금 와서 보면 나의 슬픔의 깊은 핵심감정은 수치심과 외로움이었던 같다. 나에게 초등학교 1학년이란 시절은 수치심을 강력히 체험할 수 있는 시기였다. 부모님이 나를 정서적 · 물질적 케어를 해 주시지 못한 것과 초등학교 때 담임 선생님으로부터 온갖 수모와 멸시를 당한 것이 기억난다. 너무나도 치욕적이었지만, 그때는 그것이 수치심이라는 감정이란 것도 몰랐다. 또한 누군가에게 이야기할 수 있는 사람이 아무도 없었고 그렇게 해야 할 필요도 못 느끼고 살았다. 지금 와서 보면 너무나 슬펐고 외로움에 몸부림쳤던 시기였다. 하나님을 믿고 신앙생활을 하여도 어딘가 나의 쓴 뿌리들은 생활 곳곳에서 나오게 되었다. 그러나 이제는 알 것 같다. 나의 나답지 못하게 하는 나의 무의식 속의 핵심감정이 수치심과 외로움……. 그것이 나를 늘 불안하게 만들고 있고, 그로 인해 파생되어 온 여러 갈등과 문제들이 발생되어 왔다는 것을. 이젠 움츠려 있던 내가 당당히 고개를 들고 누구와도 당당히 마주보며 살 것이다. 그리고 저 하늘을 향해 힘차게 나의 정열을 쏟을 준비가 되었다. 독수리 날개 쳐 올라가듯이 새 힘을 얻고 나아갈 것이다. '하나님 이미지'의 제목은 '돌'이다. '돌'이라는 용어는 나에게는 부정적인 인식이 강한 단어였다. 초등학교 때 정말로 공부도 못해서 방과

후에 교실에 남아 공부를 할 정도 학습부진아였던 나로서는 매우 신경이 거슬리는 아킬레스건이도 하였다. 그러나 10대 후반에 교회를 다니고부터 점점 신앙이 성장해 나가면서 내 나름대로 내 이름의 의미를 재해석할 수 있었다. 예수를 믿기 이전의 나의 삶은 그야말로 실제 땅에 아무렇게나 나둥그러지고 있는 세상에서 버려진 쓸모없는 '돌' 같았다. 그러나 예수 믿고 난 이후의 삶은 예수님을 상징하는 건축자의 돌처럼, 죽은 돌이 아니라, 산 돌이 되는 그런 존재이다. 즉, '예수 안에 한 번 새겨진 것이 영원한 것처럼 나도 예수 안에 꽉 박혀 있는 존재이다.'라고 받아들일 수 있었다. 누구든지 산 돌이신 예수께로 나오게 되면 세상에 아무 쓸모없는 자에서 쓸모 있는 자로 변화되어 간다. 이제 나는 하나님의 택하신 '산 돌'이 되어 당당하게 세상에 유익을 주는 존재로 살아갈 것이다. 나는 지금은 최고의 명문대학 직장 안에서 근무를 하고 있다. 이 모든 것이 하나님의 놀라운 은혜이다. "여호와는 나의 반석이시요 나의 요새시요 나를 건지시는 이시요 나의 하나님이시요 내가 그 안에 피할 나의 바위시요 나의 방패시요 나의 구원의 뿔이시요 나의 산성이시로다."(시 18편 1:1-6)라는 고백을 할 수밖에 없다. 매 회기마다 신뢰관계 속에서의 그림작업과 함께 그 속에 내포된 내면의 사건들을 충분히 마음 편하게 이야기할 수 있는 치료적 환경 조성이 치료효과에 큰 영향을 미친 것으로 여겨진다.

　내담자는 미술치료를 받기 전까지는 자신의 존재에 대한 확신이 없어서 심리적으로 위축되고 침체된 상태에서 이와 같은 놀라운 하나님의 선물을 자신의 것으로 받아들이지 못하고 있었다. 그러나 이 미술치료를 통해 과거의 상처에서 벗어나지 못하고 위축되어 있는 자신의 내면과 대면하게 되었고, 그것은 자신의 실존이 아님을 깨닫게 되었으며, 새로운 시각으로 자신과 세상을 바라보며 하나님의 '산 돌'로서 당당한 삶을 살아가기로 다짐하게 되었다. 미술치료 과정을 통한 내담자의 변화를 정리해 보면 다음과 같다.

　　1회기에, 이제까지의 자신의 핵심감정이 어린 시절 상처로 인한 수치심과 외로움이며, 그 핵심감정이 하나님이 주신 많은 자원들과 돌보심에 대한 인식을 방해하고 있음을 깨닫게 되었다. 미술치료 과정에서 내담자는 자신의 실존을 만날 수 있었다. 2회기에, 내담자는 그에게 많은 상처를 주신 부모일지라도 소중한 분임을 인식하며, 그분들에 대한 사랑을 확인하게 되었다. 3회기에, 내담자는 어린 시절 상처로 인해 감정표현이 힘든 자신의 모습을 확인하였다. 4회기에, 내담자는 집에서는 부모의 방관적인 양육과 학교에서는 교사의 무시와 비난 속에 위축되고 외로웠던 자신의 모습을 확인하였다. 5회기에는, 내담자는 가계도 작업을 통해 어머니의 '한'에 대해 생각하며, 어머니를 객관적인 모습으로 바라보는 시각 전환의 경험을 하게 되었다. 6회기에, 내담자는 웅덩이 속에서도 잠재력을 발견해서 다시 세상 밖으로 힘차게 나아갈 것을 다짐했다. 7회기에서, 내담자는 자신의 가치관 확인을 통해 이제까지 중요시했던 돈, 명예, 학위 등이 가장 소중한 것은 아니라는 것을 깨닫게 되었고, 가장 중요한 것인 '예수님의 사랑을 구체적으로 실천하기 위한 활동'을 열심히 하기로 다짐하였다. 마지막 8회기에서는, 이제 더 이상 외로워하지 않고 당당하게 자신과 타인과 정면으로 대면하는 자아상을 그리게 되었고, 수동적인 방관자 하나님이 아닌, 내담자를 영원히 꼭 박혀 있는 산 돌로 선택하신 하나님을 확신하며 찬양하게 되었다. 그는 이제 하나님의 택하신 '산 돌'이 되어 당당하게 세상에 유익을 주는 존재로 살아갈 것을 다짐하고 있다.

5. 나오는 말

　　이와 같이 분석심리학적 미술치료의 과정에서 나타난 내담자의 변화는, 융의 능동적 심상화 4단계를 기반으로 한 미술치료의 효과를 확인해 주는 것으로 볼 수 있다. 그 효과를 정리하면 다음과 같다.

첫째, 내담자는 매 회기 초반에 실시한 치유명상 과정에서 떠오르는 자신의 무의식과 의식적 이미지들을 형상화하는 작업과 그 이미지를 미술로 상징화하는 작업을 통해 억압된 어린 시절의 상처를 심상으로 대면하며 자신의 무의식을 들여다볼 수 있다. 이는 융의 분석심리학 이론을 기반으로 한 미술 활동이 억압된 자신의 상처를 심상으로 대면하고 의식화하여 무의식적 원형을 상징화한다는 안유림(2014)의 연구 결과와 일치한다.

둘째, 상담자의 질문에 대한 내담자의 문답으로 진행된 대화와 해석과정을 통해 내담자는 자신의 내면의 상처와 욕구들에 직면하며 문제의 근원을 점진적으로 깊이 성찰해 가는 경험을 한다. 이는 전미진(2016)의 프리다 칼로(Frida Kahlo)의 작품 분석에 관한 연구를 통해 "미술이라는 시각매체가 자신의 무의식을 들여다보고 이를 미술의 상징성과 전체성으로 통합시킴으로써 문제를 인식하고 자기 성찰의 기회로 가는 데 중요한 통로가 되는 것을 알 수 있었다."는 연구 결과를 뒷받침한다. 그리고 대화와 해석 과정에서, 내담자가 작품에 대한 이야기를 통해서 자신의 욕구, 갈등, 사고, 정서, 경험, 시각 등을 외현화하도록 돕고, 질문을 통해 내담자가 경험한 인물, 사건, 환경에 대한 그의 생각, 감정, 느낌 등을 이해할 수 있도록 돕는다는 주장(Riedel, 2004)과 일치하였다.

셋째, 그림에 상징으로 표현된 무의식적 상처, 소망 등에 대한 해석을 통해 내면에 대해 깊이 성찰하게 됨에 따라 내담자는 그림의 상징에 내포된 자신의 아픈 모습을 있는 그대로 이해하고 수용하게 된다. Riedel(2004)은 그림의 상징이 많은 것을 내포하고 있으며, 상징이란 내담자의 무의식에 있는 '기억, 갈망, 기대와 이상향의 뜻을 내포'함으로써 치유적 통합을 제시하며, 정서를 담는 그릇이고 진보적 상징으로 본다고 주장한 것과 일치하였다. 또한 정여주(2006)가 만다라 작업 등 미술활동을 통해 우리는 많은 것을 경험할 수 있으며, 갈등을 극복하고 자기 자신을 수용하게 되며 잠재된 창의력을 발견할 수 있다고 주장한 것과 일치하였다. Riedel(2004)은 만남과 관계 과정에서,

집단치료의 경우, 작품을 다른 집단원들에게 보여 주고, 상담자와 다른 집단원들과 함께 작품에 대해 대화를 하는 것은 작품에 대한 긍정적 반응을 일으킬 수 있다고 하였다. 또한 작품에 대한 좋은 감정을 더욱 강화시킬 수 있다(Riedel, 2004)고 주장한 내용을 개인상담에 적용시킬 수 있다.

넷째, 내담자는 매 회기마다 신뢰관계 속에서의 그림작업과 함께 그 속에 내포된 내면의 사건들을 충분히 마음 편하게 이야기할 수 있는 치료적 환경 조성이 자신의 치료효과에 큰 영향을 미친 것으로 여겨진다고 고백하고 있다. 상담자와 내담자가 서로 진솔하게 메시지를 주고받는 만남과 관계 과정을 통해 내담자는 자신의 작품에 대해 긍정적인 수용을 경험하고, 양질의 치료관계 경험을 할 수 있다. 이는 능동적 심상화 단계의 만남과 관계 과정에서, 작품을 다른 집단원들에게 보여 주고, 상담자와 다른 집단원들과 함께 작품에 대해 대화를 하는 것은 작품에 대한 긍정적 반응을 일으킬 수 있다. 또한 작품에 대한 좋은 감정을 더욱 강화시킬 수 있다는 주장(Riedel, 2004)을 뒷받침한다.

다섯째, 색을 칠하고 미술작업을 하는 과정을 통해 생동감 있는 통찰에 도움을 받았다. 심리적 위축감과 학업적 고민으로 위축되어 있던 내담자는 이제까지와는 다르게 문제를 새롭게 바라보는 시각을 가지게 되었고, 따라서 문제해결 방식도 스스로 선택할 수 있다는 자신감도 생성되었다. 이는 융이 능동적 심상화(active imagination) 기법에 대해서 논의하며, 자신의 여생을 통해서 특히 자신의 개인적 위기가 닥쳐왔을 때 그림을 그리거나 색을 칠하고 조각함으로써 생동감 있는 통찰을 얻었으며 나아가 자신의 이론 개발에 도움을 받았다(한국미술치료학회, 2000)는 주장과 연관이 있다.

다섯째, 자아상의 변화가 있었다. 사전검사에서 내담자는 어린 시절 집안 집기류를 던지던 아버지의 모습이 투영되어 자신에게 무관심하면서도 비판적인 누나에 대한 반감으로 리모컨을 던지려는 자신의 이미지를 상징화하였다. 이름표 꾸미기에서는 자신의 별칭을 '그리움이 많은 ○○'로 표현했다. 사후검사에서는 '마주 볼 수 있는 새'를 그림으로써 이전의 핵심감정인 수치심과 외로움에서 벗어나 당당해진 모습으로 자신을 표현하였다. 내담자는 고통이 수반되었으나 치유명상을 통해 실제 생활에서 자신에게 일어났던 일들을 다시 한 번 기억하며, 당시의 정서가 심상으로 나타나 상징화되면서 당시의 격렬한 감정을 감소시키는 경험을 하였다. 그리고 심상이 계속 나타나면서 언어화되고 의미를 발견해 가게 되며, 치료와 성장이 이루어짐을 나타내었다. 이는 정현희(2016)가 "정서는 심상으로 나타나고 그 다음에는 언어화된다. 그러면서 점점 비합리적인 부분이 적어진다. 심상이 계속적으로 나타나면서 의미가 발견된다. 심상이 형상화되고 언어화된 후에는 의미를 발견하게 된다. 성장과 치료의 요인은 정신의 깊은 곳에서 무엇이 일어나는 가에 대한 자기이해와 자기인식일 것이다."라고 주장한 내용을 뒷받침하는 것으로 보인다. 내담자는 상징화 과정과 대화와 해석의 과정을 통해 자기인식과 자기이해가 확장됨에 따라 성장해 가는 모습을 보여 주었다. 융은 그려진 그림을 자기 앞에 세워 놓고 바라보며 무의식의 어떤 것을 끄집어내는 것이 중요하다고 주장한 것과 같이(정여주, 2017) 내담자의 상징화와 대화와 해석 과정은 내담자에게 자기 성찰의 기회가 되었음을 알 수 있다.

여섯째, 하나님 이미지에 변화가 나타났다. 내담자가 그린 사전검사의 '하나님'은 천천히 인내하시면서 기다려 주시는 거북이 같은 분으로, 상처 난 마음을 공감해 주시고 함께 눈물 흘려 주시는 '위로자'의 이미지로 수동적인 모습의 하나님이다. 이는 어린 시절 자신의 외로움과 고통에 전혀 반응하지 않고 방관하며 수동적이었던 부모님의 양육 형태에 영향을 받아 하나님을 수동적인 이미지로 표현한 것으로 보인다. 그러나 사후검사에서는 쓸모없는 자를 쓸모 있는 자로 변화시켜 '산 돌'로 사용하시는 능동적인 하나님으로 변화되었다. 이는 하나님 이미지가 부모님의 영향에서 벗어나, 하나님께서 내담자를 개인적으로 선택하시는 적극적인 분으로 변화된 것으로 여겨진다. 이는 복음관상기도 수련이 하나님 이미지 변화에 긍정적으로 기여했다는 박남희(2013)의 연구 결과와 같이 하나님 이미지가 변화할 수 있음을 보여 준다. 임상목회교육 슈퍼비전에 참여한 상담훈련생들의 하나님 이미지 통합과정에 관한 연구에서 하나님 이미지 통합과정이란 그 자신이 가지고 있던 불완전한 하나님의 상에 정체되었던 것에서 벗어나 온전한 하나님의 형상을 찾아 통합해 가는 것을 의미한다(문영주, 2006)는 연구 내용과도 연관이 있다. 이와 같은 분석심리학적 미술치료의 결과에 따르면, 이 사례의 분석심리학적 미술치료를 통해서도 '기존의 하나님 이미지의 변화'를 확인할 수 있다.

이와 같은 결과에 따르면, 융의 능동적 심상화 4단계를 기반으로 한 분석심리학적 미술치료는 형상화 과정과 상징화 과정을 통해 내담자가 자신의 의식적·무의식적 내적 심상과 의식적으로 대면할 수 있는 기회를 제공할 수 있다. 대화와 해석 과정의 이야기를 통해 자신의 욕구, 갈등, 사고, 정서, 경험, 시각 등을 외현화하고, 질문을 통해 내담자가 경험한 인물, 사건, 환경에 대한 그의 생각, 감정, 느낌 등을 해석하며 이해할 수 있게 된다(Riedel, 2004). 미술작품에 대한 진솔한 대화를 통해 자신과 타인, 그리고 작품에 대한 긍정적 반응과 함께 양질의 관계도 형성됨을 알 수 있다. 또한 이 사례의 결과에 따르면, 기독교인 내담자에게 초기 경험 특히 부모와의 경험이 하나님 이미지와 연관이 있다는 점을 확인시켜 줄 수 있고, 비합리적인 기존의 '하나님 이미지'의 변화의 동기를 부여하는 데 효과적이라고 여겨진다. 아울러 '하나님 이미지'의 변화는 내담자의 자존감과 대인관계에도 영향을 미친다는 것을 확인할 수 있다. 따라서 능동적 심상화 4단계를 기반으로 한 분석심리학적 미술치료를 일반인뿐 아니라 기독교인들에게 실시한다면, 재인의 심리적 성장과 함께 대인관계 및 종교생활에도 긍정적인 영향을 미칠 것으로 사료된다.

참고문헌

권세윤 (2009). 기독교 영성의 회복을 위한 목회: 영혼을 위한 목회적 돌봄. 협성대학
　　교 대학원 석사학위논문.

김순일 (2004). 만다라를 적용한 집단미술치료가 학습장애청소년의 자기효능감에 미
　　치는 효과. 영남대학교 대학원 석사학위논문.

문영주 (2006). 임상목회교육(Clinical Pastoral Education) 그룹 수퍼비전에서 나타난
　　하나님 이미지 통합과정. 연세대학교 대학원 박사학위논문.

박남희 (2013). 복음관상기도 수련에 의한 하나님 이미지 변화의 경험적 연구. 장로회
　　신학대학교 대학원 석사학위논문.

박미정 (2004). 만다라 그리기 활동이 유아의 자아개념 및 행동특성에 미치는 효과분
　　석. 동국대학교 대학원 석사학위논문.

소지연 (2008). 자기표현 중심 만다라 미술치료활동이 정신지체아동의 사회 정서 발
　　달에 미치는 영향. 원광대학교 대학원 석사학위논문.

송승희 (2010). 자기술회를 통한 미술치유에 관한 연구: 이중섭, 프리다 칼로를 중심
　　으로. 고려대학교 대학원 석사학위논문.

심지수 (2012). 현대작가의 상징에 나타난 무의식의 근원적 요인 연구: 보로프스키,
　　칼로, 아르프, 로스코, 클로스를 중심으로. 가천의과대학교 대학원 석사학위논문.

안유림 (2014). Jung의 분석심리학에 입각한 미술의 치유적 기능 분석: Louise
　　Bourgeois의 작품에 나타난 개성화과정을 중심으로. 한양대학교 대학원 석사학
　　위논문.

오원전 (2003). 융의 분석 심리학에 의한 기독교 상징미술이 미술치료에 미치는 영향.
　　상명대학교 대학원 석사학위논문.

윤종모 (2012). 치유명상. 서울: 정신세계사.

이부영 (1998). 분석심리학-C. G. 융의 인간심성론. 서울: 일조각.

이의순 (2010). 하나님 이미지가 대인관계 용서에 미치는 영향: 크리스천 성인 중심으
　　로. 총신대학교 대학원 석사학위논문.

이지은 (2014). 의과대학생의 성격특성과 풍경구성법(LMT)의 반응특성 연구. 한양대
　　학교 대학원 석사학위논문.

이하경 (2015). 융(C. G. Jung)의 분석심리학 관점에서 본 시각예술 상징의 표상적 특성 연구: 에드바르드 뭉크(Edvard Munch) 작품을 중심으로. 중앙대학교 대학원 석사학위논문.

이하경, 김희현 (2014). 융(C. G. Jung)의 분석심리학 관점에서 본 그림책 일러스트레이션 상징의 표상적 특성 연구: 찰스 키핑의 '창 너머'를 중심으로. 일러스트레이션 포럼, 38, 35-46.

전미진 (2016). 분석심리학적 관점으로 본 프리다 칼로의 작품분석에 관한 연구. 한양대학교 대학원 석사학위논문.

정선미 (2009). 정신분석학적 대상관계이론에서 본 인간의 하나님 이미지 형성. 나사렛대학교 신학대학원 석사학위논문.

정여주 (2006). 노인미술치료. 서울: 학지사.

정여주 (2017). 미술치료의 이해 이론과 실제. 서울: 학지사.

정현희 (2016). 실제 적용 중심의 미술치료. 서울: 학지사.

차수선 (2008). 미술활동이 지적장애 아동의 주의집중력에 미치는 효과. 대구교육대학교 교육대학원 석사학위논문.

최외선, 김갑숙, 최선남, 이미옥 (2009). 미술치료기법. 서울: 학지사.

최외선, 이근매, 김갑숙, 최선남, 이미옥 (2011). 마음을 나누는 미술치료. 서울: 학지사.

한국미술치료학회 편 (2000). 미술치료의 이론과 실제. 대구: 동아문화사.

한국색채심리치료협회 (2006). 색채심리치료사 교재. 서울: 한국색채심리치료학회.

Cremin, L. (1961). *The transformation of the school 1876-1957*. New York: Vintage Books.

Jung, C. G. (1931). Commentary on "The Secret of the Golden Flower." In G. Adler & R. F. C. Hull (Trs. & Eds.), *Collected works of C. G. Jung: Alchemical studies* (Vol 13). Princeton, NJ: Princeton University Press. 1967.

Jung, C. G. (1931). The aims of psychotherapy. In G. G. Adler & R. F. C. Hull (Trs. & Eds.), *Collected works of C. G. Jung: Practice of psychotherapy* (Vol. 16) (pp. 36-52). Princeton, NJ: Princeton University Press, 1966.

Jung, C. G. (1968). *Collected works of C. G. Jung: Alchemical Studies* (Vol. 13).

Princeton, NJ: Princeton University Press.

Jung, C. G. (1968). The archetypes and the collective unconscious. In G. Adler & R. F. C. Hull (Trs. & Eds.), *Collected works of C. G. Jung: Alchemical studies* (Vol 13). Princeton, NJ: Princeton University Press.

Riedel, I. (2004). 융의 분석심리학에 기초한 미술치료 [Maltherapie] (정여주 역). 서울: 학지사.

제11장

분석심리학과 무용동작치료

김상만
(연세대학교 상담코칭학 박사/쉼[SSHHH]힐링센터장)

1. 들어가는 말

기독(목회)상담학의 관점에서 분석심리학을 기반으로 하는 무용동작치료에 대한 전반적인 이해를 돕고자 하는 것이 이 장의 목적이다. 기독(목회)상담자가 임상현장에서 분석심리학적 무용동작치료를 적용하고자 할 때, 분석심리학적 무용동작치료가 어떤 이론적 흐름과 배경을 갖고 있으며, 구체적인 기법은 무엇이며, 그것이 기독(목회)상담 현장에서 적용 가능한지에 대해 고찰하고자 한다. 이를 위해 먼저, 무용동작치료의 정의, 역사, 원리, 평가도구 등을 소개한다. 다음으로, 분석심리학이 무용동작치료와 만나는 지점이 무엇이며, 주요 기법으로서 오센틱무브먼트(authentic movement, 진정한 움직임)는 어떤 개념을 갖고 있으며, 누가 그것을 만들고 확장시켜 왔는지, 어떤 진행과정을 통해 치료의 목표를 달성하는지, 그리고 오센틱무브먼트의 치료효과는 무엇인지를 밝히고자 한다. 마지막으로, 기독(목회)상담학적 관점에서 볼 때, 예배, 말씀, 기도가 어떤 치료적 요소가 있으며, 이것이 오센틱무브먼트와 어떤 관점에서 만날 수 있는지, 만난다면 어떤 치료적 효과를 만들어 낼 수 있는지를 의견 제시 차원에서 기술하고자 한다.

2. 무용동작치료

1) 정의

미국무용치료학회(American Dance Therapy Association: ADTA)는 "무용동작치료는 개인의 정신과 신체의 통합을 위하여 움직임을 정신치료적으로 사용하는 것"으로 정의한다. 이는 미술, 음악, 드라마 등과 함께 표현예술치료의 한 분야로 개인의 감정과 정신, 신체를 통합시키는 목적으로 무용동작 또는 춤을 심리치료적으로 사용한다는 의미이다(류분순, 2000). Levy(1988)는 무용동작치료는 정서적 장애의 해소, 이상행동의 수정, 자기인식 능력 향상, 긴장을 이완시키는 긍정적 신체개념, 왜곡된 신체기능의 자각뿐만 아니라 척추손상, 뇌손상, 뇌졸중, 자폐증 등에 효과적이라고 정의한다.

2) 역사

(1) 미국의 역사

1942년 마리안 체이스(Marian Chace)가 정신질환 환자의 고립감 해소를 위해 미국의 성엘리자베스 병원에서 무용동작치료를 처음 임상에 활용하였다. 이후 무용동작치료는 정신적 또는 신체적 결함이 있는 대상에게 정신건강을 증진시키기 위한 심리치료로 발전하였다. 초기에는 움직임을 통한 감정

표현, 공격 충동의 분출 등이 주요 치료효과였다. 점차 이론을 기반으로 하는 임상이 활발하게 전개되면서 환자의 억압된 내적 에너지의 표출, 무의식의 의식화, 움직임에 내재된 감정이나 생각의 인식, 긍정적 차원에서의 움직임 재경험을 통한 삶의 변화, 감각의 확장 등으로 발전하였다. 1966년 미국무용치료학회가 설립되면서 전문적인 분야로 자리 잡게 되었다(Stanton-Jones, 1992). 1960년대 후반부터 무용동작치료를 정식으로 가르치는 대학들이 생겨났으며, 1970년에 드디어 대학원 학위 프로그램을 위한 표준적인 교육과정이 수립되었다. 2000년에 이르러 미국 국가공인상담가위원회(NBCC)는 무용동작치료를 심리상담의 한 형태로 인정하고 무용치료사 자격증(ADTR)을 미국 국가공인상담자격증으로 인정하였다(Levy, 2012). 현재 무용동작치료는 장소와 대상을 넘어 지속적으로 성장하고 있으며, 재활센터, 의료기관, 특수학교, 임상기관, 사설연구소 등 다양한 정신건강 분야에서 활용되고 있다. 임상대상 또한 심각한 정서적·신체적 문제를 가진 대상에서부터 경미한 신경증을 가진 일반인에게 무용동작을 통한 심층적 자기탐색을 하고자 하는 이들에게 확산되고 있다(Levy, 2012).

(2) 국내의 역사

국내에서의 본격적인 임상 적용은 1993년 한국무용치료학회(www.kdmta.org)를 설립하고 활발하게 저술 활동과 교육 및 임상을 하고 있는 류분순에 의해 국립서울정신병원 특수치료과에서 시작되었다. 류분순은 임상에서 무용동작치료의 중요성을 깨닫고 독일의 여러 무용동작치료 교육기관에서 연구하였으며, 한국 최초로 미국 무용치료사 자격증(ADTR)을 취득하였다. 학회 설립과 함께 무용동작치료에 관심이 있는 무용전공 학생, 특수학교교사, 의사, 예술심리치료사, 일반인 등을 대상으로 자격증과정, 세미나, 워크숍, 학술연구 등을 통해 무용동작치료에 활성화에 중요한 역할을 담당하고 있다(김재은, 2003). 김진숙은 미국 Pratt 대학에서 미술치료를, New York 대학에서 연극치료로 박사학위를 받고, 2000년 한국표현예술심리치료협회(www.keapa.or.kr)를 설립하였고, 2003년 명지대학교 예술심리치료학과를 개설하여 무용동작치료 중심 표현예술치료의 교육 및 확산에 기여하였다. 2010년에는 무용동작치료중심 표현예술치료 전문가를 양성하는 미국타말파연구소 한국지부가 설립되어 미국서부 중심의 무용동작치료를 국내에 보급시키는 역할을 담당하고 있다. 2011년 미국 유학파들을 중심으로 대한무용동작심리치료학회(www.ksdmp.org)가 설립되어 명실 공히 학술적인 면에서 그리고 임상적인 면에서 괄목상대한 변화를 만들어 내고 있다. 특히 이 학회는 2012년부터 조안 위티그(Joan Wittig)를 초청하여 뉴욕 오센틱무브먼트 지도자 과정(4학기)을 운영하고 있으며, 오센틱무브먼트 지도자를 배출하고 있다. 또한 2018년 5월에는 '무용동작치료, 확장과 새로운 정체성을 찾아서'라는 주제로 '무용동작치료의 새로운 역할' '기업교육에서의 무용동작치료 적용사례' '창업준비생을 위한 심리사회지원으로서 무용동작심리치료 적용사례' 학술대회를 가졌고, 같은 해 9월에는 '무용동작심리치료, 위기에서 성장의 기회로 우리의 회복 탄력성은 무엇인가'라는 주제로 '기업에서 무용동작치료사의 회복탄력성에 관한 힐링토크' '병원현장에서 무용동작치료' '학교현장에서의 무용동작치료' '정신보건 및 지역사회에서 무용동작치료'라는 제목으로 학술대회를 개최하여 무용동작치료의 현주소를 점검하고 활성화를 위한 노력을 경주하고 있다. 이와 같이 여러 학회와 기관을 통해 무용동작치료는 전공자뿐 아니라 예술심리치료사, 정신과 의사, 사회복지사, 심리상담사 등에 지속적으로 보급되고 있다.

3) 원리

무용동작치료의 치료 원리를 크게 세 가지 차원에서 살펴보면 다음과 같다. 첫째, 체이스가 제시한 무용동작치료의 핵심 원리 네 가지, 둘째, 류분순

(2000)이 소개한 다섯 가지 필수적인 원리, 셋째, 슈마이스(Schmais)의 집단무
용동작치료에서의 여덟 가지 치료 요소들 등 총 17가지가 된다.

체이스는 무용동작치료의 핵심 원리 네 가지를 다음과 같이 제시하였다.
첫째, 감정을 표현하는 근육의 움직임이 경험하게 하는 신체 활동, 둘째, 자신
의 내면세계를 상징적 움직임으로 표현하는 상징성, 셋째, 수행자(follower)
의 감정적 행위와 동작자(mover)의 동작반응과 공감을 나타내는 움직임을 통
한 치료적 관계, 넷째, 여러 사람이 함께 제한된 공간에서 동작과 수행을 번
갈아 하면서 얻어지는 집단의 리듬적 움직임 관계 등이다(Levy, 2012).

류분순(2000)이 소개한 다섯 가지 필수 원리는 다음과 같다. 첫째, 정신과
신체의 지속적인 상호작용 원리, 둘째, 움직임이 인격을 반영한다는 원리, 셋
째, 치료사가 환자의 동작을 그대로 움직이고 반복하며, 그것에 덧붙이거나
반응을 보임으로써 일어나는 역동적인 상호관계의 원리, 넷째, 자유연상, 입
안에 뱅뱅 도는 말, 꼬불꼬불한 글자, 꿈, 그림 등 다양한 움직임을 자극하는
요소들이 무의식을 의식화하는 재료가 된다는 원리, 다섯째, 즉흥 움직임을
통해 표현하는 동작은 가상의 세계에 대한 새로운 경험을 제공하고, 이 경험
이 치료적 요소로 작용한다는 원리 등이다.

슈마이스(1985)는 동시성, 표현, 리듬, 생동감, 통합, 단결력, 교육, 상징화
등 여덟 가지를 무용동작치료의 치료 동인으로 보았다. 첫째, 동시성 요소로,
집단이 움직이는 정해진 시간과 공간에서 펼쳐지는 다양한 움직임이 표현력
을 높이고, 결속력을 향상시키며 재사회화를 돕는 과정이 된다. 둘째, 표현
요소로, 움직임은 내적 상태를 외적으로 나타낸다. 셋째, 리듬은 집단 역동
의 가장 중요한 촉매 역할을 하며 율동적인 일련의 동작의 반복이 신체적 방
어를 줄이고 내재된 감정을 인식하도록 촉진하게 한다. 또한 행동하려는 충
동과 에너지를 자유롭게 한다. 넷째, 생동감으로, 움직임 그 자체가 생명력을
갖게 하며 집단의 역동을 촉진한다. 다섯째, 통합 요소로, 집단역동성을 갖게
할 뿐만 아니라 내적·외적 현실에서 공동체 의식을 고양시킨다. 여섯째, 단

결력으로, 움직임을 하는 동안 신체적으로 감정적으로 민감해지며 절망과 분노 등의 다양한 주제에 의해 움직일 때 공유된 정서로 인한 절대적 신뢰감과 연대의식이 형성된다. 일곱째, 교육으로, 자신의 움직임과 상대의 움직임을 관찰하고, 느낀 바를 말함으로써 자기인식 능력이 향상될 뿐만 아니라 상대방의 감정을 인식하게 된다. 여덟째, 상징화로, 상징은 삶의 총체적 표현임과 동시에 움직임을 개발하고 집단에 참여함으로써 적극적인 상상이 전개된다.

지금까지 체이스의 4개, 류분순의 5개, 그리고 슈마이스의 8개, 총 17가지를 내용별로 정리해 보면 다음의 치료원리 8가지로 분류된다. 첫째, 몸과 마음의 상호작용, 둘째, 인격이 반영되는 움직임, 셋째, 수행자와 동작자의 상호관계 및 집단의 동시성, 넷째, 무의식의 상징적 움직임 표현, 다섯째, 내적 욕구와 현실의 통합, 여섯째, 집단 움직임을 통한 집단 응집력, 일곱째, 반복을 통한 생동감, 몰입감, 해방감, 여덟째, 교육적 차원에서의 상호작용을 통한 자기인식 능력 향상과 타인에의 이해 등이다.

4) 평가도구

무용동작치료가 미술치료, 음악치료, 사이코드라마 등 표현예술치료의 한 부분으로서 자리매김하기 위해서는 평가도구가 필수적이다. 철저한 평가는 타당한 치료목표를 세울 수 있게 하고 타 치료들과 함께 할 수 있게 하는 중요한 기반 요소가 된다. 측정, 평가 및 진단 등 순차적 과정을 통해 좀 더 체계적이고 신뢰성 있는 치료가 되며, 이러한 과정은 치료 전달자나 치료기관에 의해 요구되는 사항이다. 움직임은 개인의 내적 상황을 표출하게 하며, 개인의 내적 에너지를 이해하는 결정적인 단서를 제공한다. 움직임 분석은 개인이 직면한 문제를 진단하고, 그것을 바탕으로 해석하여 참여자의 당면한 문제를 해결할 수 있는 정보를 제공한다(이경희, 2016). 이경희(2016)는 무용동작치료 시 평가의 절차를 다음과 같이 소개한다. 첫째, 관찰 내용의 틀로서,

어떤 상황과 맥락에서 관찰할 것인가를 초기 측정단계에서 결정해야 한다. 둘째, 전문적인 이론적 바탕하에 움직임을 관찰하거나 기록해야 한다. 셋째, 패턴의 식별 및 분석으로, 이는 환자의 특성에 따라 유형을 분류하고 구체화하는 작업을 말한다. 넷째, 이론적용과 연구에 대한 증명을 통해 타당한 진단결과를 도출해야 한다. 다섯째, 추론과 결론을 내려야 한다. 여섯째, 치료사는 이러한 단계를 바탕으로 제언과 치료계획을 세워야 한다.

이경희가 소개한 여섯 가지 내용을 충족시켜 주는 분석도구로 라반움직임분석법(Laban Movement Analysis: LMA)이 있다. LMA는 첫째, 진단도구로서 환자 개인과 다른 이들과의 상호작용을 확인할 수 있는 이론적 근거를 제공한다. 둘째, 치료사와 환자 간의 즉각적 관계에서 오는 한계에서 벗어나 그 외적으로도 관찰할 수 있는 범위 제공한다. 단순히 신체의 기능적인 면이나 운동량에 관한 평가분석의 양적 평가를 하는 것이 아니다. 라반의 접근은 모든 움직임에는 공통적인 요소들이 있고, 마음의 태도나 내적 반응들을 전단하는 수단으로 보았다. LMA는 이후 개발된 무용동작치료 진단도구인 KMP(Kestenberg Movement Profile)와 MPA(Movement Pattern Analysis) 등에 영향을 미친다(김나영, 2005).

LMA는 움직임을 해석하고 심리를 이해하는 데 주안점을 두고 있다. 이를 위해 시스템화된 문법들을 제공하고 움직임을 분석하고 기록하여 신체의 표현성을 이해하는 데 있다. LMA의 네 가지 요소는 몸(body), 에포트(effort), 형태(shape) 그리고 공간(space)이다. 개인의 움직임의 질은 개인의 표현방식과 스타일로 귀결되는데, 움직임, 춤, 터치, 소리, 호흡, 공간사용, 시선 맞추기, 리듬, 관찰 등과 같은 비언어적인 요소의 조합으로 이루어진다. 무용동작치료사는 치료계획을 세움에 있어서 움직임에 담겨진 고유한 방식과 경험을 어떻게 발견할 것인가를 고민해야 하는데, LMA는 구체적인 어휘를 제공하고 분석하여 동작자의 심리상태를 평가할 수 있게 돕는다. LMA는 타당한 측정도구의 틀을 제공하고, 함의된 전문적이고 기술적인 방법론에 의한 평가도구라는 데 있어서 의심의 여지가 없다(이경희, 2016).

3. 분석심리학적 무용동작치료: 오센틱무브먼트

무용동작치료는 '자유연상(free association)'을 기반으로 하는 정신분석적 무용동작치료와 '적극적 상상(active imagination)'을 기반으로 하는 분석심리학적 무용동작치료로 나뉜다. 정신분석적 무용동작치료는 미국 동부를 중심으로 체이스 계보가 형성되어 있고, 분석심리학적 무용동작치료는 미국 서부를 중심으로 메리 화이트하우스(Mary Whitehouse) 계보가 형성되어 있다(김유선, 2003). 김유선(2003)은 신체와 정신의 조화를 목표로 하는 것, 움직임을 통해 상호 소통하는 것과 무의식적인 요소를 의식화하는 과정 등을 이 둘의 유사점으로 보았다. 하지만 체이스는 환자와 치료사 간의 신뢰 형성을 중요시하는 치료적 관계에 주안점을 두었다면, 화이트하우스는 분석심리학의 적극적 상상을 기반으로 하는 '오센틱무브먼트'에 주안점을 두고, 내담자의 안정감을 강조하였다.

1) 분석심리학과 무용동작치료가 만나는 지점

분석심리학과 무용동작치료와 만나는 지점에 분석심리학의 적극적 상상 기법이 있고, 이것을 무용동작치료로 승화시킨 것이 오센틱무브먼트, 즉 '진정한 움직임'이다. 적극적 상상은 융(Jung)의 자기분석에 근거하여 개발된 기법이며, 심상의 움직임이 멈추면 그것을 이야기로 쓰거나 그림으로 그리거나 춤으로 나타낸다.

황규자(2004)는 분석심리학과 무용동작치료의 접점에 세 가지 기법이 있다고 말한다. 첫째, 움직임기법이다. 집단무의식의 경험을 언어화할 때 심한 저항이 있을 수 있다. 이것을 극복하는 방식으로 움직임이 의미를 갖는다. 인간 내적 문제들을 동작으로 표출할 때에 언어를 능가하는 힘을 갖게 된다고 보았다. 둘째, 그리기 기법이다. 동작의 의미를 탐색하는 기법으로 언어보다 그림이 우선한다는 것이다. 인간은 그림을 통해 내적 에너지를 담아낸다. 동작에 담긴 이야기를 언어로만이 아닌 한 장의 종이 위에 외적으로 표현할 때 내적·외적 충동이 번갈아 일어나고 상호작용하면서 심리적 변화를 촉진한다는 것이다. 셋째, 적극적 상상 기법이다. 적극적 상상 기법을 통해 각 개인의 기호와 특징에 따라 연극적·시각적·청각적·예술적으로 표현해 낼 수 있다고 보았다. 이러한 작업은 쉬운 작업이 아니다. 따라서 적극적 상상 기법은 무의식의 흘러넘치는 힘에 압도되지 않을 만큼 자아기능이 강하거나 성숙된 상태에서만 적용 가능하다(권석만, 2012). 적극적 상상 기법은 인간의 정신기능을 적극적 상상을 토대로 하여 표현함으로써 무의식을 의식화하는 데 초점을 맞춘다. 이는 정신분석 심리치료의 차원을 넘어 인간성의 전체적 성장·발달을 지향한다(김유선, 2003).

2) 오센티무브먼트의 개념

앞서 언급하였듯이, 융의 '적극적 상상' 기법을 움직임으로 표현하는 것이 오센틱무브먼트이다. 오센틱무브먼트 전 과정이 개인 무의식 또는 집단 무의식을 알아가는 여정이며, 개성화를 향해 동작자가 나아가도록 촉진한다. 즉, 몸으로 하는 적극적 상상이 오센틱무브먼트이다. 오센틱무브먼트에서의 움직임은 동작자의 감정을 표현하게 돕는다. 스스로 참여하되 지시는 하지 않고 무의식 속으로 깊이 들어갔다가 높이 나오는 경험이다. 오센틱무브먼트를 통해 표면적 자기 이해의 수준에서 무의식적 자기 이해의 수준에 도달하게 된다. 기법이 진행되는 동안 자신의 무의식의 언어를 몸의 움직임으로 표현하게 되는데, 어떤 순간에 이르면 그 표현을 숨기거나 억제할 수 없다. 그래서 목격자(witness)가 필요하고, 목격자의 역할과 중요성이 강조된다.

적극적 상상을 위해서는 내면적인 심상이 활성화될 수 있도록 마음에 강하게 집중하는 것이 필요하다. 내담자는 이러한 집중과정을 통해서 자신의 내면적인 심상을 지켜보고 어떠한 변화가 관찰될 때까지 지속적으로 마음의 초점을 그 심상으로 되돌린다. 마침내 어떤 움직임이 일어나면 그러한 마음속의 장면으로 들어가 자연스럽게 그 일부가 되도록 한다(권석만, 2012).

위의 '적극적 상상' 정의에 따라 오센티무브먼트를 개념화하면, 오센틱무브먼트는 적극적 상상 첫 단계부터 전 과정을 몸으로 직접 표현하는 것이다. 내면적인 심상이 활성화될 수 있도록 안정감을 확보하도록 한다. 동작자(mover)와 목격자 관계로 구조화하여 안정감을 갖게 한다. 내면에 일어나는 여러 가지 심상을 자연스럽게 움직여지는 동작(I am moved)으로 표현한다. 움직임은 의도성을 갖고 움직이는 것(I move)이 아니라 심상의 자극에 의해 움직여지도록 기다리고 충분히 시간적 여유를 갖고 움직여지는 순간에 편하게 심상의 내용을 움직임으로 표현한다. 그 움직임은 단순한 움직임의 수준에서 점점 더 깊은 수준의 움직임으로 옮겨 간다.

3) 주요 인물

앞서 언급하였듯이, 미국의 무용동작치료는 정신역동과 개인 간 상호작용을 강조하는 동부 계보와 오센틱무브먼트에 집중하여 개인의 무식의 탐색을 강조하는 서부 계보로 나뉜다. 미국 동부지역은 설리반과 프로이트의 정신분석학 기반의 체이스를 필두로 아들러와 정신분석학 라인에 서 있는 브랑쉐 이반(Blanche Evan), 릴리언 에스페냑(Liljan Espenak)으로 이어진다. 서부지역은 분석심리학 기반으로 화이트하우스와 조안 초도로우(Joan Chodorow), 정신분석학 기반의 트루디 슈프(Trudi Schoop), 인본주의 심리학 기반의 알마 호킨스(Alma Hawkins)로 나뉜다(권소향, 2014). 여기서는 분석심리학을 기반으로 하는 무용동작치료의 주요 학자인 화이트하우스와 초도로우의 생애와 사상을 간략하게 소개한다.

(1) 메리 S. 화이트하우스

메리 화이트하우스(Mary Starks Whitehouse, 1911-1975)는 1950년대 초반부터 미국 서부에서 활동했던 무용가이자 무용교사이다. 그녀는 자신의 무용 수업이 다른 무용 수업들과 다른 그 무엇이 있었는데, 그것은 참가자들의 깊은 내면으로 들어가는 과정을 포함한다는 사실이었다. 하지만 당시에는 '무용동작치료'라는 개념이 없었기 때문에, 자신의 작업을 무엇이라 명명할지 알지 못했다. 이후 체이스와 몇몇 다른 사람들이 자신과 비슷한 작업을 하고 있다는 사실을 알게 되면서, 자신의 작업이 무용동작치료라는 사실을 인정하였다.

그녀는 무용 수업을 진행하면서 발견하고 경험한 것들을 기초로 하여 자신만의 무용동작치료를 구축해 나갔다(한지영, 2015). 화이트하우스는 독일의 표현주의 현대무용가 메리 위그만(Mary Wigman)의 즉흥무용 양식과 분석심리학을 공부하여 오센틱무브먼트라는 내적 탐색 방식을 고안하였다. 화이트하우스는 독일의 드레스덴(Dresden)에 위치한 메리 위그만 학교에서 현대무용을 집중적으로 연구했다(Levy, 2012). 그녀는 현대무용가 위그만과 마샤 그래햄(Martha Graham)과 함께 공부하며 그들에게 큰 영향을 받았다(Chodorow, 2003). 특히 위그만의 영향을 많이 받았는데, 위그만은 독일 현대무용을 독창적으로 발전시킨 무용수로서, 무용의 형식적인 구조에 반발하여 개인을 표현하고 반란을 표현하는 무용을 하였다. 위그만의 무용동작은 어떤 특별한 단계들을 따르기보다는 개인의 주관적인 감정에 영감을 받은 것으로서, 가장 순수한 형태의 진정한 움직임이었다(이시은, 1994; Levy, 2012). 화이트하우스는 1960년대 초에 분석심리학을 접하고, 이후 줄곧 분석심리학 공부하였다. 그녀는 로스앤젤레스에서 융 분석을 시작하였고, 그 후 취리히에 있는 융연구소에서 공부를 이어 갔다(Chodorow, 2003). 그녀는 융 분석과 자신의 무용을 접목하면서, 자신의 무용을 상징과 의미의 관점으로 새롭게 바라보게 되었다. 그녀에게 무용은 자기표현과 자기발견의 방식이었다. 그녀는 무용과 움직임을 통한 자신의 개인적인 경험과 함께 융 분석을 통해 인간에 대한 깊은 통찰을 얻은 후 '심층적인 움직임(movement-in-depth)'이라는 새로운 표현을 사용하였다(Levy, 2012). 이는 기존에 존재하는 '무용'의 개념을 '움직임'으로 새롭게 제시한 것이다. 무용이 우리 안에 있는 정형화된 공연이나 무대예술에서 사용하는 동작이라면, 움직임은 자발적이고 반복할 수 없는, 개인적인 의미를 지닌 모든 동작을 의미한다.

화이트하우스는 주로 정상적인 성인 신경증 환자들, 그리고 무용을 전공하는 그녀의 학생들과 자신의 스튜디오에서 작업했다. 학생들의 경우, 정신병원의 환자들에 비해 자아 강도가 강하여 비지시적인 치료사를 보다 잘 견디는 힘이 있었고 무의식적 재료들을 더 많이 드러낼 수 있었다. 학생들과 함께 하는 무용동작치료에서는 언어적인 심리치료가 선행되었고, 동작을 진행하는 동안에도 정신분석적인 어휘들로 진행되었다. 그녀는 개인작업과 집단작업을 모두 하였는데, 집단으로 작업을 할 때에도 참여자들 간의 상호작용보다는 개인 내면에 초점을 맞추어서, 집단원들의 움직임 관계를 무의식적인 내면의 투사로 바라보았다. 원상화(2015)에 따르면, 화이트하우스는 궁극적으로 전체성의 통합단계를 통해 자신의 움직임 변화를 통한 정서 변화를 자각하고자 하였다. 그녀는 분석심리학과 마찬가지로 양극성의 통합과정을 무용동작치료의 목표로 보았다. 화이트하우스의 치료의 토대를 이루는 주요 주제들로는 운동감각적 인식, 양극성, 적극적 상상, 오센틱무브먼트, 치료적 관계 등이다. 류분순(2000)은 화이트하우스의 가장 중요한 공헌도는 움직임

경험이 무의식에 접근하기 위해 이용될 수 있고 그것이 심리의 변화 가능한 요소들인 원형들을 포함하고 있다고 단언한 데에 있다고 보았다. 동작은 개성화에 도달하기 위한 하나의 수단이며, 움직임 경험에서 개인은 자기 자신과 타인들의 진정한 관계, 자기 자신과 인류의 총체적인 역사와의 진정한 관계를 인식할 수 있게 된다고 보았다. 화이트하우스는 인생의 후반기에 다발성 경화증으로 오랜 고통의 시간을 보내면서도 계속해서 무용동작치료를 진행하는 열정을 보였다. 분석심리학적 무용동작치료의 선구자였던 화이트하우스의 이론은 다음 세대 무용동작치료사들이 무용동작치료의 이론을 체계화하는 데 많은 도움이 되었다.

(2) 조안 초도로우

조안 초도로우(Joan Chodorow, 1937-)는 분석심리치료사로 훈련받은 캘리포니아의 무용동작치료사이다. 초도로우는 7세 때 제인 던햄(Jane Denham)에게 처음으로 발레수업을 받았으며, 10대에는 위대한 예술가이며 교사인 카말리타 마라치(Carmelita Maracci)로부터 본격적인 교육을 받았다. 이후 그녀는 전문 무용가이자 무용교사가 되었으나, 공연을 하는 것보다는 다른 사람들을 가르치는 일에 더욱 흥미를 느껴 무용교사로 전향하였다. 그녀는 직접 무용학교를 세워 학생들을 가르쳤고, 다른 학교나 무용센터에도 출강했다. 또한 에텔 영(Ethel Young)과 함께 아동 초기교육에서의 예술의 역할에 관한 자료를 만드는 일을 하였다(Chodorow, 2003). 무용동작치료사로 활동하던 초기에 그녀는 일반인들과 작업하였으며, 1960년대 초반에는 로스앤젤레스 주립종합병원에서 자폐아동을 위한 프로그램을 진행하였다. 이후 에텔 영과 아동발달에 대한 공동작업을 지속하였고, 무용교사의 일을 병행하였지만 가르치는 일보다는 병원에서의 치료 작업에 더욱 집중해 갔다. 그녀는 많은 특수학교에서 학습장애 아동들을 위한 무용동작치료 프로그램을 개발하였고, 정서장애를 가진 아동·청소년 및 성인과 함께 개인치료작업을 진행하였다(Chodorow, 2003). 바로 이 시기부터 슈프, 화이트하우스의 제자로서 그들과 함께 본격적인 연구를 하게 되었다. 초도로우는 특히 화이트하우스에게 많은 영향을 받았다. 그녀는 1962년에 화이트하우스와 공부를 시작하였는데, 함께 작업하던 당시, 내면의 무의식적인 움직임을 드러내기보다는 자신에게 익숙한 유형화된 발레 동작들을 표현하여 화이트하우스에게 여러 번 제지를 당한 일화가 있다. 초도로우는 로스앤젤레스 융연구소 설립자 중의 한 사람인 케이트 마커스(Kate Marcus) 박사에게 심리분석을 받았다(Chodorow, 2003). 그녀가 처음 심리분석을 받은 이유는 무의식적인 끌림이나 내면에 대한 관심 때문은 아니었다. 24세 때 이혼의 상처로 생활의 위기를 맞았고, 어린 딸과 자신을 부양해야 할 처지에 있었기 때문이었다. 이후 초로도우는 분석심리학적 접근으로 무용동작치료를 진행하였으며, 무용동작치료 과정에서 관찰되는 무의식 차원의 동작들을 화이트하우스에 비해 보다 세분화하였다. 그녀는 집단 무의식 동작을 문화 무의식 동작과 원시 무의식 동작으로 구분하였다. 문화 무의식 동작이란 문화적 상징들이 동작으로 표현된 것으로서, 기도 행위와 같은 종교의식 행동, 사회적 관습과 사회적 상호작용 등에서 사용되는 형식적 몸짓들이 상징 행동들로 드러났다. 문화 무의식 동작은 예술, 신화, 전설, 자연 이미지, 신비적 고대 이미지로도 드러날 수 있으며, 그 안에 여러 가지 정서적 표현을 지니고 있다. 원시 무의식 동작이란 심층 무의식 차원의 기본적인 내적 정서들(기쁨, 흥미, 슬픔, 공포, 화, 혐오, 수치, 깜짝 놀람 같은 원형적 정서들)이 가지고 있는 원시적 강렬함을 함께 가지고 나오는 동작들을 의미한다(임용자, 2015). 원형적 정서들은 미묘하게 얽혀서 콤플렉스 정서로 발달하며, 비의도적 동작으로 표현된다. 원형적 정서가 동작으로 표현될 때는 일반적으로 웃거나 울거나 소리치거나 으르렁대는 등 특정 소리들을 수반하게 된다. 치료의 목표는 다른 분석심리학적 무용동작치료자들과 마찬가지로 '개성화'였다. 즉, 무용동작치료를 통해 한 개인이 자기 자신이 되도록 돕는 것을 목표로 하였다. 초도로우는 자신의 초기 글 '철학과 개인작업의 방법들'에서 무용동작치료의 두 접근을 구분하였다(Levy, 2012). 하나의 접근은 의식을 향해 가는 것인데, 이는 자아의 경계를 분명하게 만들고 현실감을 키워야 하는 정신병리적 환자에게 더 적절하다. 다른 하나의 접근은 무의식을 향해 가는 것인데, 이는 자아의 강도가 어느 정도 있는 신경증 환자나 일반인에게 더 적절하다. 그녀는 상상에 형태를 주고, 무의식을 의식화하여 통합하기 위해 무용동작을 사용하였다. 이러한 과정의 기초는 분석심리학의 적극적 상상에 있었다. 무용동작치료에 참여하는 동안 동작자는 특정한 이미지를 보거나 꿈, 초기 어린 시절의 경험, 환상, 안내자와 같은 사람 등을 만난다. 초로도우의 무용동작치료는 언어적인 상담과 병행되거나 기타 표현예술치료의 도구들을 함께 활용한다. 동작을 마친 후에는 보거나 듣거나 느낀 동작자의 내면에서 일어난 일, 목격자의 내면에서 일어난 일, 동작자와 목격자가 서로에게 느낀 점 등을 특정한 형식 없이 나누는 시간을 갖기도 한다.

4) 오센틱무브먼트 진행과정

오센틱무브먼트의 실제 진행과정을 설명하면 다음과 같다. 무대 중앙에 한 명 또는 여러 명의 동작자들이 눈을 감고 자유롭게 안전한 공간을 돌아다닌다. 내면의 소리가 이끄는 대로 편하고 자연스럽게 움직임을 한다. 내면의 욕구에 몸을 다 맡긴다. 무언가를 해야겠다는 강박에서 벗어난다. 남의 시선을 신경 쓰지 않는다. 동작자는 목격자에 의해 관찰된다. 목격자는 한 명일 수도 있고, 파트너 작업을 할 때는 여러 명일 수도 있다. 목격자는 한 명 또는 전체 동작자를 관찰한다. 동작자는 목격자가 있다는 사실을 알고 그 관찰을 신뢰한다. 이러한 움직임은 동작자에게나 목격자에게 여러 가지 차원에서의 통찰을 제공한다. 첫 단계에서는 가벼운 사건들과 심상들이 움직임으로 표현되다가 내면탐색이 점점 더 깊어짐에 따라 행복의 이야기, 슬픔의 이야기, 자신에게 영향을 주었던 사람들, 영유아기·아동기·청소년기·성인기에 경험했던 여러 이야기들이 등장하게 된다. 평생을 두고 자신이 직면하기 싫었던 상처 이야기, 아픔의 이야기들이 움직임으로 표현된다. 주로 오센틱무브먼트는 한 명의 목격자에 여러 명의 동작자가 움직이는 형태로 진행되지만, 오센틱무브먼트 집단이 성숙해져 가면, 둘씩 짝을 지어 목격자와 동작자의 역할을 번갈아 가며 진행한다. 적극적 상상 기법을 통한 움직임이 끝나면, 목격자는 동작자들의 움직임이 어떠했는가를 현재형으로 진술하고, 동작자는 목격자의 관찰한 내용을 통해 자신을 통찰한다. 파트너 작업을 했을 경우 파트너를 관찰한 내용을 현재형으로 서술하고, 그 반응을 상호 나눈다(Levy, 2012). 류분순(2000)은 오센틱무브먼트의 세 가지 목표를 제시한다. 첫째, 몸의 활성화와 재통합이다. 워밍업을 통해 획득하게 되는데, 씨앗이 되어 자라나는 과정을 움직임으로 표현하기, 자신이 좋아하는 동물의 움직임을 따라 해 보기, 태아가 자라나는 과정을 몸으로 표현해 보기 등등 다양한 워밍업 재료들을 통해 몸의 활력과 생동감을 획득하게 한다. 이러한 워밍업을 통해 동작자들의 표현하는 동작 범위가 넓어지며, 비언어적인 방식을 통해 또는 가벼운 신체적 움직임과 접촉을 통해 그러한 경험을 확장하게 한다. 둘째, 자신의 정체성과 독립성의 확립과 재창조 과정이다. 자신의 내면을 표현하고, 그러한 표현을 통해 함께 움직임을 하는 이들에게 자극을 줌으로써 예술적인 재창조의 경험을 갖게 한다. 이는 예술적 카타르시스뿐만이 아닌 창의적인 과정 안에 동작자의 내면의 치료적 잠재력을 일깨우게 돕는 것을 말한다. 셋째, 감정을 말로 또는 행동으로 표현할 수 있게 되는 통합이다. 자신의 감정을 안전하게 표현할 지속적으로 안정적인 환경을 유지하는 것이 중요하다. 움직임에는 높낮이가 없으며 맞고 틀린 동작이 있는 것이 아니라는 사실을 주지시킨다. 그런 환경에서 동작자는 말로 표현하는 것보다 행동으로 감정을 표현하는 것이 더 편안하게 느껴지며 기분도 상승시키는 효과가 있게 된다.

오센틱무브먼트는 이와 같은 목표에 따라 워밍업 단계, 적극적 상상과 개입 단계, 오센틱무브먼트 단계, 그리고 전체성 통합 단계로 진행된다.

(1) 워밍업 단계

워밍업 단계는 전체 회기에서 가장 중요한 단계라고 할 수 있다. 움직임을 통한 자기 통찰에 기반을 두고 있기 때문에 이 단계에서 몸을 충분히 이완시키는 것이 매우 중요한 작업이 된다. 주로 스트레칭, 부드러운 동작, 흉내 내기 동작, 자신의 현재의 감정을 표현하는 동작 등등으로 워밍업을 시작한다. 먼저 간단한 준비운동을 하게 되는데, 누워서 팔과 다리를 떨기도 하고 가볍게 걷거나 뛰거나 몸을 상하좌우로 흔든다. 이는 신체적으로 무기력했던 상태를 마치 윤활유를 바르는 것처럼 몸을 자유롭게 움직이고 표현할 수 있는 단계로 가게 돕는다(Chodorow, 2003).

참여자들끼리 서로 가벼운 마사지나 미러닝 기법을 통해 안정감, 신뢰감, 친밀감을 확장시킨다. 보이지 않는 끈으로 연결되었다는 심리적인 연대감을 형성하게 하는데, 이것이 라포 형성의 과정이다(김정향, 2006). 화이트하우스는 회기 전에 몇 가지 계획된 움직임들을 준비해서 동작자들의 움직임을 진행했고, 그러한 준비된 움직임을 통해 각 개인이 스스로 자신의 신체를 자각하게 했다. 가끔 현대무용에서 사용하는 기법들을 사용하기도 했다. 그녀는 무용 기술이나 간단한 동작들을 통해 참여자들이 자신감을 가지고 신체를 자각하게 하여 심층적 작업을 위한 준비를 하게 했다. 또한 그녀는 회기를 시작하면서 참여자들에게 눕기, 앉기, 서 있기 중 무엇이 제일 쉽고 편한가를 묻고 각자 차원에서 선택하고 움직이도록 했다. 그녀는 내담자 중심적 접근 기법을 사용했는데, 즉 자율적으로 움직임을 동작자가 결정할 수 있도록 했다(류분순, 2000). 그녀는 워밍업 단계를 적극적 상상으로 가기 위한 하나의 의식으로 보았다. 워밍업에서의 각자 신체적 유연성은 곧 무의식의 세계로 들어가도록 하는 출입문이기에 매우 중요한 요소가 아닐 수 없다(Chodorow, 2003).

(2) 적극적 상상과 개입 단계

오센틱무브먼트에서 준비 단계는 적극적 상상 기법을 움직임으로 표현할 수 있도록 하는 입구가 된다. 적극적 상상은 의식적으로 짜인 각본에 의한 것이 아니다. 극히 즉흥적 과정이다. 즉흥적 움직임은 진짜 자신의 내면을 탐색할 수 있도록 하는 심층적 경험 기법이다. 동작자와 목격자는 교대로 역할을 수행하며 자신만의 상징적 이미지를 해석해 본다. 또 적극적 상상은 자기이해, 자기수용, 자기개방, 자기주장을 넘어서 자신과의 통합, 자기실현, 곧 개성화를 위해 나아가게 하는 기법이다. 이는 큰 상상을 통해 자신의 원형을 노출시키고 개체화하는 분석심리학적 접근법이다. 화이트하우스는 적극적 상상을 하는 동작자들에게 가끔 개입을 위해 다가갔지만 대부분의 시간을 목격자로서 주위에서만 머물렀다(권소향, 2014). 음악 사용은 최소화하지만 동작과 상상이 다음 단계로 넘어가게 하기 위해 음악을 사용하기도 한다. 새로운 움직임을 위해서, 또는 활발한 움직임으로 생각과 느낌을 표현하게 하기 위해 음악을 사용하기도 한다. 음악은 움직임을 만들어 내는 역할이 아닌 스스로 움직임을 결정하고 움직일 수 있도록 하는 촉매제의 역할을 한다(류분순, 2000).

(3) 오센틱무브먼트 단계

동작자들은 무대에, 목격자는 무대 주변에 앉아 있게 된다. 오센틱무브먼트 단계는 적극적 상상을 통해 개인의 무의식을 움직임으로 활성화해서 의식화하는 과정이다. 스스로 주도권을 갖고 움직이는 것이 아니라 완전히 자기 주도권을 무장해제한 상태에서 내면의 움직여지도록 하는 충동에 의존한다. 그것은 즉흥적이기도 하며 내적 자발성의 발현이기도 하다(권소향, 2014). 하지만 비구조적인 환경 조성하기가 특정 동작자에게 효과적이지 않을 때는 다른 개입을 하게 된다. 움직임의 창의적인 구조를 제공하는 투사적인 기법을 사용하기도 한다. 예를 들어, 특정한 사물이 되어 보도록 하고, 그 사물의 크기, 부드러움, 유연함 등을 동작자가 인식하여 관찰하게 한다(Levy, 2005). 화이트하우스가 사용했던 기법들 중 하나는 특정 이미지를 통한 즉흥 움직임 작업이다. 그녀는 회기 중 어떤 이미지를 동작자들에게 주고 그 이미지를 움직임으로 묘사하게 했다. 그러한 과정을 통해 동작자들은 이미지와 묶여있는 자신만의 이야기를 찾아가게 된다. 예로, 그녀는 동작자들에게 바닥에 누워서 마치 오른손이 묶여 있고 땅에서 떨어지지 않는다고 상상하라고 했다. 이때에 동작자들은 이미지에 관련된 움직임을 통해 자기 통찰의 기회를 갖게 된다(권소향, 2014).

(4) 전체성 통합 단계

이 단계는 함께 한 집단원들과 심리내적 충동에 의해 움직였던 다양한 움직임의 경험을 나누는 과정이다. 워밍업 단계만큼 중요한 단계이다. 화이트하우스는 진정한 움직임 속에서 느낀 감정의 정화작용도 있지만, 움직임 후 그것을 언어로 정확하게 표현하는 것 또한 중요한 작업이라고 하였다. 움직임의 느낌과 정서를 언어화하는 작업 자체가 전체성의 통합의 단계라고 보았고, 결국 무의식의 의식화는 이러한 언어화를 통해 성취된다고 하였다. 심층적 움직임의 내용이 어떤 느낌이었는지, 자신에게 어떤 정서적 자극이 되었는지를 기억해 내고 그 경험을 나누는 과정의 필요성을 강조하였다. 이러한 과정을 통해 동작자와 목격자의 전이 · 역전이 내용이 무엇이었는지 인식하도록 하게 한다. 그녀는 집단 움직임이 끝나면 끝나기 전에 모두 동그랗게 서서 서로의 손을 잡고, 한 동작자씩 천천히 한 명씩 눈을 마주치며 돌게 하는 기법도 사용했다. 마지막까지 눈 맞춤을 하며 도는 데 오랜 시간이 걸렸지만 매우 중요한 시간으로 생각하였다. 이는 전체가 하나의 심리적 끈으로 연결되었다는 마음을 갖게 하는 효과가 있다(권소향, 2014). 이 단계에서 글쓰기, 그림 그리기, 움직임으로 표현하기 등 다양한 형태로 통합의 과정을 이끌어 가기도 한다. 한 가지만 사용하기도 하고, 때론 두세 가지를 복합적으로 활용하기도 한다. 특히 오센틱무브먼트의 경험을 한 장의 그림으로 담아 표현하는 것이 활성화되고 있다. 이러한 표현예술치료 매체를 사용하는 것은 전체성의 통합을 위해 유용하다. 자신의 움직임을 그림으로 그리고 그림을 설명하고, 그것을 다시 움직임으로 담아내는 과정을 통해 무의식의 의식화가 보다 더 촉진된다. 운동감각적 인식이 내적 움직임을 통해 외부와의 연결로 이어지는 절차라고 볼 수 있다(류분순, 2000).

5) 오센틱무브먼트 치료효과

무용동작치료는 언어중심 심리상담의 한계를 보여 주는 것이 아니라 오히려 활력을 넣어 주는 도구이다. 자기의 문제를 보다 더 심도 있고, 속도감 있게 들여다볼 수 있는 도구로서 무용동작을 비롯한 미술, 음악, 드라마 등 표현예술치료가 그런 도구의 의미를 갖는다. 특히 오센틱무브먼트에서 움직임은 개인 무의식 차원, 문화 무의식 차원, 원시 무의식 차원으로 나누어 관찰할 수 있으며, 이를 치료적으로 사용할 수 있다. 궁극적으로 치료적 단계에서 성취할 수 있는 움직임은 의식과 무의식이 통합되는 차원으로 나아가며, 자기 통합 동작으로 승화될 수 있다(임용자, 2015). 임용자(2015)는 분석심리학이 상상 기능을 적용한 '적극적 상상'을 제공하고, 이를 움직임 과정으로 나타낼 때, 치유과정에서 치유의식으로 표현된다는 점에서 탁월하다고 주장한다. 즉, 인간의 상상기능을 치료과정에 적용하는 적극적 상상은 무용동작을 비롯한 예술 매체에 담아내게 하였고, 상징으로 표현할 수 있도록 함으로써 심신통합의 치유단계로 변화시켰다고 하였다. 특히 무용동작은 그 어떤 예술매체보다 치료적 통합을 이끄는 효과적인 강력한 도구임을 확인시켰다는 것이다.

오센틱무브먼트의 치료효과를 정리하면 다음과 같다. 첫째, 자신의 깊은 즉흥적인 내면의 욕구를 탐구하고 그것을 제어하는 것들에 대한 인식이 생긴다. 둘째, 자신이 언제 움직일지 또는 멈출지 선택을 계속 할 수 있기 때문에 스스로 힘과 주도권을 가지게 된다. 셋째, 무의식을 탐험하면서 의식과 균형을 맞춰 갈 수 있다. 넷째, 목격자들에게 자신이 얼마나 타인들에게 감정을 투사하고 그들을 평소에 판단했는지를 깨닫게 된다. 다섯째, 동작자는 자신의 갑급함이나 두려움, 그리고 중요하게 그것들을 이겨내는 법들에 대한 통찰을 배우게 된다. 여섯째, 오센틱무브먼트는 자기 연민을 적절하게 느낄 기회를 제공한다(Pallaro & Whitehouse, 2007). 의학적으로도 오센틱무브먼트는 매우 건강한 활동이라고 밝혀졌다. 한 연구에서는 오센틱무브먼트를 하는 도중 동작자들의 생리학적 활동의 변화를 측정했다. 연구 참여자들은 오센틱무브먼트를 하는 전 과정을 통해 치료적 경험을 했을 뿐 아니라 움직임 이후 경험을 이야기할 때에 동작자의 자율신경계가 적당히 조율되는 현상을 보였다. 움직임이 끝난 이후 동작자가 회기 때의 움직임을 회상할 때도 심장변이도가 유의미하게 증가하는 현상을 관찰할 수 있었다. 이 연구를 통해 오센틱무브먼트는 그 움직임 자체만으로도 여러 질환을 예방할 수 있다는 사실을 밝혔다. 만성 피로, 식욕감소, 비만, 당뇨, 두통, 부정맥, 우울증, 불안, 불면, 공황장애 등을 예방하는 효과가 있었다(Tantia, 2012).

4. 기독(목회)상담에의 적용

기독(목회)상담에 있어 예배, 말씀과 기도는 주요한 치료 자원이다. 여기서는 기독(목회)상담의 관점에서 예배, 말씀과 기도가 왜 치료자원인가를 살펴보고, 무용동작치료를 어떻게 적용할 것인가에 대해서 몇 가지 의견을 제시하고자 한다.

1) 예배의 치료적 요소

예배는 그 자체로 돌봄과 치유적 요소를 담고 있다. 예배는 행위, 상징 그리고 이야기가 담겨져 있다. 예배는 인간의 내면세계와 외부세계의 연결과 함께 개인이 속한 공동체와의 상호 관계성에 의미를 갖는다. 예배에 담긴 의미와 의미를 담은 이야기를 공유함으로써 공동체를 형성하고 견고하게 한다. 예배는 돌봄과 치유의 신앙공동체를 견고히 하고 영향력을 삶의 현장에 나타낸다(김수영, 2016). 김수영(2016)는 예배는 반복되는 형태를 갖고 있으며, 생각과 행동의 통합에 있다고 보았다. 예배는 인간의 중요한 활동이 자신에게 놀라움과 경이로움을 일으키는 현상에 참여한다는 것이다. 예배는 심리내적으로 다양한 상상력을 갖게 하고 하나님 앞에 섬으로써 전적인 의존관계를 통해 깊은 변화를 경험한다. 예배는 불가능을 가능하게 하는 힘을 제공하고 깊은 영적 체험을 유도한다. 매주 반복적 예배는 영적으로 매우 유익하다. 정기적이고 지속적인 예배는 중요한 치료 요소가 된다. 예배의 특징은 다음과 같다. 첫째, 속죄와 용서의 특징이다. 예배에 참여함으로써 속죄와 용서의 경험을 한다. 둘째, 만남과 대화의 특징이다. 예배를 통해 각 개인은 하나님을 만나고 대화함으로써 삶의 결단의 자리로 나아가게 된다. 셋째, 예배는 자유함을 갖게 할 뿐 아니라 치유적 경험을 하게 한다. 넷째, 예배는 영혼 돌봄의 특징을 갖는다(권수영 외, 2011).

2) 말씀의 치료적 요소

말씀은 영감에 의해 기록된 것이다. 말씀을 통해 인간은 영적 본성에 이르게 된다. 인간의 본래 모습인 신성을 회복하는 것이다. 말씀을 읽음으로써 하나님을 만나게 되고 알게 된다. 말씀을 통해 인간은 주어진 삶을 살아가는 데 필요한 지혜와 지식을 배운다. 말씀은 두 가지 차원에서 치료적이다(전요섭,

2001). 말씀은 상처 입은 영혼을 치유하는 도구이다. 말씀을 통해 본질적인 문제에 관심을 갖게 되고 하나님의 도움으로 변화와 성장의 경험을 하게 된다. 말씀을 통해 심리적 안전감과 위로를 얻는다. 우울증, 무가치함, 열등감, 수치심, 두려움에서 이끌어 내는 안내자가 된다(김종환, 2001).

3) 기도의 치료적 요소

기도는 하나님과 인간 간의 친밀감을 전제로 개인적인 관계 속에서 나누는 인격적인 대화이다. 인간이 감각적으로 인식할 수 없지만 현실적 존재라는 확신과 더 나아가 절대존재의 임재를 인식하면서 더불어 친교를 나누는 의사소통의 방편이다. 또한 심리적인 문제에 대해서 도움을 요청하고 기원하는 행위이다. 기도는 불안의 근원이 어디 있는가를 깨닫게 해 주며 불안의 문제가 해결될 수 있는 길을 제시한다. 기도를 통해 질병, 죽음, 상실의 위기, 영적 소외감을 극복하게 된다. 기도는 인간 존재의 근원에게 자신의 상처를 자유롭게 해 달라고 간청함으로써 자유로워지고 자신과 불편한 관계를 맺는 사람에게까지 사랑이 흘러가게 한다. 기도가 삶의 변화를 가져올 수 있는 유일한 길이고, 깨어진 영혼의 치유를 제공하는 지름길이며 영적 치유와 성장에 길임을 알려 주는 안내자이다(홍기칠, 2003).

4) 기독(목회)상담에의 적용

기독(목회)상담의 세 가지 주요 자원을 통해 내담자를 보다 효과적으로 돌보기 위해서 무용동작치료는 유용한 도구이다. '주머니 속 조약돌'처럼 기독(목회)상담사가 무용동작치료를 좋은 도구로 인식하고 활용한다면 기독(목회)상담의 여러 영역에서 효과적인 결과를 얻어 낼 수 있으리라 생각 된다. 무용동작치료가 '정신과 신체의 통합을 위하여 움직임을 정신치료적으로 사용하는 것'라는 정의에 입각해서 볼 때, 몸의 감각이 깨어 있고 자신의 감각에 집중하는 것에 익숙해진다면 훨씬 더 깊고 넓게 영적 체험을 가질 수 있을 것이다. 몸의 민감성은 정신의 민감성을 확대·확장시키는 기능을 한다. 몸의 이완을 통해 신체에 대해 긍정적 개념을 갖게 될 때 더 풍요롭고 강력한 영혼 돌봄의 경험을 하게 될 것이다. 말씀을 접할 때에도 읽음으로서만이 아닌 직접 말씀이 나로 하여금 움직이게 하는 것을 따라 진정한 움직임의 영역으로 나아갈 때 몸으로 체득되는 지혜와 지식의 경험을 하게 된다. 이미 이 부분은 비블리오드라마 영역에서 활용하고 있다(Matin, 2010). 마틴(Matin, 2010)는 성서를 움직임을 기반으로 하는 드라마로 표현할 때, 의식과 무의식, 내적 심리와 외부세계, 자아와 자기 사이를 역동적으로 오갈 수 있으며, 그곳에서 신적 체험의 지평융합과 초월을 경험하게 된다고 주장한다.

　무용동작치료의 마음과 몸이 상호작용한다는 관점에서 보게 될 때 예배와 말씀과 기도는 역동적이게 된다. 움직임이 자신의 내면세계를 반영하게 하고, 각 개인과의 상호작용을 통한 신체 체험이며, 개인 무의식과 집단 무의식을 상징적 움직임으로 표현하게 하고, 내면의 소망을 현실 삶에 반영할 수 있도록 한다는 지점에서 예배와 말씀과 기도는 살아나게 된다. 매 주일 드리는 예배가 무용동작치료의 시각을 옷 입을 때에 생동감, 몰입감, 해방감을 맛보게 하고, 이 모든 것이 각 개인의 변화와 성장을 위한 동기가 된다. 또한 무용동작치료의 평가도구인 라반움직임분석법(LMA)의 몸, 에포트, 형태, 공간의 네 가지 요소로 예배자, 회중 및 기도자를 움직임, 터치, 소리, 호흡, 공간 사용, 시선 맞추기, 리듬 등으로 볼 때에 보다 의미 있고 생산적인 돌봄과 치유가 가능하게 된다.

　오센틱무브먼트는 자신의 내면을 접하게 하는 훈련이다. 단순한 즉흥적인 표현을 넘어서 심층적인 내 안에 깊이 있는 내면을 만나는 작업이다. 심리적이고 무의식적인 나와 의식적인 내가 만나는 반복된 훈련이기도 하다. 그러한 과정에서 각 개인의 종교적 상황에 따라 깊은 신적 체험을 하게 한다. 물론 오센틱무브먼트는 종교적 관점을 제시하지 않는다. 다만 동작자들 개인이 자신의 작업을 할 때에 자연스럽게 종교 이슈가 등장하게 된다. 오센틱무브먼트의 깊은 단계에 이르게 될 때, 스스로의 의지가 아닌 움직여지는 몸의 흐름에 따라 예배자의 모습이 나타나기도 하고, 기도자의 모습이 등장하기도 한다. 삶을 변화시켰던 말씀이 몸을 통해 살아 움직이며 역동적 과정으로 나아가게도 한다.

진정한 움직임의 개념은 기존의 예배에도, 말씀연구에도, 그리고 철야기도회를 비롯한 여러 기도모임에서도 의미 있는 도전이 될 수 있다. 내면을 탐색하는 과정에서 움직임의 치료적 관점을 갖게 되면 신앙적 인식의 폭과 넓이가 달라지게 된다. 움직임으로 조정할 수 있는 힘이 생길 때에 예배에서도, 기도에서도, 그리고 말씀연구에서도 주도권을 갖게 된다. 뿐만 아니라 의식과 무의식의 상호작용에 대한 몸의 인식은 자신과 타인에 대한 균형 감각을 갖게 한다. 또한 대상에 대한 인식의 폭이 달라지고, 목격되는 자신에 대한 판단도 새롭게 된다는 사실을 깨닫게 된다.

5. 나오는 말

지금까지 기독(목회)상담적 관점에서 분석심리학적 무용동작치료를 이해하기 위해, 먼저 무용동작치료의 정의, 역사, 원리, 평가도구를 소개하였다. 이어 분석심리학적 무용동작치료의 주요 기법인 오센틱무브먼트의 탄생 배경, 개념, 주요 인물, 진행과정, 치료효과를 정리하였다. 기독(목회)상담에의 적용으로 예배, 말씀, 기도가 무용동작치료를 통해 어떻게 보다 더 역동적이며 생동감 있게 기독(목회)상담 현장에서 꽃피울 수 있을 것인가를 논하였다. 기독(목회)상담의 관점에서 무용치료가 갖는 의의는 다음과 같다. 첫째, 언어 중심 기독(목회)상담의 유용한 매체로서 무용동작치료의 활용이다. 물론 대

부분 언어 중심 기독(목회)상담자가 호기심과 기대감을 갖고 있으나 정형화
된 춤에 대한 두려움으로 쉽게 다가서지 못한다. 그렇지만 그림에서의 크레
파스처럼 몸이 공간에 그림을 그리는 크레파스로서의 기능을 갖는다고 생각
하면 편하게 무용동작을 언어 중심 기독(목회)상담현장에서 사용할 수 있게
된다. 둘째, 무용동작치료는 언어로 표현하기 어려운 심층의 문제를 움직임
으로 표현할 수 있다. 내담자가 몸의 감각을 인식하고 그것에 집중하는 것이
편해진다면 훨씬 더 깊은 내면 이슈를 표현할 수 있게 된다. 몸의 활성화에
정비례해서 심리내적 노출이 활발해지고, 곧바로 몸으로 체득되는 효과가
있다. 셋째, LMA와 같은 분석도구를 통해 내담자의 움직임을 기록에 담을
수 있다. 축어록과 같은 기능을 수행하지만 짧은 시간에 많은 전문가들이 쉽
게 내담자의 문제를 평가분석하고 공유할 수 있다. 넷째, 예배, 기도, 말씀의
치료적 요소에 촉매제로서 기능을 가질 수 있다. 종교적 행위를 관념적 차원
에서 몸의 차원으로 이동할 수 있게 하고 상호작용하게 함으로서 보다 더 깊
은 영적 세계로 나아가게 한다. 이상의 무용치료가 갖는 의의를 바탕으로 몇
가지 발전방안을 제시하면 다음과 같다. 첫째, 무용동작을 비롯한 예술매체
를 기독(목회)상담에 적극적으로 활용할 수 있는 교육체계를 갖추는 것이다.
적어도 예술치료에 대한 기본 이해를 할 수 있는 교과목을 한두 과목 선택할
수 있는 기회를 부여하는 것이다. 둘째, 임상현장에서 예술매체를 활용한 회
기가 진행될 수 있는 여건을 갖추는 것이다. 무용동작치료를 활용하기 위해
서는 움직임을 할 수 있는 최소한의 공간이 있어야 한다. 물론 협소하지만
현재 개인상담실에서 얼마든지 무용동작치료를 적용한 회기를 진행할 수 있
다. 다만 움직임으로 인해 신체적 위협이 될 수 있는 주변 환경을 개선할 필
요가 있다. 셋째, 예술치료를 활용한 임상에 대한 슈퍼바이저의 개방성이 있
어야 한다. 그럴 때에 기독(목회)상담자가 아주 편하게 예술매체를 활용하여
임상을 진행할 수 있을 것이다. 앞으로 무용동작치료가 주요한 기독(목회)상
담의 동반자로서 촉진자로서 그 기능을 수행할 수 있도록 폭넓은 수용성과

개방성이 있기를 바라고, 이 분야의 인적자원이 좀 더 풍요롭게 되었으면 한다. 앞으로 기독(목회)상담 영역에 무용동작치료를 비롯한 표현예술심리치료가 활성화되기를 바라며 보다 더 심도 있고 의미 있는 작업들이 계속되리라 기대하며 글을 마무리하고자 한다.

참고문헌

권석만 (2012). 현대 심리치료와 상담이론. 서울: 학지사.

권소향 (2014). 무용동작치료 방법론에 관한 비교 분석 연구. 대구가톨릭대학교 대학원 석사학위논문.

권수영 외 (2011). 목회상담이론 입문. 서울: 학지사.

김나영 (2005). 치료계획을 위한 무용동작치료 평가도구 개발연구. 한국특수체육학회지.

김수영 (2016). 의례수행의 치유기능에 대한 목회상담학적 연구. 신학과 실천, 49, 505-531.

김유선 (2003). Marian Chace와 Mary Whithouse 무용/동작치료의 방법론에 관한 비교 분석 연구. 서울여자대학교 대학원 석사학위논문.

김재은 (2003). 한국 무용동작치료의 역사 및 현황. 중앙대학교 대학원 석사학위논문.

김정향 (2006). 무용동작치료 프로그램이 장애아동 어머니의 스트레스 감소에 미치는 영향. 서울여자대학교 특수치료전문대학원 석사학위논문.

김종환 (2001). 상담을 위한 성경 구절 찾기. 서울: 대한기독교서회.

류분순 (2000). **무용동작치료학**. 서울: 학지사.

이경희 (2016). 무용동작치료에서의 움직임 평가의 의미. 무용예술학연구, 60, 123-138.

이시은 (1994). 무용치료의 방법론에 관한 이론적 고찰. 이화여자대학교 대학원 석사학위논문.

임용자 (2015). 분석심리학과 무용동작치료. 예술심리치료학회 학술대회지, 35-55.

전요섭 (2001). 기독교상담의 이론과 실제. 서울: 좋은나무.

한지영 (2015). **나를 치유하는 동작**. 경기: 아우름.

황규자 (2004). 무용동작치료에 대한 융 학파적 접근. 한국무용과학회지, 8, 63-72.

홍기칠 (2003). 기독교 상담에서 기도의 활용. 한국기독교상담학회지, 5, 143-144.

Chodorow, J. (2003). 춤 · 동작치료와 심층심리학−융 분석심리학적 접근에 의한 동작 상상 (임용자 외 역). 서울: 물병자리.

Levy, F. J. (1988). *Dance movement therapy: A healing art*. New York: National Dance Association.

Levy, F. J. (2012). 무용동작치료 치유의 예술(2판) (고경순 외 역). 서울: 시그마프레스.

Levy, F. J., Appel, C., Mitcheltree, A., & Berger, M. R. (2005). *Dance movement therapy*. Reston, VA: SHAPE.

Matin, G. M. (2010). 몸으로 읽는 성서 (손성현 역). 서울: 라피스.

Pallaro, P., & Whitehouse, M. S. (2007). *Authentic movement*. London: Philadelphia: Jessica Kingsley Publishers.

Schmais, C. (1985). Healing Processes in Group Dance Therapy. *American Journal of Dance Therapy, 8*, 17–36.

Stanton-Jones, K. (1992). *An introduction to dance movement therapy psychiatry*. London and New York: Routledge.

Tantia, J. F. (2012). Authentic movement and the autonomic nervous system: A preliminary investigation. *American Journal of Dance Therapy, 34*(1), 53–73.

대한무용동작심리치료학회, www.ksdmp.org
미국무용치료학회, www.adta.org
한국무용치료학회, www.kdmta.org
한국표현예술심리치료협회, www.keapa.or.kr
한국표현예술치료학회, www.keata.or.kr

제12장
분석심리학적 관점에서 본 생태치료

김성은
(고양상담코칭센터 소장)

1. 들어가는 말

필자는 유년 시절에 농촌의 들과 동산에서 뛰놀면서 성장했다. 그 당시에 땅은 나에게 편안함을 주었고, 들녘에서 자라던 과일 나무들은 나를 즐겁게 해 주었다. 그리고 하늘, 구름, 논에서 흔들거리던 벼이삭들, 논과 논 사이를 흐르던 냇물은 나를 지켜보며 어루만져 주었다. 자연 속에서 얻은 생태적 감수성을 발전시키며, 창의성과 놀이성의 감각을 가지고 성장한 필자는 우리 세계의 자연과 인간 사이에 존재하는 정신적이고 심리적 관계를 돌보라는 사명을 가지고 있다. 특히, 자연의 생명력과 인간 정신 사이의 상호작용을 연대시키라는 요구를 받고 있는 느낌이다. 이것은 필자에게 과업이고 사명이라고 여겨진다. 인간과 자연의 상호 연관성을 인식할 때, 지구치유와 인간치유가 이루어질 것이라고 믿는다. 필자는 분석심리학이 인간의 정신영역을 몇 가지 단순한 개념의 울타리 속에 가두지 않고 가능성을 열어 두고 그 의미를 찾는 작업을 할 수 있어서 자연세계와 인간을 돌볼 수 있는 역할을 할 수 있다고 확신한다.

기후변화와 생태적 위기시대에 지금 우리에게 요구되고 있는 것은 자연과 인간의 정신, 그리고 세계 속의 영혼이 상호 연결되어서 하나님이 만드신 아름다운 세상이 일치와 조화 속에서 재창조되어 가는 것이다.

분석심리학의 관점에서 생태치료와 생태심리학에 관하여 고찰한 것은 우선 융(C. G. Jung)의 통합적 인식론에 대한 이해이다. 융은 정신과 물질이 하나의 세계 그리고 같은 세계에 포괄되어 있다고 본다. 이러한 관점에서 물질과 정신은 하나이며, 물질적인 부분의 과학과 정신적인 부분의 종교는 '마음'에 대한 성찰로부터 서로 만난다(Bateson, 1993). 융에 따르면, 정신과 물질은 그 자체로서 유기적 관계를 가지기에 정신과 물질의 이원론적 구별을 하지 않는다. 또한 생태심리학 담론에 앞서 기후변화의 근본 요인인 인간중심주의 한계를 인정하고 만물의 상호 의존이라는 생명에 가치를 둔 생태중심주의로 패러다임 전환이 필요하다.

이러한 유기적 세계관과 가치관을 내포하는 분석심리학과 인간의 마음과 세계 사이를 연결 짓는 생태심리학의 접근에서 생태치료에 관한 선행연구를 살펴보면 다음과 같다. Theodore Roszak(1992)은 『지구의 외침(The Voice of the Earth)』에서 '생태심리학'이라는 용어를 처음 소개했다. 이 책은 사람들이 왜 환경을 파괴하는지에 대한 이유를 심리학적인 관점에서 연구하여 사람들이 긍정적인 차원에서 행동의 변화를 가지는 방법들을 찾았다.

『생태심리학: 지구회복 마음치유(Ecopsychology: Restoring the Earth Healing the Mind)』는 Roszak, Gomes와 Kanner(1995)의 공동 편집으로 출판되었으며, 27명의 논문이 수록된 이 책은 인간 정신과 자연 세계와의 연결을 다루는 세 부분으로 나누어져 있다. 첫 번째, Chellis Glendinning[1]은 "지구로부터 분리는 원초적 트라우마다."라고 지적하면서 우리의 삶 안에서 기술의 위치와 본질을 파헤친다. 그리고 자연이 파괴되고 상처 입고 위기에 처한 것, 그러한 지구에 대한 생태적 애도에 관한 글들이 있고, 또한 인간과 자연의 관계의 심리학, 융 심리학과 세계의 무의식에 관한 관점, 생태심리학적으로 마음의 야성을 회복하는 것 등이 있다. 두 번째, 생태심리학적 접근들의 실재에 대해서 죽어 가는 지구의 치유, 샤머니즘적 상담과 생태적 지각의 기술, 게슈탈트 치료에서의 생태학, 우리의 생명을 유지시키는 땅과 우리의 영혼을 연결시키고 지구를 치유하는 네트워크를 발전시키는 관점 등이 있다. 세 번째, 생태심리학의 문화적 다양성과 정치적 참여에 대해서 다루고 있다. 환경운동가 Carl Anthony[2]는 Roszak과의 인터뷰에서 생태심리학의 성공은 우리가 지구의 목소리를 듣는 능력뿐만 아니라 진정한 다문학적 자기(multicultural self)와 인종차별 없는 지구적 시민사회(global civil society)를 구성하는 능력에 달려 있다고 말한다. Jeannette Armstrong[3]은 「지구의 파수꾼(Keepers of the Earth)」이라는 논문에서 우리의 가장 본질적인 책임은 우리 자신 전체와 우리의 공동체를 이 땅과 더불어 유대감 가지는 법을 배우는 것이라고 한다.

Conyne과 Cook(2004)이 공동 편집한 『생태학적 상담: 개념화된 개인-환경 상호작용에의 혁신적 접근(Ecological Counseling: An Innovative Approach to Conceptualizing Person-Environment Interaction)』에서는 생태적 상담을 위한 이론적 기초를 제시하며, 생태적 상담에 필요한 개입 전략들을 제공한다. 이 책에서 생태적인 상담은 많은 요인들을 포함한 종합적이고 메타이론적인 접근이며, 모든 관점이 자연적이고 직접적이다. 이 책에서는 생태적 상담을 내담자가 환경과 생태계의 다양한 상황 안에서 상호작용의 새로운 의미를 개념화하는 데 도움을 주는 것으로서 정의한다.

Howard Clinebell(1996)의 『생태요법: 인간치유와 지구치유(Ecotherapy: Healing Ourselves Healing the Earth)』는 생태요법(ecotherapy)과 생태교육(ecoeducation)을 상호 보완적인 치료와 성장과정으로 같은 질병-건강의 연속선상에서 부분적으로 서로 중복된다고 말하고 있다. 치료와 성장은 근복적으로 다른 과정이 아니라 적용의 차이일 뿐이며, 생태요법에 의해서 자연으로부터의 소외를 치료할 때, 생태교육 방법을 실시할 수 있다는 것이다.

Buzzell과 Chalquist(2009)가 편집한 『생태요법: 자연과 함께하는 마음 치유(Ecotherapy: Healing with Nature in Mind)』에는 심리치료의 녹색화, 생태요법의 실행—안에서 밖으로, 밖에서 안으로, 지역사회에서의 생태요법 그리고 생태영성과 생태요법—으로 나누어져 편집자들의 글을 포함한 31명의 생태와 관련된 글이 들어 있으며, 다양하고 실천적인 생태적인 이해와 실행방법들을 가질 수 있도록 하였다.

현재 우리는 고도의 정보기술을 이용하는 지식정보화 사회에 살고 있는데, 이러한 환경 가운데서 청소년들의 99.7%가 인터넷 사용을 하고 있다(한국정보화진흥원, 2015). 청소년들의 인터넷 사용이 증가하면서 인터넷 중독에 대한 피해가 늘고 있는 시점에서 생태치료적 접근의 국내 논문으로 오창홍(2016)이 '인터넷 중독 청소년을 위한 숲 체험 프로그램의 개발과 효과'에 대한 연구를 하였다. 이 연구 결과는 청소년들의 중독을 완화하고 자기통제력 향상과 자기 효능감을 증진시키는 등 유의한 효과가 나타나서 앞으로 인터넷 중독 청소년들에게 숲 치료 등 자연에서의 활동 프로그램이 필요함을 시사했다. 신원섭, 연평식과 이정희(2007)는 숲 체험이 인간 심리 안정성에 미치는 영향을 연구하였으며, 김현희(2014)는 숲 체험 활동이 유아의 자아존중감에 미치는 효과가 있음을 밝혔다. 김원(2009)은 '주요 우울증 환자에서 숲에서 시행하는 인지행동치료가 생리적 변화 및 우울 관해에 미치는 효과'를 연구하였는데, 4주 숲 프로그램 후에 심박 변이도로 나타난 자율신경계의 활성이 증가하였으며, 타액 코르티솔 농도가 감소하여 증상 호전과 연관된 생리적인 지표도 유의한 변화가 나타났음을 밝혔다.

원예치료를 이용한 생태치료에서, 조태옥(2014)은 정신분열증 환자들의 대인관계와 자아존중감에 미치는 영향을 연구하는 과정에서 참여자들이 서로의 생각을 이야기하며 다양한 방법으로 응용하는 과정을 통해 주체성, 대인관계, 숙련도, 욕구충족에서 두드러진 향상을 보였음을 나타냈다고 밝혔으며, 주은연(2008)은 긍정적 심리학을 적용한 원예치료가 문제아동의 창의성 발달에 미치는 영향을 연구했다.

도예를 생태치료에 활용한 최재희(2012)는 도예치료를 통한 한부모가정 아동의 공격성과 모-자 의사소통 변화에 적용했으며, 임하나(2011)는 아동의 자아존중감에 관한 도예작업 미술치료 단일 사례연구를 하였다. 또한 정신분열증 환자에게 적용한 연구(조성옥 2009), 노인에게 적용한 사례(박자영, 2008) 등도 있다. 이들은 도예 작업을 통해 우울이나 불안이 감소하고, 삶의 만족도, 삶의 질을 높일 수 있었으며, 정서적 안정감을 찾을 수 있다고 보고했다. 조연수(2016)는 도예작업을 활용한 점토치료 프로그램이 중년기 여성의 심리적 변환에 미치는 효과에 대해서 입증을 했다.

허효범(2014년)은 생태예술놀이치료가 아동의 정서발달에 미치는 영향 연구에서 아동의 불안, 우울, 위축, 신체화의 감소에 긍정적인 영향을 주었음을 밝혔다.

융의 분석심리학적 관점에서 본 신미경(2014)의 민화의 예술치료적 의미에 대한 연구에서는 상징적 염원과 창조과정을 통해서 정서적 안녕감과 긍정적 감정을 회복하여 자기(self)를 성장시킬 수 있다는 것을 시사했다.

생태치료에 대한 해외논문으로, Davis와 Atkins(2004)는 「Creating and Teaching a Course in Ecotherapy: We Went to the Woods」에서 대학원 수준의 상담수준을 만들고 수행하는 방법을 설명한다. 생태치료는 지구의 살아있는 것을 중심으로 기계적인 이론보다는 유기적인 이론에 기반을 두고, 대학원생의 상담 프로그램에서 팀원이 가르치는 생태치료과정의 특별한 주제를 개발하고 제공했다. 또한 Davis와 Atkins(2009)는 「Ecotherapy: Tribalism in the Mountains and Forest」에서 생태치료의 패러다임은 개인의 건강과 치유가 자연환경의 건강과 직접적인 관련이 있다고 가정한다. 생태치료는 심리학과 생태학의 통합을 의미하며 심리학을 치료에 적용하는 것이라고 한다.

생태심리학과 분석심리학 접근의 문헌으로 Bucknavage(2012)는 『Tending the Wounds of the World: Towards an Ecopsychological and Archetypal Case Formulation』에서 내담자의 사례를 통해 원형심리학과 생태심리학의 이론을 가지고 내담자의 병리적인 부분을 탐색하고 진단함으로써 사례개념화하고자 했다.

이와 같은 선행연구에서 논의된 내용을 근거로, 이 장에서는 분석심리학적 관점에서 생태치료의 이론적 배경, 생태심리치료 기법, 분석심리학적 접근에서 생태치료 사례연구를 통한 내담자의 자아인식 상태를 알아보고, 마지막으로 생태치료의 기독(목회)상담적 접근에 대해서 논의하고자 한다.

2. 이론적 배경에 관한 논의

1) 분석심리학과 상징이론

융의 분석심리학에서는 인간의 마음을 나(Ich)와 자아(ego)로 구성하고 있다고 본다. '자아'는 인간이 의식하고 있는 무엇이든 그 내용을 관장하고 있으며, 자아를 통해서 연상되는 정신적 내용은 의식이다. 융에 따르면, 자아는 정신과 신체가 만나는 존재의 자리이다(이부영, 2007). 그리고 융은 물질과 정신이 근원적으로 같은 세계 속에 있으면서 서로 끊임없이 유기적으로 접촉하고 있다고 보았다. '대극의 합일'이라는 융의 관점에서 물질과 정신은 동일한 사물의 양 측면이다. 이러한 융의 통합적 인식론은 데카르트의 심신이원론으로부터 패러다임을 전환할 수 있는 대안이 될 수 있다(Bateson, 1993). 융은 정신을 존재적으로 두뇌와 구분되는 또 다른 실재로 규정하고, 정신과 두뇌가 모두 에너지로 구성된다고 봄으로써 데카르트적 이원론을 피해 상호작용을 자연스럽게 긍정한다(Jung, 2006).

융의 분석심리학은 서구의 유물론적 견해와 반대하는 입장에서 더 이상 자연과 인간과 문화를 자연과학적 테두리에서만 환원적으로 조명할 수 없음을 심리학 학제의 탄생을 통해서 분명하게 제시하였다.

분석심리학자이며 생태학자인 Stephen Aizenstat[4]는 『Jungian Psychology and the World Unconscious』에서 융의 분석심리학 이론을 인간 문화의 영역 너머의 보다 더욱 광대한 깊이까지 이끌어 가는 노력이라고 언급하면서 그러한 노력을 '세계 무의식(world unconscious)'이라고 부르며, 융의 이론이 더 많은 것을 포함하는 생태심리학적 수준과 다시 만나도록 하는 것을 목표로 한다. Aizenstat에 따르면, 융은 중심 원형인 자기(self)는 보편적 특성을 가졌고, 개인의 개별성을 넘어 연장되는 것으로 믿었다. 즉, 인간 내부의 경험과 세계의 현상들 사이의 관계로 해석하고자 했다(Roszak, Gomes, & Kanner, 1995).

융에 따르면, 상징은 무의식의 긍정적인 면을 강조함으로써 무의식이 본능적인 욕망의 원천이 아닌 창조적인 기능을 가진 것이다. 즉, 상징은 잘 알려지지 않았기에 그 본질을 알기 위해서는 추측할 수밖에 없고, 상징은 무의식의 내용을 알기 위한 가장 최선의 표현이다(Jung, 2006). 융의 무의식의 개념은 프로이트(S. Freud)의 무의식 개념과는 다른 성격을 가진다. 융은 프로이트의 무의식 개념을 개인 무의식이라고 해석하고, 인간의 정신세계란 개인의 경험을 넘어서는 보편적인 정신을 집단 무의식이라고 말한다. 이러한 집단 무의식은 원형들(archetypes)로 잘 알려진 보편적인 심리적 형태들 구성되어 있다. '원형'이라는 용어는 인간의 경험 전반에 걸쳐 나타나는 심리적 패턴들과 인류의 역사를 전체에 걸쳐 모든 문명에서 발견되는 고대 신화, 전설, 요정 이야기의 주제들 속에서 나타날 수 있는 심리적 패턴과 관련되어 있다. 원형은 무의식의 상징적인 형태로서, 꿈의 형상 속에서도 나타날 수 있다.

융(1960)에게 상징이란 그 의미의 특징을 말로 전부 표현할 수 없는 것이다. 그 의미에 대해서 표현하고자 하지만 설명하지 못한 의미가 남아 있는 것이 상징의 특징이다. 따라서 융은 프로이트의 상징을 기호라고 부르며, 기호와 융이 말한 상징의 차이점을 구분한다. 기호는 특정한 의미를 내포하며, 이미 알려진 것에 대한 비유나 함축적 묘사로 구성되고, 그 의미를 쉽게 파악할 수 있다. 그러나 융이 말하는 상징의 특징은 수많은 의미를 지니고 쉽게 정의할 수 없으며, 충분히 알려지지 않은 것을 가리키는 명확하지 않은 표현이다. 또한 상징은 항상 특정한 의미를 내포하며, 의식적인 언어로 정의하기가 불가능하고 개인적인 경험을 넘어서 있기에 완전한 이해는 불가능하다. 융은 상징을 설명하고자 하는 것에 대한 최선의 표현이라고 한다. 상징을 남김없이 설명할 수 있다면 이미 그것은 생동감을 잃게 되는 것이라고 한다.

　융(1971)이 상징의 기능에 대해서 말한 것을 몇 가지 요약해 보면 다음과 같다. 첫째, 상징은 살아있는 실재로서 낯익은 이미지를 통해서 전혀 다른 실재에 참여하게 하는 기능을 한다. 융(1953)은 상징이란 어떤 사실을 언급하는 것이 아니라 살아있는 실재라고 말한다. 상징은 하나의 이미지 속에서 겉으로 드러난 일차적 의미를 넘어서 또 다른 실재를 나타내는 이차적 의미를 가지며, 상징 전체가 역동적인 체제로 되어 상징의 참여적 기능을 한다. 둘째, 상징은 리비도를 변환시키는 기능을 한다. 융에게 리비도란 영적인 특성을 가진 창조적 생명력, 정신 에너지 개념으로 사용되며, 리비도가 생물학적 · 성적 · 사회적 · 문화적 · 창조적인 모든 형태의 활동에 에너지를 제공하는 전반적인 생명력을 의미한다. 융은 에너지를 변형시키는 것으로서의 상징을 리비도 유사형이라고 말한다. 다시 말하면, 우리 안에서 그 본능적 대상의 유사 형식으로 유출시킬 때, 리비도의 본능적 에너지의 변형이 이루어진다고 주장한다(김자영, 2003). 성적인 리비도가 상징적인 제의를 통해서 변환되는 것이 그 예이다. 셋째, 상징은 바로 의식의 세계 속에 무의식의 세계를 간접적으로 연결해 줄 수 있는 매개의 기능을 한다. 상징의 틀 속에는 무의식적인 면과 의식적인 면이 동시에 있다. 비이성적이고 추상적인 동시에 이성적이고 구체적이며 실제적인 특성이 있기 때문에 기호의 경우와는 아주 다르다(Jung, 1953). 동아프리카 원주민들과 프에블로 인디안들에게 있어서 해의 상징인 경우에 구체적이고 실재적으로 인식할 수 있는 실재적인 대상이며, 경배의 대상으로서의 해는 추상적이고 비현실적인 면을 보여 주는 예이기도 하다(Jung, 1971). 이러한 예처럼, 상징의 기능에 대한 융(2000)의 표현을 살펴보면, 우리의 의식과 무의식 사이에서 정신적 에너지가 원만하게 흘러갈 수 있도록 수로 역할을 하며, 그 둘 사이를 연결하는 가교 역할을 한다는 것이다. 넷째, 상징은 의식과 무의식을 매개하는 데서 더 나아가 그것을 통합하여 초월하는 기능을 한다. 상징의 초월적 기능은 무의식과 의식이라는 상반되는 요소가 서로 대극의 긴장관계를 이루고 있을 때, 상징이 초월적 위치에서 대극의 긴장을 풀어 준다. 초월적 기능은 의식의 중심인 자아가 의식적 내용과 무의식적 내용을 통합해서 새로운 중심인 자기(self)의 상징으로 생겨난다(Jung, 1971). 이렇게 의식과 무의식의 대극의 통합을 이룬 자기의 상징이 인격의 전일성을 이루는 무의식적 가능성이라면, 융(1971)은 이러한 가능성이 의식적 인식에 의해서 실현되는 과정을 개성화 과정 또는 자아실현이라고 주장한다. 다섯째, 상징은 자율적으로 형성되는 기능을 가진다(Jung, 1953). 상징은 무의식이 담고 있는 원형적 이미지들로 인간이 의도적으로 창조하여 생성하거나 약속에 의해 의미를 정하고, 협의를 통해서 대체할 수 없는 것이다.

2) 생태심리학

생태심리학(ecopsychology)은 생태학과 심리학의 연관성을 찾아서 통합하여 출현시킨 학문 분야이다. 생태심리학은 인간의 본성과 행동에 대한 연구를 넘어 생태의식과 영성을 가지고 심리학적 원칙과 실천 위에서 정신 치유, 개인적인 성장을 추구하는 심층적인 부분과 자연세계에서 생태적 가치와 인간과의 상호 연관성을 가진다. 즉, 생태심리학은 자연과 더불어 인간의 심리학적 관계를 강조한 것이다.

생태심리학의 담론은 인간중심적인 사회적 패러다임에서 벗어나 생태중심주의 패러다임 전환으로부터 시작해야 한다. 인간중심주의는 경제 성장에 몰두하여 과학과 기술의 발전에 의존한다. 또한 한 개인의 만족을 위해서 물질을 소유하고, 인간을 위한 자원으로서의 자연만을 생각한다. 하지만 생태중심주의는 만물의 상호 연결 및 상호 의존이라는 생명에 가치를 두고 생태이론과 운동으로 인간중심주의를 비판한다(전현식, 2010). 생태중심주의가 과학을 반대하고 자연을 신비적으로 이상화시킨다는 비판을 받지만, 생태중심주의는 과학을 비판하는 것이 아니라 과학만능주의를 비판한다고 주장한다. 우리가 인간의 생존을 위협하고 있는 환경 문제와 생태학적 생명 위기로부터 벗어나기 위해서는 무엇보다도 근대 과학기술에 대한 맹신의 틀을 깨는 것이다.

이와 같은 맥락에서 융의 분석심리학은 경험주의적인 과학적 방법론을 적극적으로 수용하고, 과학이 절대적이고 객관적인 진리를 줄 것이라 인식하는 부분에서는 비판적인 관점을 가졌다. 이러한 관점에서 융은 과학의 합리성에 대한 기존의 관념을 뛰어넘어 인간 심리의 복잡한 기제를 단순화시켜 이해하고자 하는 '과학주의적 사고'를 극복하고자 했다(김태연, 2007). 다시 말하면, 생태심리학은 분석심리학과 같은 맥락에서 '인간은 자연을 지배할 수 있으며, 인간의 목적에 맞추어 자연을 통제할 수 있다.'는 믿음 체계의 패러다임으로부터 벗어나고자 시도했다. 이러한 생태중심주의 패러다임은 환경 문제가 현대 사회에서 인류의 생존 문제와 직결되고 있음을 사회적으로 인식하면서 자연에 높은 가치를 부여하고, 일반화된 연민을 가지고 위험을 피하기 위한 사려 깊은 계획과 행동을 하며, 성장의 한계를 인식하고 완전히 새로운 형태의 사회 구성과 이를 위한 새로운 정치 형태를 요구하고 있다.

융은 인간의 존재가 지구에 뿌리를 내려야 한다는 관점에서 연구를 했다. 그의 연구는 현대 생태심리학의 철학적 토대를 형성하는 데 기초가 되었다.

자연에 대한 융(2002)의 글들을 모아 놓은 책인『지구는 영혼을 가지고 있다 (The Earth Has a Soul)』은 생태심리학 분야의 역사적 선례를 제시한 것으로 평가 받고 있다.

융(2002)이 '자연'에 대해 언급했을 때, 이 용어는 시냇물, 나무, 산 등과 같은 구체적인 현실을 포괄할 뿐만 아니라 역사적인 고대의 자연까지도 언급했다. 이러한 맥락에서 융이 사용한 '자연'이라는 용어는 신성한 특성을 지닌 고대의 그 무엇을 떠올리게 해 준다. 그는 자연세계 속에 내재되어 있는 전래된 집단적 유산을 이끌어 내는 것이 매우 중요하다는 점을 강조했다.

Hillman(1981)에 따르면, 생태심리학은 인간의 마음과 자연적인 세계 사이의 연결을 설명하는 것이다. 인간 존재가 어머니 된 지구에 속박된 정신의 가장 깊은 단계로부터 발달되고, 인간이 자연과 함께 읽히고 함께하기를 제안하는 것이 생태심리학이다. 심리학은 무의식적인 필요와 욕망의 투사로서 동일하게 인간의 깊은 동기와 두려움, 증오를 알기 위해 꿈과 환상을 읽을 수 있다. 인간의 생태학적 두려움은 영혼이 심리학적 관심을 요구하는 것으로 설명할 수 있다. Roszak은 Gomes와 Kanner(1995)가 공동 편집한『생태심리학: 지구회복 마음치유(Ecopsychology: Restoring the Earth Healing the Mind)』에서 생태심리학을 "지구를 회복시키고 마음을 치유하는 심리학"이라고 명명한다.

전통문화에 대한 생태학적 감성의 최근 연구를 살펴보면, 지금까지 우리가 생태심리학이라고 부른 것은 사실 과거부터 있었던 오래된 것이다. 세계에서 가장 오래된 치료자(healers)는 무당(witch doctors)이라고 불리는 자들이었고, 그들은 환경적인 상호성의 맥락 안에서 병자들과 일하고 치료했다. 혹자는 전통 사회를 안내해 온 생태학을 이해하는 데 있어서 낭만적이거나 감상적인 요소라고 볼 수도 있다. 그러나 이런 생태학의 발생과 맥락을 이해할 때 신비적이거나 초월적인 의미는 없다. 이것은 인간이 자연과 주고받는 존경의 관계이며 일반적인 의미일 뿐이다(Suzuki & Knudtson, 1992).

생태심리학자의 관심 분야는 효과적인 환경교육과 행동, 생태요법, 지속성의 촉진, 야생성과 자연의 만남에서 오는 치유와 입문의 영향, 그리고 인간과 자연관계의 부족한 차원들을 포함한다. 생태심리학자들은 환경 위기의 근원이 인간과 자연세계를 주체와 객체로 가르는 이분법적 사고방식에 있다고 본다. 그들은 인간과 환경 및 세계와의 관계를 심리학적으로 분석하면서 생태심리학의 심리학적 토대를 확립한다. 그들은 인간 자신이 이 세계와 동일한 자연으로 구성되어 있다는 사실을 인식시키며(Hillman, 1981), 자기와 세계에 대한 이러한 인식이 더 이상 이성적 선택의 결과가 아니라, 인간 본성에 이미 내재되어 있으며 누구나 소유하는 잠재적 인식능력으로서 인체기관과 염색체 그리고 초기 경험 속에 내재적임을 밝혀냈다(Shepard, 1998).

3) Clinebell의 생태요법

Clinebell(1996)은 생태요법(ecotherapy)이란 용어를 사용하는데, 이는 지구와의 건강한 상호작용에 의해 양육되는 치유와 성장을 의미한다. Clinebell(1995)에 따르면, 성장은 보다 나은 온전성과 개인 안에 있는 잠재된 능력들이 계발되어 실현 가능한 방향으로 나아가는 모든 변화를 의미한다. 생태요법과 생태교육의 목적은 세 가지 차원의 생태계 순환이 가지고 있는 변화의 힘을 경험하게 한다(Clinebell, 1996). 첫째, 지구로부터의 소외치료를 촉진하며, 자연에 의해서 돌봄을 받기 위하여 자기 자신을 계획적으로 개방하는 것이다. 이것을 위해서 자연을 주신 분께 감사한 마음으로 사람이 자연에 대한 청지기로서의 자세를 가지는 것이다. 이러한 관계는 사람과 자연이 서로 존중하는 교제를 촉진할 수 있게 된다. 둘째, 사람들이 자연경험으로부터 자기초월을 경험하며 영적 차원에 더 깊이 들어감으로써 창조적 능력을 향상시키게 된다. 셋째, 땅을 돌보고 관리하는 지혜로운 방법을 배우게 된다. 다른 사람들과 함께 지구를 돌보고 관리하는 경험은 동시에 지구가 사람을 치료하고 지구 환경을 치유해 준다. 생태계 순환은 지구치유에 의한 인간치유의 기본 원리를 깨닫게 한다. 인간이 지구를 돌보는 치유경험과 지구에 의한 인간이 돌봄을 받는 치유경험은 생태계와 긴밀한 연대관계를 가지게 한다.

Clinebell(1996)은 생태요법을 구체적으로 실천할 수 있는 여섯 가지 지침을 다음과 같이 제안하였다. 첫째, 개인적인 고통의 사회적 맥락을 일깨워야 한다. 개인이나 가족이 겪는 고통의 사회적·환경적 원인들을 일깨우는 것이 그들의 성장과 치유에 기여할 수 있다. 실제로 개인의 대인관계, 사회, 환경 문제가 분명하게 연루되어 있는 경우, 그런 맥락에 대해 자신의 목소리를 내는 것이 필요하다. 가난과 경제적 억압, 지나친 부, 성차별, 계급 차별, 소비주의, 나이 차별, 병적인 종교와 병적인 도덕운동, 인종 차별 등의 잘못 구조화된 신념체계는 지구의 총체적인 파멸을 촉진한다. 둘째, 자연과 인생의 창조적 측면과 파괴적 측면의 균형이다. 생태요법은 현실적이 되어야 한다. 빛, 어둠, 평화, 안정, 폭력, 생명 그리고 죽음도 균형감 있게 함께 다루어져야 한다. 셋째, 태도, 감정 그리고 기억들을 교정하기이다. 생태요법은 의식적인 태도, 감정, 기억 그리고 무의식적인 것들도 교정한다. 생태요법은 어린 시절의 기억하지 못하는 무의식 안에 저장된 자연으로부터의 고통스러운 소외 경험을 치료하는 방법을 활용한다. 넷째, 변화를 만드는 사랑, 희망, 웃음이 생태치료의 중요한 에너지이다. 생태적 소외 때문에 건전한 놀이성을 잃어버린 사람들에게는 정신-몸-영을 재창조해 주지 못한다. 지구와의 연대감을 재발견하고 친밀한 관계를 회복할 때, 사람의 건강은 좋아질 수 있으며, 사람 안에 내재된 창조성, 감수성, 놀이성, 성적 열정, 그리고 많은 다른 일에 대한 열정을 향상시킬 수 있다. 다섯째, 지구를 돌보는 것은 평화를 이루는 것이다. 생태요법에서 지구를 돌보는 일은 생태적 실천임과 동시에 인간과 세계의 평화를 만들어 가는 것이다. 여섯째, 자기 자신에게서 출발한다. 우리 자신과 함께 시작하는 생태치료 원리는 우리 자신 내부에서의 소외나 우리의 대인관계에서의 소외를 치료하는 것이 된다. 우리의 내면세계의 정서적 오

염을 깨끗하게 하는 것은 우리와 가까운 사람들과의 돌봄뿐 아니라 우리가
살고 있는 자연계의 작은 부분을 돌보는 에너지를 만들어 갈 수 있다.

4) 생태 여성학

　생태 여성신학자들은 생태문제를 논할 때 다음과 같이 주장한다. 첫째,
전통적인 세계관이나 인간관이 가지고 있는 부정적인 영향이 자연의 외적
인 생태파괴를 가져왔을 뿐 아니라, 모든 종류의 억압을 합리화하고 강화시
키면서 인간의 내적인 정서를 오염시켜 왔다고 말한다(김성은, 2003). 따라
서 Reuther(2001)에 따르면, 생태 여성신학은 서구신학이 가지고 있는 존재
의 계층적 사슬을 재검토해야 한다고 주장한다. 개신교 개혁주의 신학자들
은 인간을 자연의 주인이라고 이해한 데카르트의 이원론적 사고구조를 그
대로 답습하여 자연관을 전개하고 있다. 예를 들어, 기독교 신학자 불트만
(Bultmann)은 역사란 인간의 역사를 의미하며, 인간은 우주의 부분이 아니라
근원적으로 세계로부터 분리되어 있다는 이원론적인 세계관을 가지고 있다.
이러한 이원론적인 사고구조는 바르트(Barth)의 '창조질서' 개념에 잘 나타나
는데, 분명한 계층구조를 가지고 있다. 이 계층구조는 하나님, 남자, 어린이,
동물, 식물 순으로 되어 있다(강남순, 1994). 둘째, 생태 여성신학자들은 인간
의 자연에 대한 억압 문제를 고립된 것으로 다루지 않는다. 즉, 자연 억압과
여성 억압, 종족 억압과 계급 억압 등 네 종류의 억압과 구조적으로 복잡하게
얽혀 있다고 본다. 이 네 가지 종류의 억압에 중요한 근거가 되는 것은 인간
의 현실을 이원론적으로 분류할 뿐만 아니라 한쪽을 다른 쪽보다 더 높은 가
치를 지닌 것으로 간주하는 '계층적 이원론'이다(강남순, 1994).
　Reuther(1986)는 여성의 영성을 여성의 해방적 관점에서 이해한다. 이러한
관점은 착취적인 사회적 패턴들로 드러나는 이원론의 배후에 있는 근원적인
사회적 소외를 찾아낸다. Reuther는 이원론적인 분리들을 넘어서서 새로운

인간과 새로운 사회적 관계들을 창조해 내는 것일 필요하다고 본다. 이러한 맥락과 관련해서 생태 여성주의(ecofeminism)는 지구치유를 위한 다양한 여성들의 수고와 서구에서 여성과 자연에 대한 새로운 관점이 주는 여성주의적 변화를 주장한다.

3. 생태심리치료 기법

생태심리치료는 숲 체험, 정원 가꾸기와 같은 원예치료, 도예치료(도자기 굽기), 광야치료, 동물매개치료 등 다양한 자연 체험활동을 통해 진행된다. 숲속에서 명상과 기도를 통해 심신의 안정을 가지는 치료방법이 있고, 자연을 소재로 하는 자연치료, 요리치료, 생태미술치료, 생태 텃밭치료도 있다. 그리고 생태적 교육을 목적으로 하는 생태학습, 생태교실, 생태체험, 생태도시, 생태하천, 생태 숲, 생태관광, 생태박물관 등이 있다. 여기서는 여러 분야의 생태심리치료 중에서 숲 치료, 원예치료, 도예치료에 대해서 구체적으로 살펴보고자 한다.

1) 숲 치료

숲 치료는 숲이라는 환경을 이용하여 심리적 안정감을 향상시키는 활동으로 그 효과가 연구결과에서 검증된 것이다. 숲 치료의 종류는 숲 환경을 이용하여 할 수 있는 모든 활동이다. 예를 들면, 휴양활동, 삼림욕, 숲길을 걸으면서 상담하기가 있으며, 숲의 환경적인 요소들을 활용한 향기요법, 소리요법, 허브요법 등이 있다. 숲속에 들어가면 나무가 발산하는 휘발성물질인 피톤치드(phytoncide)가 있다. 피톤치드는 자연이 선물한 항생제이다. 공기를 깨끗하게 정화하고 살균하는 작용이 있어 아토피성 피부염 치료와 스트레스 호

르몬인 코르티솔의 분비를 감소시키는 역할을 해 주어 정신적인 안정감을 주며, 인간에 기생하는 병원체 활동을 억제해 면역력을 높여 준다.

환경심리학자들은 현대인이 앓고 있는 정신적·신체적 질병들이 자연 생태 환경과의 단절로부터 비롯되었다고 본다(Townsend, 2006). Tsunet, Park, Ishii, Kagawa와 Miyazaki(2007)의 연구에서 숲과 같은 자연환경에서 자연을 바라보거나 숲길을 걷는 활동을 통해서 뇌의 전두엽이 활성화되고, 혈압과 코르티솔 농도가 낮아질 수 있다고 한다. 그리고 숲속에서 정서적 편안함을 느끼며, 신체 이완효과를 얻을 수 있다. 숲속을 걸으면 면역세포의 한 종류인 자연살해세포(natural killer cell)의 활성이 높아진다고 주장한다. 그리고 숲과 나무와 같은 자연적인 요소들은 인간의 건강을 해롭게 하는 것들을 개선해 주는 역할을 한다(Nilson, 2006).

숲 치료 프로그램은 숲속에서 영화 감상하기, 숲속에서 명상하기, 숲의 자연물을 이용해서 나를 표현하기, 숲속에서 운동하기, 별자리 관찰하기 등이 있다.

2) 원예치료

원예치료는 식물을 통한 원예활동에 의해서 사회적·교육적·심리적·신체적 적응력을 가지게 됨으로써 육체적 재활과 정신적 회복을 가지게 하는 전반적인 활동이다(손기철, 1995).

원예치료의 효과를 살펴보면 다음과 같다. 첫째, 원예치료는 인간의 감각기관을 사용해서 눈으로 식물을 보고, 코로 향기를 맡으며, 손으로 식물의 표면을 만지는 작업이기에 감수성이 예민해지고, 계획·준비·판단을 할 수 있는 능력을 향상시켜서 지각능력에 효과가 있다(김한석, 2001). 둘째, 원예활동을 통해서 사람의 대근육과 소근육을 사용하게 되어 운동효과를 가지며, 정신 기능을 적극적으로 할 수 있다(Lewis, 1996). 셋째, 원예활동은 식물에 대한 관심과 호기심을 불러일으키고, 식물의 변화에 관찰력을 가지게 함과 더불어 관찰한 것을 토대로 해석하는 과정에서 판단력과 대처능력이 생겨난다. 이러한 과정을 통해서 긍정적이고 자신감을 가지게 한다(손기철, 1995). 넷째, 원예식물은 관리하는 정도에 따라 빠른 반응을 보이므로 정성을 기울이면 잘 자라기 때문에 정서적으로 책임감을 느끼게 한다. 그리고 불안한 사람이나 미래에 대한 꿈과 희망을 상실한 사람에게 식물이 싹트는 것을 기다리게 해 줌으로써 다음 해 봄에 정원에 무엇을 심을까 하는 관심과 기대감을 가지게 한다. 다섯째, 정원설계 과정에서 창조력과 자신의 세계를 표현하는 것을 발현할 수 있다. 여섯째, 원예치료는 병원, 학교, 시민공원, 노인복지시설, 장애인 복지시설, 실내 주거 공간 등 다양한 장소에서 적용할 수 있다(박석근, 정의영, 1998).

원예치료의 치료적 요인은 치료자, 대상자 그리고 식물이라는 3가지 요인이다. 이러한 관계에서 일어나는 활동, 반응, 상호작용의 역동성을 통하여 원예치료 효과가 발현된다(Relf, 1981). 원예치료에서 발생되는 치료효과는 인간과 식물 간의 상호작용에서 이루어지는데, 그 효과성은 집 안의 화초나 집 정원을 포함해서 집 근처의 작은 숲, 그리고 거리의 가로수와 울창한 숲과 인접한 자체만으로도 심리적 안정을 가질 수 있다(Kaplan, 1992). 또한 산이나 정원에서 맡을 수 있는 식물의 향은 인간의 몸을 회복할 수 있는 삼림욕의 효과를 준다.

원예치료 프로그램은 식물형 만다라 꾸미기, 꽃 액자 꾸미기, 봄 나무 꾸미기, 낙엽 꾸미기, 국화 화분 심기, 꽃바구니 만들기, 생화 꽃꽂이, 식물 화분갈이 등이 있다.

3) 도예치료(점토치료)

도예치료는 도예창작 과정을 이용하여 심리치료 임상에 적용하는 미술치료로서, 표현예술치료의 한 분야이다. 도예는 도자예술(陶磁藝術)의 약자이다. 도자는 도기(陶器)와 자기(磁器)의 합성어이고, 도예는 "흙으로 구워진 예술성 있는 작품 또는 그 예술 행위"라고 말할 수 있다. 주요 재료는 흙, 불 그리고 물이나 기타 광물질을 사용한다. 자연에서 얻어진 재료로 활용하는 도예작업은 인간의 정신적 욕구와 자연의 조화로서 창의적 예술작품을 만들어 내는 즐거움을 가지게 한다. 자연과 친화적인 도예작업을 통해 심리적인 안정감과 창의적인 감각을 향상시킨다(정동훈, 1994).

도예치료의 매개체로서 '흙'은 인간에게 절대적인 동시에 인간이 살아가는 모든 환경에 영향을 미친다. 모든 생명체의 생존의 조건은 흙에서부터 비롯된다고 볼 수 있다. 인간 역시 하나의 생명체로, 태어나면서부터 다시 흙으로 돌아갈 때까지 흙과 밀접한 관계 속에서 살아가게 된다. 기독교에서는 "여호와 하나님이 땅의 흙으로 사람을 지으시고 생기를 그 코에 불어 넣으시니 사람이 생령이 되니라."(창 2:7) 그리고 "너는 흙이니 흙으로 돌아갈 것이니라."(창 3:19 하)라고 말한다. 기독교에서는 인간이 흙으로부터 탄생되었고, 다시 흙으로 돌아갈 것을 말한다.

기독교의 성경이야기 이외에도 몽골의 인간 창조 신화에는 검은 흙 붉은 흙 그리고 모래로 세상을 만들고 인간의 몸을 붉은 흙으로 만들었다는 이야기가 있다(황정국, 김지윤, 2010). 이러한 창조 신화를 살펴볼 때, 흙은 인간과 상호 연관되어 있으며, 생명체의 근원이 되는 생명력과 인간의 원초적 심리가 잘 반영되어 있음을 나타낸다(윤현경, 2006). 흙은 인간의 탄생과 죽음의 순환을 의미할 때 상징적으로 언급되며, 지구상의 모든 물질은 흙으로 돌아가는 순환과정을 가진다. 융은 흙이 가지는 어머니의 상징성을 집단 무의식의 어머니 원형으로 해석한다(황정국, 김지윤, 2010). 융의 집단 무의식은 '원시적 이미지'로서 '근원적 유형'을 의미하며, 이 근원적 유형 또는 원형은 시간과 공간을 초월해서 인간의 가장 원초적인 행동유형을 말한다. 이것은 신화를 생성하는 그릇이며 우리 마음속의 종교적 원천이다(이부영, 2007).

이렇게 인간의 근원인 흙은 점토를 포함한 포괄적인 개념이다. 흙을 소재로 한 점토는 흙이라는 개념을 떠나서 물렁물렁하고 끈기 있는 가소성의 재료를 말한다. 점토(粘土, clay)는 자연에서 생성된 미세한 광물의 집합체로 분말로 하여 물을 넣으면 가소성이 생기고, 건조하면 강성을 띤다. 고온에서 열을 가하면 강철처럼 견고해지는 것을 말한다(화학용어사전편찬회, 2006).

도예치료는 대상에 따라서 다른 방법을 적용할 수 있다. 첫째, 정서장애 아동일 경우, 집단치료에서 점토와 다른 재질을 혼합하는 활동을 한다. '얼굴 만들기'를 통해서 서로 다른 얼굴과 성격을 경험할 수 있다. 또한 부드러운 점토와 금속재료(못, 철사 등)를 조화롭게 연결해서 다른 성질의 혼합작품 만들기를 해 본다. 이 활동은 서로 다른 사람에 대한 이해와 경험할 수 있는 시간을 제공할 수 있다. 둘째, 집중력을 필요로 하는 ADHD 아동 및 성인, 또는 지적장애를 가진 장애인일 경우, 물레성형 도예치료를 한다. 이 활동은 집중력과 인내심을 향상시킬 수 있고, 작품이 완성될 때까지 촉각에 집중하기 때문에 감각기능이 개발될 수 있다. 단점이 있다면, 물레가 준비되어야 하고 기술적인 숙달과정이 필요하다. 셋째, 판상작업을 통한 도예치료이다. 판상작업은 별다른 도구 없이 점토만 있으면 어디에서든지 내담자의 창의력을 발현할 수 있으며, 모든 내담자에게 사용할 수 있는 장점이 있다. 넷째, 조형작업을 통한 도예치료이다. 이 활동은 판상작업보다 더 다양한 기술이 필요하고, 평면적인 것보다 입체적으로 조형하는 작업이기에 창의적으로 표현될 수 있다.

점토치료의 효과는 점토와 손의 촉각적 접촉에 의한 것으로서 유아의 초기 기억을 불러일으킨다(Elbrecht, 2013). 인간의 근본적인 감각기관은 촉각이다. 인간의 최초의 촉각적 접촉은 아이가 어머니와의 관계로부터 시작한다. 아기의 최초 감각은 어머니의 산도를 빠져나오면서이다(김지혜, 2008). 점토는 감각을 일깨우는 내담자의 손을 통해서 정서적 상태와 감정을 작품에 직접적으로 전달하기도 하고, 상징적으로 표현한다. 점토치료에서 조형작업은 자유롭고 창의적으로 자기를 표현할 수 있다.

융에 따르면, 조형작업을 할 때 무의식의 상징들이 자유롭게 표출되며, 작업과정에서 표현되는 것들은 무의식에 이끌림에 의한 상상을 형상화하는 것이다(Riedel, 2000). 비록, 무의식중에 완성된 작품일지라도 의식적인 내면의 대화를 요구하며, 내담자 자신의 '조형물'을 바라보면서 무의식의 메시지를 탐색하는 것이 필요하다. 이러한 과정은 무의식의 이미지를 조형화한 작품에 의식적인 접근을 하는 것이며, 의식과 무의식의 통합을 만들어 가는 과정이다.

이러한 생태치료 기법에서 가장 중요한 요소는 자연 및 자연환경과 감정적으로 하나되어 소통하는 것이다. 내담자로 하여금 생태적 영성을 가지고 자연으로부터 지혜와 에너지를 얻어야 마음이 치유될 수 있다는 생태심리에 대한 신뢰를 가지도록 하는 것이다.

4. 분석심리학적 관점에서 본 생태치료 사례연구

1) 연구대상

이 연구의 대상은 노년기에 해당하는 65세 이상부터 75세의 기독교 노인여성들, 그리고 19세의 불안증상을 가진 남자 청소년이다.

(1) 기독교 노인여성들의 집단상담

필자는 2012년 박사논문인 「노년기 기독여성의 죽음인식 경험에 관한 연구」를 위해서 10명의 기독교 노인여성들과 2011년 4월부터 12월까지 2차례 면담을 했다. 세 번째는 면담을 마친 참여자 10명 중에서 시간이 되는 7명과 함께 연세대학교 뒤편 안산에서 생태적 몸 체험을 가졌다. 노인 참여자들에게 생태적 경험을 시도한 이유는 노년기가 자연친화적 삶으로 전환할 시기이며, 인간의 몸과 마음 그리고 영혼이 조화와 균형을 이루기 위해서는 자연과 분리되지 않는 생활을 만들어 가야 하기 때문이다. 참여자들은 그동안 경험한 삶을 집단상담에서 나누기 전에 자연을 경험한 후, 자연물에서 자신의 노년기를 상징하는 것과 자신의 죽음을 상징하는 것을 찾았다.

(2) 불안증상을 보인 청소년 A군

신경정신과 전문의에 의해서 정체불명의 불안증상과 정신증 초기 진단을 받은 19세 A군은 2016년 10월부터 약물치료와 9개월째 매주 1회 또는 2회 심리상담을 병행하고 있다. 고등학교 2학년 때 중퇴한 A군은 중학생 때까지 전교 10등 안에 들 정도로 학습능력이 우수했고, 교사와의 관계 및 교우 관계도 원만했다. 그러나 고등학교에 진학하면서 반 편성 고사 때 실수로 수학 답을 답안지에 옮기지 못해서 수학시험을 0점 받았다. 그 이후 A군은 수학성적에 대한 불안이 생기게 되었다. A군은 친구들이 자신보다 더 우수하고 자신은 쓰레기 같고 부족하다는 상대적 열등감을 가지게 되면서 더 위축되었고, 학교에서 얼굴을 들지 않고 다녔으며, 심지어 화장실에서 혼자 점심식사를 하게 되었다. A군은 극도의 불안을 억압하면서 게임에 빠지게 되었다. 학교 성적이 최하위권으로 내려가면서, A군은 밖에 출입을 하지 않고, 가족을 향한 공격성이 증폭되어서 심리상담에 오게 되어 생태치료적 접근을 시도했다.

2) 연구방법

이 연구는 질적 사례연구 접근법으로 진행되었다. Creswell(2010)은 사례연구란 현재성의 상황과 흐름의 해석을 가지고 새로운 개념이나 발견을 찾아서 의미 있는 이해를 모색하는 귀납적인 연구방법이라고 했다. 따라서 필자는 생태치료적 접근으로 집단상담 참여자 및 내담자의 연구하고자 하는 문제들에 대하여 통찰, 발견, 변화, 의미성, 그리고 심도 깊은 해석 등에 대한 연구 결과를 융의 분석심리학적 관점에서 찾아보고자 했다.

3) 생태치료 프로그램의 목표 및 구조

(1) 노년기 기독여성들의 생태 집단상담

필자는 7명의 참여자들과 함께 연세대학교 뒷산인 안산의 중턱까지 오르면서 노년기의 증상과 죽음에 관한 이야기를 나누었다. 그리고 자연물에서 자신의 노년기를 상징하는 것과 죽음 이미지를 상징하는 것을 찾았다. 자연에서 상징물을 찾고자 한 것은 인간은 자연에서 에너지를 얻는다는 점과 인간의 몸이 죽으면 자연으로 돌아간다는 것, 그리고 자연과 연대감을 이루기 위함이었다.

이 연구는 생태치료 접근을 활용하여 노인 기독여성들의 노년기에 대한 이해와 수용을 통해서 삶의 의미를 발견하고 죽음에 대한 내면의 이미지를 상징물로 찾고, 집단 안에서 표현해 봄으로써 죽음에 대한 불안을 드러내고, 성숙하고 건강한 노년기를 보내는 데 목적을 두었다.

융에 따르면, 사람들이 나이를 먹으면 명상과 반성을 많이 하게 되어서 자연적으로 내적 이미지가 큰 비중을 차지하게 되고, 노인은 죽음 앞에서 생의 본질을 이해하려고 노력한다. 또한 융은 내세에 대해 아무 이미지도 갖고 있지 않은 사람은 죽음을 건강한 방식으로 직면할 수 없다고 믿었다(김성은, 2012). 융은 노인의 심리적 문제의 중심은 나이가 듦에 따라 생기는 내적·외적인 커다란 변화에 적응하지 못한다는 것이며, 익숙했던 인생 전반부의 목표보다 인생 후반부에서 다른 목표가 무엇인지 아는 것이 어렵다고 하였다.

따라서 필자는 참여자들 불안의 주요 원인인 미래와 삶의 원형적 목적인 죽음에 관한 것을 생태집단상담을 통해서 나눔으로써, 참여자들의 삶의 신화를 완성하도록 돕고자 했다. 이 생태 집단 프로그램을 마친 후 융의 분석심리학적 관점에서 살펴보면, 노인 기독교 여성들은 개성화 과정에서 제일 먼저 이해하고 수용해야 할 것이 이 세상을 살기 위해서 개발했던 자신의 페르소나이다. 노년기의 죽음을 직면해야 하는 노인여성 참여자들은 자신의 페르소나를 구별하고 내면의 그림자를 인식하는 것이 필요하다. 융은 그림자를 없애는 것이 아니라 그림자와 더불어 사는 법을 배워야 한다고 했다(이부영, 1998). 노인 기독교 여성들의 그림자 인식은 자신이 노인이라는 것을 수용하

〈표 12-1〉 참여자들의 노년기와 죽음 이미지 상징물

참여자(별칭)	노년기 상징물(의미)	죽음 이미지 상징물(의미)
꽃님	국화꽃 (누구에게나 모나지 않고 예쁘게 살고 싶음)	나무열매 (삶의 열매로 천국을 향한 열망을 가짐)
열매님	들꽃 (타인을 의식하지 않으며 들꽃처럼 소박하게 괜찮은 사람으로 살고 싶음)	꽃 열매 (세상을 떠나고 났을 때, 남겨진 자녀들이 열매라고 생각함)
나무님	소나무 (육신은 쇠하지만, 마음은 늘 푸르게 살고 싶음)	지팡이 (홍해를 건넌 모세처럼, 죽음을 가른다는 의미)
나비님	망초 꽃 (혹 불면 날아갈 것 같은 이미지가 내 모습처럼 느껴짐)	월계관 모양 나무 (암행어사처럼 월계관 쓰고 하늘 고향에 가고 싶음)
벌님	씀바귀 꽃 (꿋꿋하게 살아왔는데, 떨어지는 꽃잎처럼 아름다운 마무리를 하고 싶음)	사철나무 (사철나무처럼 강하게 마무리를 잘하고 싶음)
강님	질경이 (지금까지 길가의 질경이처럼 질기게 살아왔다. 사는 동안 질경이처럼 잘 버티면서 살고 싶음)	꽃 (죽을 때는 예쁘게 꽃이 지는 것처럼 빨리 죽음을 맞이하고 싶은 마음)
산님	회양목 (작지만, 씩씩하고 향이 좋으며 울타리가 되어 주면서 살고 싶음)	물 (순결하고 무엇이든지 포용하면서 죽음을 맞이하고 싶음)

는 데서 시작하며, 그것을 받아들임으로써 그들이 속한 공동체에서 사회구성
원으로 조화롭게 삶을 살 수 있을 것이다.

(2) 청소년 A군의 불안증상을 위한 생태치료

심리상담 목표는 내담자의 신체적 감각을 활성화시키고, 그 느낌을 표현
해 봄으로써 자신의 존재감을 자각하여 하고 싶은 것을 느껴 보고, 정서적
불안감이 감소되고, 현실감을 유지하면서 게임을 줄이는 것으로 했다. 생태
치료 프로그램 1단계는 자연물(흙, 점토) 만지고 느낌 표현하기, 식물 심고 키
워 보기, 자연의 소리(비오는 소리, 폭포소리, 파도소리 등) 들으면서 느낌 말하
기, 2단계는 현실감을 가지고 의사소통기술 훈련하기, 심리상태를 점토로 상
징적으로 만들어서 의미해석과 표현하기, 3단계는 숲속 길 걷기를 하면서 재
활을 목표로 한 프로그램을 조직하였다. 4단계에서는 내담자가 자기인식을
통해서 자아의식 정립 및 분화를 목표하고, 내담자의 감정 상태, 심적 상태를
의식할 수 있는 대화를 시도했다.

내담자는 자연소리 듣기 중에서 비오는 소리에 가장 민감하게 반응하였
고, 정서적 평안을 유지하면서 말을 끊지 않고 할 수 있었다. 그리고 자신의
내면의 욕구들을 점토를 활용한 상징물로 표현하고 의미와 해석을 스스로 말
하면서 성취감을 맛볼 수 있게 되었다. 내담자는 점차 취미 활동(드럼치기, 목
공 만들기, 기타치기 등)을 할 수 있게 되었고, 생활의 활력을 점차 되찾았다.
상담자와 숲속 걷기를 하면서 불안이 감소되었고, 자기 감정표현력이 용이하
게 되면서 대인관계에서 회피적이었던 부분이 개선되어서 공공장소에서 친
구들을 만날 수 있게 되었다. 현재 진행하게 되고 있는 5단계 치료목표는 내
담자의 자아의식 상태가 내부 환경과 외부 환경에 사이에서 분화되어 갈 수
있도록 돕는 것이다. 그리고 자아의식이 조직적·체계적일 수 있도록 내담
자의 실수를 허용하고 행동의 주체자로 서게 하는 것이다.

A군은 생태치료 과정에서 생태 점토치료로 자신의 감정 상태와 심적 상태

를 표현하는 상징물들을 만들었다. A군은 상징물들을 만든 후, 상담자에게 그 의미를 말했으며, 해석하는 과정에서 자신의 무의식에 숨겨진 감정들과 자아의식을 발견하고 막연한 불안감들이 감소되는 것을 경험했다.

분석심리학적 생태치료에서 A군의 점토작업의 상징들은, 첫째, 내담자 무의식의 내용이 나타났고, 둘째, 점토의 촉각적 작업을 통해서 내담자의 감정기능과 감각적 기능을 살려서 창조적인 기능을 자극하여 이를 발휘할 수 있

〈표 12-2〉 A군의 심리 상태를 나타내는 상징물과 의미들

번호	상징물	의미 찾기	내담자의 자기 발견
1	말과 말구유	말은 내담자의 유능감을, 말구유는 내담자가 돌봄을 받아야 함을 의미함	내담자는 자신이 공부를 잘하고 친구에게 인기도 있었던 행복한 기억을 말하면서 웃고, 자신은 돌봄을 받아야 된다고 말함
2	비 맞는 겨울나무와 봄 나무	비 맞는 겨울나무는 내담자가 상담받고 있는 것을 의미하고, 봄 나무는 회복된 모습임	내담자가 상담과 약물치료 후에 봄 나무가 되어 회복될 것이라는 기대를 가짐
3	치타와 공	치타와 공은 공생관계	내담자는 컴퓨터 게임과 공생관계를 가지고 있고, 컴퓨터 게임은 내담자가 성취감과 목표를 가지는 데 도움을 줌
4	시계	불안한 마음	시계를 보고 있으면 마음이 초조하고 불안해짐. 시계와 반대는 침대라고 함
5	번데기와 애벌레	번데기는 현재 상태이고, 애벌레는 심리치료 전이라고 함	번데기는 현재 내담자가 정신적으로 성숙해지기 위해 준비를 하고 있는 중이며, 애벌레는 심리치료 전에 미성숙하고 연약한 상태라고 함
6	아기	떼를 쓰고 싶은 마음	과거에 내담자가 타인 중심으로 살 때 피해 본 것을 보상받기 위해서 현재 아기처럼 떼를 쓰고 싶다고 함

게 했다. 생태치료에서 점토로 상징 만들기와 그 의미 해석들은 가능한 한 자연스럽게 표현할 수 있도록 해주는 데 중요성을 가졌다. 상담자는 참여적 관찰자로서 역할을 하고, 내담자가 상징을 만들고 스스로 의미를 부여하여 해석하는 경험 과정 그 자체에 의미를 두었다.

5. 생태치료의 기독(목회)상담적 접근

1) 생태적 의식

생태치료의 기독(목회)상담 접근에서 가장 우선되어야 할 것은 상담자의 생태적 의식이다. 기독교 성서에 기록된 아담과 이브의 이야기에서, 그들은 에덴동산에 있는 선악과를 따먹음으로써 자연과 분리된 자신들을 발견하게 된다. 하나님과 첫 번째 약속을 저버리고 선악과를 먹은 아담과 이브는 자연으로부터 분리된 최초의 인간이 되었다. Fromm(1956)은 인간이 외로움과 소외를 경험하는데, 첫 번째 이유는 자연과 사람들로부터 분리되었기 때문이라고 본다. 그러면 인간은 어떤 이유에서 자연과 분리되었을까? 그것은 기계화, 그리고 산업 문명이 발전되면서 지구의 환경 체계를 돌이킬 수 없게 손상시킨 것, 그리고 위험한 현실에 직면하기를 회피하면서 교묘한 방법들을 찾아내고 있는 것이다. 어찌 보면 인간은 자신을 보호해 주는 내부로 도망치고 있는지도 모른다. 즉, 마법의 쇼핑몰들 속으로, 인조 잔디와 형광등이 있는 스포츠 경기장 속으로 도망치고 있는지 모른다. 또는 바깥 놀이공원이나 환상 속으로 도망치려고 할 수도 있다. "지금 우리에게 요구되는 것은 무엇인가?"

인간의 자연소외를 극복하기 위해서 Clinebell(1996)은 계획적인 생태연대 키우기를 제안한다. 인간의 자연의존은 너무나 명백하기에 자연과의 내적 연대와 생물계의 생명공동체와 갖는 외적 연대는 인간의 삶의 질을 높여 준다는 것이다. 인간의 몸－정신－영의 전인적인 자아가 생물계에 깊이 뿌리 박고 있다는 사실을 부인할 수 없다. 이러한 근원적인 뿌리는 인간의 내면 안에 안전감을 주고 활기 있게 만든다. 또한 인간의 몸－정신－영이 자연과 내적연대를 가질 뿐 아니라 외적인 세계와 연대하여, 문화, 사회 그리고 자연과 상호 연결되어 있다는 것을 깨닫게 한다. 정신과 의사이며 생태학 이론가인 Walter R. Christie는 인간이 자연으로부터 분리되고 소외됨으로써 불안을 경험하며 이러한 불안이 자기인식과 죽음인식을 가져왔다고 주장한다. Christie는 인간이 지구의식을 개발하여 인간 자신들이 자연과 지구 전체에 연결되었고 경험하는 지구의식의 중요성을 강조한다. 따라서 기독(목회)상담자는 생태치료와 생태교육을 통해서 인간의 뿌리인 지구에 관한 이해와 자연과의 친밀한 상호 돌봄을 가지는 생태적 의식이 필요할 것이다.

2) 창조영성

창조영성은 성서에서 찾아볼 수 있는 오래된 전통인데, Fox(1991)는 그의 책 『창조영성(Creation Spirituality)』에서 창조란 인간과 모든 사물을 의미하며, 이는 모든 사물의 목표이며 근원이고 모체라고 정의했다. 또한 Fox는 영성이란 인간을 내세적인 존재로 만들지 않고 더욱 충만히 살아서 움직이게 하는 에너지라고 정의했다. 그에 따르면, 창조 중심의 영성은 분리되지 않고, 통합적인 전통을 제시한다. 쉽게 말하면, 모든 인간과 종교가 공통적으로 소유하고 있는 것은 '창조'라고 보며, 영성의 관심을 지구적 영역(global dimensions)으로 확대시켜 갈 때 자기중심적 관점에서 생태중심적 관점으로 옮겨 갈 수 있다. 생태중심적 관점은 인간과 지구의 친밀감을 통해서 인간 소외와 불안을 치유할 수 있는 해결의 실마리를 찾을 수 있다는 견해이다. Fox는 창조영성의 회복을 위해서 세계관의 변화를 주장한다. 첫째, '세속화(世俗化)에서 재성화(再聖化)로'이다. 창조영성은 세계를 성스러운 것으로 체험하지 못하게 방해하는 인간의 내밀한 곳에 있는 신비스러운 동심이 받은 상처와 장애 그리고 고통을 해방하는 길은 명상과 영성의 실천 안에 있다. 둘째, 그는 '지루함과 수동성에서 경외와 창조성, 그리고 권한부여로'를 말하면서 사치를 극복해야 한다고 한다. Fox는 이 지루함을 극복하기 위해서는 경외를 회복하는 것이라고 한다. 셋째, '당연함에서 감사함으로'이다. 인간이 당연하게 누리는 물, 공기, 흙, 먹는 음식에 감사하면 창조주를 깨닫게 될 것이다. 넷째, '낭비에서 재활용으로'이다. 다섯째, 창조영성은 '자기도취에서 자비'에로 인간을 이끌어 간다. 여섯째, 그는 '근본주의에 대한 두려움에서 우주에 대한 신뢰로' 되어야 하며, 이것은 기도를 통해서 창조성을 개발해야 한다. 일곱째, 창조영성은 오른쪽 뇌와 왼쪽 뇌, 그리고 정신, 혼, 영, 그리고 느낌과 판단을 통합하는 '전인적인 것'을 목표로 한다. 여덟째, Fox는 '인간중심적이며 비민주적인 자본주의에서 지구 중심의 경제학으로' 변화되어야 한다고 주장한다. Fox가 제시하는 생태적 관점으로의 전환은 기독(목회)상담 접근에서 생태치료자에게 적절한 가치관과 세계관을 제공해 줄 수 있을 것이다.

3) 자연과 인간의 상호 의존적 관계 인식

생태심리학의 중요성을 인식하는 분석심리학자 Stephen Aizenstat는 인간의 질병이 자연과 인간의 손상된 관계와 연결된다고 주장한다. 즉, 분석심리학 관점으로 활동하는 치료사는 암으로 투병 중인 사람에게 자연의 주기로 돌아가는 길 찾기를 제안한다. 생태적 관점에서의 치료는 암을 마치 어떠한 희생을 치르더라도 영구적인 살충제를 뿌려서 정원의 잡초를 뿌리째 뽑아 버리는 것과 같이 생각하지 않는다. 다만, 암을 자연의 생태의 한 부분으로 보자는 것이다. 자연 정신의 관점에서, 암 역시 수행해야 할 중요한 역할이 있는 것이다(Roszak, Gomes, & Kanner, 1995). 필자 역시 암은 무서운 방식으로 인간을 고통받게 할 수 있는 능력을 가졌으며, 인간을 죽일 수도 있음을 안다. 그럼에도 불구하고, 분석심리학적인 관점에서, 살고자 하는 집념과 목표만을 가지고 생명을 유지하기 위하여 암을 제거하는 것은 온전한 치료가 될 수 없다고 본다. 오히려 인간이 자연 안에서 건강과 질병, 삶과 죽음이 연속적인 순환관계 안에서 재경험되는 것을 받아들이는 것이다. 인간이 보다 넓고 깊이 계속해서 변형을 일으키는 자연의 생태 안에서 상호 의존적인 관계 인식을 가지게 되면, 인간은 자연의 주기에서 조화를 찾으면서 자연으로 부터 온전하고 다양한 치료의 길을 제공받을 수 있을 것이다.

융(2002)은 자연과 인간의 정신에 대한 그의 글을 통해서 두 가지 측면을 강하게 옹호했다. 그는 정신건강의 중심이 되는 자연과 지구에 대한 인간의 상호 의존성뿐만 아니라 영혼의 삶에 대한 연계성에 대해서도 주장했다. 예를 들면, 점토치료는 인간의 촉각을 통한 흙의 느낌이 안정성을 제공하여 주고, 광야치료는 현대 기술문화 속에서 잃어버린 자신의 영혼과 만남을 통해서 하나님과의 관계를 온전히 회복하게 할 수 있으며, 차 치료는 자신의 과거 역사를 탐색함으로써 자신의 내면을 치료하는 데 적용될 수 있다. 또한 원예치료와 동물치료는 자연과 동물을 사랑함을 배워 가고 생명의 소중함을 일깨울 수 있는 데 활용할 수 있다. 그리고 숲 치료와 걷기 치료는 자연과 함께 호흡하고 걸으면서 자신의 내면과 만날 수 있다. 저마다 어떤 이유를 가지고 스페인의 산티아고 순례 길을 한 달여 동안, 침묵 가운데 걸으면서, 마치 우리의 인생길이 그렇듯이 혼자 걷는 것 같지만 함께 걷는 길임을 깨달으며, 물집이 잡히고 무릎이 시려서 더 이상 걸을 수 없을 때, 천사와 같은 이웃의 도움을 받으며 대장정을 마친 후, 순례자는 자신과 이웃을 다시 바라볼 수 있는 기회가 될 수 있다. 또한 숲 명상은 숲속을 천천히 산책하면서 숲에서 나오는 피톤치드라는 방향물질을 몸에 흡수하게 하여 심신의 피로와 스트레스를 풀어 주고 하나님의 창조적 질서와 창조영성을 회복하는 데 활용될 수 있을 것이다.

6. 나오는 말

필자는 우리가 지구에서 살면서 지구로부터의 소외치료를 촉진하기 위해 인간과 자연계와의 상호 의존 관계를 촉진시켜야 한다고 보았다. 필자는 자연과 친밀감을 가지고 자연과 연대하며 사는 것이 건강하고 풍요로운 삶이라고 생각한다. 분석심리학적 관점에서 생태치료를 위한 선행연구에서 융의 분석심리학이 정신과 물질을 이원론적으로 구별하지 않으며, 하나의 세계로서 유기적 관계를 가지는 통합적 인식론에 기초하여 생태심리학에 공헌한 점을 밝혔다. 생태심리학은 자연에 대한 인간중심적 관계를 만물의 상호 의존 관계로 회복시키기 위하여 생태적 문화와 의식을 추구한다.

생태치료의 치료적 효과를 국내외 논문을 통해서 살펴보았다. 생태치료의 이론적 배경에서, 분석심리학이 인간의 자아(ego)에서 시작하여 성숙된 자기(self)를 찾아가는 과정을 개성화 또는 자기실현 과정으로 보고, 융의 개성화의 궁극적인 목적은 한 개인이 이타성에 근거하여 타인과의 관계성에 얼마나 참여하고 있는가이다. 자아가 개성화의 과정으로서 그림자, 페르소나, 아니마와 아니무스 발견하는 것을 넘어서서, 자아는 정신과 신체가 만나는 존재의 자리이다. 융은 상징을 통해서 인간 정신세계의 무의식의 긍정적인 면을 강조했다. 그는 인간의 정신세계란 개인의 경험을 넘어서는 보편적인 정신을 집단 무의식이라고 불렀다. 필자는 융의 상징의 기능을 살펴봄으로써, 내담자의 생태적 경험의 본질을 드러낸 상징에 내포되어 있는 의미와 최선의 표현을 찾고자 했다. 그래서 내담자 내면의 무의식적 상징을 설명하고자 했다. 생태심리학은 환경 문제와 생태학적 생명위기로부터 극복하기 위해서는 무엇보다도 근대 과학기술 중심문화에 대한 잘못된 신념으로부터 벗어나는 것으로부터 출발한다. Berry와 Swimme(2010)이『우주의 이야기(The Universe Story)』에서 언급한 대로 "인간과 지구의 관계를 주체와 객체가 아닌 주체와 주체" 설정하여 자기 녹색화를 이루어야 한다. 자기 녹색화는 지구상에서 함께 살고 있는 다른 생명체들과 공존하는 자기를 경험하는 것이다. 생태치료 요법은 자기 자신에게서 출발한다. 우리의 내면에서 오염되고 소외된 내면세계를 자연을 통해서 돌보며 우리가 살고 있는 자연계를 돌볼 수 있는 에너지를 얻게 된다. 생태 여성학은 자연과 여성은 착취의 대상이 아니며 인간과 자연의 지배구조부터 재구성하여 상생의 관계를 제시한다. 생태심리치료는 자연 체험활동을 통한 다양한 기법이 있지만, 필자는 심리상담에 적용했던 숲치료, 원예치료, 도예치료를 살펴보았다. 분석심리학적 관점으로 접근한 사례연구에서 생태치료라는 상담개입을 통해 상징물을 해석하고, 내담자의 자아인식 상태에 따라 단계별로 치료목표를 세워서 상담을 진행했다.

끝으로, 필자는 자연 생태계와의 상호 의존성 속에서 우리는 체계적인 자기 녹색화를 이루어가야 한다고 본다. 자기 녹색화는 기독교의 창조영성과 심리학적인 이론들, 각 개체들의 생태경험들이 조화를 이루어 인간의 분리, 소외, 파편화를 극복하게 한다. 지구 안에 모든 생명들이 상호 연결되어 있다는 깨달음은 그 자체가 영적인 변화인 것이다. 이러한 생태적 인식은 위축되고 낡은 에고(ego)로부터 확장되어 폭넓은 생태적 자기(self)를 만날 수 있게 한다.

후주

1) Chellis Glendinning은 임상심리학자이다. 그녀는 자신을 '신 러다이트(neo-Luddite)'(러다이트는 산업혁명에 반대하여 기계를 파괴한 자를 의미함), '사회 비판가'(산업공학이 인간에 미친 영향을 탐구하는 자를 의미함)로 부른다. 자세한 내용은 *Ecopsychology: Restoring the Earth Healing the Mind*, pp. 41-54를 참조하라.

2) Carl Anthony는 환경운동가이다. 그는 인종을 둘러싼 정치적 쟁점들을 환경위기의 중심에 놓아야 한다고 주장해 왔다. 자세한 내용은 *Ecopsychology: Restoring the Earth Healing the Mind*, pp. 263-278을 참조하라.

3) Jeannette Armstrong은 캐나다와 미국의 워싱턴주 접근지역의 오카나간 밸리를 중심으로 사는 원주민 출신이다. 오카나간 사람들은 몸이 지구 자체이며, 지구가 주기를 따라서 움직이듯이 우리의 몸 또한 주기를 따라서 움직인다고 가르친다. 자세한 내용은 *Ecopsychology: Restoring the Earth Healing the Mind*, pp. 316-324를 참조하라.

4) Stephen Aizenst는 융의 분석심리학 관점에서 생태심리학에 강조점을 두면서 신체적 질병이 자연과 우리의 손상된 관계와 연결된다고 주장한다. 자세한 내용은 *Ecopsychology: Restoring the Earth Healing the Mind*, pp. 92-100을 참조하라.

참고문헌

강남순 (1994). 현대여성신학. 서울: 대한기독교서회.

김성은 (2003). 생태학적 영성교육에 관한 연구. 연세대학교 대학원 석사학위논문.

김성은 (2012). 노년기 기독여성의 죽음인식 경험에 관한 연구. 연세대학교 대학원 박사학위논문.

김 원 (2009). 주요 우울증 환자에서 숲에서 시행하는 인지행동치료가 생리적 변화 및 우울 관해에 미치는 효과. 가톨릭대학교 대학원 박사학위논문.

김자영 (2003). 칼 융의 상징이론. 홍익대학교 대학원 석사학위논문.

김지혜 (2008). 루스 이리가라이의 촉 각성에 근거한 시각의 재개념화. 이화여자대학교 대학원 박사학위논문.

김태연 (2007). 종교와 과학 담론으로 바라본 융의 분석심리학. 신학사상, 169, 239-268.

김한석 (2001). 원예치료 프로그램이 아동의 부적응행동특성에 미치는 영향. 영남대학교 대학원 석사학위논문.

김현희 (2014). 숲 체험 활동이 유아의 자아존중감에 미치는 효과. 남부대학교 대학원 석사학위논문.

박석근, 정의영 (1998). 원예치료의 현황과 전망. 서울: 도서출판 서원.

박자영 (2008). 노인 도예프로그램의 개발 및 효과 검증: 노인의 우울정서와 생활 만족도에 미치는 영향을 중심으로. 대구가톨릭대학교 대학원 박사학위논문.

손기철 (1995). 절화, 절엽, 드라이플라워 수확 후 관리 및 취급요령. 서울: 도서출판 서원.

손기철 (2002). 원예치료. 서울: 중앙생활사.

손기철 (2007). 전문적 원예치료의 실제. 서울: 건국대학교 출판부.

신미경 (2014). 융의 분석심리학적 관점에서 본 민화의 예술치료적 의미에 대한 연구. 광주여자대학교 대학원 석사학위논문.

신원섭, 연평식, 이정희 (2007). 숲 체험이 인간 심리안정성에 미치는 영향. 한국 산림 휴양 학회지, 11(3), 37-43.

한국심리학회 (2014). 심리학 용어사전. http://www.koreanpsychology.or.kr/

오창홍 (2016). 인터넷 중독 청소년을 위한 숲 체험 프로그램의 개발과 효과. 제주대학교 대학원 박사학위논문.

윤은아 (2013). 숲 체험 활동이 유아의 정서지능과 공간에 미치는 영향. 전북대학교 대학원 석사학위논문.

윤현경 (2006). 생태교육이 별건가, 숨 쉬는 흙을 만지면 창의력도 더불어 자란다. 서울: 맘앤앙팡.

이부영 (2007). 분석심리학-C.G.융의 인간심성론(개정증보판). 서울: 일조각.

임경수 (2009). 심리학과 신학에서 본 인간이해. 서울: 학지사.

임하나 (2011). 아동의 자아존중감에 관한 도예작업 미술치료 단일 사례연구. 동국대학교 대학원 석사학위논문.

전현식 (2010). 기후변화와 현대생태담론의 흐름. 기독교사상, 4(616), 236-255.

정동훈 (1994). 현대 도자예술: 사진으로 보는 도예백과. 서울: 디자인하우스.

조성옥 (2009). 도예치료가 입원치료중인 정신분열병 환자의 불안 및 우울, 삶의 질에 미치는 영향. 원광대학교 대학원 박사학위논문.

조연수 (2016). 도예작업을 활용한 점토치료 프로그램이 중년기 여성의 심리적 변환에 미치는 효과. 명지대학교 대학원 박사학위논문.

조태옥 (2014). 원예치료가 정신분열증 환자의 대인관계와 자아존중감에 미치는 영향. 대구한의대학교 대학원 석사학위논문.

주은연 (2008). 긍정적 심리학을 적용한 원예치료가 문제아동의 창의성 발달에 미치는 영향. 대구가톨릭대학교 대학원 박사학위논문.

최재희 (2012). 도예치료를 통한 한부모 가정 아동의 공격성과 모-자 의사소통 변화에 대한 사례연구. 신라대학교 대학원 석사학위논문.

한국정보화진흥원 (2015). 2014년 인터넷 중독 실태조사. 서울: 한국정보화진흥원.

화학용어사전편찬회 (2006). 화학용어사전. 서울: 일진사.

허효범 (2014). 생태예술놀이치료가 아동의 정서발달에 미치는 영향. 한양사이버대학
     교 대학원 석사학위논문.

황정국, 김지윤 (2010). 점토의 미술치료 활용에 관한 이론적 고찰. 조형디자인연구,
     13(2), 30-49.

Aizenstat, S. (1995). Jungian psychology and the world unconscious. In T. Roszak,
     M. E. Gomes, & A. D. Kanner (Eds.), *Ecopsychology: Restoring the earth,
     healing the mind* (pp. 92-100). CA: Sierra Club Books.

Armstrong, J. (1995). Keepers of the earth. In T. Roszak, M. E. Gomes, & A. D.
     Kanner (Eds.), *Ecopsychology: Restoring the earth, healing the mind* (pp. 316-
     324). CA: Sierra Club Books.

Bateson, G. (1993). 마음과 물질의 대화 (홍동선 역). 서울: 고려원미디어.

Berry, T. (1990). The spirituality of the earth. In C. Birch (Ed.), *Liberating life:
     Contemporary approaches to ecological theology*. New york: Orbis Books.

Berry, T., & Swimme, B. (2010). 우주이야기 (맹영선 역). 서울: 대화문화아카데미.

Bucknavage, V. (2012) *Tending the wounds of the world: Towards an ecopsychological
     and archetypal case formulation*. Pacifica Graduate Institute.

Buzzel, L., & Chalquist, C. (2009). *Ecotherapy: Healing with nature in mind*. San
     Francisco: Siera Club Books.

Clarkson, P. (2010). 게슈탈트 상담의 이론과 실제 (김정규, 강차연, 김한규, 이상희 역).
     서울: 학지사.

Clinebell, H. (1995). *Counseling for spiritually empowered wholeness*. New York:
     Haworth Press.

Clinebell, H. (1996). *Ecotherapy: Healing ourselves healing the earth*. New York:
     Haworth Press.

Conyne R. K., & Cook, E. P. (2004). *Ecological counseling*. Alexandria: American

Counseling Association.

Creswell, J. W. (2010). 질적 연구방법론 (조홍식 외 역). 서울: 학지사.

David S., & Peter K. (1992). *Wisdom of the elders: Honoring sacred native vision of nature.* New York: Bantam.

Davis, K. M., & Atkins, S. S. (2004). Creating and teaching a course in ecotherapy: We went to the woods. *Journal of Humanistic Counseling, 43*(2), 211-218.

Davis, K. M., & Atkins, S. S. (2009). Ecotherapy: Tribalism in the mountains and forest. *Journal of Creativity in Mental Health, 4*(3), 272-282.

Elbrecht, C. (2013). *Trauma healing at the clay field.* London, England: Jessica Kingsley Publishers.

Fox, M. (1990). *Creation spirituality–liberating gifts for peoples of the earth.* San Francisco: Harper Collins.

Fromm, E. (1956), *The art of loving: An enquiry into the nature of love.* New York, Evanston and London: Harper Colophon Books.

Glendinning, C. (1995). Technology, trauma, and the wild. In T. Roszak, M. E. Gomes, & A. D. Kanner (Eds.), *Ecopsychology: Restoring the earth, healing the mind* (pp. 41-54). CA: Sierra Club Books.

Hillman, J. (1981). *The thought of the heart and the soul of the world.* Dallas, Texas: Spring Publications.

Jung, C. G. (1953). *Psychology and Alchemy. 12.*

Jung, C. G. (1960). *The structure and dynamics of psyche. 8.*

Jung, C. G. (1971). *Psychological types. 6.*

Jung, C. G. (1974). *Bolligen Series 20.* trans. revised by R. F. C. Hull. Prinston University Press.

Jung, C. G. (2000). 인간과 무의식의 상징 (이부영 역). 서울: 집문당.

Jung, C. G. (2002). *The earth has a soul: C. G. Jung on nature, technology & modern life.* In M. Sabini (Ed.). Berkeley, CA: North Atlantic Books.

Jung, C. G. (2006). 원형과 무의식 (융 저작 번역위원회 역). 서울: 솔 출판사.

Kaplan, R. (1992). *The psychological benefits of nearby nature: The role of horticulture in human well-being and social development.* Portland: Timber Press.

Lewis, C. A. (1996). *Green nature human nature: The meaning of plants in our lives.* Urbana and Chicago: University of Illinois Press.

Lewin, K. (1987). 사회과학에서의 장이론 (박재호 역). 서울: 민음사.

Margaret, R. M. (1988). *Practicing christianity: Critical perspectives for an embodied spirituality.* New York: Crossroad.

Nilson, K. (2006). *Forest, trees and human health and wellbeing.* Urban for Urban green.

Relf, P. D. (1981). Dynamics of horticultural therapy. *Rehabilitation Literature, 42*(5-6), 147-197.

Relf, P. D. (1992) *The role of horticulture in human well-being and social development.* Portland: Timber Press, Inc.

Reuther, R. R. (1985). 성차별과 신학 (안상님 역). 서울: 대한기독교출판사.

Reuther, R. R. (1985). *Woman guides: Readings toward a feminist theology.* Boston: Beacon Press.

Reuther, R. R. (1986). 여성들을 위한 신학 (이우정 편역). 서울: 한국신학연구소.

Reuther, R. R. (2001). 가이아와 하느님 (전현식 역). 서울: 이화여자대학교 출판부.

Riedel, I. (2000). 융의 분석심리학에 기초한 미술치료 (정여주 역). 서울: 학지사.

Rifkin, J. (1988). 생명권 정치학 (전영택 역). 서울: 대화출판사.

Shepard, P. (1998). *Nature and madness.* University of Georgia Press.

Roszak, T. (1992). *The voice of the earth.* New York, NY: Simon.

Roszak, T., Gomes, M. E., & Kanner, A. D. (1995). *Ecopsychology: Restoring the earth, healing the mind.* CA: Sierra Club Books.

Townsend, M. (2006). *Feel blue? Touch green! Participation in forest woodland management as a treatment for depression.* Urban For Urban Green.

Tsunet Y., Park B. J., Ishii H., Kagawa T., & Miyazaki Y. (2007). *Physiological effects of shinrin-yoku(Taking in the atmosphere of the forest) in an old-growth broadleaf forest in Yamagata Prefecture, Japan.* J Physiol Anthropol.

찾아보기

내용

저자 소개 (가나다순)

구미례
사단법인 한국가족문화상담협회 이사장

김상만
연세대학교 상담코칭학 박사/쉼[SSHHH]힐링센터장

김성은
고양상담코칭센터 소장

김영경
한국열린사이버대학교 상담심리학과 교수

류경숙
강남 GEM아동가족상담센터 소장

선우현
명지대학교 아동심리치료학과 교수

오화철
서울기독대학교 상담심리학과 교수

이명진
다움상담코칭센터 대표

이유경
숭실사이버대학교 기독교상담복지학과 교수

장정은
이화여자대학교 기독교학과 교수

정석환
연세대학교 신과대학/연합신학대학원 상담코칭학 교수

조은혜
신안산대학교 교양과 교수

기독(목회)상담총서 ⑥

분석심리학과 표현예술치료

2019년 5월 15일 1판 1쇄 인쇄
2019년 5월 20일 1판 1쇄 발행

지은이 • 한국기독교상담심리학회
펴낸이 • 김진환
펴낸곳 • ㈜학지사

      04031 서울특별시 마포구 양화로 15길 20 마인드월드빌딩
대표전화 • 02-330-5114   팩스 • 02-324-2345
등록번호 • 제313-2006-000265호

홈페이지 • http://www.hakjisa.co.kr
페이스북 • https://www.facebook.com/hakjisa

ISBN 978-89-997-1834-2 93180

정가 19,000원

이 도서의 국립중앙도서관 출판시도서목록(CIP)은 서지정보유통지
원시스템 홈페이지(http://seoji.nl.go.kr)와 국가자료공동목록시스템
(http://www.nl.go.kr/kolisnet)에서 이용하실 수 있습니다.
(CIP 제어번호: CIP2019018782)

출판 · 교육 · 미디어기업 학지사

간호보건의학출판 학지사메디컬 www.hakjisamd.co.kr
심리검사연구소 인싸이트 www.inpsyt.co.kr
학술논문서비스 뉴논문 www.newnonmun.com
원격교육연수원 카운피아 www.counpia.com